넥스트
테슬라를
찾아라

일러두기

1. 출처를 밝히지 않은 자료들은 블룸버그(Bloomberg)와 팩트셋(Factset)의 데이터를 기반으로 작성했고, 소재지가 미국이 아닌 기업의 지표는 달러로 환산했다. 상장 이전이거나 데이터가 없는 경우 '-'으로 표기했다.

2. 4장과 5장에서 분석한 기업의 핵심 시장 지표는 팩트셋의 2021년 3월 12일 종가 기준이다. 서프라이즈 비율은 일반 기업은 분기 주당순이익, 리츠는 FFO 기준으로 계산했고, 해당 데이터가 없는 경우 매출액을 기준으로 했다.
   핵심 투자 지표도 팩트셋 데이터를 사용했고, '실적 및 밸류에이션' 지표는 각 기업의 회계연도 기준이다.
   '주요 경쟁 기업 분석'의 시가총액은 2021년 3월 12일 종가 기준이다. 성장성 지표는 달력 연도 기준으로 2017년부터 2020년까지 3년 연평균 값을 계산했고, 2021년 3월 12일 당시 2020년 실적이 나오지 않은 기업은 시장 컨센서스로 계산했다. 밸류에이션 지표는 2021년 3월 12일 종가 기준 12개월 선행 비율로 작성했다. 단, 리츠의 P/FFO 지표는 2021년 연간 FFO 시장 추정치를 기반으로 작성했다.

3. 5장 배당주의 구조적 성장 스토리 중 배당 포인트는 기업의 2020 회계연도 배당 내역을 포함해 계산했다.

4. 6장 ETF의 정보는 2021년 3월 12일 종가 기준으로 ETF.com 데이터를 이용했고, 최근 주가와 운용자산 추이는 블룸버그 데이터를 기반으로 작성했다.

5. 7장 글로벌 투자은행들의 전망 자료는 각 투자은행이 2021년 1월 31일 이전에 발간한 자료들을 요약해서 작성했다.

6. 이 책에 실은 시장 및 개별 기업 등의 분석과 전망은 저자 개인의 의견임을 밝힌다.

넥스트
테슬라를
찾아라

현직 1등 펀드매니저의
미국 구조적 성장주 투자 로드맵

홍성철·김지민 지음

에프엔미디어

투자 대중화 시대, 우리가 주목해야 할 가치는 무엇인가

"뛰어난 기업을 보유하고 있다면 시간은 당신의 편이다."

월가의 영웅 피터 린치는 말했다.

시간.

주식이라는 자산은 장기적으로 인류의 역사, 경제의 성장과 궤를 같이하며 우상향해왔다. 오랜 기간 경기 변동과 금융위기, 전쟁, 질병 등 수많은 변화와 사건의 흐름에도 결국 시간은 주식의 편이었다.

2020년에는 전혀 예상치 못한 질병이 전 세계에 확산되면서 한 해가 완전히 멈춘 듯했다. 우리 삶의 많은 부분이 멈췄지만 또 많은 부분이 더욱 활발히 움직이며 변화해갔다. 제로섬 게임을 하듯, 삶에서 멈추고 잃어버린 것들을 새로운 무엇인가가 채워갔다.

지나고 나면 선명히 보이는 것들이 있다. 코로나19는 단기적으로 실물 경기에 유례없는 충격을 주었지만 한편으로는 큰 변화와 기회를 만들어내고 있었다.

"Short cash, buy stock(현금을 줄이고 주식을 사자)."

"Winners keep on winning(기존의 승자가 여전히 승리한다)."

이는 2020년 3월 글로벌 시장의 급격한 조정 속에서 밤을 새워가며 치열하게 고민한 끝에 내린 가장 중요한 결론이었다.

펀드매니저로서 예기치 못한 충격에는 익숙하지만 유례없이 높은 불확실성 속에서 소중한 고객의 자산을 지키기 위해 과감하고 확률 높은 선택을 해야 했다. 많은 투자자처럼 이 큰 사건에서 비롯한 폭락장을 절호의 투자 기회로 인식했고, 이 결론을 중심으로 적극 대응해나갔다.

1년이 흐른 지금, 2020년 3월은 좋은 기업, 좋은 주식을 살 수 있었던, 다시없는 큰 기회였음을 확인했다. 또한 코로나19를 계기로 성장이 더욱 빨라진 '기존의 승자'에 대한 선택도 적절했다고 판명되었다.

기존의 승자이고 여전히 승리하는 주식은 '구조적 성장주'다. 구조적 성장주는 '경기 변동과 관계없이 장기적으로 지속 가능한 성장을 해나갈 기업'으로 정의된다. 대표적인 기업은 지난 10여 년 동안 미국 시장에서 가장 많이 회자된 FAAMG(Facebook, Apple, Amazon, Microsoft, Google)와 같은 기업이다. 이들의 공통 키워드는 혁신을 통한 경쟁우위(경제적 해자)와 비즈니스 확장성, 장기간 고성장 등이다.

현시대의 구조적 성장주는 4차 산업혁명의 주역으로 디지털 경제를 선도하고 새로운 혁신을 주도하는 기업이며, 고유의 경제적 해자로 장기간 성장을 영위하는 기업이다.

4차 산업혁명으로 불리는 혁신과 성장을 견인하는 패러다임의 변화는 본격적인 대중화에 진입했고, 코로나19는 이 혁명의 확산과 성장을 가속화하는 계기가 되었다.

주식 투자의 대중화, 펀드매니저의 노하우 나누고자

나는 금융시장에 입문한 후 운 좋게 업계를 대표하는 대형 자산운용사에서 실력 있는 선후배들과 훌륭한 시스템을 기반으로 성장해왔다. 무엇보다 좋은 투자자가 되기 위해, 또 펀드매니저로서 고객의 소중한 자산을 잘 운용하기 위해 치열하게 살아왔다. 글로벌 시장에서 투자 전략이 서로 다른 다양한 유형의 펀드를 운용하며 펀드매니저로 성장했다. 고생스럽지만 감내할 가치가 있는 과정이었다. 시차의 한계 등으로 국내에서 한국과 미국 시장을 동시에 운용하는 매니저는 매우 드물지만 글로벌 펀드, 국내 일반 주식형, 배당형, 롱숏 전략, 선물·옵션과 같은 파생

상품, 대체 자산 등을 운용하며 다양한 상품과 시장에 대한 투자의 노하우를 쌓을 수 있었다.

이렇게 다양한 시장과 상품, 유형의 펀드를 운용해왔지만 오히려 투자 철학은 단순해지고 있다. '장기적인 성장성을 담보한 자산에 투자하라'라는 단순한 명제로 귀결된다. 장기적인 성장의 원천이 되는 경쟁력을 워런 버핏은 경제적 해자라고 부르고 일론 머스크는 혁신이라고 부른다. 이러한 단순한 명제는 이미 오랜 기간 주식시장의 역사에서 검증되어왔다. 이는 기업뿐 아니라 산업과 시장으로까지 확장된다. 현재 세계 경제를 이끌어가는 혁신 산업과 미국 주식시장이 장기적으로 높은 성과를 보이는 이유는 바로 우월하고 장기적인 성장의 가치에 있다.

매일 쏟아지는 수많은 정보와 역동적으로 움직이는 자산 가격을 보면서 단기적인 유혹에 흔들리기보다는 장기적인 시각으로 시장과 기업의 성장에 집중하려는 노력이 좋은 투자자의 첫걸음이자 매우 중요한 덕목임을 이 책을 쓰며 다시 한번 깨닫는다.

처음 용기를 내어 이 책을 쓰게 된 동기는 단순했다. 현직 펀드매니저로서 소중한 고객 한 분 한 분의 자산을 운용한다는 책임감을 가장 중요한 가치로 생각해온 것처럼, 주식 투자가 본격적으로 대중화되는 이 시점에 나의 가족이자 친구, 지인이기도 한 개인 투자자들께 조금이나마 도움이 될 투자의 원칙과 아이디어를 전하고 싶었다.

그 핵심은 투자에 장기적으로 가장 중요한 가치가 '성장'이라는 것이다. 그리고 이 가치를 찾아가는 방법으로 지금 우리가 살아가는 시대의 성장이 어디서 비롯되고 이 성장을 견인하는 주체가 누구인지를 큰 그림부터 접근해서, 투자에 도움이 되는 아이디어를 좀 더 명확하고 구체적으로 전하고 싶었다.

세 가지 메시지: 성장의 가치, 미국 시장, 구조적 성장주 투자 로드맵

이와 같은 접근에 따라 이 책의 메시지는 세 가지로 압축된다. 첫째는 '성장의 가치'이고, 둘째는 '미국 시장'이며, 셋째는 '구조적 성장주 투자 로드맵'이다.

첫째, 기업 가치에 가장 중요한 것은 '성장'이다.

특히 장기적으로 담보된 성장, 구조적 성장이 중요하다. 아마존과 애플, 페이스북 등 이제는 우리에게 너무나도 익숙한 이 미국의 대형 테크 기업들이 장기간 보여온 기업 가치의 상승 동력은 바로 구조적 성장이었다. 저성장 시대에 이러한 성장의 프리미엄은 더욱 높아진다.

주식시장은 기업의 단기적인 개별 이슈뿐만 아니라 경제·정치·지정학적 이슈로, 또 때로는 금융위기와 같은 시스템 리스크와 코로나19 같은 예상치 못한 외부충격으로 변동성이 커지기도 한다. 또한 성장주와 가치주(주로 경기 민감 업종)로 대변되는 시장 스타일의 변화도 빈번하다. 이런 주식시장에서 장기적인 안목으로 성공적인 투자를 이뤄내기 위해서는 인내하고 현명하게 판단할 수 있는 명확한 투자지침이 필요하다. 전문·전업 투자자가 아닌 개인 투자자는 단기적인 시장의 변화에 일일이 대응하기가 만만치 않다. 경기에 대한 베팅이 필요한 투자는 더욱 그렇다. 경기 사이클에 대한 투자가 어려운 것은 현재의 경기가 어느 구간인지 명확히 알기가 어려울뿐더러 글로벌 경기 환경과 해당 산업 사이클의 상승 수준과 기간을 분석하는 것은 전문가에게도 쉽지 않기 때문이다.

성장주 투자, 즉 산업과 기업의 성장 전망과 경쟁력에 기반한 투자는 곡예와 같은 경기를 판단해야 하는 투자보다 상대적으로 익숙하고 안정적일 수 있다. 경기 사이클에 따라 높은 변동성을 보이는 업종과 기업을 찾기보다는 전기차, 전자상거래, 디지털 결제, 클라우드 컴퓨팅과 같이 방향성이 명확하고 우리에게 익숙한, 구조적 성장성을 보유한 산업과 대표 기업을 분석하고 투자 판단하는 것이 좀 더 직관적이고 장기적인 예측이 수월하다. 특히 실적에 기반한 탄탄한 구조적 성장 기업들은 성장을 유지할 수 있는 높은 경쟁력을 보유해서 장기 투자에 상대적으로 더 적합하다.

다시 말해 단기적 시류에 크게 휩쓸리지 않고 장기적 관점에서 투자의 원칙으로 삼아야 할 매우 중요하고 근본적인 요인은 '성장의 가치'임을 강조하고자 한다. 이는 이 책 1장의 핵심 주장이며, 스스로 좋은 투자자가 되기 위해 매일같이 되새

기고 결심하는 것이다.

둘째, 미국 시장의 투자 매력이다.

워런 버핏도 스스로 인정했듯이 그의 성공적인 투자는 기본적으로 장기간 견조한 성장을 이어온 미국 시장이 있었기에 가능했다. 미국 금융시장은 투명성과 효율적인 시스템, 주주 친화성 면에서 세계 그 어느 시장보다 우수하다. 아울러 기축통화로서 안전자산이라는 지위를 누리는 달러, 세계 중앙은행 중 가장 훌륭한 소방수인 연방준비제도이사회를 보유한 것은 미국 투자의 당위성을 더욱 높이는 요인이다. 무엇보다 미국 시장과 대표 기업들이 투자에 가장 중요한 우월한 성장의 가치를 보유하고 있다는 점이 핵심이다. 이 책은 미국 시장과 미국 주식에 초점을 맞추고 있지만 미국에 상장된 글로벌 대표 성장 기업도 일부 포함한다. 반면 미국 외 지역에 상장된, 퀄리티 높은 글로벌 대표 기업을 다루지 않은 한계도 있다. 그러나 미국이 아니라 세계 시장 전체에 초점을 맞춰 썼더라도 책에 실은 100종목이 크게 바뀌지는 않았을 것이다. 세계 성장·혁신 산업의 대표 기업 중 다수가 미국 기업이기 때문이다.

셋째, 톱다운식 투자 접근 방법으로 구조적 성장 테마에 기반한 투자 로드맵과 관련 기업을 제시했다.

톱다운식 접근법이란 거시경제부터 산업, 기업의 순서로 분석하는 방식이다. 반대로 바텀업 접근법은 개별 기업 분석을 선행하는 방식이다.

펀드매니저로서 개별 기업에 대한 접근뿐만 아니라 톱다운 접근 방식으로 글로벌 경제, 순환적인 경기 사이클과 금융시장 및 다양한 산업의 전망을 분석하는 것은 필수적이다. 이는 기본적으로 장기적인 투자 기회를 찾기 위해 필요한 노력이며, 또한 높은 변동성이 내재된 금융시장에서 안정적으로 투자 자산을 운용하는 데 매우 중요한 요소이자 꼭 갖춰야 할 덕목이기 때문이다. 개인 투자자에게도 이러한 톱다운 접근 방식은 글로벌 경제와 투자 환경뿐만 아니라 해당 산업과 기업을 순차적으로 이해하고 큰 흐름과 방향성을 읽는 데 유용하다.

책 1부에서는 장기적으로 미국 시장과 구조적 성장주에 집중해야 하는 당위성을 다루었다. 2부에서는 현시대 구조적 성장의 핵심 동력을 정의하고 이를 통해 산업의 밸류체인을 아우르는 구조적 성장주 투자 로드맵을 작성했다. 해당 로드맵에는 글로벌 1등 기업과 미래 성장 잠재력이 높은 후보군을 다수 포함해서 실질적인 투자 아이디어를 제공하고자 했다. 숲과 나무를 함께 보듯이 구조적 성장 산업과 대표 기업을 이해하는 데 도움이 되었으면 한다.

우리가 주로 분석한 기업은 이미 잘 알고 있고 장기간 놀라운 성과를 달성해온 FAAMG와 테슬라 같은 기업만은 아니다. 이보다는 내일의 애플, 내일의 테슬라가 될 수 있는 유망 기업과 장기 성장 잠재력이 높은 기업에 초점을 맞췄다.

책에서 다루는 '성장'의 테마는 크게 3가지다. 첫째, 4차 산업혁명과 고성장하는 디지털 경제, 현재 글로벌 주력 소비층이자 기성세대와는 차별화된 소비 특성을 보이는 밀레니얼·Z 세대라는 핵심 축에 기반한 구조적 성장주다. 둘째, 구조적 성장주와 배당주의 교집합인 구조적 배당 성장주다. 마지막으로 이 구조적 성장 테마에 부합하는 대표 ETF다. 총 100개의 종목을 선정해 기업(자산)의 기본 정보와 핵심 투자 아이디어를 제시했다.

이 내용을 한 권에 담다 보니 1부에서 다룬 미국 시장과 구조적 성장주 투자의 당위성과 2부의 개별 기업 투자 아이디어가 다소 함축적이고 간결해진 한계가 있다. 하지만 큰 방향성에서 해당 산업과 기업이 지닌 구조적 성장 포인트와 핵심 경쟁력을 최대한 잘 전달하기 위해 노력했다. 주로 기업의 비즈니스 모델과 구조적 경쟁력 관점에서 접근하는 글로벌 대표 증권사의 투자 의견도 담았으니 개별 기업을 이해하는 데 좀 더 도움이 될 것이다.

2021년 성장주 차별화 가능성 높아

2021년의 투자 환경을 잠시 이야기하고자 한다. 2020년 주식시장의 핵심 키워드가 코로나19와 언택트였다면, 2021년은 코로나19 백신과 우리 삶(경기)의 정상화가 될 것이다.

서문을 쓰고 있는 2월, 글로벌 경기의 선행 지표와 금리, 주식시장은 이러한 키워드를 적극적으로 반영하기 시작했다.

중요한 것은 시장에 대한 판단이다. 코로나19 이전 낮은 인플레이션 환경에서 경기는 완만한 상승 사이클의 후반부라는 의견이 지배적이었다. 코로나19로 고용과 실물 경기가 짧고 깊은 침체기를 겪었지만, 이후 각국 정부의 공격적인 부양 정책, 백신의 개발 성공과 보급으로 경기는 다시 회복 사이클에 들어서고 있다.

경기는 회복에서 확장, 과열을 거쳐 다시 침체하는 주기를 반복한다. 침체 이후 회복 초기에는 일반적으로 성장의 희소성으로 성장주의 프리미엄이 더 높아진다. 이때 주식시장의 상승은 기업의 실적보다는 밸류에이션 확장이 주로 설명한다. 반면 회복이 어느 정도 진행되고 경기가 정상화되는 가운데 경기 확장 사이클에 진입하게 되면 성장은 흔해지고 경기에 민감한 업종과 기업이 다시금 주목받는다. 이때는 일반적으로 경기를 반영하는 금리의 상승이 동반되고 기업의 가치 산정에 중요한 할인율이 높아져, 밸류에이션 부담이 큰 성장주들은 높은 변동성을 보이기도 한다. 특히 실적과 성장이 검증되지 못한 비싼 성장주들은 다소 크게 흔들릴 수 있다. 기업의 성장 가치 대비 과도한 밸류에이션은 늘 경계해야 하는 리스크 요인이다.

2020년 절망적인 침체기 이후 그럼에도 높은 성장을 구가했던 언택트 업종을 비롯한 대표 성장주들은 2021년에는 주가 차별화가 진행될 가능성이 높다. 이 차별화의 핵심 요인은 구조적 성장, 그리고 기업 가치(주가)에 부합하는 성과(실적)다. 2021년은 여전히 성장의 가치가 높아질 수 있고, 새로운 성장이 창출될 수 있으며, 경기 정상화와 함께 성장의 본궤도로 회귀할 수 있는 산업과 기업에 더욱 주목해야 할 것이다.

2020년 전통적인 밸류에이션 기법으로는 설명하기 어려워 주가꿈비율이 등장할 정도로 강한 상승을 이어온 테슬라를 비롯한 많은 혁신 기업은 본격적인 성장기의 초입에서 앞으로 탄탄한 구조적 성장을 이어갈 수 있을지, 현재의 높은 기업 가치가 합당한지 검증받아야 할 시기가 다가오고 있다. 만약 성장이 정체되고 실적으로 검증받지 못한다면 높은 기업 가치는 유지되기 어렵다. 반면 여전히 견조한 성장의 가치를 보여준다면, 경기 변곡점에서 단기적으로는 흔들릴 수 있어도 장기적으로는 기업 가치가 우상향할 것이다.

시간은 구조적 성장주의 편

놀라운 혁신으로 세상을 바꾼 스티브 잡스가 첫 아이폰을 세상에 내놓으며 한 프레젠테이션의 마지막 문장은 전설적인 하키 선수 웨인 그레츠키의 명언이었다.

"I skate to where the puck is going to be, not where it has been(나는 퍽이 있었던 곳이 아니라 있을 곳으로 움직인다)."

투자도 현재가 아니라 앞으로의 시간을 예측하는 행위다. 미래를 내다볼 수는 없지만 불확실성에 대한 예측과 베팅이 수익이라는 보상으로 돌아오기 위해서는 성장 잠재력을 실제 실적이라는 숫자로 장기간 검증할 수 있는 산업과 기업을 찾아내는 것이 중요하다.

미국 시장과 대표적인 성장 기업들은 그 가치에 프리미엄이 존재해왔기에 고평가라는 인식이 강하다. 하지만 주식의 역사만큼이나 많은 글로벌 혁신 기업이 미국에서 탄생했고 오랜 기간 강력한 구조적 성장을 만들어낸 성공 경험이 풍부하기에, 비싸지만 장기적으로 충분히 지불할 만한 가치가 있다고 생각한다.

구조적 성장주에 투자한다면 시간은 우리의 편이 되어줄 것이다.

이 책이 미국 주식 투자를 결심하고 실행하는 개인 투자자들에게 주식 투자의 핵심 원칙으로서 구조적 성장의 중요성을 환기하고, 넥스트 테슬라가 될 기업을 찾아가는 데 도움이 되었으면 한다.

홍성철

차례

3부. 2021년 전망과 미국 투자의 기초

1부 구조적 성장주에 투자하라

'썰물이 되어야 누가 멋진 수영팬티를 입고 있는지 드러난다.'(워런 버핏의 경구 패러디)

2020년 강세장을 누리던 세계의 주요 주식시장은 코로나바이러스감염증-19(코로나19) 팬데믹이라는 초유의 충격을 받았다. 팬데믹의 파장은 깊고 넓었지만 위기에 오히려 더 돋보이는 기업이 있었다. 구조적으로 성장하는 기업들이다. 그들은 이미 4차 산업혁명을 각 분야에서 주도하면서 입지, 즉 경제적 해자를 구축하고 새로운 혁신을 선도했다. 팬데믹 위기에도 흔들리지 않는 이유다.

구조적 성장주란 무엇인가? 왜 구조적 성장주에 투자해야 하는가? 미국 주식시장에서 구조적 성장주를 선정한 이유는 무엇인가? 차기 구조적 성장주를 찾으려면 어떻게 접근해야 하는가? 1부에서 이에 대한 답을 찾아간다.

1장

꿈에 투자하는 시장

코로나바이러스감염증-19. 세계 전역을 뒤덮으며 2021년 3월 중순 현재 270여만 명을 사망에 이르게 한 코로나19는 세계 경제와 금융시장에도 유례없는 충격을 안겨주었다. 장기간 이어진 저성장의 늪은 더욱 깊어졌고 회복은 요원해 보였다. 2020년은 과거 수십 년 중 큰 변동이 발생한 여러 해와 비교해봐도 오랫동안 기억에 남을 한 해였다. 세계 주식시장은 2020년 3월 코로나19 팬데믹으로 엄청난 주가 폭락을 겪었지만, 각국 정부와 중앙은행의 과감하고 공격적인 부양책에 힘입어 빠른 속도로 V 자 반등을 연출했다. 연말에는 백신 개발에 따른 경기 정상화와 회복에 대한 기대감으로 미국과 한국이 역사적 신고가 랠리를 펼치는 등 강한 상승 흐름을 보였다.

이 과정에서 주식시장에 새로운 스타들이 탄생했다. 2020년 폭발적인 주가 상승세를 나타낸 '성장주'들이다. 코로나19의 충격으로 실물 경제활동이 마비되고 비대면 산업의 수요가 가속화되며, 스타 성장주 상당수는 언택트(Untact) 비즈니스에서 출현했다. 이들의 가장 큰 공통점은 성장이 희귀해진 시대에 4차 산업혁명이라는 큰 변혁의 중심에서 구조적으로 성장하고 있다는 것이다.

그림 1-1. 미국 대표 언택트주의 주가 상승률(2020년)

구조적 성장주란 혁신, 경쟁우위, 고성장이 키워드

구조적 성장주(secular growth stock)란 무엇일까? 골드만삭스는 구조적 성장주를 '경기 변동과 관계없이 장기적으로 지속 가능한 성장을 해나갈 기업'으로 정의한다. 지난 10여 년 동안 미국 시장에서 가장 많이 회자되어온 FAAMG(Facebook, Apple, Amazon, Microsoft, Google)와 같은 기업이 대표적이다. 이들은 혁신을 통한 경쟁우위와 비즈니스 확장성으로 장기간 고성장을 지속해왔다는 공통된 특징이 있다. 이들의 매출 성장률은 2009년 이후 연평균 20%로, 같은 기간 S&P500 기업의 4%를 크게 상회한다.

골드만삭스는 차세대 FAAMG가 될 수 있어서 주목해야 할 구조적 성장의 테마로 1) 의료 전산화, 2) 비즈니스의 디지털화, 3) 업무흐름 자동화, 4) 전자상거래와 디지털 결제, 5) 생명과학의 발달을 꼽았다. 이들 테마는 4차 산업혁명에 기반한 디지털 경제의 발전과 기술의 대중화, 인구학적 변화로 이미 우리 삶에 깊숙이 침투해 있으며 장기 성장의 가시성이 높다.

그림 1-2. 구조적 성장주 개념도

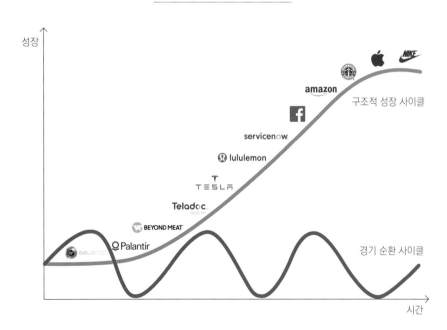

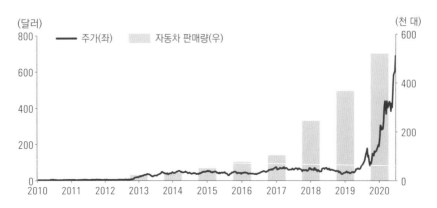

그림 1-3. 테슬라의 주가와 글로벌 자동차 판매량(2010~2020년)

미국의 전기자동차 제조사 테슬라는 2020년 한 해를 장식한 가장 대표적인 스타주다. 테슬라는 코로나19 팬데믹이 만들어낸 새로운 언택트 수혜주로 분류되지는 않는다. 그보다는 친환경 자동차, 더 크게는 모빌리티 산업에서 파괴적 혁신을 통한 우월한 경쟁력으로 본격적인 장기 성장 궤도에 진입한 구조적 성장주로 분류된다.

2020년 코로나19로 비롯된 마이너스 실질금리 환경에서 더욱 풍부한 유동성이 주식시장에 유입되었다. 그 속에서 테슬라를 비롯한 많은 성장주가 높은 밸류에이션의 부담을 이겨내며 신고가 행진을 이어갔다.

주가꿈비율(PDR)의 등장

성장주의 놀라운 랠리는 기존의 기업 가치 분석 기법으로는 잘 설명되지 않는다. 그래서 주식시장은 전통적인 밸류에이션 지표 대신 꿈에 투자하는 '주가꿈비율(PDR: Price to Dream Ratio)'과 같은 새로운 개념까지 도입해 성장주들의 높은 주가를 설명하려 하고 있다.

그림 1-4. 주가꿈비율(PDR)의 개념

$$\text{Price to Dream Ratio} = \frac{\text{Price} \leftarrow \text{주가}}{\text{Dream}}$$

기존 기업 가치 분석으로 설명하기 어려운 미래 성장성

새로운 밸류에이션 지표가 고안된 것은 이번이 처음이 아니다. 주식시장의 역사를 돌이켜보면, 산업 및 금융 패러다임의 전환기에는 전통적인 밸류에이션 지표를 대신할 새로운 측정 지표가 생겨나곤 했다. 통화주의를 교환 방정식으로 제시한 예일대 어빙 피셔 교수는 1920년대 성장주의 놀라운 상승세를 설명하기 위해 미래의 현금흐름을 현재 가치로 환원해 주가를 측정했다. 오늘날 성장주의 가치를 평가할 때 자주 활용되는 주가매출액배수(PSR: Price Sales Ratio)는 1990년대 말 정보기술(IT) 버블 시기에 등장해 유행했다. 당시 순이익이나 영업이익이 적자인 성장주가 많았기 때문에, PER이나 PBR 밸류에이션 지표로 주가를 설명하기 어려웠다. 따라서 매출액으로 기업 가치를 설명하는 PSR을 적용하게 되었다.

1920년대 장기 강세장을 구가한 미국 주식시장은 1929년에 시작된 대공황으로 붕괴되었다. 대공황 직전 미국 주가가 '영원한 고원'에 이르렀다며 낙관론을 편 어빙 피셔 교수의 명성도 함께 추락했다. 1990년대 말 IT 장세도 버블로 판명되었다. 1920년대와 1990년대 말은 거품 장세 시기였다. 과도한 낙관론 속에서 가치가 전혀 없다시피 한 종목들도 덩달아 급등했다. 그러나 워런 버핏의 말처럼 밀물이 빠지고 썰물이 되자 "누가 벌거벗고 있었는지"가 드러났다. 문제는 당시 그런 주식이 너무 많았다는 사실이다. 대공황 직전이 극심했고, 1990년대 말에도 비중이 상당했다.

밸류에이션에 대한 이번 재접근은 그러나 과거와 판이하다. 미국이 주도한 강세장이 코로나19 팬데믹으로 타격을 받았고 많은 기업의 이익이 감소했지만, 오히려 이익이 늘어난 기업들도 있었다. 이른바 언택트 수혜 업종과, 아마존과 애플, 넷플릭스, 테슬라와 같은 4차 산업혁명 시대의 대표적인 성장주들이다. 시장 참여자들

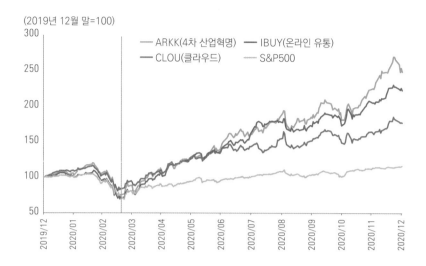

그림 1-5. 주요 성장주 테마 ETF의 주가 추이(2020년)

은 팬데믹 악조건에서도 이익을 낼 수 있는 산업과 성장 기업들에 더 많은 프리미엄을 부여하기 시작했다. 성장이라는 요인 자체가 희소해졌기 때문에 이런 성장주들의 프리미엄은 계속해서 높아졌고 이들을 중심으로 주식시장의 랠리가 재개된 것이다.

요컨대 2020년 언택트 및 4차 산업혁명 관련주들의 놀라운 주가 상승에는 저금리와 풍부한 유동성 같은 외부 요인만 있는 것이 아니었다. 전염병이 촉발한 글로벌 경제의 셧다운이 오히려 이들 업황의 구조적 성장세를 가속화했으며, 이는 주가 상승의 동인인 성장으로 나타나면서 많은 투자자가 열광했다. PDR 같은 새로운 지표의 고안에는 이 같은 배경이 있다.

애플의 성공, 테슬라의 꿈

테슬라는 2020년 한 해 동안 주가가 740% 이상 상승하면서, 시가총액에서 글로벌 자동차업계 1위였던 토요타를 추월했다. 아직 판매량과 실적 규모 측면에서

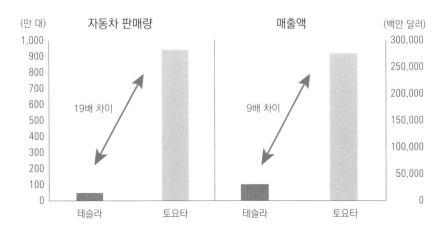

그림 1-6. 테슬라와 토요타 실적 비교(2020년)

는 토요타보다 현격하게 적다.

테슬라의 가치가 가파르게 상승하자 누군가는 이 기업이 실현해나갈 꿈을 이야기하며 PDR로 정당화하지만, 현재 기업 규모와 펀더멘털 대비 지나치게 높은 시장 가치를 받고 있다는 의견도 존재한다. 그러나 테슬라는 이미 장기간 고평가 논란에 휩싸여왔다는 점을 기억하자.

그런 논란을 이겨내고 테슬라가 글로벌 자동차업계 시가총액 1위에 등극할 수 있었던 요인은 무엇일까? 이를 단순히 버블로만 치부할 수 있을까? 그보다는 성장에 높은 프리미엄을 부여하는 시장 환경, 혁신을 기반으로 친환경차 시장 내 지배력 확대, 자율주행 리더십, 에너지 플랫폼 사업자로 가시화되고 있는 미래 성장 가능성에 베팅한 글로벌 투자자들의 투자 판단이 좀 더 설득력이 높다.

테슬라가 일으키고 있는 변화는 과거 애플의 사례와 유사하다. 스티브 잡스와 애플은 2000년대 아이폰이라는 파괴적 혁신 제품을 출시함으로써 인류의 삶과 산업의 생태계에 큰 변혁을 일으켰고 이 생태계는 더욱 공고해지고 있다. 시장은 자동차 산업의 혁신 기업 테슬라에서 애플 스토리의 데자뷔를 보는 듯하다. 하지만 애플이 그러했듯 테슬라도 시장이 기대하는 꿈을 장기적으로 현실화할지 여부는 앞으로 많은 테스트와 검증이 필요할 것이다.

그림 1-7. 테슬라와 글로벌 톱 5 자동차 회사 합산 시가총액 비교(2015~2020년)

사실 테슬라뿐만 아니라 성장의 초입 구간에 진입한 혁신 기업들은 고평가 논란에서 자유롭지 못하다. 그래서 다른 기업들에 비해 주가 변동성도 상대적으로 큰 경향이 있다. 하지만 장기적으로 볼 때 구조적 성장을 영위할 수 있다면 높은 주가 변동성은 투자자들이 감내할 만한 가치가 있다.

세계 최고의 테크 기업으로 성장한 애플과 아마존조차도 2000년 전후 닷컴 버블의 붕괴를 피하지 못했다. 당시 시장은 1990년대의 세계적인 인터넷 혁명을 IT 업종에 빠르게 투영해나갔다. 그 결과 기술주 중심의 나스닥지수는 거침없이 치솟았고, 1994년 말부터 2000년 3월 고점까지 5년여 동안 679% 급등했다.

반전의 계기는 2000년 3월 투자 전문지 〈배런스〉가 내놓은 경고였다. 많은 인터넷 기업이 단기에 파산할 가능성이 크다는 내용이었다. 이후 나스닥지수가 급락하기 시작해 고점 대비 78%가량 하락했다. 이때 애플의 주가는 1달러대에서 0.3달러대 이하로 급락했고, 아마존도 100달러대에서 10달러대까지 10분의 1 수준으로 추락했다.

그러나 2003년 이후 애플과 아마존 주가는 다른 인터넷 기업들과는 차별화된 움직임으로 IT 버블 당시의 고점 수준까지 빠르게 회복했다. 시장 지배력을 확대하는 경제적 해자를 기반으로 본격적인 성장 궤도에 진입했고 장기 상승세에 접어

그림 1-8. 〈배런스〉의 경고

그림 1-9. S&P500지수와 나스닥지수 추이(1995~2003년)

들었다. 과거 IT 버블 붕괴 이후 승자와 패자를 확실히 구분한 변수는 '구조적 성장세가 만들어낸 실적과 강력한 현금 창출 능력'이었다. 기술 혁신의 성과가 시장 지배력과 실적으로 확인되면서 꿈과 기업 가치의 간극이 다시 좁아지고 반등에 성공할 수 있었다.

오늘날 우리는 애플과 아마존, 페이스북, 넷플릭스, 구글 등 FAANG로 대변되는 테크 기반 대형 성장주들의 스토리와 함께 살아가고 있다. 성장에 대한 기대와 실망이 번갈아 나타나면서 주가가 심하게 등락한 시기도 있었지만, 결국 이들 기업

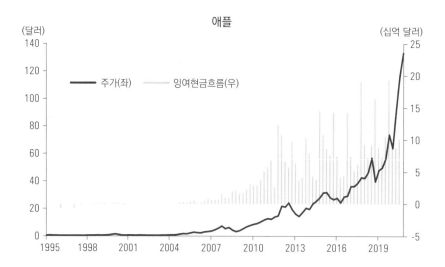

그림 1-10. 애플과 아마존의 주가와 현금흐름 추이(1995~2020년)

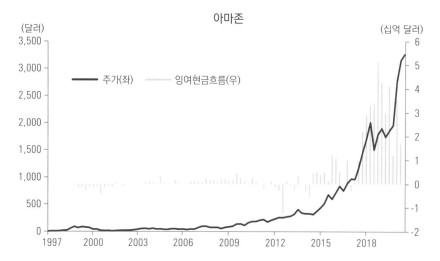

이 만든 혁신은 실적 성장으로 이어졌고 그에 따라 기업 가치가 큰 폭으로 도약했다. 지금 이 책을 쓰는 시점에서 테슬라를 포함한 구조적 성장주의 높은 주가 역시 이 같은 혁신과 성장에 대한 투자자들의 수많은 성공적 경험과 이에 기반한 가능성(꿈)을 반영한 것으로 보인다.

뉴 노멀 시대, 금융자산의 가격 상승은 현재진행형

제2차 세계대전 이후 1980년대 초까지는 자본주의의 황금기였다. 빠르게 성장하는 동시에 분배도 개선되었다. 아울러 실물 경기와 금융시장이 동조하는 현상을 보였다. 그러나 1980년대 이후 글로벌 경제의 성장세가 둔화되고 물가상승률도 낮아지면서 상황이 달라졌다. 성장 둔화를 극복하기 위해 미국은 신자유주의와 작은 정부를 표방하며 다양한 규제를 완화했다. 이후 저금리가 장기화되면서 주식, 채권 등 금융자산의 가격 상승 속도가 상대적으로 더 빨라졌다.

금융자산의 가격 상승 추세는 2008년 금융위기를 겪으면서 더욱 강해졌다. 미국 연방준비제도이사회(연준)를 비롯해 주요국 중앙은행이 시행한 양적완화 정책으로 유례없는 유동성이 시중에 풀렸기 때문이다. 양적완화 정책의 주요 계기는 전통적인 중앙은행의 경기 부양 수단인 금리 인하로는 극복하지 못하는 투자 부진과 신용 창출의 한계, 그리고 저성장과 디플레이션의 두려움이었다. 소위 저성장, 저금리, 저물가로 대변되는 뉴 노멀 시대가 되면서 주요국 중앙은행은 경기 회복을 위해 비전통적인 통화정책을 시행할 수밖에 없었고, 여기서 만들어진 풍부한 유동성이 자산시장으로 대거 흘러 들어왔다.

주식시장의 장기 강세가 이어지면서 실물 경제와의 괴리가 논란이 되고 있다. 현재 주식시장은 버블 상태일까? 이와 관련한 척도를 투자업계의 살아 있는 전설

그림 1-11. 금융위기 이후 연준의 총자산 증가율과 S&P500(2008~2020년)

이자 가치투자의 대가인 워런 버핏이 제시한 바 있다. 버핏은 2001년 미국 경제 전문지 〈포춘〉과의 인터뷰에서 버핏지수를 언급했다. 국내총생산(GDP) 대비 주식시장 시가총액으로 계산하는 버핏지수를 보면 2008년 금융위기 이후 실물 경제와 주식시장의 괴리가 크게 벌어졌음을 확인할 수 있다. 코로나19 팬데믹 이후 괴리가 더욱 확대되었음은 두말할 필요가 없다.

그러나 지금의 주식시장이 버블이라고 단정하기는 어렵다. 저성장, 저물가 환경이 만들어낸 저금리 기조가 장기간 이어진다는 전망 속에서는 성장의 프리미엄과 리스크(위험)의 선호도가 높아지며, 실물 경기 대비 주식시장의 고평가 현상이 상당 기간 지속되는 경향이 있기 때문이다. 또한 현재 주식시장을 주도하는 업종은 무형자산에 집중적으로 투자하며 가파르게 성장하는 특성이 강해, 과거의 전형적인 방법으로 접근하면 밸류에이션이 과도하게 측정되는 문제가 있다.

맥쿼리는 2020년 발표한 자료에서 이렇게 지적했다. 선진국들이 지난 20여 년간 서비스와 기술 위주의 경제 성장을 하면서 무형자산에 집중적으로 투자해왔는데, 전형적인 회계에서는 기업의 무형자산 투자를 자산화가 아닌 비용으로 인식하기 때문에 이런 기업의 가치가 과소평가되었다는 것이다. 실제로 지식과 구조적 자산은 기업 가치를 부각할 수 있으니 무형자산을 밸류에이션에 반영하는 것이 중요하다고 강조했다.

그림 1-12. 버핏지수(1970~2020년)

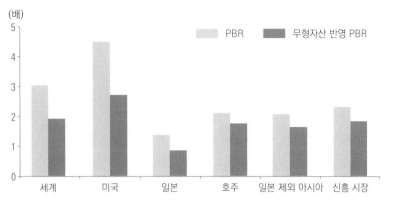

그림 1-13. 무형자산 반영 여부에 따른 밸류에이션 비교

출처: Macquarie

탄탄한 시장 미국, 어려운 시장 한국

그렇다면 이 같은 금융자산의 견조한 상승세와 풍부한 시중 유동성의 수혜는 어느 나라가 가장 많이 누렸을까? 2010년부터 2020년까지 주요국 주식시장의 상승률을 비교해보면 미국에 필적할 만한 나라는 거의 없다. MSCI 주가지수를 기준으로 지난 10년간 주요 지역별 성과를 살펴보면 세계는 131.4%, 선진 시장은 141.4% 상승한 반면, 신흥 시장의 상승률은 66.2%에 머물렀다. 미국 시장은 245.7%로 독보적인 상승세를 보이며 세계 주식시장을 견인했다.

한국 주식시장도 2020년 신고가로 마무리했지만 상대적으로 장기 성과는 그리 좋지 못했다. 국내 주식 투자의 수익률은 국내 주식형 공모 펀드의 수익률에서 간접적으로 확인할 수 있는데, 주식형 공모 펀드의 지난 10년간 연평균 수익률은 2.2%에 불과했다. 상대적으로 성과가 우수했던 코스피200 인덱스형 펀드의 연평균 수익률도 5% 수준으로, 높았던 시장의 변동성을 고려하면 낮은 수준이다.

2020년 이전의 10년 동안 코스피지수는 장기 박스권에 갇혀 있었다. 글로벌 경제가 완만한 회복세를 보이는 가운데 반도체 빅사이클이 동반된 2017년에 단기 강세장을 연출했지만, 2018년부터 미·중 무역 분쟁의 충격이 고스란히 전해지면

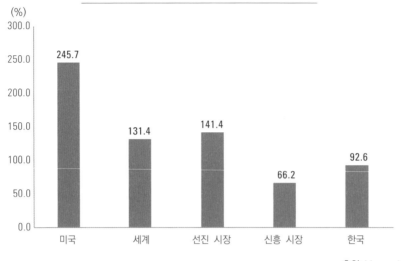

그림 1-14. 주요국의 주식시장 수익률(2010~2020년)

출처: Macquarie

서 다시 약세장에 빠졌다. 2020년 초에는 코로나19의 충격으로 코스피 1,500선이 깨지는 등 전례 없는 주가 폭락을 경험하기도 했다. 다행히 2020년 말 코스피는 우호적인 대내외 변화와 함께 2,800선을 넘어서며 사상 최고치를 경신했다. 중요한 것은 그동안 국내 시장의 변동성이 상당히 컸다는 점이다.

과거 한국 주식시장의 성과가 상대적으로 낮고 변동성은 컸던 이유가 무엇일까? 바로 글로벌 경기에 민감한 업종 위주로 구성되어 경기 사이클에 큰 영향을 받았고, 저성장이 심화된 환경에서 글로벌 경제 성장의 과실을 누리지 못한 것이다. 북한 리스크라는 한반도 고유의 정치적 불확실성도 있다. 도널드 트럼프 미국 대통령 집권 시기에는 미·중 갈등이 본격화되어, 양국 경제에 의존도가 큰 한국 경제가 피해를 입었다. 이러한 다양한 요인으로 과거 한국 투자자는 국내 주식 투자를 통한 자산 증식을 편하게 누리지 못했다.

한국 주식시장을 보면 한 가지 흥미로운 사실이 있다. 지수가 장기 박스권에 갇힌 시기에도 장기간 상승하며 코스피의 성과를 크게 상회한 몇몇 기업이 존재한다는 사실이다. 삼성전자가 대표적이다. 2010년부터 2020년까지 삼성전자의 주가는 400% 넘게 상승했다. 같은 기간 코스피지수가 70% 상승한 것과 비교하면 상

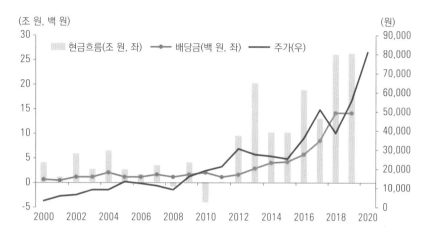

그림 1-15. 삼성전자의 주가, 현금흐름, 배당금 추이(2000~2020년)

당히 눈부신 성과다.

　삼성전자의 주가 상승세가 코스피보다 월등히 높게 나타난 이유는 명확하다. 기본적으로 주가는 장기적인 실적 성장의 함수다. 삼성전자는 세계 반도체 분야에서 독보적인 경쟁력을 보유하고 있으며, 미래 산업에 대한 집중적인 연구·개발 투자를 통해 모바일, 디스플레이, 파운드리 등 신규 사업의 역량을 키우며 성장해왔다. 반도체 업황에 따른 단기 주가 등락은 있었지만 장기적으로 구조적 성장을 지속하며 기업 가치가 꾸준히 상승했다. 또한 배당 지급과 자사주 매입이라는 적극적인 주주 환원 정책을 실행해 주주들과 성장의 과실을 공유하고 있다는 점도 또 다른 주가 상승 원동력이었다.

　코로나19 이후 2021년 초 코스피지수가 3,000선을 넘어서며 신고가 랠리를 이어온 한국 주식시장의 견조한 상승 추세는 과거와는 성격이 달라 보인다. 예전의 경기 민감 업종 중심의 상승 사이클과는 다르게 글로벌 밸류체인에서 4차 산업혁명, 디지털 경제 시대에 구조적으로 성장할 수 있는 핵심 대표 기업과 업종이 강세를 주도하면서 시장 영향력을 높이고 있기 때문이다. 미국 시장에서 보았듯이 구조적 성장주의 시장 주도력과 상승 사이클은 생각보다 강하고 길다.

2장

미국 투자의 당위성과
변치 않는 승자

워런 버핏은 바텀업으로 접근하는 가치투자의 대가다. 그런 그도 미국의 거시경제가 언제나 성장해왔기 때문에 바텀업 접근이 성공적일 수 있었다고 언급할 정도로, 미국 경제와 시장은 장기간에 걸쳐 견조한 성장을 이어왔다.

앞서 살펴보았듯이 지금껏 미국의 주식시장은 글로벌 어느 시장이나 자산보다 탄탄한 성과를 보이며 꾸준히 상승했다. 2020년 코로나19 충격에 따른 급격한 하락을 경험하기 전까지 역사상 가장 긴 21번째 불 마켓(강세장) 랠리의 주역도 미국이 차지했다.

뉴 노멀 시대, 무엇이 미국 시장을 이토록 가장 매력적이고 독보적으로 만들었을까? 미국 시장의 상대적 강점은 다양하지만 핵심은 다음과 같다.

기축통화국이라는 넘볼 수 없는 화폐적 지위

달러의 시뇨리지 효과(seigniorage effect: 기축통화국, 곧 국제통화를 보유한 나라가 얻는 경제적 이익)는 지속적이고 실효성 높은 통화·재정정책이 가능하다는 점에서 저성장 시대에 더욱 부각된다. 달러 발권력을 이용한 부양 정책은 미국이 금융위기를 극복할 수 있는 힘의 원천이 되어왔다. 또한 아이러니하게도 저성장이 지속될수록 안전자산으로서의 달러화 가치가 더욱 공고해진다는 점에서 추가적인 정책 여력을 만드는 선순환이 생겨난다.

미국은 지난 70여 년간 국제통화 체제와 금융 질서를 형성하면서 세계 무역, 통화, 금융에 중대한 역할을 해왔다. 달러의 위상 약화에 대한 의구심이 종종 흘러나오긴 한다. 그러나 미국의 글로벌 정치·경제 주도력과 견고한 펀더멘털을 고려하면 기축통화국의 지위는 상당 기간 지속될 전망이다.

연준이라는 강력한 소방수 보유

한국의 한국은행, 유로존의 유럽중앙은행(ECB), 일본의 일본은행(BOJ) 등 각 국가는 통화정책을 수행하는 중앙은행을 보유하고 있다. 그러나 미국의 연준만큼 강력하고 효과적인 통화정책을 수행하면서 세계 경제에 막대한 영향을 행사할 수 있는 곳은 존재하지 않는다.

일례로 연준은 2008년 금융위기 이후 3차례의 양적완화 정책을 통해 대규모 유동성을 공급하며 성공적으로 미국 경기를 부양했다. 2020년 코로나19 팬데믹으로 인해 세계 금융시장이 전례 없는 불안을 겪던 시기에도 마찬가지였다. 연준은 3월 한 달 동안 기준금리를 순식간에 125bp 인하하며 제로 금리를 도입했고 무제한 양적완화를 재개, 2008년보다 더욱 강력한 유동성 공급에 나서 금융시장의 불안을 빠른 속도로 진정시켰다. 이러한 과감하고 막대한 통화정책은 유럽중앙은행과 일본은행 등 다른 선진국 중앙은행들조차도 수행하기 힘든 일이다.

세계 1위 소비국의 위상

미국의 또 다른 강점은 세계 소비 시장 1위 국가라는 점이다. 미국 GDP에서 소비가 차지하는 비중은 약 70%에 달한다. 미국 소비는 세계 GDP의 17~18%를 차지하고, 중국 GDP를 상회하는 규모다. 2014년 이후 미국 민간 소비의 성장률은 미국 전체 경제 성장률을 상회하고 있다. 소비가 전체 성장을 견인하는 것이다. 이는 금융위기 이후 가계 부채 건전화 작업이 꾸준히 진행되고, 저금리와 부의 효과(wealth-effect)로 구매력이 증가했으며, 온라인 플랫폼 생태계의 발전이 소비를 촉진했기 때문이다. 여기에 부동산 시장 회복이 촉매로 작용해 코로나19 사태 이전까지 사상 최저 수준의 실업률을 기록했다. 내수 경기 호황은 당연한 결과였다.

세계의 종합적인 부(Total Wealth)라는 지표를 보면 미국이 얼마나 부유한 국가인지를 확인할 수 있다. 2019년 말 기준 세계의 종합적인 부에서 미국이 차지하는 비중은 약 29.4%로 중국(17.7%), 일본(6.9%), 독일(4.1%), 영국(4.0%) 등 다른 국가에 비해 월등히 높다. 거대한 소비 시장이자 막대한 부의 보유는 저성장 시대에 미국이 상대적으로 안정적인 성장을 유지하는 핵심 근간이다.

주주 친화적인 기업들

미국 주식시장이 가진 또 다른 강점은 선진화된 주주 친화적 정책 풍토다. 주주 친화적 정책은 기업이 주주들에게 배당을 지급하거나 자사주를 매입하는 정책을 말한다.

미국은 다른 어떤 국가보다 강력하게 배당 지급과 자사주 매입이라는 주주 환원 정책을 시행하고 있다. 기업 대부분이 분기 배당을 시행하고 배당 정책의 가시성이 높다. 미국은 적게는 5년에서 많게는 50년 이상 꾸준히 배당을 늘려온 기업

그림 2-1. 미국 순이익 대비 주주 환원 규모(2016~2019년)

출처: S&P Global

이 많다. 2020년 코로나19의 충격에도 불구하고 미국 기업 대부분은 기존 배당 정책을 유지했다. 2019년 기준 미국 S&P500 기업의 전체 배당 지급 및 자사주 매입 규모는 전체 순이익의 105% 수준으로, 글로벌 어느 국가보다도 압도적으로 높다.

우월한 승자의 가치

주식시장에서 스타일 변화는 빈번하다. 성장주에서 가치주로, 가치주에서 성장주로, 혹은 경기 민감 업종에서 경기 방어 업종으로, 경기 방어 업종에서 경기 민감 업종으로, 투자자들이 선호하는 스타일은 종종 바뀐다.

2020년은 코로나19의 충격으로 성장이 더욱 희귀해지고 혁신 산업의 성장이 가속화되면서 성장주의 높은 성과가 이어졌다. 앞으로 코로나19 백신과 치료제의 성공적인 양산으로 바이러스 위기가 해소된다면 실물 경기의 회복세가 출현하면서, 그동안 상대적으로 성과가 부진했던 가치주와 경기 민감 업종들이 주식시장에서도 두각을 나타내기 시작할 것이다. 실제로 2020년 11월 모더나, 화이자, 아스트

그림 2-2. 미국 성장주/가치주 상대 강도(1975~2020년)

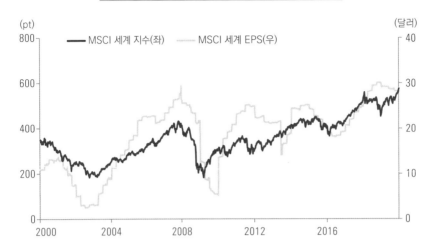

그림 2-3. MSCI 세계 지수와 EPS 추이(2000~2019년)

라제네카 등 대형 제약사들이 긍정적인 코로나19 백신 임상 3상 결과를 발표함에 따라, 가치주와 경기 민감 업종이 단기 주가 급등세를 시현했고, 2021년 초 백신 보급과 함께 이런 흐름이 다시 강화되고 있다.

하지만 단기적인 스타일의 변화가 아니라 중장기적 관점에서 주식을 설명할 수 있는 핵심 요소가 무엇인지 파악하는 일이 중요하다. 그것이 무엇일까? 당연한 이야기이지만, 주가 함수의 근본적인 변수라고 불리는 이익(성장)이다.

2015년 자산운용사 C-월드와이드(C-Worldwide asset management)가 낸 보고서 '지난 25년에서 배운 통찰(Insights Learned over the Last 25 Years)'에 의하면, 장기적으로 기업의 이익 성장이 주가에 제일 큰 영향을 주었다. 이 분석은 이익을 만들어내는 비즈니스 모델이 주식시장에서 투자자들이 반영하는 밸류에이션보다 중요하다는 점을 역설했다. 주식시장의 역사를 돌이켜봐도 주가는 단기적 유행과 스타일, 밸류에이션에 대한 매력보다 이익과 동행해왔다.

지난 10여 년, 그리고 2020년 들어 빅테크 기업들의 주도로 더욱 가파르게 상승한 미국 시장은 어땠을까? 단순히 유동성에 기반한 것일까? 성장에 대한 프리미엄, 밸류에이션 확장이 전부일까?

전혀 그렇지 않다. 미국 시장은 주로 '이익의 성장'에 기반해 상승해왔다. 이는

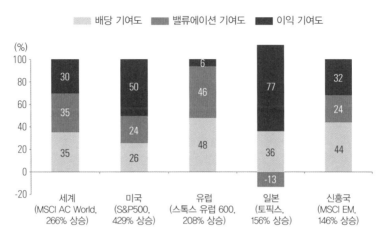

그림 2-4. 주요 주식시장의 주가 상승 기여도

■ 배당 기여도　■ 밸류에이션 기여도　■ 이익 기여도

출처: Goldman Sachs

골드만삭스가 2020년에 낸 보고서에서 확인할 수 있다. 미국 시장의 기업 이익을 다른 시장과 비교한 이 보고서에 따르면 2019년 말 미국 S&P500 기업의 주당순이익(EPS)은 2008년 금융위기 이후 90% 증가했다. 같은 기간 아시아태평양 시장의 EPS 증가율은 15%, 일본은 10%, 유럽은 2%에 불과했다.

　기업 이익과 배당, 밸류에이션의 주가 상승 기여도를 계산해보면 펀더멘털의 차이는 더욱 분명해진다. 미국은 기업 이익의 기여도가 50%, 배당은 26%로 글로벌 증시 중 펀더멘털의 성장 기여도가 가장 높다. 유럽은 기업 이익의 기여도가 6%에 불과했고, 밸류에이션의 기여도가 46%였다. 수익성 측면을 살펴봐도 마찬가지다. 2008년 금융위기 이후 미국과 미국 이외 지역의 자기자본이익률(ROE) 격차는 계속 확대되고 있으며, 2018년 이후 그 폭은 더욱 커졌다. 미국 시장의 장기 상승 추세와 글로벌 주도력은 대부분 견조한 펀더멘털로 설명된다. 미국은 안정적인 내수 시장 성장과 끊임없는 혁신을 기반으로 글로벌 지배력을 확대하고, 이는 기업 실적(이익)의 성장으로 이어지며 견조하게 상승하고 있다.

4차 산업혁명 주도 국가

4차 산업혁명은 이미 우리 삶의 근간부터 변화시키고 있는 거대한 물결이다. 코로나19는 이러한 변화를 가속화하는 계기가 되었다. 미국은 미래의 핵심 성장 산업과 4차 산업혁명으로 글로벌 경제를 주도하고 있다. 글로벌 지수를 산출하는 S&P다우존스지수에 의하면, 2020년 12월 말 기준 세계 IT 섹터에서 미국 IT 섹터가 차지하는 비중이 70%를 훌쩍 넘길 정도로 압도적이다. 4차 산업혁명 주도국다운 위상이 잘 드러난다.

그림 2-5. 글로벌 IT 섹터의 지역별 비중

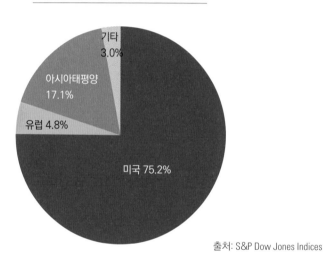

출처: S&P Dow Jones Indices

2000년대 이후 미국은 혁신에 대한 공격적인 투자로 4차 산업혁명 등 신산업 분야에서 글로벌 1등 기업들을 대거 탄생시켰다. 미국의 연구·개발 투자는 2019년 기준 5,159억 달러로 절대적·상대적 측면 모두 세계 최대 수준이다. 미국 시총 상위 기업인 FANGMAN(Facebook, Amazon, Netflix, Google, Microsoft, Apple, Nvidia)으로 대변되는 빅테크 기업들은 모두 저성장 시대에 '고성장'을 주도하는 글로벌 대표 혁신 기업이며, 이들의 시장 영향력은 더욱 커지고 있다.

4차 산업혁명의 물결을 역사적 흐름에서 생각해볼 필요도 있다. 영국 케임브리지 대학 객원 학자인 카를로타 페레스는 저서 《기술혁명과 금융자본》(2006)에서, 1770년 이후 최소 다섯 번의 기술혁명이 일어났고 그 과정에서 투기 열풍과 거품 붕괴가 발생했다고 설명한다. 그리고 각 혁명은 근본적인 체질 개선이 나타나면서 인류에 정착하게 되었다고 주장한다. 영국을 세계 패권국으로 만들어준 1) 산업혁명에서 시작해 이후 2) 기업가 중산층을 형성한 증기기관 및 철도 혁명, 3) 중공업 혁명, 4) 대량생산 혁명을 거쳐 현재 5) 인텔 마이크로프로세서의 탄생으로 시작된 정보통신기술(ICT) 혁명이 진행 중이다. 이 다섯째 기술혁명이 바로 4차 산업혁명으로 불린다.

그림 2-6. 기술혁명의 단계

	기술 혁명 주요 국가	초기 단계		전환점	전개 단계	
		급증 단계	열풍 단계		시너지 단계	성숙 단계
1	산업혁명 영국	1770~1780초	1780말~1790초	1793~1797	1798~1812	1813~1829
2	증기기관과 철도의 시대 영국(유럽, 미국으로 확산)	1830년대	1840년대	1848~1850	1850~1857	1857~1873
3	철강, 전기, 중공업의 시대 미국/독일/영국	1875~1884	1884~1893	1893~1895	1895~1907	1908~1918
4	석유, 자동차, 대량생산의 시대 미국(유럽으로 확산)	1908~1920	1920~1929	1929~1943	1943~1959	1960~1974
5	IT의 시대 미국(유럽, 아시아로 확산)	1971~1987	1987~2001	2001~?		

We are here

출처: Carlota Perez

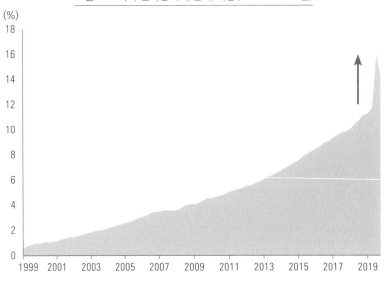

그림 2-7. 미국 전자상거래 판매 비중(2000~2020년)

한편 새로운 혁명 또는 패러다임의 출현은 구산업과 신산업 간 양극화를 초래한다. 이 시기에 사회는 혼란스러워진다. 우리는 이미 지난 수년간 전통적인 구산업과 4차 산업혁명으로 대변되는 혁신 산업 간의 거대한 패권 이동과 변화 속에서 극적인 성장 양극화를 목격해왔다.

4차 산업혁명도 역설적으로 인류를 공포로 몰아넣은 코로나19 충격 덕분에 혁신과 침투의 속도를 높이고 있다. 경기가 침체하면 기술 혁신의 속도가 빨라지고 새로운 경제의 성장동력으로 작동하기 마련이다. 우리의 삶을 변화시켜온 언택트(온라인) 산업과 인공지능, 전기차 등 4차 산업혁명은 코로나19로 가속화되었다.

2020년 세계 최대 자산운용사 블랙록은 코로나19로 더욱 '가속화된 세상'에서 오늘의 승자 대부분이 내일의 승자일 가능성이 아주 높다고 전망했다.

이미 4차 산업혁명을 주도해온 미국의 경제적 지위와 패권, 혁신을 위한 압도적인 투자를 고려할 때, 앞으로 다가올 기술 혁신의 번영기에 승자 자리는 여전히 미국과 미국의 구조적 성장 기업이 차지할 것으로 보인다.

이상의 논의를 종합하면 다음과 같다. 미국은 거대하고 안정적인 내수 소비 시

표 2-1. 무형자산 가치 글로벌 톱 10 기업(2019년)

순위	기업	무형자산 가치(십억 달러)	무형자산 가치가 기업 가치에서 차지하는 비중(%)
1	마이크로소프트	904	90
2	아마존	839	93
3	애플	675	77
4	알파벳(구글의 모회사)	521	65
5	페이스북	409	79
6	AT&T	371	84
7	텐센트	365	88
8	존슨앤드존슨	361	101
9	비자	348	100
10	알리바바	344	86

출처: Brand Finance

장을 근간으로, 글로벌 경기 부진에도 불구하고 상대적으로 안정적인 펀더멘털을 유지하고 있다. 여기에 기축통화국의 강력한 지위를 기반으로 적극적이고 선제적인 통화정책을 운용하며 저성장과 경제위기를 극복하고 있다. 또한 미국 기업들은 세계적으로 가장 탄탄한 이익 성장세를 이어오며 이를 바탕으로 세계에서 가장 앞선 주주 환원 정책을 실행한다. 4차 산업혁명을 중심으로 글로벌 혁신 산업을 선도하고 있다는 것이 핵심이다. 이것이 바로 미국 주식시장이 세계 어느 시장보다 높은 장기 성과를 달성해왔고 가장 매력적인 투자처인 배경이다.

3장

성장이 희귀해진 시대,
구조적 성장을 말하다

세계 최대 헤지펀드 브리지워터 어소시에이츠의 창업주 레이 달리오는 2020년 4월 적극적인 국채 매각을 권고했다. 코로나19 사태를 극복하기 위해 시행한 각국 정부와 중앙은행의 대규모 부양책은 막대한 재정적자를 초래할 것이고, 이를 해결하기 위해 대규모 국채 발행이 불가피하다고 주장했다. 이는 채권 가격 하락으로 이어질 수밖에 없기 때문이다.

와튼스쿨 교수로서 《투자의 미래》를 쓴 제러미 시겔도 2020년 인터뷰에서, 지난 40년간 지속된 채권시장의 강세장이 끝났다고 말했다. 연준이 오랫동안 기준 금리를 인상하지 않겠다고 약속했으므로 단기 금리는 매우 낮은 수준을 유지하겠지만, 시중에 풀린 막대한 유동성이 인플레이션 급등을 야기하면서 시중 금리를 상승시킬 것으로 전망했다. 나아가 시겔 교수는 2020년 3월 코로나19 충격으로 미국 10년물 국채 금리가 0.3%대 수준까지 내려갔는데, 이 구간이 역사적 저점이 되리라고 예상했다. 당분간 금리가 상승하면서 채권의 투자 매력이 감소할 수밖에 없다는 주장이다.

한편, 2020년 선진국 대부분의 명목 GDP 대비 국가 부채 비율은 제2차 세계

그림 3-1. 미국 10년물 국채 금리와 GDP 대비 부채 비율(1973~2020년)

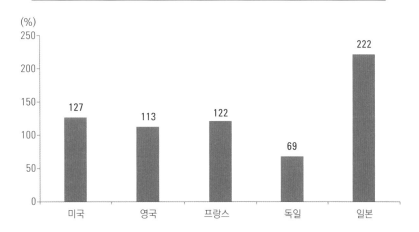

그림 3-2. 미국, 영국, 프랑스, 독일, 일본의 GDP 대비 부채 비율(2020년 9월 말)

대전 이후 최고 수준이다. 따라서 코로나19 사태가 종식된 후 세계 경제가 해결해야 할 과제는 급격하게 늘어난 국가 부채의 해소다. 여기에 실물 경기를 회복시키고 구조적 실업이 장기화되는 것을 막기 위해 중앙은행들은 공격적이고 적극적인 통화 팽창 정책을 펼쳐야 한다. 이는 낮은 실질금리가 장기화되고 점진적인 인플레이션이 발생할 가능성이 높아질 것임을 시사한다. 소위 금융 억압(Financial Repression: 실질금리를 장기간 낮은 수준으로 유지해 국가 부채 부담을 완화하는 것)의 시대, 낮은 실질금리의 시대가 당분간 이어질 수밖에 없다. 결국 당분간 이자 수익이 제한적이고 가격 매력이 낮은 국채보다는 주식이 상대적으로 우월한 투자 자산이 될 것으로 보인다.

시간은 주식의 편

사실 장기적인 시각에서도 주식은 꾸준히 우상향해온 우월한 투자 자산이다. 시간의 축을 길게 확장해 주식과 채권 등 대표적인 투자 자산을 비교한 결과는 함의하는 바가 크다. 시겔 교수는 다른 유명 저서 《주식에 장기투자하라》에서 주식의 장기 투자 수익률을 심도 있게 다루었다. 광범위하고 명료하며 누구나 수긍할 수 있는 방대한 데이터와 다양한 관점으로 시장을 철저히 분석한 결과, 지난 2세기 동안 총수익률 측면에서 주식이 다른 자산들보다 훨씬 우수했고, 인플레이션을 고려한 실질 총수익률 측면에서도 주식의 성과가 훌륭했다.

투자 기간이 1~2년처럼 짧을 경우에는 주식이 채권보다 위험하지만, 5년과 10년이면 주식이 채권보다 실질 수익률이 더 높았다. 나아가 20년이면 주식은 어느 구간에서도 실질 수익률이 마이너스가 된 사례가 없었다. 결국 그의 주장의 핵심은 인플레이션을 고려한 구매력 보전 측면에서 장기적으로 주식이 채권보다 안전하다는 것이다. 이 분석 결과는 미국 시장만이 아니라 세계 주식시장에 공통적으로 적용된다.

일각에서는 10년 이상의 장기 보유를 전제로 한 주식의 우월함이 과연 적절한

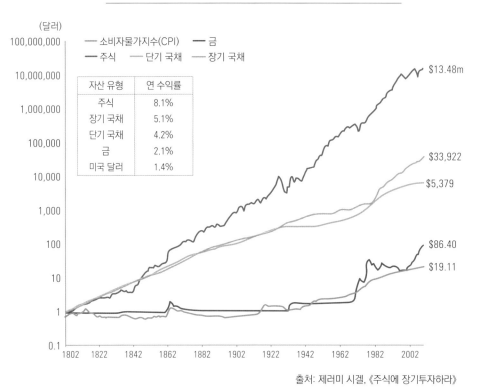

그림 3-3. 주요 자산의 명목 총수익률과 인플레이션(1802~2012년)

자산 유형	연 수익률
주식	8.1%
장기 국채	5.1%
단기 국채	4.2%
금	2.1%
미국 달러	1.4%

출처: 제러미 시겔, 《주식에 장기투자하라》

논리인지 의문을 제기할 수 있다. 그러나 시겔 교수가 이야기하는 '보유 기간'은 투자의 시계열이 비교적 짧은 개별 종목이 아니라 주식이라는 자산 자체의 보유 기간을 의미하기 때문에, 장기적으로 접근한 그의 주장은 합리적이다.

역사는 훌륭한 연구실이라고 말해온 피셔 인베스트먼트의 켄 피셔도 객관적인 분석 자료를 통해 같은 결론을 내렸다. 그는 《주식시장은 어떻게 반복되는가》에서, 역사적 데이터를 살펴보면 주식은 단기적으로 주가 변동성이 심할 수 있지만

그림 3-4. 미국 국채와 주식의 장기 보유 수익률 추이(1927~2010년)

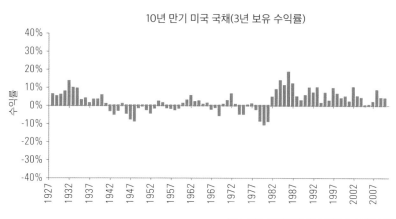

자료: GFD, 10년 만기 미국 국채 총수익률 지수

자료: GFD, S&P500

출처: 켄 피셔, 《주식시장은 어떻게 반복되는가》

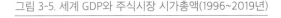

그림 3-5. 세계 GDP와 주식시장 시가총액(1996~2019년)

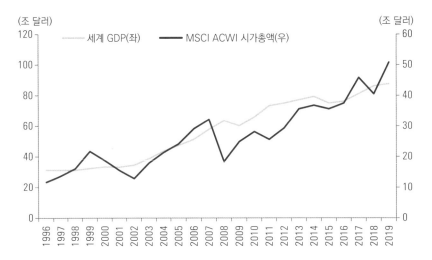

투자 기간을 길게 잡으면 채권보다 수익률이 높았을 뿐 아니라 손실 발생 기간도 더 짧았다는 것을 기억하라고 조언한다.

왜 장기적으로 주식이 가장 매력적인 투자 자산이 되었을까? 핵심은 바로 '성장'이라는 키워드에 있다. 주식, 즉 주식시장을 구성하는 기업 가치의 원천은 이익(현금흐름)과 배당의 흐름이다. 그리고 장기적으로 이 가치는 이익과 배당의 '성장'에 비례한다. 따라서 미래의 현금흐름과 배당을 안정적으로 유지하고 성장할 수 있는 기업의 가치가 상승하는 것은 당연한 결과다.

지난 수 세기 동안 인류는 전쟁과 질병뿐만 아니라 급진적인 몇 단계의 산업혁명을 통해 극적인 변화를 겪어왔다. 이러한 변화 속에서도 속도와 수준의 차이만 있을 뿐, 세계 경제는 장기적으로 우상향하며 성장해왔다.

주식시장도 마찬가지다. 시장에 영향을 미치는 수많은 정치, 경제적 위기와 사건 때문에 단기적으로는 큰 변동성을 겪지만, 성장의 가치를 반영하는 주식의 기본 요소와 본질은 변함이 없기에 장기적으로 경제 성장과 함께 우상향해왔다. 실제로 세계 GDP와 주식시장은 큰 흐름에서 동행한다.

그렇다면 우월한 성과를 보여준 주식시장에서 우리는 어떠한 기업에 주목해야 할까? 월가의 영웅 피터 린치의 조언에서 힌트를 얻을 수 있다. "뛰어난 기업의 주식을 보유할 때, 시간은 당신의 편이다." 성공적인 투자를 위해서는 시간의 흐름과 함께 가치가 올라갈 수 있는 뛰어난 기업을 보유해야 한다. 이때에도 다시 한번 '성장'이라는 키워드에 주목할 필요가 있다. 우리는 왜 장기적인 관점에서 성장주에 투자해야 할까?

희소해진 성장, 성장주의 프리미엄

월스트리트의 유명 전략가이자 번스타인 어드바이저의 대표 리처드 번스타인은 저서 《순환 장세의 주도주를 잡아라》에서, 주식시장에서 이익 성장이 얼마나 중요한지를 강조했다. 그에 따르면 주식시장에서 거래되는 상품은 기업의 이익 성장이다. 더 나아가 주식은 기업에 대한 부분적 소유권이며, 주주는 소유한 주식만큼 기업의 수익과 자산에 대한 권리를 지닌다. 이는 투자한 기업의 수익이 늘어나거나 자산가치 또는 기업 소유권의 가치가 높아지면 자연스럽게 주가 상승으로 이어진다는 것을 의미한다.

그는 이익 성장의 희소성을 다이아몬드와 사과에 비유해 설명한다. 다이아몬드가 사과보다 비싼 것은 더 희소하기 때문이다. 성장이 희소할수록 투자자들은 이익 성장을 다이아몬드처럼 생각하므로, 이익 성장률을 유지하거나 확대할 수 있는 기업은 프리미엄이 높아지고 주가가 크게 오른다는 것이다. 앞서 잠시 언급했듯이 주식을 포함한 자산의 가치는 그 자산에서 기대되는 미래의 현금흐름으로 평가한다. 현금흐름은 배당이 될 수도 있고, 기업이 창출한 이익이나 자산 매각을 통해 분배하는 현금이 될 수도 있다. 미래의 현금흐름을 할인하는 것은 미래의 현금보다 현재의 현금 가치가 더 높기 때문이다. 이러한 미래의 가치를 현재 시점으로 평가하는 데 가장 중요한 요소는 바로 '성장'과 '금리'다.

가치평가 분야의 세계적 석학 애스워드 다모다란 교수는 기업의 적정 가치를 산정할 수 있는 방법(밸류에이션)을 세 가지로 구분해 설명한다. 첫째 내재가치 평가법, 둘째 상대가치 평가법(기업의 주요 재무지표인 PER, PBR, PSR 등을 이용해 가치를 평가하는 방법으로, 주식시장에서 주로 사용), 셋째 리얼옵션 모델(신약 개발사, 게임 개발사, 무형자산 보유 플랫폼 기업 등 목표를 달성할 경우 성장 잠재력이 상당한 성장주의 높은 주가를 설명하는 데 적절한 방법)이다.

이 중 내재가치 평가법은 위에서 언급한 현금흐름할인법(DCF)이 있고 여기에는 배당할인모형(DDF)과 잉여현금흐름(FCFF, FCFE) 등이 있다. 기업의 적정 가치를 산출하는 방법으로 가장 기본적이고 잘 알려져 있다. 배당할인모형은 주주에게 확실하게 귀속되는 현금흐름인 배당을 중심으로 미래에 예상되는 배당의 가치를 평가하는 방식이다. 잉여현금흐름은 기업의 재무적 성과를 측정하는 대표적인 지표로, 보유 중인 자산을 유지하거나 확장하는 데 필요한 금액을 사용한 후 남는 현금흐름을 의미한다. 잉여현금흐름은 기업이 생산 설비 확장이나 신제품 개발, 기업 인수 자금 및 배당금 지급, 부채 상환 등 다양한 용도로 사용함으로써 주주가치를 제고할 수 있게 해준다는 측면에서 매우 중요한 지표로 활용된다.

[그림 3-6]은 기본적인 현금흐름할인법의 공식이다. 배당이나 잉여현금흐름의 미래 가치를 현재화하는 평가법의 틀에서 가장 중요한 변수는 금리(할인율)뿐만 아니라 실제로 기업이 창출하는 현금흐름 규모와 성장(미래 현금흐름)이다. 할인율은 거시경제나 시장에 더 크게 영향을 받는다. 다만 장기 저금리 환경은 지속적으로 낮은 할인율을 유지시켜주기에 아래 공식의 분모를 상수화하는 힘이 있다. 따라서 기업 가치에는 절대적인 현금흐름(이익)과 성장률이 중요함을 직관적으로 알 수 있다. 견조한 현금흐름도 결국 성장과 연결된 핵심 키워드다.

그림 3-6. 현금흐름으로 기업 가치를 구하는 공식

높은 수익성으로 미래 현금흐름 증가

$$\text{기업의 가치} = \sum_{i=1}^{n} \frac{\text{미래 현금흐름}_i}{(1+\text{할인율})^i}$$

낮은 금리 레벨로 할인율 축소

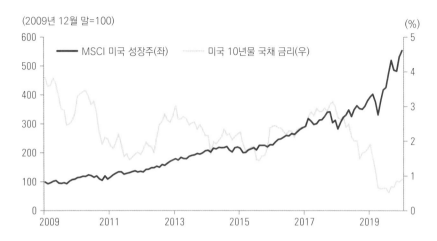

그림 3-7. 미국 10년물 국채 금리와 성장주 지수 추이(2009~2020년)

과거 200년, 승자는 시대의 성장주

지난 200년 주식시장의 역사에서도 주가 상승의 가장 큰 동력은 성장이었음이 확인된다. 과거 주식시장을 장기적으로 주도한 기업들은 그 시대의 글로벌 경제와 산업을 주도한 대표 성장주였다.

1800년대에서 1900년대 초반은 1차 산업혁명 시기였다. 증기기관 발명과 막대한 자본을 바탕으로 한 최초의 산업혁명은 영국에서 시작되어 미국, 일본 등 다른 선진국으로 전파되었다. 영국, 스페인, 포르투갈 등 유럽 국가들이 전쟁을 통해 식민지를 개척하면서 식민지 무역으로 세계화를 진행한 시기이기도 하다. 세계화와 맞물린 기계 기술 기반의 서구 문명은 세계의 표준이 되었다. 1800년대 초반의 산업자본주의 개화기에는 금융과 부동산 업종이 주식시장을 주도했으나, 1850년대 이후부터는 증기기관의 출현으로 철도와 같은 운송 수단이 폭발적으로 성장하면서 운송 업종이 가장 큰 비중을 차지해 시장을 주도했다.

1900년대 초반에서 1970년대까지는 2차 산업혁명과 냉전의 시기였다. 전기 및 내연기관과 더불어 석유화학 산업이 2차 산업혁명을 이끌었다. 냉전의 시대는 세계화를 제한했지만 자동차와 항공기 등 혁명적인 교통수단의 발달을 촉진했다. 또한 전기의 대중화로 엘리베이터 등이 개발되면서 대규모 빌딩을 중심으로 한 도시 건설 붐이 일어났다. 특히 전기가 안정적으로 보급되어 거의 모든 생산 시스템에서 획기적인 변화가 일어났다. 본격적인 대량생산 시스템이 구축되었고 생산성이 극적으로 향상되었다. 아울러 빠르게 확산된 도시화의 물결 속에서 다양한 서비스 산업이 발전했다. 이 시기에 미국 주식시장을 주도한 업종은 에너지와 석유화학 같은 2차 산업 업종이었다.

마지막으로 1970년대 중반에서 2010년대까지는 신자유주의를 지향한 세계화 시대로 규정할 수 있다. 신자유주의 시대에는 자유주의를 중심으로 각종 규제 완화와 시장 불개입, 세계무역기구(WTO) 출범과 함께 자유무역이 빠르게 확산되었고, 1997년 중국의 개혁·개방으로 세계화가 더욱 탄력받았다. 1970년대 메인프레임 컴퓨팅의 발전과 1980년대 PC와 소프트웨어 등의 인터넷혁명을 기반으로 3차 산업혁명이 꽃을 피우기 시작했다. IT와 커뮤니케이션 업종이 산업과 주식시장의 주역으로 부상했다. 1950년대 이후 미국 시가총액 1위 자리를 한동안 유지한 GM, IBM, 엑슨모빌, GE, 마이크로소프트, 애플은 당시 경제와 산업을 장기간 견인한 대표적인 성장 기업이다.

오늘날 시장의 주도권을 지켜온 IT 업종은 소위 융합성, 초연결성, 맞춤형 서비스 등의 차별화된 패러다임 전환과 함께 사회 전체 시스템의 변화를 주도하는 4차 산업혁명 속에서 지배력을 계속 확대해왔다. IT 업종과 대표 기업의 놀라운 성장의 속도와 시장 지배력을 보면 과거와 마찬가지로 우월한 '성장'의 가치가 업종과 해당 기업의 가치에 그대로 투영되고 있음을 알 수 있다. 이러한 성장주의 우월한 흐름은 단기적으로는 기업 가치가 비싸다는 밸류에이션 논쟁을 불러올 수 있으나 중장기적으로는 탄탄한 성장의 경로를 잘 보여준다.

한편, 위험 대비 수익률 측면에서도 장기적으로 성장하는 기업의 매력은 돋보였다. 위험(변동성) 대비 수익률을 나타내는 샤프지수를 비교하면, 저성장이 심화된 최근 10년에는 높아진 불확실성 가운데 주식시장이 큰 폭의 변동성을 보였지만 성장주의 성과는 우수했다. 미국의 대표 성장 기업인 FAANG의 샤프지수는 1.10으

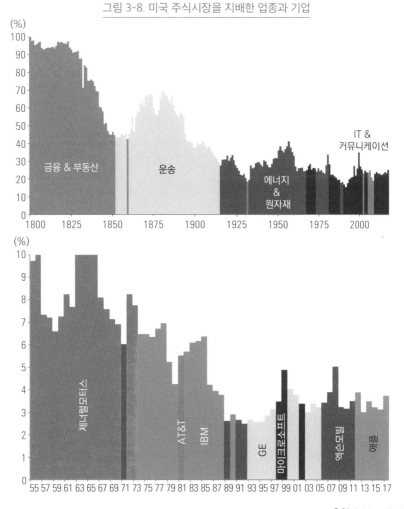

그림 3-8. 미국 주식시장을 지배한 업종과 기업

출처: Goldman Sachs

로, 코스피의 0.41과 MSCI 세계 지수로 대표한 글로벌 주식의 0.60을 크게 상회한다. 대표적인 안전자산인 금의 0.41과 미국 국채 ETF(TLT)로 대표한 채권의 0.36과 비교해도 높은 수준이다. 주가의 회복력도 마찬가지다. 2020년 코로나19 팬데믹에서도 시장의 회복을 탄력적으로 주도한 것은 미국의 대표 성장 기업들이었다.

이것이 우리가 장기적 안목에서 저성장 시대의 매력적인 투자처로서 주식 자산, 그중에서도 성장주에 더욱 주목해야 하는 이유다.

그림 3-9. IT 업종과 전체 시장의 이익 추이(1995~2020년)

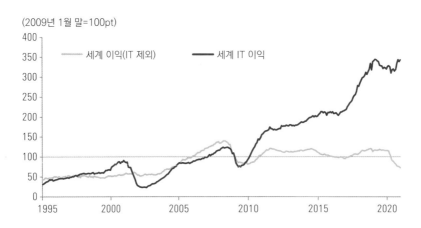

(2009년 1월 말=100pt)

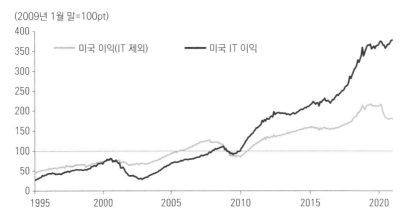

(2009년 1월 말=100pt)

그림 3-10. FAANG와 주요 자산의 샤프지수(2010~2020년)

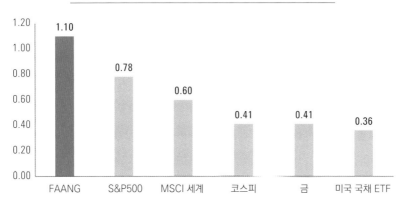

표 3-1. 테크 시대 시장을 주도한 시가총액 상위 기업들

	규모		밸류에이션
	시장 비중	시가총액(십억 달러)	PER
FAAMG			
애플	7.6%	2,247	34.0
아마존	5.1%	1,504	80.4
마이크로소프트	5.9%	1,753	31.6
알파벳	3.6%	1,058	30.5
페이스북	2.3%	691	29.9
FAAMG 합계	24.5%	7,253	31.6
테크 버블			
마이크로소프트	4.5%	581	55.1
시스코시스템즈	4.2%	543	116.8
인텔	3.6%	465	39.3
오라클	1.9%	245	103.6
루센트	1.6%	206	35.9
테크 버블 합계	15.8%	2,040	55.1
니프티 50			
IBM	7.1%	48	35.5
이스트만코닥	3.6%	24	43.5
시어스로벅	2.7%	18	29.2
GE	2.0%	13	23.4
제록스	1.8%	12	45.8
니프티 50 합계	17.1%	116	35.5

출처: Datastream, I/B/E/S, Worldscope, Goldman Sachs

구조적 성장주: 내러티브 & 넘버스

다모다란 교수는 '스토리(Narrative)'와 '숫자(Numbers)'를 기준으로 '성장주는 아직 숫자로 검증할 수 없거나 현시점의 이익 창출 능력으로는 적정한 밸류에이션이 어렵고, 숫자보다는 앞으로의 성장 스토리가 더 중요한 주식'으로 정의했다.

스타트업처럼 숫자보다 스토리가 중요한 주식은 기업 라이프 사이클의 초기에 위치한 경우가 많으므로, 높은 성장 잠재력에 적정한 가치를 산정하기가 매우 어렵다. 반대로 가치를 숫자로 명확하게 매길 수 있는 기업은 주로 기업 라이프 사이

클의 후반부에 위치하며, 가치주로 분류되는 기업이 주를 이룬다.

결론적으로 다모다란 교수는 기업의 가치를 평가할 때 스토리와 숫자가 모두 중요하며 이 둘을 연계하는 것이 가장 좋은 방법이라고 주장한다. 즉, 단순히 스토리만 있는 기업보다는 성장 스토리의 가능성과 타당성, 개연성이라는 시험을 통과한 기업이 장기적으로 성장 스토리가 숫자(실적)로 검증되면서 적정한 평가를 받을 수 있다고 설명한다.

[표 3-2]는 다모다란 교수가 페이스북 기업공개(IPO) 시점에 가치평가한 것이다. 이후 페이스북의 강력한 구조적 성장성을 확인하고 기존 내러티브를 상향해 더 높은 가치를 부여했다.

결국 구조적 성장주에 가장 중요한 핵심 요소는 바로 장기적으로 모멘텀이 될 수 있는 타당한 스토리와, 구조적으로 주가의 상승세를 만들 수 있는 힘인 숫자, 즉 꾸준하고 가시성 높은 실적의 성장이다.

그림 3-11. 기업의 라이프 사이클

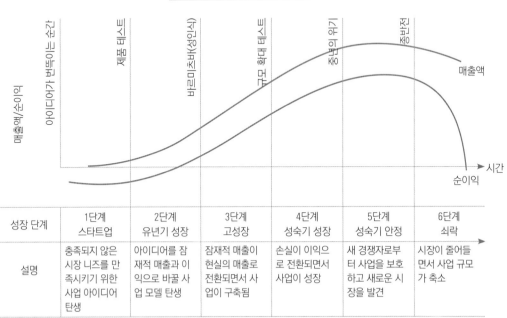

성장 단계	1단계 스타트업	2단계 유년기 성장	3단계 고성장	4단계 성숙기 성장	5단계 성숙기 안정	6단계 쇠락
설명	충족되지 않은 시장 니즈를 만족시키기 위한 사업 아이디어 탄생	아이디어를 잠재적 매출과 이익으로 바꿀 사업 모델 탄생	잠재적 매출이 현실의 매출로 전환되면서 사업이 구축됨	손실이 이익으로 전환되면서 사업이 성장	새 경쟁자로부터 사업을 보호하고 새로운 시장을 발견	시장이 줄어들면서 사업 규모가 축소

출처: 애스워드 다모다란, 《내러티브 & 넘버스》

그림 3-12. 내러티브와 투자자 유형

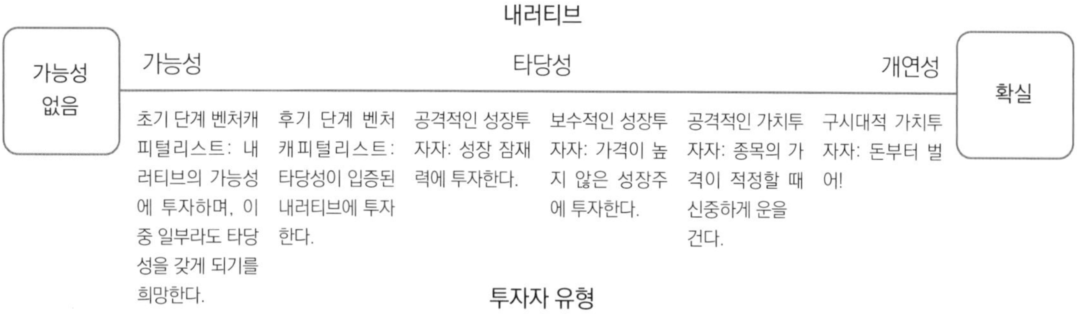

내러티브

가능성 없음	가능성	타당성	개연성	확실

| 초기 단계 벤처캐피털리스트: 내러티브의 가능성에 투자하며, 이 중 일부라도 타당성을 갖게 되기를 희망한다. | 후기 단계 벤처캐피털리스트: 타당성이 입증된 내러티브에 투자한다. | 공격적인 성장투자자: 성장 잠재력에 투자한다. | 보수적인 성장투자자: 가격이 높지 않은 성장주에 투자한다. | 공격적인 가치투자자: 종목의 가격이 적정할 때 신중하게 운을 건다. | 구시대적 가치투자자: 돈부터 벌어! |

투자자 유형

출처: 애스워드 다모다란, 《내러티브 & 넘버스》

표 3-2. 페이스북의 내러티브와 넘버스

스토리

페이스북은 소셜미디어 기업이며, 방대한 사용자 기반을 통해 온라인 광고 시장에서 구글에 못지않은 성공 스토리를 보여줄 것이다. 페이스북의 성장 경로와 수익성은 구글의 초창기와 비슷할 것이다.

가정

	기준 연도	1~5년	6~10년	10년 후	스토리와의 연결
매출액(a)	$3,711	CAGR*=40.00%	40.00%→2.00%	CAGR*=2.00%	구글과 비슷한 성장
세전 영업이익률(b)	45.68%	45.68→35.00%		35.00%	경쟁 압박
세율	40.00%	40.00%		40.00%	변함없이 유지
재투자(c)	NA	매출액 대비 자본비율은 1.50		재투자율= 10.00%	산업평균 매출액 자본배율
자본비용(d)		11.07%	11.07%→8.00%	8.00%	온라인 광고 사업의 위험

현금흐름(단위: 백만 달러)

연도	매출액	영업이익률	EBIT(1−t)[†]	재투자	FCFF[††]
1	$5,195	44.61%	$1,391	$990	$401
2	$7,274	43.54%	$1,900	$1,385	$515
3	$10,183	42.47%	$2,595	$1,940	$656
4	$14,256	41.41%	$3,542	$2,715	$826
5	$19,959	40.34%	$4,830	$3,802	$1,029
6	$26,425	39.27%	$6,226	$4,311	$1,915
7	$32,979	28.20%	$7,559	$4,369	$3,190
8	$38,651	37.14%	$8,612	$3,782	$4,830
9	$42,362	36.07%	$9,167	$2,474	$6,694
10	$43,209	35.00%	$9,074	$565	$9,509
최종 연도	$44,073	35.00%	$9,255	$926	$8,330

	가치	
최종가치	$138,830	
최종가치의 현재가치	$52,832	
앞으로 10년간 현금흐름의 현재가치	$13,135	
영업자산의 가치 =	$65,967	
– 부채	$1,215	
+ 현금	$1,512	
자기자본의 가치	$66,284	
– 옵션 가치	$3,088	
보통주의 가치	$63,175	
주식 수	2,330.90	
추정 주당 가치	$27.07	공모가격은 주당 38달러로 정해졌다.

* CAGR=연평균성장률
† EBIT(1−t)=(매출액×영업이익률)(1−세율)
†† FCFF=기업 잉여현금흐름

출처: 애스워드 다모다란, 《내러티브 & 넘버스》

아마존의 내러티브 & 넘버스

글로벌 최고의 전자상거래 회사 아마존의 구조적 성장 스토리가 좋은 예가 된다. 1994년 시애틀에서 인터넷 서점으로 사업의 첫발을 내디딘 아마존은 1997년 5월 주당 18달러로 나스닥에 상장되었다. 1998년에는 음반, 영화, DVD 판매 등으로 비즈니스를 확장하기 시작했고, 이후 온라인 마켓플레이스인 익스체인지닷컴 등 다양한 산업의 인수·합병과 투자를 통해 영역을 넓혀갔다. 2000년대 이후 본격적인 온라인 커머스 플랫폼 사업자로 성장 궤도에 오른 아마존은 원클릭 결제 시스템, 온라인 제휴 마케팅 등 당시 혁신적으로 평가받은 서비스를 내놓았고, 아마존 웹서비스, 클라우드, 스토리지 등으로 비즈니스를 확장해 장기적이면서 구조적인 성장 스토리를 숫자로 현실화했다.

사실 상장 초기 아마존은 성장 스토리만 있는 기업에 불과했다. 1997년 상장 당시 아마존의 매출 성장률은 전년 대비 900%가 넘었고, 1998년 말 직원당 연매출은 당시 오프라인 기반의 대표 서점인 반스앤노블의 수치를 3배 이상 상회했다. 하지만 2000년대 초반까지는 지속적인 적자에 시달렸고, 계속된 사업 확장과 공

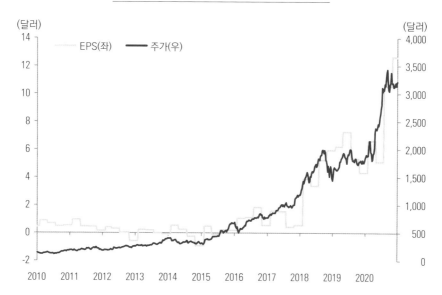

그림 3-13. 아마존의 주가와 EPS(2010~2020년)

격적인 투자로 인해 부채 부담도 높았다. 주가 역시 변동성이 클 수밖에 없었고, 한 때 100달러를 웃돌았던 주가는 2000년대 초 닷컴 버블 붕괴로 6달러까지 급락하기도 했다.

그럼에도 전자상거래라는 거대한 산업 생태계의 성장 사이클 초입에서 플랫폼 기반으로 경제적 해자를 구축해나갔다. 그 결과 2002년 처음으로 분기 흑자를 달성했고 2003년에는 연간 흑자를 달성했다. 이후 성장 궤도에 진입하며 꾸준한 이익의 성장과 현금흐름을 만들어내 기업 가치가 큰 폭으로 상승했다. 외형의 성장에만 그칠 것으로 인식되던 아마존은 마침내 경제적 해자를 구축하며 구조적 이익의 성장을 만들어냈다. 아마존은 매력적인 성장 스토리를 숫자, 즉 실적으로 증명했다.

구조적 성장주는 매력적인 스토리와 이익의 성장이 동시에 실현될 때 유의미한 기업 가치 상승을 만들어낼 수 있다. 기업 가치의 재평가를 현실화할 숫자의 힘(실적)은 이미 본격적인 성장 궤도에 진입한 테슬라와 넷플릭스뿐만 아니라 2020년 놀라운 상승세를 보인 언택트 및 여러 혁신 기업이 풀어나가야 할 숙제다.

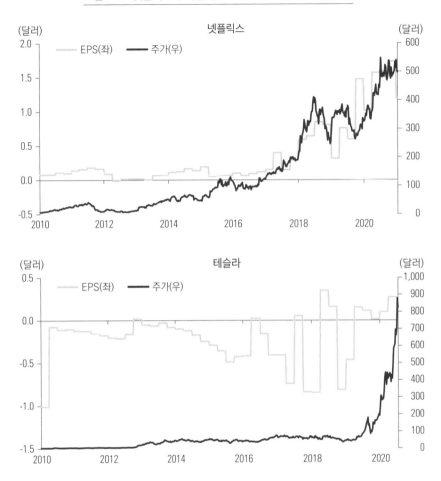

그림 3-14. 넷플릭스와 테슬라의 주가와 EPS(2010~2020년)

구조적 성장주의 핵심 무기: 경제적 해자와 파괴적 혁신

여기서 구조적 성장주를 논할 때 장기 실적 성장의 근간이 되는 경제적 해자를 빼놓을 수 없다. 경제적 해자는 경쟁사로부터 기업을 보호하는 높은 진입장벽과 확고한 구조적 경쟁우위를 말한다. 해자는 원래 적의 침입을 막기 위해 성곽을 따라 판 못을 의미한다. 경쟁사가 쉽게 넘볼 수 없는 진입장벽을 비유한 것인데, 워런 버핏이 1980년대 발표한 버크셔 해서웨이 연례 보고서에서 최초로 주창한 투자 아이디어다.

경제적 해자는 이제 기업의 장기 성장을 평가하는 척도로 곳곳에서 활용된다. 2013년 리서치 기업 모닝스타는 경제적 해자의 다섯 가지 공통 요인으로 효율적 규모의 경제, 높은 교체 비용, 비용우위, 무형자산, 네트워크 효과를 꼽았다.

2018년 테슬라의 일론 머스크와 워런 버핏의 경제적 해자와 관련된 설전은 투자자들에게 흥미로운 인사이트를 제공한다. 쟁점은 테슬라의 급속 충전소 네트워크를 경쟁자에 개방하는 것이었다. 그해 5월 테슬라는 1분기 실적 발표 후 투자자들로부터 급속 충전소 개방에 대해 많은 질문을 받았다. 애써 구축한 경제적 해자를 왜 포기하느냐는 것이었다.

머스크는 "해자 개념은 지루하다(I think moats are lame)"며 "적이 쳐들어오는데 방어막이 해자 하나뿐이라면 오래 살아남지 못할 것"이라고 답변했다. 이는 버핏을 우회적으로 비꼰 것으로 해석되었다. 머스크는 그러면서 "중요한 것은 혁신의 속도이며 이는 경쟁력의 근본 요인"이라고 덧붙였다.

이런 비판에 대해 버핏은 버크셔 해서웨이 주주총회에서, 머스크가 어떤 분야를 뒤흔들 수 있지만 사탕에서는 우리를 따라잡기 어려울 것이라며, 1972년 인수한 시즈캔디 사례를 제시했다. 시즈캔디는 가격 결정력을 통해 추가 설비 투자 없이 매년 꾸준히 이익을 늘려왔고 버핏이 투자한 경제적 해자의 대표적 사례로 꼽힌다.

그림 3-15. 경제적 해자

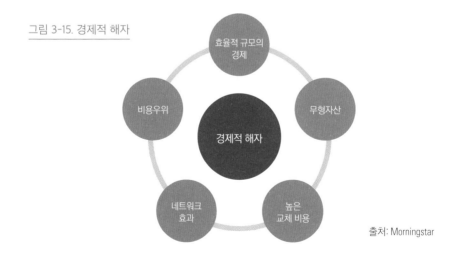

출처: Morningstar

하지만 머스크와 버핏의 주장에는 일맥상통하는 점이 있다. 바로 우월한 경쟁력을 통해 '구조적이고 장기적인 성장'을 도모한다는 것이다. 즉, 버핏의 전통적인 경제적 해자 기업은 이미 구축한 해자를 통해 안정적인 이익의 성장을 향한다. 물론 경제적 해자 기업도 빠르게 변화하는 세상과 기술에 적응하며 경쟁력을 유지하기 위해 혁신을 도입한다. 머스크의 혁신 기업은 기존 시장의 패러다임을 바꿀 수 있는 파괴적 혁신을 도입해 새로운 가치를 찾아내지만, 종국엔 장기적인 성장을 영위할 수 있는 새로운 경제적 해자 구축을 향한다.

버핏이 2016년부터 애플에 투자하면서 '잘 이해하지 못하는 기술주들에 투자하지 않는다'라는 오랜 투자 원칙에서 벗어난 것도 같은 맥락이다. 이는 혁신을 통해서 새로운 해자를 만들어내는 기업도 언제든지 버핏의 투자 대상이 될 수 있음을 시사한다. 버핏의 투자 후에도 애플의 주가는 꾸준히 상승했다. 평가이익이 2배 이상 발생한 후에도 애플은 여전히 버핏의 투자 포트폴리오에서 절반 가까운 비중을 차지하고 있다.

한 가지 더 흥미로운 대목은, 장기적 관점에서 경제적 해자가 구축된 기업은 단기 시장의 변동성과 빈번한 스타일 변화에도 견조한 상승 흐름을 보여왔다는 사실이다. 독보적인 기술력, 브랜드 파워, 라이선스 등 경제적 해자를 기반으로 한 기업

표 3-3. 버크셔 해서웨이의 포트폴리오(2021년 1월)

티커	종목명	섹터	포트폴리오 보유 비중(%)
AAPL	애플	IT	**47.70**
BAC	뱅크오브아메리카	금융	10.61
KO	코카콜라	필수소비재	8.61
AXP	아메리칸 엑스프레스	금융	6.63
KHC	크래프트하인즈	필수소비재	4.25
MCO	무디스	금융	3.12
USB	U.S. 뱅코프	금융	2.06
CHTR	차터 커뮤니케이션	커뮤니케이션	1.42
DVA	다비타	헬스케어	1.35
WFC	웰스파고	금융	1.31

출처: SEC

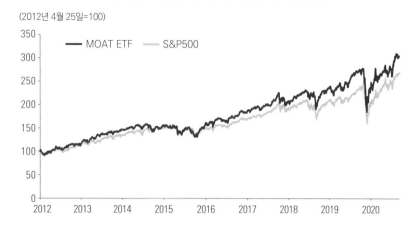

그림 3-16. MOAT ETF의 수익률(2012/04~2020/12)

(2012년 4월 25일=100)

에 투자하는 미국의 MOAT ETF의 누적 수익률은 204.2%로, 같은 기간 S&P500 지수 수익률 170.1%를 크게 앞선다.

앞서 리처드 번스타인의 말을 빌려 언급했듯이, 특히 성장이 희귀해진 시대에는 경제적 해자와 혁신과 같은 무기로 구조적으로 성장하는 기업의 프리미엄과 성과가 더욱 우월했다.

가치투자에도 구조적 성장이 중요하다

2021년 1월, 오크트리캐피털의 하워드 막스 회장은 투자자 메모를 통해 전통적인 가치투자의 시대는 끝났다고 주장했다. 그는 돋보이는 통찰력으로 시장의 기회와 리스크를 평가해 잘 알려졌고 워런 버핏 등 전 세계 가치투자자들이 그를 신뢰한다.

그는 통상적으로 성장주와 가치주는 상반되는 개념으로 여겨졌으나 이토록 빠르게 변하는 세상에서는 가치투자의 개념이 변해야 하고 성장주 투자와 분리할 필요가 없다고 결론 내렸다. 버핏과 그의 스승 벤저민 그레이엄의 가치투자로 유명하던 시대와 지금은 환경이 완전히 바뀌었다는 것이다. 그는 혁신의 속도가 과거 어느 때보다 빨라서, 디지털 기반의 기업은 비용을 거의 들이지 않고 무한대로 시장을 확대할 잠재력을 지녔다고 설명하며, 현재 실적이 미미하더라도 미래 성장 잠재력이 높은 기업의 주식은 성장주인 동시에 충분히 매수할 가치가 있는 또 다른 의미의 가치주일 수 있다고 주장했다.

사실 '성장'이라는 키워드는 가치투자에서도 핵심이다. 가치투자라고 해서 무조건 기업의 시장 가치가 청산가치보다 낮거나 시장 평균 밸류에이션 대비 저렴한 주식, 즉 현재의 절대적인 밸류에이션 수준에만 집중해 투자하는 것이 아니다. 버핏의 가치투자의 핵심은 '경제적 해자'와 '안전마진'이다. 버핏은 투자를 위해 기업의 적정 가치(내재가치)를 추정할 때 기업의 경제적 해자를 기반으로 한 '장기 성장성'을 고려하고, 그 가치 범위의 하단 가격보다 낮은 싼 가격에 매입했다. 그것이 안전마진이 있는 가격이다. 버핏은 이러한 기업의 경제적 해자가 주주 이익의 관점에서 기업 이익의 장기 성장률과 관련이 크다고 이야기한다.

저성장·저금리 환경이 본격화되면서 전통적인 가치주의 상대 성과는 꾸준히 하락해왔다. 가속화되고 있는 4차 산업혁명 시대, 성장이 희귀해진 시대에는 가치투자의 기준도 변해야 한다.

오랜 역사에서 우리는 장기적 관점에서 주식이 가장 우월한 투자 자산이며, 담보할 수 있는 성장성이 그 기업의 '가치'에 매우 중요함을 알았다. 그리고 성장이

그림 3-17. 장기 명목 금리의 하락 트렌드(1311~2018년)

출처: Goldman Sachs

어려워질수록 성장의 프리미엄은 더욱 높아진다.

장기 저성장, 저물가, 저금리의 시대에서 구조적 성장주에 투자해야 하는 이유는 더욱 명확해졌다.

'성장'의 핵심, 3가지 테마를 논하다

우리는 성장의 테마를 크게 세 가지로 구분한다.

첫째, 구조적 성장주다. 톱다운 관점에서 중장기 성장 가시성이 담보된 산업과 기업을 의미한다. 구조적 성장이라는 키워드의 핵심 축은 기술 혁신에 기반을 두고 인류가 소비하고 일하는 방식, 일상생활의 전반을 혁신적으로, 그리고 어느 산업혁명보다 광범위하게 변화시키고 있는 '4차 산업혁명과 디지털 경제'다. 또한 기성세대와는 확연히 차별화된 특성으로 글로벌 핵심 소비 주체로 떠오른 '밀레니얼 세대와 Z 세대의 소비'도 중요한 축을 담당한다.

이 책에서는 4차 산업혁명과 디지털 경제의 근간이 되는 디지털 인프라(upstream)부터 소프트웨어와 플랫폼(midstream), 밀레니얼 및 Z 세대 중심의 최종 소비(downstream)에 이르기까지 해당 밸류체인 내에서 구조적 성장 가시성이 높은 혁신 기업과 대표적인 경제적 해자 기업들을 선정해 투자 로드맵을 제시하고 소개한다.

구조적 성장 산업과 기업을 선정한 기준은 1) 파괴적 혁신을 통해 성장하는 생태계와 이를 기반으로 중장기적으로 성장할 가능성이 높은 산업, 2) 견조한 장기 수요가 담보된 산업, 3) 상기 산업 내 높은 시장 지배력이나 진입장벽, 성장 잠재력을 보유한 핵심 기업, 4) 경제적 해자에 기반해 자체적인 성장동력을 보유한 기업 등이다. 아마존(전자상거래)과 애플(모바일 디바이스), 페이스북(소셜네트워크)과 같은 No.1 성장주들과 차세대 테슬라, 차세대 FAAMG가 될 수 있는 잠재력 높은 기업, 스스로 성장동력을 만들며 세계 최대라는 타이틀이 붙은 경제적 해자 기업이 대표적이다.

둘째, 배당 성장주다. 안정적인 '인컴' 투자는 장기 저성장 시대에 필수적으로 배분해야 할 중요한 수익 자산이다. 인컴 자산인 채권 투자 매력이 감소하고 있는 오늘날 시장 환경에서 배당주 투자에 주목할 필요가 있다. 배당주 내에서도 단순히 배당을 많이 주는 고배당주보다 성장을 겸비한 배당 성장주에 주목해야 하는 이유는 명확하다. 기업 가치를 결정하는 중요한 수익원은 배당과 성장에 기반한 자본이득(주가 상승)이기 때문이다. 배당 성장주 투자를 통해 안정적인 배당 수입과 자본이득을 균형 있게 획득할 수 있다.

안정적인 성장과 견조한 현금흐름 창출 능력만이 중장기 배당의 가시성을 높일 수 있다는 점이 중요하다. 일반적으로 경기에 민감한 산업군에 속해 있는 고배당주들은 장기 배당 지급 가시성이 상대적으로 낮은 편이고, 배당이 축소될 때 주가가 큰 영향을 받는다. 미국 GE의 사례가 대표적이다. 견고한 이익 성장에 기반한 배당 성장주에 투자할 때, 주가 상승에 따른 수익과 배당수익을 안정적으로 획득할 수 있다.

결국 우리가 가장 주목하는 배당주는 성장과 배당의 매력을 동시에 갖춘 구조적인 배당 성장주다.

셋째, 상장지수펀드(ETF: Exchange Traded Fund)다. ETF는 기초 지수의 성과를 추종하는 인덱스 펀드가 주식시장에 상장되어 개별 종목처럼 거래되는 금융상품이다. 21세기 최고의 금융상품으로 불리는 ETF는 저렴한 수수료와 분산 투자 등의 장점

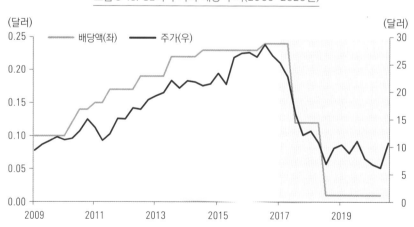

그림 3-18. GE의 주가와 배당 추이(2009~2020년)

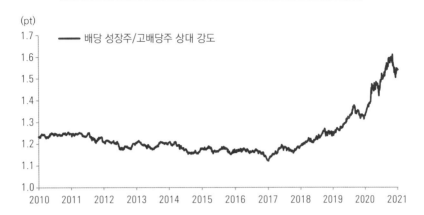

그림 3-19. 미국 배당 성장주 vs 고배당주 상대 강도(2010~2020년)

이 있어서, 2020년 말 기준 시장 규모가 7조 7,000억 달러로 10년 전 1조 3,000억 달러 대비 약 6배 증가하며 주요 글로벌 투자 자산 중 가장 빠르게 성장하고 있다.

과거에는 S&P500과 코스피200처럼 전체 주식시장을 추종하는 지수형 ETF가 대부분이었지만 이후 다양한 섹터와 테마에 투자하는 액티브 ETF들이 출시되며 선택의 폭이 크게 넓어졌다. 이 책에서는 구조적 성장 테마와 글로벌 메가 트렌드에 부합하는 대표적인 ETF 상품을 선별해 제시한다.

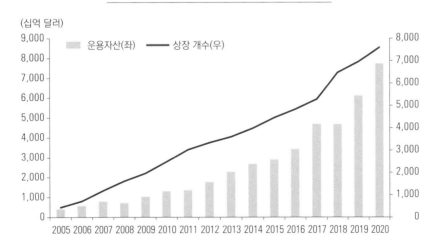

그림 3-20. 글로벌 ETF 성장 추이(2005~2020년)

2부 구조적 성장,
3가지 테마를 말하다

2부에서는 구조적 성장의 테마를 크게 세 가지, 즉 구조적 성장주와 배당 성장주, ETF로 구분했다.

구조적 성장주에서는 산업의 밸류체인에 기반해 투자 로드맵을 제시한다. 이는 디지털 인프라·하드웨어 중심의 업스트림, 소프트웨어·플랫폼 중심의 미드스트림, 최종 소비재 중심의 다운스트림으로 나뉜다. 업스트림의 핵심은 IT 하드웨어와 데이터, 친환경(신재생)에너지, 모빌리티 비즈니스 등이다. 미드스트림에는 네트워크 관리와 클라우드 컴퓨팅, 사이버 보안, 온라인 유통, 핀테크 등을 선정했다. 다운스트림에는 현재 주력 소비층인 밀레니얼 세대와 Z 세대를 중심으로 구조적으로 성장하는 소비재와 서비스, 헬스케어 등을 담았다. 배당 성장주는 구조적 성장과 함께 배당이 꾸준히 증가할 수 있는 후보군이 핵심이다. 종목 선정 기준은 본문에서 자세하게 설명했다.

마지막으로 ETF에서는 구조적 성장 로드맵에 부합하는 테마형 ETF와 액티브 ETF를 제안한다. 테마형 ETF는 신재생에너지, 이커머스, 밀레니얼 소비 등 주로 글로벌 메가 트렌드에 투자하는 상품이고, 액티브 ETF는 편입 종목과 매매 시점 등을 펀드매니저의 재량으로 액티브하게 결정하고 운용해 초과수익을 추구하는 ETF다.

4장

테마 1.
구조적 성장주

구조적 성장주의 핵심 키워드는 '4차 산업혁명 및 디지털 경제'와 '밀레니얼 세대와 Z 세대의 소비'다. 구조적 성장주의 투자 로드맵을 그려내려면 이들 키워드가 의미하는 바와 특징, 향후 전망을 분석해야 한다.

2008년 글로벌 금융위기 이전 세계는 수년간 연 4% 내외의 성장을 이어왔지만, 금융위기 이후 고성장 패턴을 회복하지 못하고 있다. 이에 센테니얼 슬럼프(100년 동안 지속되는 슬럼프)의 가능성을 제기하는 경제학자들이 생겨났고 '구조적 저성장', '구조적 장기 침체'는 이미 우리에게 익숙한 표현이 되었다. 구조적 장기 침체는 제로에 가까운 낮은 금리 환경에도 불구하고 지속적인 수요 부족이 극복되지 못하는 상황을 일컫는다.

현재 세계 경제는 전체 GDP의 70% 이상을 점유하고 있는 선진국의 고령화와 같은 인구학적 변화와 자본 분배의 왜곡, 과도한 부채 등 다양한 구조적 원인으로 장기간 저성장의 트랩에서 벗어나지 못하고 있으며, 신흥국만으로는 경제의 성장 동력을 찾기 어려운 국면이 이어지고 있다. 이제는 이미 성장동력이 소진된 유형 경제 시대인 1~3차 산업혁명을 초월하는 혁신적 비즈니스 모델이 필요한 경제 상황이 되었다. 이런 가운데 4차 산업혁명과 이에 기반한 디지털 경제의 성장은 심화된 저성장 시대에 새로운 성장동력을 제공하고 있다. 4차 산업혁명과 디지털 경제의 양상과 영향, 경제적 효과, 특징은 무엇일까?

《클라우스 슈밥의 제4차 산업혁명》의 저자인 클라우스 슈밥 세계경제포럼 회장은 이 새로운 혁명이 오늘날 글로벌 경제에 미치는 긍정적인 영향을 세 가지로 설명한다.

첫째, 4차 산업혁명은 20억 인구의 충족되지 못한 니즈가 경제에 반영되는 기회를 제공하고, 세계 모든 사람과 커뮤니티에 권한을 부여하고 서로 연결함으로써 기존 재화와 서비스에 대한 추가 수요를 유도한다.

둘째, 4차 산업혁명은 부정적 외부 효과를 제대로 분석할 수 있고 이를 해결하는 과정에서 잠재적 경제 성장을 촉진할 수 있다. 탄소 배출을 예로 들면, 재생에너지 분야의 빠른 기술 진보로 기후변화를 완화하는 동시에 경제 성장에도 도움을 줄 수 있다.

셋째, 영리 조직과 정부, 시민사회 모두 디지털 기술의 효율성을 완전히 실현할 수 있는 조직으로 개편하기 위해 노력하고 있다.

디지털 경제가 미국 GDP 성장에 약 25% 기여

맥킨지 등 4차 산업혁명의 파급력을 예측한 전문 기관들은 2015년부터 2025년까지 이 혁명의 잠재적인 경제적 부가가치가 최대 36조 달러에 달할 것으로 전망한다. 이는 2019년 세계 국내총생산(GDP)인 약 87조 달러의 40% 수준이다. 실현 가능여부를 떠나, 파괴적 혁신과 급격한 기술 변화를 경험하고 있는 현시대에 4차 산업혁명이 글로벌 경제에 주요 성장동력으로 작용하고 있음을 부인하긴 어렵다.

국제통화기금(IMF)은 2018년에 4차 산업혁명을 기반으로 고성장하고 있는 디지털 경제를 좁은 의미로는 '온라인 플랫폼과 이를 기반으로 하는 활동'으로, 넓은 의미로는 '디지털화된 데이터를 활용한 모든 활동'으로 정의했다. 아직 적절하게 통

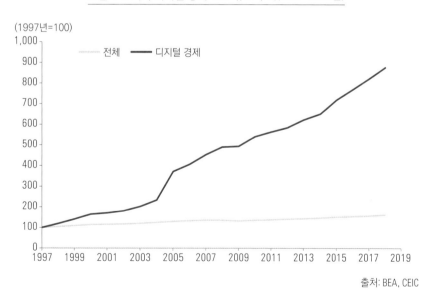

그림 4-1. 미국 디지털 경제 GDP 규모 추이(1997~2019년)

출처: BEA, CEIC

용되는 지표는 없으나 미국 상무부(BEA)는 디지털 경제를 '정보기술(IT) 및 연관된 산업'으로 분류하며 성장 기여도를 추적한다. 이에 따르면 디지털 경제는 이미 급속한 성장세를 구가하며 미국과 글로벌 경제에 크게 기여하기 시작했다. 2018년 기준 디지털 경제가 미국 GDP에서 차지하는 비중은 약 9%로 추정되나 GDP 성장에 대한 기여도는 약 25%에 이르는 것으로 파악되며 영향력이 더욱 커지고 있다. 영국 옥스퍼드대 산하 연구 기관인 옥스퍼드 이코노믹스는 세계 디지털 부문의 경제 영향력이 2025년에는 25%에 이를 것으로 전망했다. 실제 하드웨어 및 소프트웨어, 통신과 관련 서비스, 이커머스 및 미디어를 포함한 디지털 경제의 대표 산업은 견조한 고성장을 지속하며 영향력을 확대하고 있다.

디지털 경제가 '수확 체증'을 누리는 네 가지 요인

4차 산업혁명이 지닌 기술 혁신의 잠재력은 수확 체증에서 나온다.

2018년 노벨경제학상 수상자인 폴 로머는 기술 혁신이 경제 성장을 촉진한다는 경제적인 메커니즘을 내생적 성장 이론으로 제시했다. 그는 연구·개발에 대한 투자로 기술 진보가 꾸준히 이뤄진다면 지속적인 성장이 가능하다고 주장했는데 이는 지식과 데이터 같은 무형자산에 기반한 경제에서는 이른바 수확 체증의 특성이 나타나기 때문이다. 수확 체증은 제로에 가까운 한계비용을 통해 노동과 자원을 소량 투입해도 많은 수익을 창출할 수 있음을 의미한다. 대척점에 있는 수확 체감은 생산 요소를 지속적으로 투입해도 어느 시점에 도달하면 투입 요소 대비 수확의 증가량이 감소하는 현상을 가리킨다. 이는 유형자산 기반의 전통 산업과 경제가 공통적으로 지닌 한계다.

수확 체증이 발생하는 주요 요인은 크게 네 가지로 설명 가능한데 첫째, 소프트웨어처럼 초기 개발에 투입되는 비용은 크지만 추가 생산 비용은 현저히 적어 한계비용이 제로에 가까운 경우다. 둘째, 네트워크 효과로 사용자가 늘어날수록 사용 가치가 기하급수적으로 증가하는 경우다. 셋째, 제품이나 서비스의 전환 비용

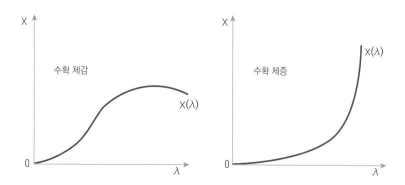

그림 4-2. 수확 체감과 수확 체증의 법칙

이 높아 고객 묶어두기(lock-in) 효과가 큰 경우다. 넷째, 산업의 표준이 되는 원천 기술을 특허로 선점한 경우다.

제로에 가까운 한계비용 기반 구독 경제 모델로 장기 성장성을 확보하고 있는 소프트웨어 기업들, 강력한 하드웨어 묶어두기 효과로 종합 플랫폼 기업으로 진화하고 있는 애플, 콘텐츠 지식재산권(IP)을 기반으로 고성장하고 있는 넷플릭스와 같은 글로벌 성장 기업들은 이러한 수확 체증의 특성을 잘 보여준다.

플랫폼 비즈니스, 네트워크 효과로 확장세 가속

과거 유형 경제 시대의 기업과 달리 디지털 경제의 테크 기업들은 수확 체증을 바탕으로 비선형적 성장세를 구사하며 성장 속도를 올리고 있다. 특히 디지털 경제의 대표적인 플랫폼 기업들은 수확 체증의 전형적인 성장 모델을 보여준다.

글로벌 1위 소셜미디어 서비스 기업인 페이스북과 같은 메신저 플랫폼 비즈니스에는 네트워크 효과가 존재한다. 따라서 사업의 확장 속도가 기하급수적일 뿐 아니라 사업 규모와 자본의 상관성이 현저히 낮아질 수 있음을 보여준다(많은 자본의 투입 없이도 높은 매출 성장 가능). 마이크로소프트의 오피스 소프트웨어가 사용자 10억 명을 확보하는 데 21.7년이 소요된 반면 페이스북은 8.7년밖에 걸리지 않았다.

신규 플랫폼은 더욱 눈부신 속도를 보여주었다. 짧은 동영상 공유 플랫폼인 틱톡은 불과 19일 만에 5,000만 사용자를 확보했다. 페이스북이 같은 수의 사용자를 확보하는 데 3.5년이 걸린 것에 비하면 틱톡은 70배 가까이 빠른 것이다.

2013년 이후 페이스북 사용자가 128% 성장하는 동안 이 회사의 전체 매출은 무려 992%나 증가했다. 네트워크 효과를 통한 강력한 성장세는 지금도 지속되고 있다.

그림 4-3. 주요 플랫폼의 5,000만 사용자 도달까지 걸린 시간

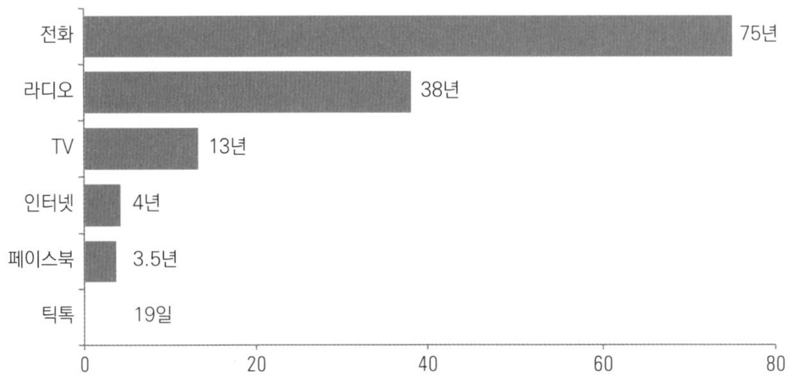

출처: Cresset Capital

그림 4-4. 페이스북의 매출, 활동자 수, 자본적 지출(2010~2020년)

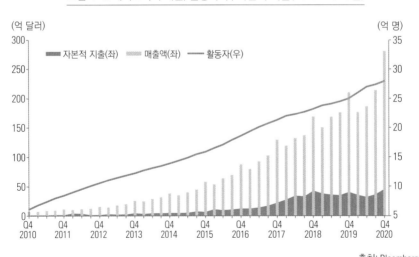

출처: Bloomberg

유형자산보다 무형자산 기반이 특징

디지털 경제의 플랫폼 기업은 물리적 자산이 아니라 애플리케이션과 코드에 기반하기 때문에 빠른 성장이 가능하고 독과점적 지위를 확보하게 된다. 광고 회사 하바스 미디어의 전략 담당 톰 굿윈은 2015년 플랫폼 비즈니스의 독특한 특징으로 물리적 자산이 아닌 무형자산에 기반을 둔다는 점을 들었다. 그는 다음과 같이 설명했다.

"세계 최대 택시 회사인 우버는 한 대의 자동차도 보유하고 있지 않다. 세계에서 가장 인기 있는 미디어 회사인 페이스북은 콘텐츠를 만들지 않는다. 세계에서 가장 가치 있는 소매 기업인 알리바바는 재고가 없다. 그리고 세계 최대의 숙박 업체인 에어비앤비는 자가 소유의 부동산이 없다."

무형자산에 기반한 수확 체증의 특성을 바탕으로 비선형적인 성장을 구가하고 있는 글로벌 테크 기업의 성장 속도와 영향력은 과거 유형 경제 시대의 기업과는 비교하기 어렵다.

그림 4-5. 글로벌 시가총액 톱 5 기업과 무형자산 추이

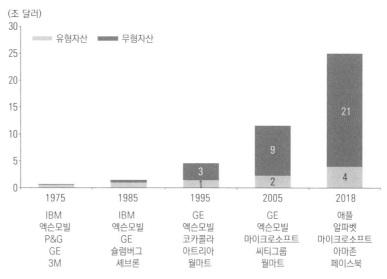

출처: Bloomberg

그림 4-6. 무형 경제 시대 1위 기업의 높은 산업 지배력(시장점유율 기준)

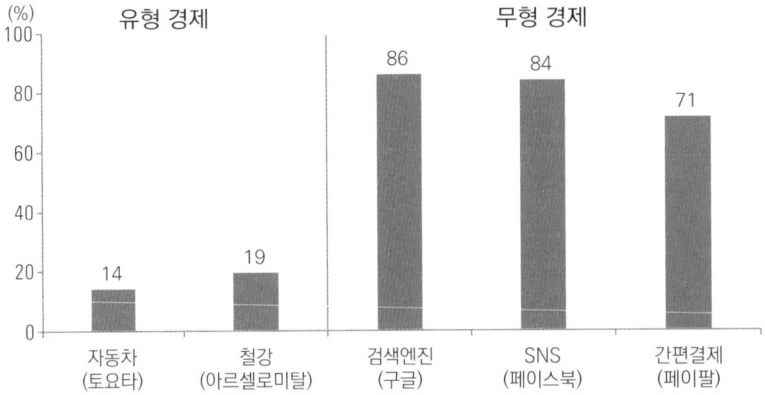

(%)

유형 경제 | 무형 경제

- 자동차 (토요타): 14
- 철강 (아르셀로미탈): 19
- 검색엔진 (구글): 86
- SNS (페이스북): 84
- 간편결제 (페이팔): 71

출처: Factset 산업 분류 기준

미국 중심의 글로벌 IT 기업이 디지털 경제 주도

기술 혁신으로 구조적 변화를 이끌고 있는 4차 산업혁명과 이에 기반한 디지털 경제의 성장은 바로 미국 중심의 글로벌 IT 기업이 견인하고 있다. 이는 해당 산업과 대표적인 혁신 기업들이 글로벌 경제와 사회에 미치는 파급력, 탄탄한 성장 경로, 그리고 우월한 기업 가치로 검증되고 있다.

흥미로운 점은 디지털 경제의 성장을 견인하는 FAANG 같은 기업의 성장 경로가 2000년대 중반에 촉발된 중국의 붐 사이클을 상회하는 궤적을 그리고 있다는 것이다. 과거 유형 경제를 대표하는 원자재 슈퍼사이클이 이제는 무형 경제를 대표하는 4차 산업혁명 기업의 성장 사이클로 재현되는 듯하다.

디지털 경제가 글로벌 전체 경제에서 차지하는 비중이 아직 낮고 기술 혁신의 속도가 빨라지는 것을 고려하면 여전히 구조적으로 성장할 잠재력이 높다. 디지털 경제의 핵심 요소인 소프트웨어 및 연구·개발 중심의 무형자산 투자 비중은 과거 유형자산 중심의 설비 투자 규모를 이제 막 앞서려 하고 있고 이 트렌드는 역행하기 힘들다. 글로벌 데이터 생성 규모는 여전히 폭발적으로 증가하고 있으며 5G의 투자와 대중화는 이를 더욱 촉진하며 디지털 생태계를 확장해나갈 것이다.

그림 4-7. FAANG+MS 매출(2011~2020년)과 중국 명목 GDP(2004~2013년) 성장 비교

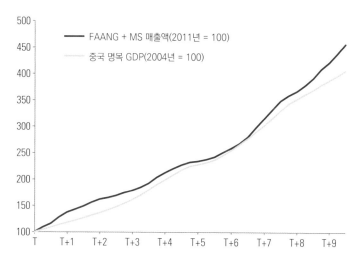

출처: Bloomberg

그림 4-8. 무형자산 투자 비중과 유형자산 설비 투자 규모 추이(1947~2019년)

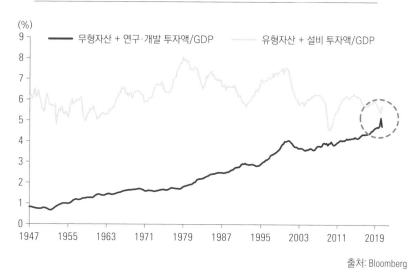

출처: Bloomberg

4차 산업혁명, 고도화·대중화 2단계 돌입

4차 산업혁명은 한층 더 고도화되고 대중화되고 있다. 《제2의 기계 시대》와 《머신·플랫폼·크라우드》를 공저한 에릭 브린욜프슨과 앤드루 맥아피는 이들 책에서 디지털화로 우리 경제와 사회의 역사에 나타나고 있는 변화를 다뤘다. 그들은 제1의 기계 시대는 증기기관이 열었고 제2의 기계 시대는 디지털 기술이 열고 있다고 말한다. 제2의 기계 시대는 두 단계로 진행되는데 1단계는 디지털 기술이 대량의 일상적인 일을 떠맡음으로써 경제계에 충격을 미친 시기로 규정한다. 이는 컴퓨터를 비롯한 디지털 기술들이 급성장한 1990년대 중반에 시작되었다. 2단계는 자율주행차와 같이 공상과학소설에 나올 법한 기술들이 현실화되는 시기이며 출발점은 2010년대로 규정된다.

2단계가 1단계와 확연히 다른 점은 첫째, 기계가 스스로 문제를 풀고 해결하는 방법을 배우는 등 결코 생각하지도 못한 일을 기술이 보여주기 시작한다는 것이고, 둘째, 수많은 인구가 스마트폰과 같이 경이로운 확산 속도로 보급된 컴퓨터와 항상 함께한다는 것이다. 이처럼 전형적이지 않은 형태의 일을 해낼 수 있는 컴퓨터와 인류의 디지털 연결은 불과 몇 년 사이에 일어난 현상이다. 이 2단계는 4차 산업혁명이 한층 더 고도화되고 대중화되는 과정으로 이해된다. 중요한 것은 인류 역사상 처음으로 인구 대부분이 전 세계 축적된 광범위한 지식에 디지털로 연결되고 스스로 이 지식에 기여해 선순환을 일으키고 있다는 것이다. 또한 다양한 유형의 교환과 거래에 참여함으로써 앞으로도 기술의 대중화와 함께 파급력 높은 기술들이 빠르게 확산될 것이라는 점이 중요하다. 이러한 선순환과 기술의 대중화는 디지털 경제의 발전과 디지털 생태계의 확장을 더욱 가속화할 것으로 예상된다.

AI, 빅데이터 등이 구조적 성장의 엔진

세계경제포럼의 2015년 보고서는 4차 산업혁명으로 촉발될 미래의 변화를 구체적으로 언급했다. 2025년에 발생할 티핑 포인트(균형을 이루던 것이 깨어지고 급속도로 특정 현상이 퍼지거나 우세하게 되는 것을 일컫는 용어)로 인공지능(AI), 로봇, 클라우드, 빅데이터, 자율주행 자동차, 공유경제, 블록체인 등을 꼽았다. 이미 우리에게 익숙하고 깊숙이 침투하고 있는 분야다.

표 4-1. 2025년 발생할 티핑 포인트

티핑 포인트	응답 비율(%)
인구의 10%가 인터넷에 연결된 의류를 입는다	91.2
인구의 90%가 (광고료로 운영되는) 무한 용량의 무료 저장소를 보유한다	91.0
1조 개의 센서가 인터넷에 연결된다	89.2
미국 최초의 로봇 약사가 등장한다	86.5
10%의 인구가 인터넷에 연결된 안경을 쓴다	85.5
인구의 80%가 인터넷상 디지털 정체성을 갖게 된다	84.4
3D 프린터로 제작한 자동차가 최초로 생산된다	84.1
인구조사를 위해 인구센서스 대신 빅데이터를 활용하는 최초의 정부가 등장한다	82.9
상업화된 최초의 인체 삽입형 모바일폰이 등장한다	81.7
소비자 제품 가운데 5%는 3D 프린터로 제작된다	81.1
인구의 90%가 스마트폰을 사용한다	80.7
인구의 90%가 언제 어디서나 인터넷 접속이 가능하다	78.8
미국 도로를 달리는 차들 가운데 10%가 자율주행 자동차다	78.2
3D 프린터로 제작된 간이 최초로 이식된다	76.4
인공지능이 기업 감사의 30%를 수행한다	75.4
블록체인을 통해 세금을 징수하는 최초의 정부가 등장한다	73.1
가정용 기기에 50% 이상의 인터넷 트래픽이 몰리게 된다	69.9
전 세계적으로 자가용보다 카 셰어링을 통한 여행이 더욱 많아진다	67.2
5만 명 이상이 거주하나 신호등이 하나도 없는 도시가 최초로 등장한다	63.7
전 세계 GDP의 10%가 블록체인 기술에 저장된다	57.9
기업의 이사회에 인공지능 기계가 최초로 등장한다	45.2

출처: 세계경제포럼(2015)

그림 4-9. 전기차 시장 침투율

출처: Wards Auto, CPCA, EV-sales, ACEA, KAMA, SNE Research, BNEF

그림 4-10. 블록체인의 글로벌 경제 영향력 전망(2021~2030년)

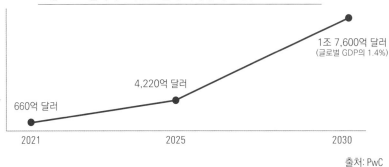

출처: PwC

그림 4-11. AI의 글로벌 경제 영향력 전망(2017~2030년)

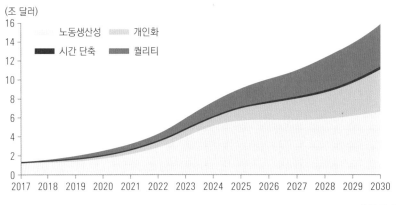

출처: PwC

그림 4-12. 일상생활의 디지털화

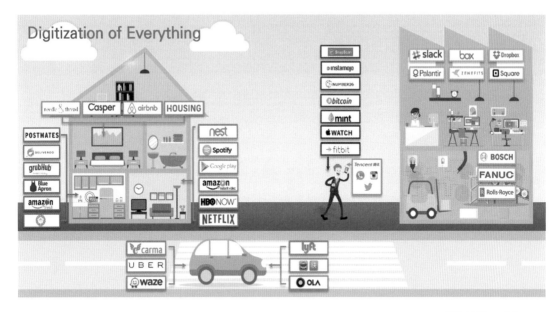

출처: McKinsey & Company

4차 산업혁명의 대표적인 산업인 전기차는 대중화에 성공하며 본격적인 고성장기에 진입했고 자율주행 기술은 상용화를 눈앞에 두고 있다. 빅데이터, 블록체인, AI 등 한층 고도화된 혁신 기술은 향후 디지털 경제의 구조적 성장동력이 될 전망이다.

4차 산업혁명과 고성장하는 디지털 경제, 이 생태계를 구성하고 진화시켜나가는 산업과 기업들이 구조적인 성장 테마의 첫째 핵심 축이다.

디지털 네이티브, MZ 세대 소비

4차 산업혁명과 디지털 경제와 더불어 구조적 성장 테마에 중요한 또 다른 축은 소비다. 디지털 경제 시대에 구조적으로 수요를 견인하는 소비 주체인 밀레니얼 세대와 Z 세대(이하 MZ 세대)가 핵심이다.

현재 밀레니얼 세대(1980~1996년 출생)는 기존 주요 소비 세대였던 X 세대와 베이비부머를 능가하는 최대 소비층으로 부상했다. 〈파이낸셜타임스〉에 따르면 2018년 기준 밀레니얼 세대는 전 세계 인구의 약 4분의 1인 18억 명에 이른다. 인구 비중으로도 이미 기존 세대를 넘어섰고 세계 소비 시장에서 차지하는 비중은 30%에 이른다. 밀레니얼 세대의 소비 성향은 기존 세대와 확연히 다르다. 무엇보다 디지털 기술에 친숙한 '디지털 네이티브(Digital Natives)'이며, 소셜미디어(SNS)를 적극적으로 활용한다. KOTRA는 밀레니얼 세대 소비의 특징을 4가지로 정리했는데 경험을 중시하고, 소유보다 임대를 선호하며, 상품에 대한 정보력이 높고, 브랜드 로열티가 높지만 브랜드 선정은 까다롭다는 것이다. 건강한 식습관에 대한 높은 관심, 자신의 개성과 삶의 질을 우선시하는 것(나를 위한 소비)도 중요한 특성이다. 이들은 이미 글로벌 소비 시장에서 큰 변화를 만들어내고 있다. 광범위한 산업과 기업의 전략, 브랜드 마케팅과 제품 등이 핵심 소비층인 밀레니얼 세대의 소비 성향 중심으로 변화하고 있다.

밀레니얼 세대가 현재 주력 소비층이라면 Z 세대(1997~2010년대 출생)는 10년 후 글로벌 소비 시장을 이끌 새로운 세대로 주목받는다. 뱅크오브아메리카는 2020년 보고서에서 Z 세대가 2030년까지 글로벌 소득의 4분의 1 이상을 차지할 것으로 예상하며 10년 후 이들의 경제력은 지금보다 5배 증가한 33조 달러에 달해 모든 세대를 통틀어 가장 빠르게 커질 것으로 전망했다. 또한 부모 세대의 거대한 부의 이동이 Z 세대를 중심으로 이뤄지는 점에서 가장 파괴적인 세대가 될 수 있다고 보았다. 여기서 주목한 핵심 수혜 업종은 이커머스, 스마트 결제, 명품, 온라인 스트리밍 서비스와 환경·사회·지배구조(ESG) 등이다.

밀레니얼 세대와 Z 세대는 성향이 매우 유사하다. 모건스탠리는 2019년 보고서에서 이 두 세대가 교육과 가치 측면에서 전체적으로 비슷하다고 지적했다. 이들은 특히 어느 세대보다 인공지능(AI), 5G, 네트워크, 블록체인, 전기차 등 미래 기술 환경에 친숙하며 이를 적극 활용하고 소비해나간다. 다만 더 젊은 세대인 Z 세대가 좀 더 디지털 환경에 익숙하다는 차이가 있다. 코로나19에 따른 비대면 경제 발전을 주도하는 세대도 MZ 세대다. 다시 말해 이들의 경제활동 참여와 글로벌 소

그림 4-13. 밀레니얼 세대 vs Z 세대

밀레니얼 세대	Z 세대
출생 시기 1980~1996년	출생 시기 1997~2010년대
B 베이비붐 세대가 양육	X X 세대가 양육
경기 번영기에 성장	경기 침체기에 성장
이상주의 성향	실용주의 성향
경험 중시	저축 중시
모바일 기기 선구자	모바일 기기 네이티브
가치에 공감하는 브랜드 선호	진정성 있는 브랜드 선호
페이스북 & 인스타그램 선호	스냅챗 & 인스타그램 선호

출처: businessinsider.com, thedrum.com, thinkwithgoogle.com, wpengine.netdna-cdn.com

그림 4-14. 소비 시장을 주도할 MZ 세대

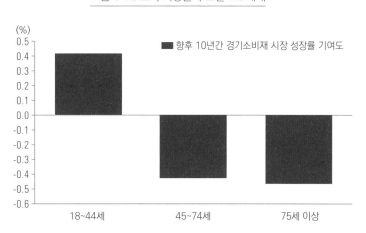

출처: Bureau of Labor Statistics, Morgan Stanley Research

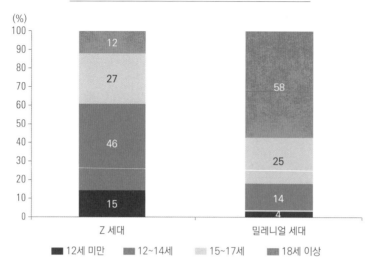

그림 4-15. MZ 세대의 연령대별 첫 스마트폰 사용 비중

출처: AlphaWise

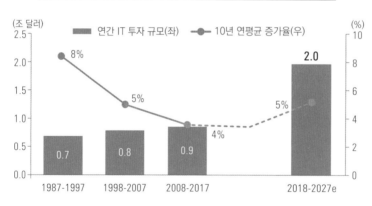

그림 4-16. MZ 세대가 견인할 디지털 생태계의 확장(1987~2027년)

출처: BEA, Morgan Stanley Research

비 영향력이 강화될수록 디지털 경제 중심의 4차 산업혁명이 가속화되는 선순환
이 발생한다. MZ 세대와 4차 산업혁명에 기반한 디지털 생태계는 상호 보완 관계
를 통해 시너지를 내며 성장할 것으로 전망된다.

구조적 성장주 투자 로드맵

이상의 논의에서 내린 결론은 이렇다. 현재 글로벌 경제의 성장을 견인하는 핵심 축인 '4차 산업혁명 및 디지털 경제'와 'MZ 세대 소비'를 중심으로 구조적 성장의 가시성이 높은 기업에 지속적인 관심을 기울일 필요가 있다. 이는 첫째, 파괴적 혁신을 통해 디지털 생태계 내에서 중장기 성장성이 담보된 기업이다. 둘째, 코로나19발 실물 경기의 충격으로 성장 궤도에서 일시적으로 이탈했으나 향후 다시 구조적 성장의 본궤도에 빠르게 진입할 수 있는 경쟁력 높은 기업을 의미한다. 마지막으로 외부 충격이나 산업의 경쟁 심화 속에서도 안정적으로 성장을 영위할 수 있는 경제적 해자를 보유한 기업이다.

이 책은 상기 핵심 두 축을 중심으로 주요 산업을 디지털 인프라와 하드웨어 중심의 업스트림, 소프트웨어와 플랫폼 중심의 미드스트림, 최종 소비재 중심의 다운스트림으로 구분하고 구조적 성장주 투자 로드맵을 제시한다. 나아가 해당 로드맵 내 대표 기업과 장기 투자 관점에서 주목할 만한 핵심 종목 중심으로 소개한다.

업스트림의 메인 테마인 디지털 인프라는 디지털 경제의 하부 구조와 기반을 형성하는 제도·시설과 장비로서 경제의 디지털 전환과 성장을 촉진하는 지렛대 역할을 한다. 여기에는 인프라의 기초 소재가 되는 IT 하드웨어·디바이스부터 연결성, 저장 장치 및 프로세싱, 전 세계적인 당위성을 통해 구조적으로 성장할 수밖에 없는 친환경(신재생)에너지, 모빌리티 비즈니스 등이 핵심이다.

미드스트림인 소프트웨어·플랫폼에서는 네트워크 관리와 클라우드 컴퓨팅, 사이버 보안, 온라인 유통, 핀테크뿐만 아니라 코로나19로 성장 기울기가 가팔라진 원격 비즈니스와 디지털 전환 등 디지털 인프라를 보완하고 기업과 기업, 기업과 소비자를 연결해주는 소프트웨어 및 플랫폼 비즈니스와 서비스에 초점을 맞췄다.

소비재 중심의 다운스트림에서는 현재 주력 소비층인 MZ 세대를 중심으로 구조적으로 성장하고 있는 소비재, 새롭게 떠오르는 서비스와 헬스케어 등 관련 대표 업종과 기업을 선정했다.

구조적 성장주 투자 로드맵은 다음과 같다.

구조적 성장주 투자 로드맵

디지털 인프라 & 하드웨어

대분류	소분류	종목
IT 하드웨어	IT 디바이스	**Apple**, Samsung Electronics
	메모리	Samsung Electronics, Micron, Western Digital, Seagate
	비메모리	**NVIDIA**, Intel, **AMD**, NXP, Infineon, Microchip, STMicroelectronics, Xilinx
	5G	Broadcom, **Qualcomm**, Skyworks, Qorvo
	아날로그	Texas Instruments, Analog Devices, ON Semiconductor
	설계	Cadence Design Systems, **Synopsys**
	파운드리	**TSMC**, Samsung Electronics, UMC
	공정 장비·소재	**ASML**, Applied Materials, KLA, **Lam Research**, Teradyne, Entegris
통신 인프라	인프라	Cisco, Analog Devices, Ericsson, Marvell Technology, Nokia, **II-VI**, Inphi
	서비스	**American Tower**, Crown Castle
데이터	데이터센터	**Equinix**, Digital Realty, **GDS**
	데이터 관리·분석	Atlassian, **Snowflake**, **Palantir**, **Data Dog**, Splunk, Mongo DB, C3.ai
신재생 에너지	태양광	**NextEra Energy**, Enphase Energy, LONGi Green Energy Technology, SolarEdge, **Sunrun**, First Solar, **Daqo New Energy**, SunPower, JinkoSolar, Star Peak Energy Transition
	풍력	NextEra Energy, Orsted, Vestas, Siemens Gamesa Renewable Energy, TPI Composites
	수소·연료전지	**Linde**, Air Products & Chemicals, Ballard Power Systems, FuelCell Energy, Bloom Energy
모빌리티	전기차	**Tesla**, Volkswagen, General Motors, NIO, Hyundai Motor, XPeng, Li Auto, QuantumScape, Albemarle, ChargePoint, Canoo
	수소차	Hyundai Motor, Cummins, **Plug Power**
	자율주행	Alphabet(Google), Tesla, NVIDIA, General Motors, **Aptiv**, Baidu, Luminar Technologies, Velodyne Lidar
	우주항공	**Virgin Galactic**, Maxar Technologies, Iridium Communications
AI	–	Alphabet(Google), NVIDIA, **C3.ai**, Snowflake, Nuance Communications

소프트웨어 & 플랫폼

대분류	소분류	종목
클라우드 컴퓨팅	종합 클라우드	Amazon, Microsoft, Alphabet(Google)
	IT 시스템 관리·운영	Adobe, **salesforce**, **ServiceNow**, Autodesk, **Twilio**, Workday, **DocuSign**, ANSYS, Coupa, Paycom, HubSpot, Tyler Technologies, Fair Isaac
사이버 보안	종합 보안	Cisco, IBM, VMware
	콘텐츠 전송 네트워크(CDN)	Cloudflare, Akamai, **Fastly**
	네트워크 보안	Broadcom, **CrowdStrike**, Fortinet, Palo Alto Networks, Zscaler, Splunk, Cloudflare
	인증	Okta, CyberArk, SailPoint
온라인 유통	이커머스	**Amazon**, Alibaba, Pinduoduo, **JD.com**, **Sea**, MercadoLibre, Chewy, eBay, Wayfair, Etsy
	쇼핑몰 구축 솔루션	**Shopify**, EPAM Systems, Wix.com, BigCommerce
	물류	**Prologis**, **Americold**
핀테크·금융	–	Visa, **Mastercard**, **PayPal**, **BlackRock**, **Intuit**, Square, **MSCI**, Fair Isaac, Q2 Holdings
원격 비즈니스	원격 의료	**Teladoc**, GoodRx, American Well
	원격 교육	TAL Education, GSX Techedu, Chegg, 2U
	원격 근무	Zoom, RingCentral, Slack, Citrix
SNS	–	**Facebook**, Snap, Twitter, **Pinterest**, Match Group
디지털 전환	오프라인 유통	**Walmart**, **Costco**, Target, Best Buy
	명품	**Farfetch**, Poshmark, RealReal
	부동산	KE Holdings, Zillow, **Redfin**
	중고차	**Carvana**, Vroom
	갬블링	**DraftKings**, Penn National Gaming
	기타 사업 분야	**Trade Desk**, Lemonade, Magnite, **Kornit Digital**, PubMatic
모빌리티 플랫폼	–	Meituan, **Uber**, **DoorDash**, Lyft, **Dada Nexus**, Grubhub
산업 자동화	–	ABB, Emerson Electric, Rockwell Automation, **Zebra Technologies**, Teradyne

밀레니얼·Z 세대 소비

대분류	소분류	종목
소비재	명품	LVMH, Hermes, Kering, Moncler
	뷰티	L'Oreal, **Estee Lauder**
	프랜차이즈	**Starbucks**, Domino's Pizza, Chipotle Mexican Grill
엔터테인먼트	게임	Microsoft, Sony, Nintendo, NetEase, **Activision Blizzard**, Roblox, Skillz, Electronic Arts, **Unity**, **Take-Two**
	미디어·콘텐츠	**Walt Disney**, Netflix, Spotify, Tencent Music, **Roku**, **Bilibili**, Huya
반려동물	–	**Zoetis**, **IDEXX**, Chewy, Petco, Freshpet
웰니스	스포츠 의류	**NIKE**, adidas, **Lululemon**
	홈 트레이닝	**Peloton**, Apple
	푸드	**Boston Beer**, **Beyond Meat**
헬스케어	혁신 의료기기	Abbott, **Thermo Fisher Scientific**, Danaher, **Medtronic**, **Stryker**, **Intuitive Surgical**, Illumina, **Dexcom**, Edwards Lifesciences, Resmed, Align Technology, Exact Sciences, Insulet, NovoCure, Tandem Diabetes, Pacific Biosciences of California, iRhythm Technologies
	다국적 제약사	Johnson & Johnson, Merck, **AbbVie**, Eli Lilly, Astrazeneca
	임상 플랫폼	Veeva Systems, Schrodinger
	헬스케어 리츠	Welltower, **Healthpeak Properties**, Omega Healthcare Investors, Healthcare Trust of America
라이프 스타일+	–	**Home Depot**, Lowe's, **Airbnb**, Booking Holdings, Dollar General, Expedia, Crocs

* 굵은 글씨는 책에서 분석한 종목임

Apple(AAPL-US)
애플

애플은 아이폰과 iOS 플랫폼으로 대변되는 글로벌 대표 정보기술(IT) 기업으로, 글로벌 프리미엄 스마트폰 시장에서 독과점적 지위(점유율 70% 상회)를 구축한 미국 시가총액 1위 기업이다. 2020년 주요 항목별 매출 비중은 하드웨어 매출 80%(아이폰 50%, 맥북 10%, 아이패드 9%, 웨어러블 11%), 서비스 매출 20%(앱스토어, 애플뮤직, 아이클라우드)다. 미래 성장동력인 서비스 부문의 매출 비중은 2018 회계연도 10%에서 2020 회계연도에 20%까지 상승하며 견조한 성장세를 보이고 있다. 애플은 하드웨어의 프리미엄화를 넘어 소프트웨어 생태계의 통합을 통해 플랫폼 기업으로 비즈니스 모델을 진화시키고 있다.

구조적 성장 스토리

✓ 확고한 고객 충성도 기반 서비스 사업의 장기 성장 잠재력

✓ 제품 카테고리 확장에 따른 하드웨어 생태계 확대와 고객 묶어두기 효과 강화

✓ 진정한 '원 플랫폼'으로 진화

리스크 요인　　스마트폰 등 하드웨어 제품 판매 둔화, 글로벌 대형 기술 기업 반독점 규제

글로벌 하우스 전망

- **JP모간(매수, 목표 주가 $150):** 아이폰, 서비스 매출의 성장률이 시장의 기대보다 높을 것으로 예상. 하드웨어 기업에서 소프트웨어 서비스 기업으로 진화하는 과정에서 실적 성장 가파를 것으로 예상. 확고한 기술 리더십도 투자 포인트.

- **골드만삭스(매도, 목표 주가 $83):** 맥, 아이패드와 웨어러블 기기의 매출은 컨센서스를 상회하며 2021년에도 두 자릿수 성장 예상. 그러나 아이폰 판매와 서비스 매출의 성장 둔화 및 투자비 증가로 펀더멘털의 약화가 전망되어 매도 의견 제시.

투자 포인트

1. 확고한 고객 충성도에 기반한 신규 서비스의 장기 성장 잠재력 보유

애플은 아이폰 판매를 통해 충성도 높은 고객을 폭넓게 확보. 16억 개가 넘는 활성 기기를 통해 앱스토어, 애플 뮤직, 아이클라우드뿐 아니라 애플TV+, 애플페이, 애플 아케이드, 애플피트니스+ 등 성장 잠재력이 높은 서비스로 플랫폼 확대 중. 2020년 9월에는 모든 구독 서비스를 통합한 애플원을 론칭. 수익성 높은 서비스 부문의 성장은 애플의 장기 현금흐름에 매우 긍정적.

2. 제품 카테고리 확장 및 핵심 프로세서 내재화를 통한 하드웨어 경쟁력 제고

애플워치와 에어팟의 성공적인 시장 안착으로 웨어러블 시장의 성장 잠재력을 확인. 향후 지속적인 신규 웨어러블 디바이스 확대로 하드웨어 비즈니스의 성장 제고 전망. 2020년 11월에는 애플실리콘(M1)이 탑재된 신규 PC를 공개하며 프로세서 내재화를 통한 뛰어난 제품 성능 개선을 발표. 디바이스 및 제품 경쟁력 확대로 고객 묶어두기 효과 강화.

3. 중장기적으로 '원 플랫폼' 진화

장기적으로는 원 프로세서-멀티 디바이스, 원 OS 플랫폼-멀티 콘텐츠 전략을 통해 모든 디바이스 간의 호환과 콘텐츠의 유기적 연계가 가능한 진정한 '원 플랫폼'으로 진화하는 것이 목표. 디바이스에서 플랫폼, 콘텐츠까지 아우르는 통합 생태계 구축으로 시장 지배력 강화 전망.

애플의 서비스 매출 추이와 매출총이익률

애플의 생태계 확장 가속화

출처: Apple

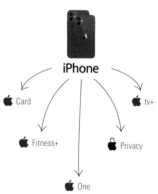

**핵심
시장 지표**

■ 팩트셋(Factset) 투자의견 컨센서스

매수 69%	중립 24%	매도 7%

■ 팩트셋 평균 목표 주가: $147.1(목표 주가 범위: 74.1~175.0)
■ 시장 컨센서스 대비 서프라이즈(상회) 비율(최근 3년): 92%(11/12)
■ 회사 가이던스 대비 서프라이즈(상회) 비율(최근 3년): 90%(9/10)

**핵심
투자 지표**

실적 및 밸류에이션 (9월 결산)

	2018	2019	2020	2021(E)	2022(E)
매출액(백만 달러)	265,809.0	259,968.0	274,150.0	333,240.4	347,510.4
영업이익(백만 달러)	71,042.0	63,242.0	65,339.0	88,325.7	91,180.7
영업이익률(%)	26.7	24.3	23.8	26.5	26.2
순이익(백만 달러)	59,531.0	55,256.0	57,411.0	74,463.8	75,838.2
잉여현금흐름(백만 달러)	64,121.0	58,896.0	73,365.0	82,234.9	87,864.4
성장성 지표					
매출액성장률(%)	16.3	-2.2	5.5	21.6	4.3
영업이익성장률(%)	18.3	-11.0	3.3	35.2	3.2
순이익성장률(%)	23.1	-7.2	3.9	29.7	1.8
밸류에이션 지표					
PER(배)	19.0	18.4	34.3	27.3	25.9
PBR(배)	10.0	10.7	29.2	44.3	63.1
PSR(배)	4.2	3.9	7.2	6.1	5.8
ROE(%)	49.4	55.9	73.7	162.7	243.4

주요 경쟁 기업 분석

종목명	시가총액 (백만 달러)	매출성장률 (3년, %)	순이익성장률 (3년, %)	PER (배)	PSR (배)	배당수익률 (%)
Apple	2,031,863.2	6.2	5.9	26.6	6.0	0.7
Microsoft	1,778,077.4	17.0	27.8	29.9	10.1	1.0
Samsung Electronics	488,867.1	-1.8	-15.4	14.6	2.1	2.1

Nvidia(NVDA-US)
엔비디아

엔비디아는 세계 최초로 그래픽처리장치(GPU)를 개발한 팹리스(반도체 설계와 개발 전문) 기업으로, 주력 제품인 외장 GPU에서 독점적 지위(2020년 3분기 기준 세계 시장점유율 79%)를 구축하고 있다. GPU는 PC의 3D 그래픽 성능을 크게 향상시켜 초반에는 게임 분야에 많이 쓰였지만 GPU의 연산 능력이 중앙처리장치(CPU)를 넘어서면서 데이터센터, 자율주행, AI 등 미래 산업으로 활용이 확대되는 추세다. 전방 시장도 게임, 데이터센터, 차량(자율주행 포함) 등으로 다변화되고 있다.

구조적 성장 스토리

✓ 데이터센터용 GPU에서 압도적 기술력 보유

✓ AI, 자율주행 등 미래 신성장 산업 내 선도적 지위 구축

✓ ARM 인수 성공 시 모바일과 CPU로의 생태계 확장 잠재력

리스크 요인	경쟁사 AMD의 점유율 상승, 고객사의 제품 내재화, ARM 인수 불확실성

글로벌 하우스 전망

- **JP모간(매수, 목표 주가 $660):** 높은 게임 GPU 수요로 인한 공급 부족 현상은 단기 실적에 긍정적인 현상. 데이터센터는 하이퍼스케일(훈련·추론), 기업용, 슈퍼컴퓨터 영역에서 높은 경쟁력 보유. ARM과의 합병이 성사된다면 지금과 비교할 수 없는 기업으로 성장 기대.

- **씨티(매수, 목표 주가 $660):** 압도적 기술력과 신제품 출시로 데이터센터향 매출은 중장기적으로 성장 지속 예상. 게임 부문의 수요 증가로 인한 공급 부족 이슈로 재고 정상화에 수개월 필요. ARM 인수 성사 시 주가는 800달러까지 상승할 수 있으며 2023년까지 타깃 유효시장이 2,500억 달러로 증가 전망.

투자 포인트

1. 데이터센터용 GPU의 압도적 기술력 보유

AMD가 GPU 신제품 출시로 주목받고 있으나, 하이엔드 시장인 하이퍼스케일 데이터센터용 GPU는 엔비디아의 영향력이 절대적. 과거에는 GPU의 게임향 비중이 높았으나 회사의 기술력이 향상되며 데이터센터향 매출 비중이 2015 회계연도 7%에서 2020년 27%까지 고성장하며 독점적 지위(시장점유율 80%) 구축. 해당 시장의 구조적 성장 수혜 전망.

2. GPU는 AI, 자율주행 등 미래 산업의 필수 아이템

인공지능 추론 시장에서 GPU는 타 반도체 대비 가장 우수한 반응 속도와 퍼포먼스를 보유. 엔비디아는 2020년 데이터센터 네트워크 솔루션 기업인 멜라녹스 인수로 데이터센터향 및 AI 분야 경쟁력을 한층 강화. 자율주행 분야에서도 안정성과 직결되는 빠른 연산 능력을 바탕으로 볼보, 벤츠 등과 계약 성사. 고성장이 전망되는 AI칩 시장 선점으로 차세대 성장동력 강화.

3. ARM 인수 성공 시 반도체 시장 지배력 확대

2020년 엔비디아는 모바일 AP 시장을 사실상 독점하고 있는 IP 업체인 ARM 인수 발표. 인수에 성공할 경우 엔비디아의 AI 컴퓨팅 기술과 ARM의 CPU 설계 기술을 활용, 다양한 디바이스(모바일, 게임, PC) 및 데이터센터, 자율주행, AI 등 분야에서 시너지 가능. 통합 솔루션을 제공할 수 있는 종합 반도체 기업으로 도약 전망.

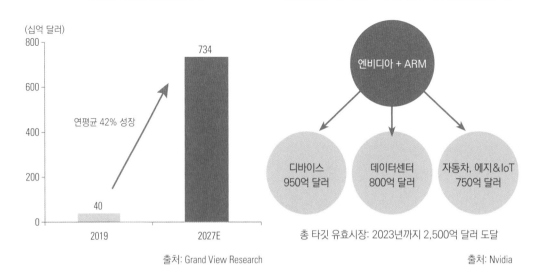

| AI 시장 규모 추이 및 전망 | ARM 인수 성공 시 종합 반도체 기업으로 도약 전망 |

(십억 달러)

연평균 42% 성장

734

40

2019 2027E

출처: Grand View Research

엔비디아 + ARM

디바이스
950억 달러

데이터센터
800억 달러

자동차, 에지&IoT
750억 달러

총 타깃 유효시장: 2023년까지 2,500억 달러 도달

출처: Nvidia

■ 팩트셋(Factset) 투자의견 컨센서스

매수 80%	중립 14%	매도 6%

■ 팩트셋 평균 목표 주가: $595.1(목표 주가 범위: 370.0~700.0)
■ 시장 컨센서스 대비 서프라이즈(상회) 비율(최근 3년): 100%(12/12)
■ 회사 가이던스 대비 서프라이즈(상회) 비율(최근 3년): 92%(11/12)

실적 및 밸류에이션

(1월 결산)

	2018	2019	2020	2021	2022(E)
매출액(백만 달러)	9,714.0	11,716.0	10,918.0	16,675.0	22,022.1
영업이익(백만 달러)	3,223.0	3,850.0	2,891.0	4,616.0	9,436.8
영업이익률(%)	33.2	32.9	26.5	27.7	42.9
순이익(백만 달러)	3,047.0	4,141.0	2,796.0	4,332.0	6,259.1
잉여현금흐름(백만 달러)	2,903.9	3,143.0	4,272.0	4,693.0	7,942.4
성장성 지표					
매출액성장률(%)	40.6	20.6	-6.8	52.7	32.1
영업이익성장률(%)	63.7	19.5	-24.9	59.7	104.4
순이익성장률(%)	82.9	35.9	-32.5	54.9	44.5
밸류에이션 지표					
PER(배)	50.5	24.2	55.4	75.3	38.6
PBR(배)	19.7	10.4	12.6	19.1	13.5
PSR(배)	15.8	8.5	14.2	19.6	14.5
ROE(%)	46.1	49.3	26.0	29.8	35.0

주요 경쟁 기업 분석

종목명	시가총액 (백만 달러)	매출성장률 (3년, %)	순이익성장률 (3년, %)	PER (배)	PSR (배)	배당수익률 (%)
NVIDIA	318,828.8	16.5	18.8	44.9	16.4	0.1
Intel	255,499.8	7.5	29.6	11.7	3.1	2.5
AMD	98,216.7	22.4	286.9	43.3	7.7	-

AMD(AMD-US)
AMD

AMD는 1969년 설립된 미국 소재 팹리스 기업으로 중앙처리장치(CPU)와 그래픽처리장치(GPU) 시장에서 점유율 2위를 기록하고 있다. 2017년 출시한 라이젠 시리즈 CPU가 시장의 호평을 받으며 경쟁사 인텔이 과점하던 시장에 침투했다. 라이젠 시리즈 CPU는 2020년 시장점유율 20%를 넘어섰고, 하이엔드 제품 중심의 경쟁력을 강화하며 실적이 가파르게 성장하고 있다. GPU도 1위 기업인 엔비디아의 성능에 버금가는 제품을 출시하며 성장을 도모하고 있다.

구조적 성장 스토리

✔ CPU 시장에서 인텔과의 기술력 격차 확대로 점유율 상승 지속

✔ 고성능 GPU 제품 개발 및 출시로 시장점유율 확대 기반 마련

✔ FPGA(현장에서 프로그래밍이 가능한 반도체) 1위 기업인 자일링스 인수 성공 시 중장기 성장동력 확보 가능

리스크 요인　경쟁사와의 기술 격차 축소와 시장 경쟁 심화, 고객사의 제품 내재화, 자일링스 인수 후 약한 시너지 효과

글로벌 하우스 전망
- **골드만삭스(매수, 목표 주가 $110):** 경쟁사 대비 안정적인 제품 로드맵 확보로 2021년에도 지속적으로 PC·서버 부분 점유율 확대 전망. 최근 채널 조사를 통해 이미 다양한 영역에서 수주 확보 확인. 점유율 확대에 따른 매출 상승과 수익성 높은 하이엔드 제품 비중 확대가 실적 개선으로 이어질 것으로 기대.
- **JP모간(중립, 목표 주가 $110):** 라이젠, EPYC, 라데온 베가 플랫폼 등의 제품으로 CPU, GPU 시장에서 경쟁력이 강화되어 의미 있는 시장점유율 상승. 다만 장기적으로 시장점유율이 빠르게 상승하기는 어렵다고 판단. 또한 제품 경쟁력 확보를 위해 연구·개발 투자도 지속적으로 확대하고 있어 영업 레버리지로 인한 이익 증가는 제한적일 것으로 판단.

투자 포인트

1. CPU 시장에서 가파른 점유율 상승

AMD의 라이젠 시리즈는 기술적 우위와 가격 경쟁력, 하이엔드 라인업 대응을 기반으로 인텔이 독점하던 PC CPU 시장에 침투, 2016년 10% 미만이던 점유율이 2020년 3분기 기준 22%를 기록하며 2배 이상으로 확대. 인텔이 공정 미세화에 어려움을 겪으며 생산이 지연되는 동안 AMD는 선제적으로 7나노 칩을 출시하는 등 공정 우위와 월등한 제품 경쟁력으로 PC뿐만 아니라 노트북, 서버 시장에서도 점유율 확대 지속.

2. 고성능 제품 출시, GPU 시장점유율 확대 기반 마련

AMD가 2020년 11월 발표한 신형 GPU인 RX 6000 시리즈의 성능은 GPU 1위인 엔비디아의 하이엔드 라인업과 경쟁 가능한 수준으로 발전했다고 판단. 눈에 띄는 성능 향상으로 향후 GPU 시장에서도 점유율 상승 스토리 재현 가능성.

3. 자일링스 인수 성공 시 중장기 성장동력 확보

경쟁사인 인텔, 엔비디아와 달리 AMD는 그간 미래 사업에 대한 준비가 부족하다는 평가가 강했음. 그러나 자일링스 인수에 성공한다면 상이한 전방산업인 통신 장비, 자율주행 등으로 시장 확장이 가능하고 데이터센터 시장 영향력 확대도 가능할 전망. 또한 궁극적으로는 데이터처리장치(DPU)와 같이 프로세서와 가속기를 결합한 통합 솔루션 제품 개발을 통해 경쟁력 확보 가능.

AMD CPU 점유율 추이   자일링스 인수 시 잠재 시장 확대 가능

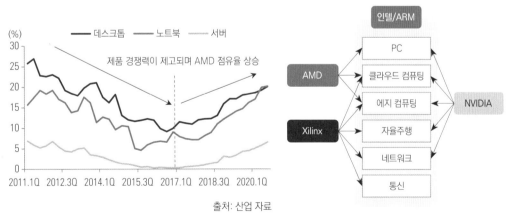

출처: 산업 자료

출처: 삼성증권

- 팩트셋(Factset) 투자의견 컨센서스

매수 54%	중립 40%	매도 6%

- 팩트셋 평균 목표 주가: $100.7(목표 주가 범위: 17.0~135.0)
- 시장 컨센서스 대비 서프라이즈(상회) 비율(최근 3년): 83%(10/12)
- 회사 가이던스 대비 서프라이즈(상회) 비율(최근 3년): 75%(9/12)

핵심
투자 지표

실적 및 밸류에이션

(12월 결산)

	2018	2019	2020	2021(E)	2022(E)
매출액(백만 달러)	6,475.0	6,731.0	9,763.0	13,492.4	15,489.2
영업이익(백만 달러)	456.0	589.0	1,369.0	2,778.8	3,596.1
영업이익률(%)	7.0	8.8	14.0	20.6	23.2
순이익(백만 달러)	337.0	341.0	2,490.0	2,375.7	3,059.8
잉여현금흐름(백만 달러)	-104.0	276.0	777.0	2,239.8	2,445.7
성장성 지표					
매출액성장률(%)	23.3	4.0	45.0	38.2	14.8
영업이익성장률(%)	580.6	29.2	132.4	103.0	29.4
순이익성장률(%)	흑자 전환	1.2	630.2	-4.6	28.8
밸류에이션 지표					
PER(배)	55.7	151.7	44.5	41.4	32.4
PBR(배)	14.1	19.1	19.0	11.2	8.0
PSR(배)	2.9	7.7	11.4	7.3	6.3
ROE(%)	36.2	16.7	57.5	27.1	24.8

주요 경쟁 기업 분석

종목명	시가총액 (백만 달러)	매출성장률 (3년, %)	순이익성장률 (3년, %)	PER (배)	PSR (배)	배당수익률 (%)
AMD	98,216.7	22.4	286.9	39.3	7.1	-
NVIDIA	318,828.8	16.5	18.8	38.1	14.3	0.1
Intel	255,499.8	7.5	29.6	13.2	3.5	2.2

Synopsys(SNPS-US)
시놉시스

SYNOPSYS®

시놉시스는 전자 설계 자동화(EDA: Electronic Design Automation)와 반도체 지식재산권(IP) 사업을 영위하는 글로벌 1위 소프트웨어 프로그래밍 기업이다. 반도체의 특성상 칩을 생산하기 전에 반도체 회로나 인쇄회로기판(PCB)의 레이아웃 설계를 진행하며 이 과정에서 정확한 설계와 검증을 수행하는데, 이때 EDA 소프트웨어가 필수적이다. 반도체 설계의 복잡화와 미세화, 대형 기업들의 설계 내재화 트렌드로 EDA 분야의 중요성이 더욱 부각되고 있다.

구조적 성장 스토리

✔ 반도체 설계 복잡화와 미세화 트렌드로 설계 소프트웨어 수요 증가

✔ IT 기업들의 자체 반도체 설계 트렌드

✔ 소수 기업의 EDA 시장 과점

리스크 요인　반도체 기업들의 연구·개발 비용 축소, 경쟁 심화에 따른 시놉시스의 연구·개발 비용 증가, 중국향 실적 둔화

글로벌 하우스 전망
- **JP모간(매수, 목표 주가 $305)**: EDA 부문은 사전 설계 IP를 포함한 보조 제품 영역들의 성장 가속화로 장기적 성장 가능. EDA 시장은 시놉시스와 케이던스디자인, 지멘스의 3개 기업이 과점한 가운데, 시놉시스가 최근 에뮬레이션(설계 디자인을 검증하기 위한 모방 구현) 분야에 투자를 진행하고 통합 소프트웨어로의 비즈니스 전환을 시도하면서 업계 선두로 나아가고 있는 상황.
- **크레디트스위스(매수, 목표 주가 $300)**: 무어의 법칙으로 반도체 설계의 복잡화, 하이퍼스케일러 기업과 중국으로 고객 기반 다변화, AI·고성능 컴퓨팅(HPC)·클라우드·5세대(5G) 이동통신 트렌드 가속화, 수익성 개선으로 시놉시스의 장기적 성장 전망. 기술 고도화에 따른 칩 설계 비용 증가와 실리콘-디자인-IP-검증-소프트웨어에 이르는 수직계열화 구축으로 경쟁력 확보.

투자 포인트

1. 반도체 미세화 트렌드로 설계 소프트웨어 비용 상승 수혜

최근 AI, 자율주행, 클라우드, 사물인터넷(IoT) 등 기술 고도화에 따라 반도체 회로가 점점 복잡해지고 미세화되면서 EDA 수요 견조. 공정이 미세화될수록 설계 비용이 크게 상승, 5나노 설계 비용 중 50% 이상이 EDA와 같은 소프트웨어가 차지. 또한 12나노 이하의 설계에서 시놉시스의 소프트웨어가 99% 사용될 정도로 미세화 설계에 강점이 있어 고도화되는 전방산업 성장의 핵심 수혜 기업임.

2. IT 기업들의 반도체 설계 내재화 트렌드

최근 애플과 마이크로소프트, 구글, 아마존, 페이스북, 테슬라 등 대형 IT 기업들의 반도체 설계 내재화 트렌드 확산으로 EDA 수요는 더욱 확대될 전망.

3. 높은 기술 장벽으로 소수 기업의 EDA 시장 과점

EDA 시장은 상위 3개 기업이 65%를 점유한 과점 시장. 시놉시스가 약 30%, 경쟁사인 케이던스가 약 22% 시장을 점유. 두 회사 모두 연구·개발 비용을 매출의 30% 이상 지출하며 경쟁적으로 기술 개발에 몰두하고 있어 후위 기업과의 기술 격차 확대.

반도체 공정 미세화로 소프트웨어 비용 상승

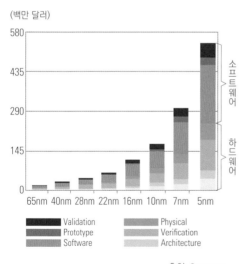

출처: Synopsys

EDA 시장점유율, 3개 기업이 과점

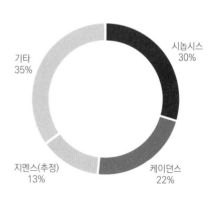

출처: Synopsys, ESDA, JP Morgan

- 팩트셋(Factset) 투자의견 컨센서스

매수 87%	중립 13%

- 팩트셋 평균 목표 주가: $270.6(목표 주가 범위: 248.0~290.0)
- 시장 컨센서스 대비 서프라이즈(상회) 비율(최근 3년): 92%(11/12)
- 회사 가이던스 대비 서프라이즈(상회) 비율(최근 3년): 83%(10/12)

실적 및 밸류에이션

(10월 결산)

	2018	2019	2020	2021(E)	2022(E)
매출액(백만 달러)	3,120.0	3,359.3	3,684.8	4,032.0	4,374.6
영업이익(백만 달러)	407.6	582.1	656.3	1,187.3	1,360.4
영업이익률(%)	13.1	17.3	17.8	29.4	31.1
순이익(백만 달러)	432.5	532.4	664.3	992.6	1,133.4
잉여현금흐름(백만 달러)	325.0	602.0	836.8	1,099.3	1,229.2
성장성 지표					
매출액성장률(%)	14.4	7.7	9.7	9.4	8.5
영업이익성장률(%)	-5.9	42.8	12.8	80.9	14.6
순이익성장률(%)	216.7	23.1	24.8	49.4	14.2
밸류에이션 지표					
PER(배)	31.7	39.3	50.1	36.5	32.1
PBR(배)	3.8	5.0	6.7	6.6	5.9
PSR(배)	4.4	6.2	9.0	8.7	8.0
ROE(%)	12.8	14.1	14.8	18.2	18.2

주요 경쟁 기업 분석

종목명	시가총액 (백만 달러)	매출성장률 (3년, %)	순이익성장률 (3년, %)	PER (배)	PSR (배)	배당수익률 (%)
Synopsys	34,962.0	10.5	69.4	34.8	8.4	-
Siemens	137,374.1	-11.3	-11.3	19.7	1.9	2.7
Cadence Design Systems	35,078.2	11.4	42.5	40.9	11.9	0.2

TSMC(TSM-US)
TSMC

TSMC는 세계 반도체 파운드리(반도체 산업에서 제조를 전담하는 위탁 생산 기업) 시장의 50%를 점유하고 있는 1등 기업이다. 반도체 파운드리 비즈니스 모델을 세계 최초로 도입했다. 최첨단 공정 기술(7나노 이하)에서 시장점유율 80% 이상으로 독보적이며, 이 공정 기술의 경쟁자는 삼성전자가 유일하다. TSMC의 주요 매출 비중은 스마트폰 49%, 고성능 컴퓨팅(HPC) 30%, 사물인터넷(IoT) 8%, 자동차 4% 등이다. 향후 프로세서 매출 증가에 따라 HPC의 비중이 지속적으로 확대될 것으로 예상된다.

구조적 성장 스토리

✓ 고성능 반도체 시장 성장 수혜

✓ 초미세 공정에서 경쟁우위 기술력 보유

✓ 설계-생산 이원화 트렌드, 하이엔드 파운드리 전문 기업의 구조적 성장

리스크 요인　미세 공정 기술 개발 지연, 경쟁사들의 공격적 증설로 경쟁 심화, 전방산업 수요 부진

글로벌 하우스 전망

■ **골드만삭스(매수, 목표 주가 $171)**: 불안정한 국제 정세에도 불구, 여전히 글로벌 파운드리 시장 내 선두 주자로서의 입지 견고. 향후 5G 이동통신과 AI, HPC 산업 성장의 최대 수혜 기업. 단기적으로 화웨이와의 거래 중단으로 실적 영향 있으나 향후 첨단 노드를 필요로 하는 대형 고객사(애플, AMD, 미디어텍 등)와의 계약으로 지속 성장 전망.

■ **모건스탠리(매수, 목표 주가 $135)**: 화웨이와의 거래 중단, 5나노 공정 가동률 저하 등에도 불구하고 2020년 견고한 이익 유지. 2021~2022년 5나노·3나노 공정의 생산 설비 증설 확대, 퀄컴의 4나노 공정 재개, 인텔의 아웃소싱 수혜가 모멘텀으로 작용할 것으로 예상. TSMC의 기술 선도력과 파운드리 내 높은 점유율로 장기적 성장성 담보.

투자 포인트

1. 7나노 이하 고성능 반도체 시장 성장 수혜

IT 기술의 고도화로 7나노 이하의 미세화 반도체에 대한 수요 견조. 머신러닝, 5G 스마트폰, 자율주행, IoT 등 고성능 반도체의 기술 발전에 따른 미세화 트렌드와 공정 개발의 기술적 난이도 상승, 제한적인 경쟁 환경으로 TSMC 성장 수혜 지속 전망. TSMC는 견조한 시장 수요에 대응하기 위해 2021년 시설 투자 규모를 전년 대비 45~63% 증가한 250~280억 달러로 발표. 이는 시장 예상치인 190억 달러를 대폭 상회하는 수준.

2. 2위 기업인 삼성전자와의 초미세 공정 개발 경쟁에서 우위

7나노 이하 반도체 생산 파운드리 기업은 TSMC와 삼성전자가 유일한 가운데 두 기업 모두 2020년 5나노 공정 양산 단계에 돌입. 3나노 공정은 TSMC가 삼성전자보다 앞서 설비 구축을 시작했고 2나노 공정도 2024년 양산을 목표로 공정 개발 계획 발표, 초미세 공정에서 글로벌 리더십을 지속 유지하고 있음.

3. 설계-생산 이원화 트렌드, 하이엔드 파운드리 전문 기업의 구조적 성장

CPU의 강자 인텔조차 공정 미세화의 기술적 결함으로 외주 생산을 적극 검토. 반면 설계만 직접 하고 생산은 위탁하는 AMD는 TSMC의 공정 기술력에 힘입어 CPU 시장에서 시장점유율을 지속 확대해옴. TSMC의 최대 고객사인 애플은 2020년 ARM 기반의 CPU 칩 내재화를 발표. 이처럼 높아지는 미세화 공정 기술 난이도와 대형 기술 기업의 신개념 프로세서 개발 등에 따른 설계와 생산의 이원화 트렌드는 TSMC의 구조적 성장을 가능케 할 전망.

비메모리반도체 내 파운드리 비중 지속 상승　　　가장 앞서 있는 TSMC의 공정 로드맵

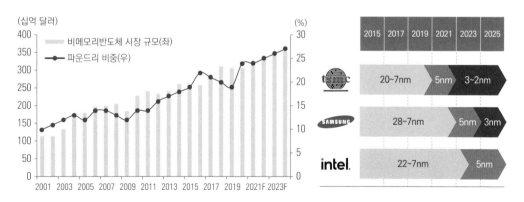

출처: 산업 자료　　　　　　　　　　　출처: 각 사

**핵심
시장 지표**

- 팩트셋(Factset) 투자의견 컨센서스

중립 3%

매수
94%

매도 3%

- 팩트셋 평균 목표 주가: $143.3(목표 주가 범위: 74.0~200.0)
- 시장 컨센서스 대비 서프라이즈(상회) 비율(최근 3년): 75%(9/12)
- 회사 가이던스 대비 서프라이즈(상회) 비율(최근 3년): 64%(7/11)

**핵심
투자 지표**

실적 및 밸류에이션

(12월 결산)

	2018	2019	2020	2021(E)	2022(E)
매출액(백만 달러)	34,202.6	34,613.2	45,483.5	54,763.6	63,051.7
영업이익(백만 달러)	12,791.6	12,071.8	19,223.9	22,764.2	26,519.0
영업이익률(%)	37.4	34.9	42.3	41.6	42.1
순이익(백만 달러)	11,644.4	11,169.0	17,588.5	20,673.1	23,966.2
잉여현금흐름(백만 달러)	8,435.2	5,788.4	11,297.7	9,443.9	13,770.7
성장성 지표					
매출액성장률(%)	6.5	1.2	31.4	20.4	15.1
영업이익성장률(%)	0.6	-5.6	59.2	18.4	16.5
순이익성장률(%)	3.2	-4.1	57.5	17.5	15.9
밸류에이션 지표					
PER(배)	16.4	27.0	32.2	29.7	25.5
PBR(배)	3.5	5.6	8.6	8.0	6.8
PSR(배)	5.6	8.7	12.4	10.3	9.0
ROE(%)	22.0	20.6	29.3	26.8	26.6

주요 경쟁 기업 분석

종목명	시가총액 (백만 달러)	매출성장률 (3년, %)	순이익성장률 (3년, %)	PER (배)	PSR (배)	배당수익률 (%)
TSMC	565,375.4	12.3	16.0	28.8	10.0	1.9
Samsung Electronics	488,867.1	−1.8	−15.4	14.6	2.1	2.1
United Microelectronics	21,659.4	7.0	46.3	18.7	3.1	4.0

ASML(ASML-US)

ASML

ASML

ASML은 반도체 전공정에서 회로 패턴 형상화에 필요한 노광(반도체 웨이퍼에 빛으로 회로를 그리는 작업) 장비를 공급하는 네덜란드계 기업이다. 현재 극자외선(EUV) 노광 장비를 독점 생산하는 '슈퍼을' 기업이며 후발 기업과의 기술 격차가 크다. EUV 노광 장비는 기존 불화아르곤레이저보다 파장이 10분의 1로 짧아서 훨씬 미세한 패터닝이 가능해 10나노 이하의 반도체 공정에 필수다.

구조적 성장 스토리

✓ EUV 장비의 글로벌 독점 제조사

✓ 파운드리 산업의 초호황기

✓ 주요 파운드리 기업 간의 경쟁 심화에 따른 EUV 공정 투자 확대

리스크 요인	경쟁사의 EUV 개발 성공, 전방산업 투자 지연, 미·중 분쟁 심화로 중국향 출하 둔화
글로벌 하우스 전망	■ **JP모간(매수, 목표 주가 $640):** 비메모리반도체와 D램의 노광 공정이 EUV로 전환되는 과정에서 가장 큰 수혜를 누림. EUV 장비 독점 공급사이며 노광 장비 시장점유율이 80~90%에 달함. 2024년까지 EUV 전환이 이어져 수혜 예상. ■ **골드만삭스(매수, 목표 주가 $630):** EUV의 긍정적인 모멘텀을 기반으로 2021년에도 두 자릿수 성장 전망. 로직반도체향도 꾸준한 성장을 유지할 것으로 판단되며, 메모리반도체 사업 부문은 D램 업황 회복에 힘입어 2021년 하반기 회복세를 보일 것으로 예상됨.

투자 포인트

1. 반도체 공정 미세화의 핵심 장비인 EUV 독점 공급

ASML은 EUV를 생산할 수 있는 유일한 업체로 전체 노광 장비 시장에서 85%라는 압도적 점유율을 보유하고 있으며 전방 기업인 TSMC, 삼성전자 등에 '독점' 공급. 원가 경쟁력이 중요한 반도체 산업은 제한된 웨이퍼 공간에 더 많은 집적회로를 구현하는 것이 매우 중요하기 때문에, ASML의 장비가 상당한 고가(1~2억 달러)임에도 불구하고 반도체 기업들이 경쟁적으로 확보하기 위해 노력.

2. 파운드리 산업 초호황기의 대표적 수혜 기업

코로나19 확산에 따른 시스템반도체 수요 급증으로 파운드리 업황은 10년 내 최고 수준. 2020년 파운드리 시장 성장률은 20%를 상회. AI, 머신러닝, 5G 이동통신 시장 개화와 고성능 컴퓨팅(HPC), 사물인터넷(IoT) 등의 발전으로 시스템반도체 수요는 앞으로도 견조하게 성장할 것으로 전망. 향후 메모리반도체 공정에도 EUV 도입 시 추가 성장 모멘텀 예상.

3. 삼성전자와 TSMC의 경쟁 심화와 EUV 공정 투자 확대

주요 고객사인 삼성전자와 TSMC 등 파운드리 기업들의 초미세 공정 경쟁이 심화되면서 EUV 장비의 수요가 급증하고 있음. EUV 출하는 2019년 26대, 2020년 31대에서 2021년 45~50대로 늘어날 것으로 예측되며, 2025년 실적은 2019년의 2배를 상회하는 283억 달러를 가이던스로 제시, 확고한 장기 성장성 담보.

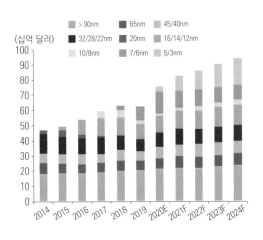

파운드리 시장의 고성장 지속

출처: Gartner

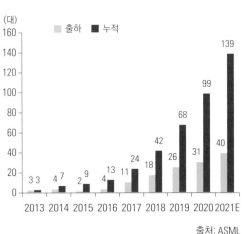

EUV 장비 출하 및 누적 수량 추이

출처: ASML

- 팩트셋(Factset) 투자의견 컨센서스

매수 62%	중립 32%	매도 6%

- 팩트셋 평균 목표 주가: $534.0(목표 주가 범위: 389.0~626.0)
- 시장 컨센서스 대비 서프라이즈(상회) 비율(최근 3년): 75%(9/12)
- 회사 가이던스 대비 서프라이즈(상회) 비율(최근 3년): 73%(8/11)

실적 및 밸류에이션

(12월 결산)

	2018	2019	2020	2021(E)	2022(E)
매출액(백만 달러)	12,911.2	13,229.5	15,935.1	19,481.2	21,772.1
영업이익(백만 달러)	3,498.3	3,123.6	4,618.6	6,016.4	7,220.5
영업이익률(%)	27.1	23.6	29.0	30.9	33.2
순이익(백만 달러)	3,057.4	2,901.4	4,051.1	5,208.1	6,243.0
잉여현금흐름(백만 달러)	2,861.8	2,750.8	4,428.0	4,042.8	5,142.6
성장성 지표					
매출액성장률(%)	27.7	2.5	20.5	22.3	11.8
영업이익성장률(%)	32.3	-10.7	47.9	30.3	20.0
순이익성장률(%)	31.2	-5.1	39.6	28.6	19.9
밸류에이션 지표					
PER(배)	21.6	42.9	50.4	42.7	35.2
PBR(배)	4.9	8.8	12.0	12.4	10.9
PSR(배)	5.1	9.4	12.8	11.5	10.3
ROE(%)	23.3	21.1	26.1	28.9	30.9

주요 경쟁 기업 분석

종목명	시가총액 (백만 달러)	매출성장률 (3년, %)	순이익성장률 (3년, %)	PER (배)	PSR (배)	배당수익률 (%)
ASML	223,780.7	16.0	19.2	41.0	11.2	0.7
Applied Materials	104,879.5	5.8	1.8	18.5	4.7	0.9
KLA	45,339.5	18.6	9.5	20.9	6.5	1.3

II-VI(IIVI-US)
투식스

II-VI

투식스는 세계 1위의 광모듈(빛신호를 전기신호로 바꿔주는 모듈 장치) 사업자이자 세계 2위의 실리콘카바이드(SiC) 화합물 반도체 사업자다. 각 사업의 세계 시장점유율은 35%와 20%다. 광모듈은 주로 인터넷 사업자의 네트워크 인프라 구축에 사용되고, 화합물 반도체는 군사, 인공위성 등 방위산업 분야에서 통신, 5G, 전기차(자율주행), 극자외선(EUV) 등 첨단 산업으로 적용 분야가 확장되고 있다. 투식스는 화합물 반도체 분야에서 공정을 수직계열화하며 경쟁력을 높여가고 있다. 매출의 70%를 통신 분야에서 올리고, 30%는 인더스트리얼, 항공 및 방위산업, 전자제품과 반도체 장비 부품 등에서 거둔다.

구조적 성장 스토리

✔ 5G 이동통신 시장 개화와 인수·합병을 통한 광모듈 사업 부문의 성장

✔ SiC 화합물 반도체 시장 고성장과 적용 분야 확대

✔ 공격적 증설(5년간 SiC 생산 능력 5~10배 증설)을 통한 미래 성장동력 확보

리스크 요인 전방산업(5G 인프라) 투자 지연, 화합물 반도체 시장 수요 부진

글로벌 하우스 전망

▪ **JP모간(매수, 목표 주가 $105):** 주로 광통신 및 산업용 레이저 등의 산업에서 차별적인 입지와 수직적 통합 제조 역량으로 높은 성장성 보유. 3D 센서 산업에서는 이미 애플과 안드로이드 고객향 견고한 성장 지속. 향후 수익성 개선 및 부채 상환으로 수익을 높여 지속적으로 두 자릿수 성장 전망.

▪ **모건스탠리(중립, 목표 주가 $88):** 광통신 부품 제조 기업인 피니사 인수로 시너지 효과(3D 인식 센서 산업 내 입지 강화 등) 기대. 단기적으로 광모듈 시장 내에서 예상보다 높은 회복력을 보이고, 장기적으로는 화합물 반도체 시장에서 성장 기회 존재. 단, 전기차 및 화합물 반도체 시장에 대한 열기가 시장의 실제 공급 및 수요보다 앞서 있어 중립 의견 제시.

투자 포인트

1. 5G 도입으로 광모듈 수요 증가와 시장 성장 수혜

5G 도입 본격화로 통신 인프라 투자 증가 사이클이 장기간.이어질 것으로 전망되면서 수혜 예상. 2019년 경쟁사인 피니사를 인수하며 광모듈 시장점유율 1위에 등극, 산업 경쟁 강도를 낮추고 규모의 경제 확보. 애플 3D 센싱용 VCSEL(Vertical-cavity Surface-emitting Laser) 칩 공급사로 채택, 향후 응용 분야 확대에 따른 시장 성장 기대.

2. SiC 시장의 고성장과 적용 분야 확대 전망

SiC 화합물 반도체 시장은 2020년 기준 8,000억 원 수준에서 2025년 2조 원까지 연평균 20% 내외 고성장할 것으로 예상. 현재 SiC의 수요는 대부분 통신 분야에서 발생하고 있지만 우수한 전력 효율성을 기반으로 5G, 전기차(자율주행), 항공, EUV 등 첨단 산업으로 영역 확장 중.

3. SiC 생산 능력 5년 안에 5~10배 증설

투식스는 빠르게 확대되는 화합물 반도체 수요에 대응해 생산 능력을 5년 안에 현재 수준 대비 5~10배가량 확대할 계획. SiC 기술은 소수 기업이 과점하고 있어 시장 성장의 수혜를 고스란히 받을 예정. 현재 투식스의 SiC 관련 매출은 전체 매출의 8~10%로 아직 낮은 수준이나 향후 신성장동력이 될 것으로 예상.

5G 도입으로 광모듈 산업의 성장 재개

화합물 반도체 시장 규모 급증 전망

출처: Ovum, Morgan Stanley Research

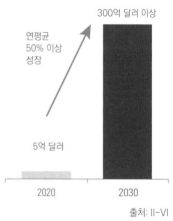

출처: II-VI

**핵심
시장 지표**

■ 팩트셋(Factset) 투자의견 컨센서스

매수 69%	중립 31%

■ 팩트셋 평균 목표 주가: $79.9(목표 주가 범위: 47.0~115.0)
■ 시장 컨센서스 대비 서프라이즈(상회) 비율(최근 3년): 67%(8/12)
■ 회사 가이던스 대비 서프라이즈(상회) 비율(최근 3년): 55%(6/11)

**핵심
투자 지표**

실적 및 밸류에이션

(6월 결산)

	2018	2019	2020	2021(E)	2022(E)
매출액(백만 달러)	1,158.8	1,362.5	2,380.1	3,083.7	3,391.1
영업이익(백만 달러)	155.1	167.3	83.9	614.4	688.3
영업이익률(%)	13.4	12.3	3.5	19.9	20.3
순이익(백만 달러)	88.0	107.5	-67.0	458.4	540.8
잉여현금흐름(백만 달러)	25.4	72.6	225.4	526.8	569.9
성장성 지표					
매출액성장률(%)	19.2	17.6	74.7	29.6	10.0
영업이익성장률(%)	31.4	7.9	-49.9	632.5	12.0
순이익성장률(%)	-7.6	22.2	적자 전환	흑자 전환	18.0
밸류에이션 지표					
PER(배)	32.2	22.4	-	19.2	16.8
PBR(배)	2.7	2.1	2.1	2.8	2.5
PSR(배)	2.4	1.8	1.7	2.4	2.2
ROE(%)	9.1	10.0	-4.2	14.7	15.0

주요 경쟁 기업 분석

종목명	시가총액 (백만 달러)	매출성장률 (3년, %)	순이익성장률 (3년, %)	PER (배)	PSR (배)	배당수익률 (%)
II-VI	7,486.3	34.8	−	17.5	2.3	−
Cree	12,222.9	−15.0	−	−	18.1	−
Lumentum Holdings	6,716.1	18.8	−	13.0	3.5	−

Equinix(EQIX-US)
에퀴닉스

에퀴닉스는 세계 최대 데이터센터 리츠로 26개국에서 데이터센터 230여 개를 운영하고 있다. 주로 아마존, 마이크로소프트, 구글과 같은 클라우드 서비스 공급사와 네트워크 서비스 공급사에 데이터센터를 임대하고 임대료와 관리비를 수취하는 '코로케이션' 비즈니스를 영위한다. 아울러 글로벌 플랫폼 기반 상호 연결 서비스*도 제공하고 있다. 매출 구성은 코로케이션 76%, 상호 연결 서비스 18%, 인프라 및 관리 6%다. 2020년 4분기까지 72개 분기 연속으로 매출이 증가하며 구조적 성장을 지속하고 있다.

구조적 성장 스토리

✓ 데이터 트래픽 증가에 따른 데이터센터 수요의 구조적 성장

✓ 글로벌 최대 데이터센터 자산 기반, 상호 연결 가능한 플랫폼 서비스 경쟁력 보유

✓ 고성능 클라우드를 위한 에지** 데이터센터 역할 부각

리스크 요인　　로컬 코로케이션 기업과의 경쟁 심화, IT 투자 감소로 데이터센터 수요 부진

**글로벌 하우스
전망**

- **JP모간(매수, 목표 주가 $861):** 코로케이션 서비스 확대를 위해 2021년 2만 3,000개 이상의 캐비닛 설치 목표(2020년 1만 2,000개 수준). 2021년 전사 매출 8% 이상 성장 목표. 데이터센터의 자본집약적 사업 특성상 업계 선두 지위를 보유한 에퀴닉스의 외형 성장 지속 전망.

- **모건스탠리(중립, 목표 주가 $712):** 대용량 콘텐츠 소비 증가 및 기업들의 클라우드 사용 증가로 데이터 트래픽 및 데이터센터 수요 견조할 전망. 인수·합병을 통한 지역 확장 전략으로 손쉽게 고객 기반 및 지역 확대 가능. 고성장하는 중동 및 아시아에서 발생하는 매출 비중이 50% 이상으로, 에퀴닉스의 외형 성장 또한 지속될 수 있을 것으로 전망.

투자 포인트

1. 데이터 트래픽 증가에 따라 데이터센터 수요 증가

전 세계 인터넷, IT 디바이스 확산, 5G 이동통신 도입 기반 플랫폼·클라우드 비즈니스 및 콘텐츠 소비의 폭발적 성장으로 데이터 트래픽이 급증. 이 추세는 코로나19로 더욱 가속화. 향후 하이퍼스케일러(클라우드, 대형 IT 기업)와 글로벌 기업들의 하이브리드 IT 인프라 구축 투자가 계속 확대되면서 데이터센터 수요의 구조적 성장 스토리는 장기간 이어질 것.

2. 글로벌 최대 데이터센터 인프라 기반으로 상호 연결이 가능한 플랫폼 제공

글로벌 최대 데이터센터 사업자로 규모의 경제와 네트워크 효과를 통한 상호 연결 서비스 확대. 이는 고객의 임차 계약 장기화와 고객 묶어두기 효과를 유발해 비즈니스 선순환 강화. 코로케이션 비즈니스 대비 높은 성장성과 수익성도 긍정적.

3. 고성능 클라우드를 위한 에지 컴퓨팅 인프라 역할 부각

산업 고도화와 콘텐츠 확대로 동시다발로 생성되는 대규모 데이터 처리와 실시간 응답 수요가 중요해지면서 에지 컴퓨팅 인프라의 역할 부각. 근거리 에지 데이터센터는 분산 처리로 지연 시간 감소, 보안 강화, 비용 효율화 달성 가능. 이와 같은 산업 트렌드는 글로벌 주요 거점 지역에 데이터센터를 보유한 에퀴닉스에 가장 유리.

글로벌 데이터 유통량의 구조적 성장

출처: IDC

코로케이션과 상호 연결 부문의 압도적 경쟁력

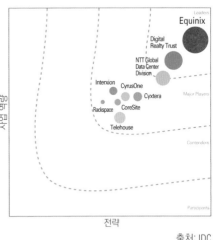

출처: IDC

* 상호 연결 서비스(Interconnection): IT 트래픽 교환소를 통해 기업 간 데이터를 연결해주는 서비스. 세계에 있는 자사 데이터센터 간의 직접적 데이터 교환이 가능해, 기업이 더 많은 트래픽에 빠르고 효율적으로 대응할 수 있다.

** 에지(edge) 컴퓨팅: 방대한 데이터를 중앙 집중 서버가 아닌 분산된 소형 서버(에지 데이터센터)를 통해 실시간으로 처리하는 기술이다.

■ 팩트셋(Factset) 투자의견 컨센서스

매수 86%	중립 10%

매도 3%

■ 팩트셋 평균 목표 주가: $848.8(목표 주가 범위: 712.0~924.0)
■ 시장 컨센서스 대비 서프라이즈(상회) 비율(최근 3년): 100%(12/12)
■ 회사 가이던스 대비 서프라이즈(상회) 비율(최근 3년): 67%(8/12)

**핵심
투자 지표**

실적 및 밸류에이션

(12월 결산)

	2018	2019	2020	2021(E)	2022(E)
매출액(백만 달러)	5,087.0	5,521.3	5,999.4	6,627.4	7,235.2
영업이익(백만 달러)	-222.5	667.3	987.2	1,264.6	1,472.6
영업이익률(%)	-4.4	12.1	16.5	19.1	20.4
순이익(백만 달러)	365.4	507.0	369.8	688.4	848.8
FFO*(백만 달러)	1,253.1	1,314.6	1,300.6	1,706.5	1,921.1
성장성 지표					
매출액성장률(%)	16.6	8.5	8.7	10.5	9.2
FFO성장률(%)	26.3	4.9	-1.1	31.2	12.6
배당 지표					
주당 배당금(달러)	9.12	9.84	10.64	11.45	12.45
배당성장률(%)	14.0	7.9	8.1	7.6	8.7
배당수익률(%)	2.6	1.7	1.5	1.7	1.9
FFO 배당성향(%)	58.4	63.4	72.3	59.3	57.3
밸류에이션 지표					
P/FFO(배)	22.6	37.6	48.6	34.6	30.7

주요 경쟁 기업 분석

종목명	시가총액 (백만 달러)	매출성장률 (3년, %)	FFO성장률 (3년, %)	P/FFO	배당수익률 (%)
Equinix	59,644.3	11.2	9.4	34.6	1.7
Digital Realty Trust	37,723.6	16.8	11.0	21.0	3.5
GDS Holdings	17,028.9	51.6	-	-	-

* FFO(리츠의 회계상 순이익의 조정 개념) = 당기순이익 + 부동산 관련 유형상각비 - 일회성 부동산 매각 이익

GDS Holdings(GDS-US)
GDS홀딩스

GDS홀딩스는 2000년 설립된 중국 최대 중립형 인터넷 데이터센터(IDC) 개발·운영 기업이다. 중립형 IDC란 기업이 통신사업자를 선택해 이용할 수 있는 데이터센터로 여러 네트워크에 접속할 수 있어 데이터 수요 변화에 유연하게 대응 가능한 장점이 있다. 코로케이션 서비스, 관리형 호스팅 서비스(재해 복구, 네트워크 관리, 시스템 보안, 데이터 스토리지 등) 등을 제공한다. 중국 주요 도시에서 데이터센터 60개를 운영하고 있으며 17개를 추가 개발 중이다. 알리바바, 텐센트, 바이두, 마이크로소프트 애저, 아마존 AWS, 징둥닷컴, 유니온페이 등 세계적인 하이퍼스케일러와 대형 기업을 주요 고객으로 확보하고 있다.

구조적 성장 스토리

✓ 중국은 클라우드 성장 초입 단계
✓ 중립형 IDC 운영 기업의 높은 경쟁력
✓ 전력 효율 규제가 강화되는 1선 도시의 데이터센터 확보로 진입장벽 구축

리스크 요인 핵심 고객사 이탈 가능성, 공격적 확장에 따른 재무 리스크

글로벌 하우스 전망
- **JP모간(매수, 목표 주가 $110):** 중국의 최대 중립형 고성능 데이터센터 운영 기업으로 향후 사업 파이프라인 강화 및 신규 데이터센터 구축 계획, 수익성 개선 트렌드, 보다 많은 고객 확보 등이 주가에 긍정적 요인. 또한 향후 2년 내 상하이와 선전에 설비 추가 예정. 바이트댄스, 핀둬둬 등 새로운 고객에서 강한 수요가 발생해 고객 다변화 전망.
- **모건스탠리(매수, 목표 주가 $108):** 인터넷 트래픽과 클라우드 확산으로 중국 IDC 시장의 중장기적 성장 예상. 1선 도시와 주변 지역에서 자원 인수에 유리한 입지를 보유. 높은 레버리지와 내부 수익률을 관리하고 자본비용을 낮추려는 GDS홀딩스의 노력은 향후 주주의 수익률 상승에도 긍정적일 전망.

투자 포인트

1. 중국 클라우드 산업 초기 단계, 데이터센터 수요 급증 예상

중국 데이터센터 시장은 2018~2021년 연평균 31% 성장할 전망. 중국 현지 기업의 디지털화와 클라우드 침투는 아직 초기 단계이며 글로벌 초대형 데이터센터 시장 내 중국 비중은 아직 8%로 미국의 40% 대비 매우 낮음. 구조적인 클라우드 산업 성장과 정부의 뉴인프라 육성 정책 등으로 중국 데이터센터 시장의 중장기 성장 잠재력은 매우 큼.

2. 중립형 IDC 1등 운영 기업의 경쟁력

중국 IDC 산업의 3대 통신사 비중이 50% 이상. 단, 기업들의 클라우드 수요가 확대될수록 GDS홀딩스와 같은 중립형 IDC 기업에 대한 니즈가 커질 것으로 예상. 이는 위탁 서비스를 통해 편의성을 높이고, 네트워크·클라우드 선택 및 데이터 수요 변화에 유연하게 대응하며, IDC가 보유한 인터넷·클라우드 자원을 활용해 서비스 지역을 확장하는 효과를 누릴 수 있기 때문.

3. 1선 도시 중심의 데이터센터 확보가 확실한 경쟁우위 요인

데이터센터는 IT 기업이 밀집해 있고 관련 수요가 집중된 1선 도시를 선점하는 것이 중요. 반면 중국의 1선 도시 전력 효율 규제가 강화되면서 시장 진입장벽이 더욱 높아질 것으로 전망. GDS홀딩스는 이미 1선 도시 중심으로 데이터센터를 다수 보유해 경쟁우위 확보.

중국 클라우드 컴퓨팅 시장의 고성장   GDS 고객사 수의 꾸준한 증가세

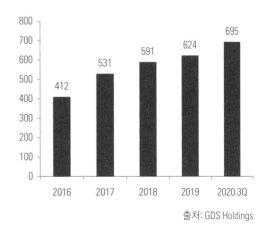

출처: 중국정보통신원   출처: GDS Holdings

**핵심
시장 지표**

- 팩트셋(Factset) 투자의견 컨센서스

매수 96%

매도 4%

- 팩트셋 평균 목표 주가: $113.4(목표 주가 범위: 71.1~135.5)
- 시장 컨센서스 대비 서프라이즈(상회) 비율(최근 3년): 100%(12/12)
- 회사 가이던스 대비 서프라이즈(상회) 비율(최근 3년): -

**핵심
투자 지표**

실적 및 밸류에이션

(12월 결산)

	2018	2019	2020	2021(E)	2022(E)
매출액(백만 달러)	422.3	595.6	830.0	1,224.3	1,644.1
영업이익(백만 달러)	25.5	69.3	96.7	177.8	279.3
영업이익률(%)	6.0	11.6	11.7	14.5	17.0
순이익(백만 달러)	-65.1	-63.9	-99.1	-69.3	-3.1
잉여현금흐름(백만 달러)	-641.0	-658.9	-1,290.5	-1,458.0	-1,008.0
성장성 지표					
매출액성장률(%)	77.2	41.0	39.4	47.5	34.3
영업이익성장률(%)	110.0	172.2	39.6	83.8	57.1
순이익성장률(%)	적자 지속	적자 지속	적자 지속	적자 지속	적자 지속
밸류에이션 지표					
PER(배)	-	-	-	-	-
PBR(배)	4.0	5.3	4.3	4.2	4.0
PSR(배)	10.2	16.2	21.1	13.9	10.4
ROE(%)	-8.7	-5.2	-3.5	-1.2	-0.1

주요 경쟁 기업 분석

종목명	시가총액 (백만 달러)	매출성장률 (3년, %)	순이익성장률 (3년, %)	PER (배)	PSR (배)	배당수익률 (%)
GDS Holdings	17,028.9	51.6	–	–	13.0	–
Equinix	59,644.3	11.2	16.6	84.3	8.8	1.7
Digital Realty Trust	37,723.6	16.8	11.0	105.4	8.6	3.5

Snowflake(SNOW-US)
스노우플레이크

스노우플레이크는 미국 소프트웨어 분야 사상 최대 규모로 상장한 클라우드 기반의 데이터 관리 플랫폼 기업이다. 2014년 서비스를 개시한 데이터 웨어하우스는 고객사가 보유한 방대한 데이터를 분석하기 쉬운 형태로 저장해놓고 사용자가 빠르게 접근할 수 있게 하는 서비스다. 2019년 클라우드 데이터 플랫폼으로 영역을 확장해 AWS, 애저, 구글 클라우드 등 퍼블릭 클라우드에 저장된 데이터까지 분석·처리가 가능해졌다. 전통적인 웨어하우스와 달리 스토리지와 컴퓨팅을 분리해 성능을 크게 향상했으며 비용 구조도 최적화했다. 혁신적인 데이터 플랫폼으로 멀티 클라우드 적용의 이점에 기반해 고성장하고 있다.

구조적 성장 스토리

✓ 데이터 생성량 증가로 빅데이터 분석 시장의 구조적 성장
✓ 중립형 빅데이터 분석 플랫폼으로 높은 확장 잠재력 보유
✓ 워런 버핏과 세일즈포스가 인정한 기술력

리스크 요인 아마존, 마이크로소프트 등과의 경쟁 심화

글로벌 하우스 전망
- **골드만삭스(중립, 목표 주가 $270):** 데이터 셰어링 플랫폼 역할의 급부상. 데이터 웨어하우스 산업의 고성장과 더불어 비정형 데이터 지원을 자바와 파이선까지 확장하는 등 기술적 혁신을 통해 데이터 웨어하우스 솔루션 분야에서 점유율 상승 기대.
- **모건스탠리(중립, 목표 주가 $270):** 데이터 관리 산업에서 클라우드의 확장성과 유연성을 접목, 고객이 데이터로부터 의미 있는 결과를 더 쉽게 도출할 수 있게 함. 사용 편의성과 사용한 만큼만 지불하는 요금 구조로 2014년 제품 출시 이후 3,100개 이상의 고객사 확보. 73%가 여전히 자체 서버에 직접 설치하는 제품(온프레미스)으로 클라우드 기반 시장 침투 여력 높음.

투자 포인트

1. 빅데이터 분석 시장의 구조적 성장

매년 생성되는 데이터 양은 2018년 33제타바이트(ZB)에서 2025년 175ZB로 연평균 27% 고성장. 이에 따라 생성되는 데이터를 저장하고 분석하는 데이터 분석 플랫폼 시장도 2020년 560억 달러에서 2023년 840억 달러로 연평균 50% 고성장 전망. 온프레미스 기반 데이터 플랫폼은 대용량 데이터 관리, 다중 업무 처리 및 다수 사용자 수용 등에서 효율적이지 못해 한계 봉착. 클라우드 기반 빅데이터 관리 플랫폼 기업의 시장 침투를 통한 고성장 전망.

2. 중립형 빅데이터 분석 플랫폼으로 높은 확장 잠재력 보유

스노우플레이크의 주요 경쟁사는 아마존의 레드시프트와 마이크로소프트의 데이터 레이크스토리지로, 각 사의 클라우드를 활용해야 하는 한계 존재. 반면 스노우플레이크의 시스템은 제3자로 모든 클라우드 환경에 적용할 수 있는 장점 보유. 이 회사가 지향하는 데이터 클라우드는 퍼블릭 및 프라이빗 클라우드와 온프레미스까지 데이터를 분석하고 공유할 수 있어 높은 확장 잠재력 보유.

3. 워런 버핏과 세일즈포스가 투자한 기업

버크셔 해서웨이의 워런 버핏이 지분 투자. 고객관계관리(CRM)의 대표 주자인 세일즈포스도 투자하고 파트너십 체결. 스노우플레이크는 데이터 클라우드 시장을 개척했고 가장 빠르게 성장하는 소프트웨어 시장 중 하나에 포진. 매출은 2020 회계연도에 174% 성장, 향후 3년간 연평균 80% 이상 고성장할 것으로 전망. 또한 데이터를 사고파는 마켓플레이스로 사업 영역을 확대, 데이터 공유 플랫폼으로 진화 기대.

데이터 양 증가 추이

빅데이터 · 분석 소프트웨어 시장 내 클라우드 침투 확대

출처: IDC

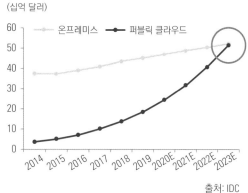

출처: IDC

■ 팩트셋(Factset) 투자의견 컨센서스

매수 36%	중립 64%

■ 팩트셋 평균 목표 주가: $300.3(목표 주가 범위: 250.0~350.0)
■ 시장 컨센서스 대비 서프라이즈(상회) 비율: 0%(0/1)
■ 회사 가이던스 대비 서프라이즈(상회) 비율: -

실적 및 밸류에이션

(1월 결산)

	2018	2019	2020	2021	2022(E)
매출액(백만 달러)	-	96.7	264.7	592.0	1,093.3
영업이익(백만 달러)	-	-185.5	-358.1	-543.9	-208.0
영업이익률(%)	-	-191.9	-135.3	-91.9	-19.0
순이익(백만 달러)	-	-178.0	-348.5	-539.1	-671.1
잉여현금흐름(백만 달러)	-	-145.5	-186.0	-49.2	-1.6
성장성 지표					
매출액성장률(%)	-	-	173.9	123.6	84.7
영업이익성장률(%)	-	-	적자 지속	적자 지속	적자 지속
순이익성장률(%)	-	-	적자 지속	적자 지속	적자 지속
밸류에이션 지표					
PER(배)	-	-	-	-	-
PBR(배)	-	-	-	11.3	13.6
PSR(배)	-	-	-	133.0	46.3
ROE(%)	-	-	-70.4	-20.2	-4.4

주요 경쟁 기업 분석

종목명	시가총액 (백만 달러)	매출성장률 (3년, %)	순이익성장률 (3년, %)	PER (배)	PSR (배)	배당수익률 (%)
Snowflake	50,654.9	-	-	-	43.3	-
Microsoft	1,778,077.4	17.0	27.8	29.9	10.1	1.0
Amazon	1,555,758.3	29.5	91.6	60.0	3.2	-

Palantir(PLTR-US)
팔란티어

◯ Palantir

팔란티어는 페이팔 공동 창업자 피터 틸이 설립한 빅데이터 분석 기업이다. 페이팔이 사용하던 금융 사기 방지 프로그램으로 시작해 자금흐름 추적, 범죄 예측, 질병 전파 경로 등의 데이터 분석 프로그램을 제공한다. 주요 고객사는 미국의 중앙정보국(CIA)과 연방수사국(FBI), 국가안보국(NSA)으로 오사마 빈 라덴 제거 작전에 협업했던 것으로 유명하다. 주요 제품의 매출 비중은 정부향 '고담' 46%, 상업용 '파운드리' 54%다.

구조적 성장 스토리

✓ 미국 CIA와 FBI가 선택한 빅데이터 기반 범죄 예측 분석 소프트웨어

✓ 고객의 니즈에 맞는 맞춤형 솔루션 제공

✓ 상업용 '파운드리' 소프트웨어로 민간 부문으로 사업 영역 확장

리스크 요인 소수 고객에 집중된 매출 구조, 수익성 개선 지연

글로벌 하우스 전망

- **골드만삭스(매수, 목표 주가 $34):** 팔란티어만이 가진 강력한 데이터 운영 체제(OS) 플랫폼은 대량의 정형·비정형 데이터를 실시간으로 사용 가능하게 해 향후에도 성장 가능 전망. 현재는 정부 사업 중심이지만 최근 민간 사업 영역으로 확장하고 있음. 그러나 대표 고객사 20개의 매출 비중이 전체의 60%를 차지해 일부 고객사에 대한 높은 의존도가 리스크.

- **모건스탠리(매도, 목표 주가 $19):** 팔란티어의 플랫폼은 빅데이터 분석을 통해 1,000억 달러 이상의 가치를 창출. 단기적으로는 정부와 대기업으로 고객이 한정되어 있지만 최근 미국 정부의 사전 제작(pre-packaged) 소프트웨어 구입 방식 변경 판결과 민간 기업 대상 영업 인력 확대로 성장 가속화 예상. 단, 펀더멘털 대비 주가가 급등해 매도 의견 제시.

투자 포인트

1. 비정형 빅데이터 분석에 특화, 적용 범위 확대

팔란티어는 이미지, 영상, SNS 등 비정형 데이터 분석에 강점이 있음. 고담 소프트웨어는 위치 기반 데이터 시각화에 특화된 기능을 제공해 인공위성 이미지로 특정 대상의 이동 경로를 실시간으로 파악 가능. 이 회사의 소프트웨어는 아프가니스탄 전쟁, 오사마 빈 라덴 제거 작전, 유럽 ISIS 테러 사건에 활용되었고, 최근 코로나19 확산 방지를 위한 감염자 경로 추적에도 이용되며 적용 범위가 확대되고 있음.

2. 고객사에 특화된 통합형 맞춤 솔루션 제공

프로젝트별 고객사에 직접 인력을 파견해 고객의 니즈에 맞는 맞춤형 솔루션 제공. 고객사는 추가 개발과 서비스 구입이 필요 없어 특화된 산업에 바로 적용 가능. 소프트웨어 설계 및 설치 단계에 비용 지출이 커서 초기에는 적자가 발생하지만 계약 확정 이후에는 계약 금액이 고정적으로 유입되어 수익성이 크게 개선되는 비즈니스 구조 보유.

3. '파운드리' 소프트웨어를 통해 민간 부문으로 사업 영역 확장

2009년 JP모간에 금융 기업 대상 내부 불법 거래 감시 소프트웨어를 제공하며 민간 부문으로 확장 시작. 현재 36개 산업에서 공급망, 사물인터넷(IoT) 센서 데이터 분석 등 다양한 분야에 활용되고 있음. 향후 고객사 다변화로 소수 고객 집중도를 낮추며 매출 성장 확대 전망.

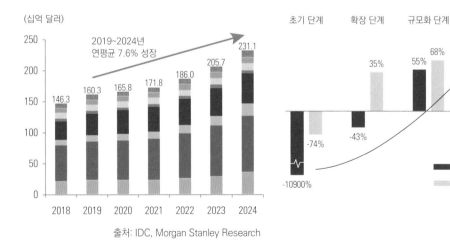

다양한 소프트웨어 산업 침투로 총유효시장 고성장

출처: IDC, Morgan Stanley Research

초기 비용 투자 이후 가파른 수익성 개선

출처: Palantir

■ 팩트셋(Factset) 투자의견 컨센서스

매수 25%	중립 25%	매도 50%

■ 팩트셋 평균 목표 주가: $17.8(목표 주가 범위: 13.0~30.0)

■ 시장 컨센서스 대비 서프라이즈(상회) 비율: 100%(1/1)

■ 회사 가이던스 대비 서프라이즈(상회) 비율: -

실적 및 밸류에이션 (12월 결산)

	2018	2019	2020	2021(E)	2022(E)
매출액(백만 달러)	595.4	742.6	1,092.7	1,470.4	1,911.3
영업이익(백만 달러)	-623.4	-576.4	-1,173.7	323.6	451.7
영업이익률(%)	-104.7	-77.6	-107.4	22.0	23.6
순이익(백만 달러)	-580.0	-588.1	-1,171.9	308.6	436.4
잉여현금흐름(백만 달러)	-	-	-326.4	86.7	255.4
성장성 지표					
매출액성장률(%)	-	24.7	47.2	34.6	30.0
영업이익성장률(%)	-	적자 지속	적자 지속	흑자 전환	39.6
순이익성장률(%)	-	적자 지속	적자 지속	흑자 전환	41.4
밸류에이션 지표					
PER(배)	-	-	-	179.7	136.0
PBR(배)	-	-	27.7	25.3	21.1
PSR(배)	-	-	38.6	33.4	25.7
ROE(%)	-	-179.6	-140.4	14.1	15.5

주요 경쟁 기업 분석

종목명	시가총액 (백만 달러)	매출성장률 (3년, %)	순이익성장률 (3년, %)	PER (배)	PSR (배)	배당수익률 (%)
Palantir	49,055.4	-	-	169.2	31.5	-
Snowflake	50,654.9	-	-	-	43.3	-
C3.ai	9,083.8	-	-	-	39.1	-

Datadog(DDOG-US)
데이터독

데이터독은 클라우드 서비스를 이용하는 고객에게 데이터 모니터링·분석 서비스를 제공하는 클라우드 모니터링 솔루션 기업이다. 주로 IT 자원을 효율적으로 활용하고 비용을 절감하려는 기업이 선택한다. 클라우드 모니터링의 3대 영역은 인프라 모니터링, 애플리케이션 퍼포밍 모니터링(APM), 로깅(logging)인데, 데이터독은 업계 최초로 3대 영역 모두에서 서비스를 제공한다. 2010년 설립 시 인프라 모니터링에서 출발해 2017년 APM 추가, 2018년 로깅 솔루션으로 확장하며 단일 플랫폼에서 통합 모니터링 서비스를 제공하는 글로벌 선도 기업으로 성장했다.

구조적 성장 스토리

✓ 기업의 클라우드화와 이용 애플리케이션 수의 구조적 증가

✓ 업계 최초로 3대 영역(로그, 인프라, APM)을 모두 갖춰 통합 모니터링 서비스 제공

✓ 마이크로소프트와 시스코도 인정한 기술력, 다양한 플랫폼 환경 지원 강점

리스크 요인　　APM·로깅 영역 경쟁 심화, 더딘 수익성 개선, 경기 둔화로 IT 투자 감소

글로벌 하우스 전망

- **골드만삭스(매수, 목표 주가 $140):** 매출 성장세 및 청구액 성장이 소폭 둔화되는 모습이나 여전히 높은 성장 유지. 구글 클라우드에 이어 마이크로소프트 애저와의 협업 강화로 시장 침투 확대 계획. 2020년 3분기 신규 유입 고객이 1,000개사를 돌파하며 기존 650개 수준을 큰 폭으로 상회. 코로나19 전파 이후 기업들의 클라우드 플랫폼 관련 지출이 증가하며 신규 고객 유입 증가 추세가 지속될 것으로 전망.

- **모건스탠리(중립, 목표 주가 $120):** 안정적인 매출 성장세가 지속되며, 코로나19 이전 수준으로 신규 고객 확보 및 재계약 회복. 2020년 3분기 매출은 61%, 청구액은 57% 성장하며 13분기 연속 고성장 지속. 고객 71%가 2개 이상의 제품을 사용하고, 신규 고객 유입도 지속되어 1년 전보다 38% 많은 1만 3,000여 개 고객사 확보. 안정적인 현금 창출 능력, 고객 증가, 적용 가능 제품 확대 등으로 장기 성장 지속 전망.

투자 포인트

1. 클라우드화와 APM 수요 증가로 타깃 시장의 구조적 성장

기업의 클라우드 전환 가속화로 퍼블릭 클라우드 시장은 연평균 20%대 성장. 시스템 관리 소프트웨어의 클라우드 침투율은 2019년 28%에서 2024년 51%까지 확대되며 고성장 예상. 현재 미국 기업들이 이용하는 애플리케이션 중 5% 정도만 모니터링되고 있고 애플리케이션이 클라우드화되면서 APM 시장의 구조적 성장 전망.

2. 일괄 탐색 기반으로 경쟁사들 대비 높은 매출 성장률 시현

업계 최초로 3영역 모니터링 서비스를 구축해 고객사에 통합 솔루션 제공. 실제 2개 이상의 제품을 구독하는 고객 비중이 2018년 10%에서 2020년 63%로, 3개 이상은 5%에서 25%로 크게 상승. 이를 기반으로 주요 경쟁사인 뉴렐릭과 다이나트레이스, 스플렁크보다 높은 매출 성장률 시현 중.

3. 마이크로소프트와 시스코가 인정한 기술력

데이터독은 마이크로소프트 애저의 1차 모니터링 기업으로 선정될 만큼 소프트웨어 기술력을 인정받음. 과거 글로벌 네트워크 분야의 선두 기업인 시스코에서 인수를 제안받았지만 거절하고 2019년 상장에 성공. 마이크로소프트 애저, 아마존 AWS 등 400개 이상의 플랫폼과 연동된 통합 시스템을 제공하며 경쟁력 강화.

총유효시장의 구조적 성장

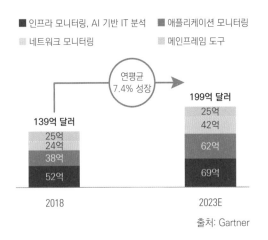

출처: Gartner

업계 최초로 3영역 서비스 모두 제공

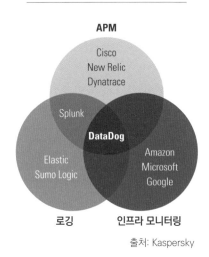

출처: Kaspersky

■ 팩트셋(Factset) 투자의견 컨센서스

매수 43%	중립 57%

■ 팩트셋 평균 목표 주가: $105.4(목표 주가 범위: 80.0~140.0)
■ 시장 컨센서스 대비 서프라이즈(상회) 비율: 100%(2/2)
■ 회사 가이던스 대비 서프라이즈(상회) 비율: 100%(4/4)

**핵심
투자 지표**

실적 및 밸류에이션

(12월 결산)

	2018	2019	2020	2021(E)	2022(E)
매출액(백만 달러)	198.1	362.8	603.5	833.5	1,105.7
영업이익(백만 달러)	-11.0	-20.1	-13.8	42.1	88.2
영업이익률(%)	-5.6	-5.6	-2.3	5.0	8.0
순이익(백만 달러)	-10.8	-16.7	-24.5	45.6	91.6
잉여현금흐름(백만 달러)	-	0.8	83.2	67.7	107.6
성장성 지표					
매출액성장률(%)	96.6	83.2	66.3	38.1	32.7
영업이익성장률(%)	적자 지속	적자 지속	적자 지속	흑자 전환	109.7
순이익성장률(%)	적자 지속	적자 지속	적자 지속	흑자 전환	100.8
밸류에이션 지표					
PER(배)	-	-	-	613.8	320.8
PBR(배)	-	14.3	31.4	28.0	26.4
PSR(배)	-	14.6	49.0	30.5	23.0
ROE(%)	-	-4.7	-2.8	4.6	8.2

주요 경쟁 기업 분석

종목명	시가총액 (백만 달러)	매출성장률 (3년, %)	순이익성장률 (3년, %)	PER (배)	PSR (배)	배당수익률 (%)
Datadog	25,438.8	81.6	-	521.2	28.7	-
Splunk	21,981.1	35.4	-	-	8.4	-
Dynatrace	14,909.6	10.3	-	83.9	17.4	-

Sunrun(RUN-US)
선런

sunrun

선런은 2007년 설립된 미국의 주거용 태양광 발전 설치 서비스 1위 기업으로, 고객은 2020년 기준 32만 명이 넘는다. 거주자가 선런의 시스템을 활용해 전기료를 절감할 수 있는 저비용 솔루션을 제공한다(평균 10~40% 절감). 고객은 리스, 전력 구매 계약을 통해 초기 투자비 없이 구독 형태로 태양광 발전 시스템을 구매할 수 있다. 매출 구성은 크게 소비자 계약과 인센티브, 태양에너지 시스템 및 제품 판매로 이루어진다. 2020년 미국 2위 사업자인 비빈트솔라를 인수해 확고한 1위 기업으로 자리 잡았다.

구조적 성장 스토리

✓ 미국의 친환경 정책으로 주거용 태양광 발전 산업 고성장

✓ 시장 성장과 장기 계약 모델 기반으로 안정적 현금흐름 및 자산가치 성장 잠재력

✓ 가상발전소(VPP) 플랫폼으로의 도약

리스크 요인	태양광 발전 설치 사업 경쟁 심화, 인센티브 감소 등 정책 관련 불확실성, 사업 초기의 높은 부채 부담과 금리 상승 리스크
글로벌 하우스 전망	▪ **JP모간(매수, 목표 주가 $81):** 태양광 발전·에너지저장장치(ESS) 시장은 향후 수년 동안 두 자릿수 성장률을 거둘 것으로 예상. 선런은 주거용 태양광 발전 및 ESS 시장의 선두 기업으로 고객들과의 장기 계약과 투자세액공제 정책으로 매출 고성장 예상. ▪ **모건스탠리(매수, 목표 주가 $86):** 시장 침투율이 약 3%로 낮은 수준이고 연방정부의 지원 구조가 명확하며 태양광 패널 가격이 저렴해지고 있어 여전히 성장 잠재력 큰 산업. 옥상용 태양광 에너지 개발자 시장의 선두 주자(시장점유율 15%)로서 규모의 경제 효과 발생. 최근 비빈트솔라 인수를 통한 시너지 효과와 운영 개선, 그리드 서비스 계약 등으로 성장 지속이 예상되나 장기적인 관점에서는 주거용 태양광 발전 시장의 경쟁 심화가 부담.

투자 포인트

1. 미국의 친환경 정책으로 시장 침투 가속화

미국 주거용 태양광 발전 설치 시장은 연평균 15% 수준 성장. 미국의 친환경 정책에 따라 주거용 태양광 발전 침투율은 2019년 3%에서 10년 후 13%까지 고성장할 것으로 전망. 선런은 2020년 2위 기업인 비빈트솔라를 인수해 확고한 1위 사업자로 등극. 선두 사업자의 시장 성장 수혜와 강력한 구매력, 비용 감소를 바탕으로 경쟁력 강화 전망.

2. 20~25년 장기 계약으로 안정적인 현금흐름

평균 20~25년의 장기 계약으로 안정적인 현금흐름을 확보. 중도 해지로 인한 전체 포트폴리오 손실률도 1% 수준으로 매우 낮음. 현재 산업의 고성장 국면으로 현금 유입보다 설치 관련 초기 비용이 큰 상황이나, 누적 고객 수 확대로 안정적으로 발생하는 수익의 비중이 커지며 점진적인 현금흐름 개선과 자산가치 성장 전망.

3. 중장기 VPP 플랫폼으로 기업 가치 재평가

VPP는 가정용 태양광과 같이 분산되어 있는 소규모 발전 설비와 전력 수요를 클라우드로 효율적으로 관리하는 사업을 가리킴. 주택 소유자의 효율적인 전력 사용과 발전 사업자의 전력망 안정화에 기여할 수 있어 미래 혁신 플랫폼으로 부각. 테슬라도 '전기차-충전소-가정용 태양광'으로 이어지는 VPP 생태계 구축 목표. 선런은 현재 총 11개의 VPP 프로젝트를 계약하며 성과 가시화. 단순 설치 사업자가 아닌 VPP 플랫폼 기업으로 진화하면서 기업 가치 재평가 전망.

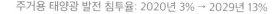

주거용 태양광 발전 침투율: 2020년 3% → 2029년 13%

선런 고객의 가파른 성장

출처: Sunrun

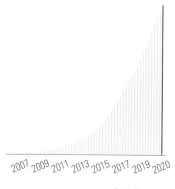

출처: Sunrun

- 팩트셋(Factset) 투자의견 컨센서스

매수 79%		중립 21%

- 팩트셋 평균 목표 주가: $81.7(목표 주가 범위: 43.0~116.0)
- 시장 컨센서스 대비 서프라이즈(상회) 비율(최근 3년): 33%(4/12)
- 회사 가이던스 대비 서프라이즈(상회) 비율(최근 3년): -

핵심 투자 지표

실적 및 밸류에이션 (12월 결산)

	2018	2019	2020	2021(E)	2022(E)
매출액(백만 달러)	760.0	858.6	922.2	1,363.2	1,574.4
영업이익(백만 달러)	-121.9	-218.0	-393.7	-464.3	-427.5
영업이익률(%)	-16.0	-25.4	-42.7	-34.1	-27.2
순이익(백만 달러)	26.7	26.3	-173.4	-12.0	-47.5
잉여현금흐름(백만 달러)	-874.0	-1,019.7	-929.5	-1,390.3	-1,476.2
성장성 지표					
매출액성장률(%)	42.7	13.0	7.4	47.8	15.5
영업이익성장률(%)	적자 지속	적자 지속	적자 지속	적자 지속	적자 지속
순이익성장률(%)	-78.8	-1.2	적자 전환	적자 지속	적자 지속
밸류에이션 지표					
PER(배)	47.8	65.0	-	-	-
PBR(배)	1.3	1.7	2.3	-	2.0
PSR(배)	1.7	2.0	10.5	9.3	8.0
ROE(%)	2.9	2.8	-4.9	-	-0.4

주요 경쟁 기업 분석

종목명	시가총액 (백만 달러)	매출성장률 (3년, %)	순이익성장률 (3년, %)	PER (배)	PSR (배)	배당수익률 (%)
Sunrun	12,618.9	20.3	-	-	9.0	-
Tesla	665,879.2	38.9	-	156.0	12.7	-
SunPower	6,191.2	-15.6	-	98.7	3.9	-

Daqo New Energy(DQ-US)
다코 뉴에너지

다코 뉴에너지는 2010년 미국에 상장된 중국의 태양광용 폴리실리콘 제조 기업이다. 이전에 영위하던 모듈 웨이퍼 사업을 매각해 순수 폴리실리콘 제조 기업이 되었다. 공격적인 증설을 통해 현재 연간 7만 톤의 생산 설비를 보유, 글로벌 시장의 10%를 점유하고 있다. 판매량은 2020년 5.8만 톤에서 2022년 약 12만 톤으로 2배 이상 증가할 것으로 전망된다. 폴리실리콘 산업은 원가 경쟁력이 중요한데 다코는 전기 요금(생산 비용의 약 30%)이 매우 저렴한 중국 신장에 위치하며 단가가 높은 고순도 제품의 비중이 높아서 제조 원가가 세계에서 가장 낮고 수익성이 높다.

구조적 성장 스토리

✔ 글로벌 친환경 정책 강화로 태양광 수요 확대

✔ 강력한 원가 경쟁력 보유

✔ 산업 경쟁 강도 완화와 장기 계약을 기반으로 안정적 성장 영위

리스크 요인　　제품 가격 변동성, 설비 증설에 따른 산업 경쟁 심화, 태양광 발전 업황 부진, 신장 지역 인권 탄압 이슈 부각

글로벌 하우스 전망

- **JP모간(매수, 목표 주가 $130):** 신장 지방정부와의 전기 공급 계약을 통한 낮은 생산 단가가 경쟁력. 원가 경쟁력을 바탕으로 시장점유율을 빠르게 높이고 있음. 폴리실리콘 산업 업황이 2021년 상승하기 시작해 제품 평균 판매 단가 상승 전망. 2021년 제한적인 증설 물량 공급으로 업황 호조에 따른 직접적인 수혜 예상.

- **골드만삭스(매수, 목표 주가 $135):** 빠른 생산 설비 확장으로 2019년 시장점유율 9% 수준에서 2021년 15% 수준까지 증가 전망. 증설에도 불구하고 연구·개발 비용은 감소 추세. 2021년 경기 상승에 따라 폴리실리콘 평균 판매 단가 상승이 전망되며 매출총이익률도 2019년 22%에서 2022년 50% 수준으로 상승할 것으로 예상. 중국 정부의 정책 지원과 글로벌 친환경 정책 강화로 중장기 성장성 담보.

투자 포인트

1. 글로벌 태양광 수요 확대

글로벌 태양광 수요는 2021년 24%에서 2022~23년 연평균 10% 내외 성장이 전망되나 전망치를 상회할 가능성 높음. 유럽과 미국을 비롯한 글로벌 각국이 친환경 정책을 강화하고 있고 그리드 패리티(태양광 발전 원가가 화석연료 발전 원가와 동일해지는 시점)에 도달하는 지역이 늘어나 높은 시장 수요가 예상되기 때문. 견조한 시장 성장과 함께 경쟁우위를 가진 다코의 수혜 전망.

2. 강력한 원가 경쟁력 보유

폴리실리콘의 제조 원가에서 전력 비용이 가장 큰 비중을 차지. 중국의 전기 요금은 한국과 선진국 대비 낮은 수준이고, 특히 다코 공장이 위치한 신장은 중국 내에서도 전기 요금이 가장 저렴함. 여기에 규모의 경제, 고부가 제품 비중 확대로 원가 경쟁력이 높음.

3. 산업 경쟁 강도 완화와 장기 계약 구조에 기반한 안정적 성장

폴리실리콘 산업은 업황 부진과 경쟁 심화로 생산 기업이 급격히 감소해(2018년 32개에서 2019년 19개) 공급 과잉이 완화되고 있음. 2022년 이후 다코를 포함한 경쟁사들의 추가 증설이 계획되어 있으나 견조한 산업 수요와 원가 경쟁력, 70% 이상의 장기 계약 수주에 기반해 안정적인 성장 추세 유지할 전망.

다코 폴리실리콘 제조 원가 | 글로벌 태양광 수요 중장기 전망

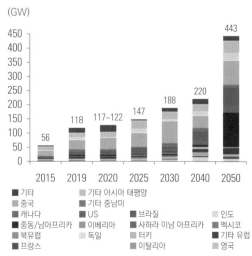

출처: Daqo

출처: BNEF

■ 팩트셋(Factset) 투자의견 컨센서스

매수 90%	중립 10%

■ 팩트셋 평균 목표 주가: $104.8(목표 주가 범위: 44.3~158.0)

■ 시장 컨센서스 대비 서프라이즈(상회) 비율(최근 3년): 67%(8/12)

■ 회사 가이던스 대비 서프라이즈(상회) 비율(최근 3년): -

실적 및 밸류에이션 (12월 결산)

	2018	2019	2020	2021(E)	2022(E)
매출액(백만 달러)	301.3	350.6	676.8	1,091.8	1,296.2
영업이익(백만 달러)	68.2	42.0	188.0	542.1	615.0
영업이익률(%)	22.6	12.0	27.8	49.7	47.4
순이익(백만 달러)	61.4	28.3	129.6	403.8	458.7
잉여현금흐름(백만 달러)	-33.3	-109.9	68.0	305.0	527.0
성장성 지표					
매출액성장률(%)	-7.1	16.3	93.0	61.3	18.7
영업이익성장률(%)	-46.6	-38.4	347.5	188.4	13.5
순이익성장률(%)	-36.9	-53.9	357.6	211.7	13.6
밸류에이션 지표					
PER(배)	7.7	23.5	31.5	16.4	14.5
PBR(배)	0.6	1.3	2.8	4.6	3.3
PSR(배)	1.0	2.0	6.4	6.0	5.1
ROE(%)	13.4	5.2	19.4	27.7	22.9

주요 경쟁 기업 분석

종목명	시가총액 (백만 달러)	매출성장률 (3년, %)	순이익성장률 (3년, %)	PER (배)	PSR (배)	배당수익률 (%)
Daqo	6,546.8	24.1	11.6	16.0	5.8	0.1
GCL-Poly Energy	7,680.3	-12.9	-	55.5	3.1	0.0
Wacker Chemie AG	7,219.0	-1.3	-4.5	18.2	1.2	2.3

Linde(LIN-US)
린데

린데는 세계 최대 산업용 가스 생산 기업으로, 다양한 산업에서 필요로 하는 가스를 생산해 운송·판매한다. 주요 생산 제품은 대기 가스(산소, 질소, 아르곤 등)와 공정 가스(수소, 헬륨, 일산화탄소 등)다. 주요 사업 부문별 매출 비중은 소용량 실린더 36%, 트럭 운송 25%, 현지 공급 22% 등으로 구성된다. 주요 전방산업은 헬스케어, 정유·화학, 전기, 음식료 등으로 다변화되어 있다. 린데는 신성장동력으로 신재생에너지인 수소 사업에 집중하며 수소 충전소, 수전해 솔루션, 수소 판매 등으로 관련 사업을 확장할 계획이다. 16개국에서 수소 관련 프로젝트 100여 건을 진행하며, 해당 분야에서 구조적 성장이 기대된다.

구조적 성장 스토리

✔ 산업용 가스 1위 생산 기업으로 높은 실적 안정성

✔ 신성장동력인 수소 사업 수직계열화 구축으로 그린 수소 시장 선점 전략 보유

✔ 기존 인프라를 활용한 수소 사업 확장으로 시너지 추구

리스크 요인 경기 둔화로 산업용 가스 사업부 실적 부진, 수소 관련 프로젝트 연기, 수소 사업 부문 경쟁 심화

글로벌 하우스 전망
- **모건스탠리**(매수, 목표 주가 $285): 중국 그린 수소 프로젝트 업무협약(MOU) 발표로 탈탄소화 기대감이 높아짐. 탈탄소화 기술, 환경·사회·지배구조(ESG*) 테마주로 분류되며 친환경 부문 수익 증가가 인식되어 밸류에이션 상승 전망. 수직계열화를 통해 구조적인 수익 개선 기대.
- **골드만삭스**(매수, 목표 주가 $305): 산업용 가스 부문의 일인자로 매출의 약 65%가 경기에 둔감한 것이어서 안정적인 실적 시현 가능. 탄탄한 재무 구조와 안정적 현금흐름으로 기업 인수와 신사업 투자 여력 큼. 향후 수소 관련 시장 규모가 수십억 달러로 예상되어 성장동력이 될 것으로 전망.

투자 포인트

1. 글로벌 산업용 가스 1위 생산 기업으로 다변화된 제품과 고객사 보유

린데는 산업용 가스 1위 생산 기업으로 다양한 가스를 생산. 또 전방산업도 고르게 분포되어 있어 안정적인 실적 시현 가능. 산업용 가스 시장은 사업자가 파편화되어 있었으나 활발한 인수·합병으로 현재 3개 기업이 시장의 약 70%를 과점. 린데의 시장점유율은 1990년대 6%에 불과했으나 2018년 프락세어 합병으로 1위(31%) 등극.

2. 신성장동력인 수소 사업 수직계열화 완료

수소 사업에서 생산·수송과 저장·액화·충전소를 아우르는 모든 밸류체인의 수직계열화 완료. 특히 생산 부문에서는 영국의 수전해 기업 ITM파워와 합작 회사를 설립해 수전해 설비 기술을 확보하는 등, 향후 크게 확대될 것으로 예상되는 그린 수소 시장을 선점할 계획.

3. 기존 산업용 가스 인프라를 활용해 수소 사업 확장

산업용 가스 사업을 영위하며 대규모 가스 파이프라인과 벌크선 등의 인프라, 수소 보관과 운반에 필요한 대규모 액화 플랜트를 이미 보유하고 있어 신성장동력인 수소 사업에 활용 가능. 향후 수소 생태계 확장에 따른 사업 간 시너지 기대.

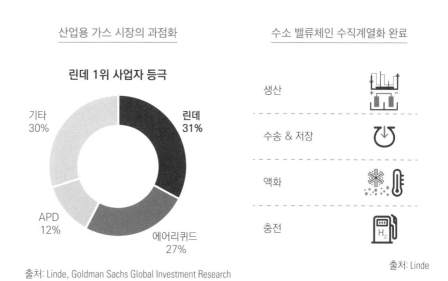

산업용 가스 시장의 과점화 | 수소 밸류체인 수직계열화 완료

린데 1위 사업자 등극

기타 30%
린데 31%
APD 12%
에어리퀴드 27%

생산
수송 & 저장
액화
충전

출처: Linde, Goldman Sachs Global Investment Research

출처: Linde

---

* ESG: 기업의 비재무적 요소인 환경·사회·지배구조를 의미. 투자 의사결정 시 '사회책임투자(SRI)' 혹은 '지속가능투자'의 관점에서 기업의 재무적 요소들과 함께 고려.

■ 팩트셋(Factset) 투자의견 컨센서스

매수 71%	중립 26%	

매도 3%

■ 팩트셋 평균 목표 주가: $289.7(목표 주가 범위: 261.2~326.0)
■ 시장 컨센서스 대비 서프라이즈(상회) 비율(최근 3년): 92%(11/12)
■ 회사 가이던스 대비 서프라이즈(상회) 비율(최근 3년): 67%(4/6)

핵심
투자 지표

실적 및 밸류에이션

(12월 결산)

	2018	2019	2020	2021(E)	2022(E)
매출액(백만 달러)	14,836.0	28,228.0	27,243.0	28,715.3	30,096.2
영업이익(백만 달러)	2,244.0	3,268.0	3,889.0	6,302.8	6,839.6
영업이익률(%)	15.1	11.6	14.3	21.9	22.7
순이익(백만 달러)	4,273.0	2,183.0	2,497.0	4,869.8	5,257.6
잉여현금흐름(백만 달러)	2,911.0	2,437.0	4,029.0	4,189.1	4,563.1
성장성 지표					
매출액성장률(%)	29.7	90.3	-3.5	5.4	4.8
영업이익성장률(%)	-10.0	45.6	19.0	62.1	8.5
순이익성장률(%)	242.7	-48.9	14.4	95.0	8.0
밸류에이션 지표					
PER(배)	11.9	50.8	56.0	29.0	26.2
PBR(배)	1.7	2.3	2.9	3.2	3.1
PSR(배)	3.5	4.1	5.1	4.9	4.7
ROE(%)	14.8	4.3	5.2	10.9	11.8

주요 경쟁 기업 분석

종목명	시가총액 (백만 달러)	매출성장률 (3년, %)	순이익성장률 (3년, %)	PER (배)	PSR (배)	배당수익률 (%)
Linde	140,381.6	33.6	26.0	28.4	4.8	1.6
Air Liquide	75,211.4	0.6	3.2	24.0	2.9	2.2
Air Products and Chemicals	60,466.1	2.7	18.8	28.4	6.1	2.2

Tesla(TSLA-US)
테슬라

T E S L A

테슬라는 2003년 설립된 미국의 대표적인 전기차 제조 기업이다. 세계 최대 전기차 생산 능력을 보유하고 있으며(2020년 기준 105만 대), 전 세계 전기차 시장의 26%를 차지한다. 2012년 모델S, 2015년 모델X를 출시하며 프리미엄 마켓에서 확고한 입지를 구축했고, 보급형 모델인 모델3와 모델Y 출시로 견조한 외형 성장을 지속하고 있다. 테슬라는 자율주행과 소프트웨어 무선 업데이트(OTA)를 통한 차별화된 전기차 소프트웨어 역량뿐만 아니라 장기적으로 커넥티드 모빌리티, 재생에너지를 활용한 충전 인프라와 에너지저장장치(ESS) 사업 등 종합 에너지 플랫폼 기업으로의 변화를 추구하고 있다. 이는 거대 IT 플랫폼 기업의 성장 전략과 유사하며, 2020년 놀라운 주가 상승 랠리로(+743%) 세계 시가총액 1위 완성차 기업 지위에 올라섰다.

구조적 성장 스토리

✔ 구조적으로 고성장하는 전기차 시장은 의심할 여지 없는 장기 테마

✔ 세계에서 가장 앞선 전기차(배터리) 및 선도적인 자율주행 기술력 보유

✔ 에너지 플랫폼 기업으로의 생태계 확장

리스크 요인 전기차 시장 경쟁 심화, 구글과 애플 등 빅테크 기업의 자율주행 산업 진출, 가격 인하에 따른 수익성 하락

글로벌 하우스 전망
- **골드만삭스(매수, 목표 주가 $835):** 혁신적 배터리 기술력과 자율주행 기술 격차 확대로 전기차 시장의 성장을 주도. 기존 기가팩토리의 생산 효율 향상과 신규 공장 구축 계획으로 매출 지속 성장. 향후 에너지 및 스토리지 사업도 성장 전망.
- **모건스탠리(매수, 목표 주가 $880):** 전기자동차를 넘어 자동차 내 인터넷, 네트워크 및 소프트웨어 서비스 옵션 제공에 주력하기 시작. 앞으로 전기차 사업에서 가격 경쟁력 강화 예상. 전체 이익(EBITDA) 중 자율주행과 인포테인먼트, 텔레매틱스 등 서비스가 기여하는 비중이 2040년이면 38%에 달할 것으로 예상.

투자 포인트 **1. 전기차 시장은 구조적으로 고성장하는 장기 테마**

코로나19 이후 강화된 글로벌 친환경 정책과, 완성차 기업들의 내연기관에서 전기차로의 전향적인 플랫폼 전환 의지로 전기차 시장은 고성장세를 지속할 것. 2020년 전 세계 자동차 시장에서 전기차 비중은 2.2% 수준에 불과해 미래 성장 잠재력 풍부. 고성장하는 산업 수요와 테슬라의 기술 리더십, 증설 가속화로 구조적 성장 전망.

2. 선도적인 전기차 및 자율주행 기술력(소프트웨어) 보유

완전자율주행기술(FSD)을 선도하며, OTA 지원 시스템과 배터리 및 핵심 전자 플랫폼 기술의 내재화 등으로 우월한 경쟁력을 입증. 이는 곧 전기차 시장의 대중화를 선도하는 테슬라의 차별화된 제품 경쟁력으로 귀결.

3. 에너지 플랫폼 기업으로 생태계 확장 잠재력

전기차 사업과 커넥티드 모빌리티, 로보택시 서비스뿐 아니라 재생에너지를 활용한 충전 인프라 및 ESS 사업, 전력 중개 판매 시스템과 가정용 전력 생산(파워월) 등 다양한 부문의 에너지 비즈니스를 동시에 전개. 이는 장기적으로 테슬라 모빌리티&에너지 중심의 플랫폼 생태계 확장과 고객 묶어두기 효과로 이어질 것으로 기대.

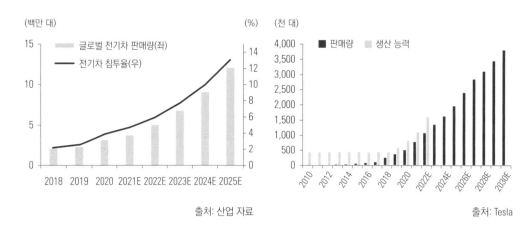

글로벌 전기차 시장의 구조적 성장

테슬라 전기차 판매량 및 생산 능력 추이

출처: 산업 자료

출처: Tesla

■ 팩트셋(Factset) 투자의견 컨센서스

매수 32%	중립 41%	매도 26%

■ 팩트셋 평균 목표 주가: $596.6(목표 주가 범위: 67.0~1,200.0)

■ 시장 컨센서스 대비 서프라이즈(상회) 비율(최근 3년): 60%(6/10)

■ 회사 가이던스 대비 서프라이즈(상회) 비율(최근 3년): -

실적 및 밸류에이션

(12월 결산)

	2018	2019	2020	2021(E)	2022(E)
매출액(백만 달러)	21,461.3	24,578.0	31,536.0	49,175.1	66,493.2
영업이익(백만 달러)	-252.8	80.0	1,994.0	5,160.3	7,989.7
영업이익률(%)	-1.2	0.3	6.3	10.5	12.0
순이익(백만 달러)	-976.1	-870.0	690.0	4,721.8	6,829.7
잉여현금흐름(백만 달러)	-3.0	1,078.0	2,786.0	2,190.9	4,290.1
성장성 지표					
매출액성장률(%)	82.5	14.5	28.3	55.9	35.2
영업이익성장률(%)	적자 지속	흑자 전환	2,392.5	158.8	54.8
순이익성장률(%)	적자 지속	적자 지속	흑자 전환	584.3	44.6
밸류에이션 지표					
PER(배)	-	-	1,107.6	171.8	113.2
PBR(배)	11.7	57.2	30.5	25.1	20.2
PSR(배)	2.6	15.1	24.2	13.5	10.0
ROE(%)	-21.3	-15.1	4.8	14.6	17.9

주요 경쟁 기업 분석

종목명	시가총액 (백만 달러)	매출성장률 (3년, %)	순이익성장률 (3년, %)	PER (배)	PSR (배)	배당수익률 (%)
Tesla	665,879.2	38.9	-	156.0	12.7	-
NIO	71,394.3	-	-	-	12.0	-
General Motors	85,388.5	-5.6	164.3	11.0	0.6	1.0

Plug Power(PLUG-US)
플러그파워

플러그파워는 미국의 대표적인 연료전지* 제조 기업으로, 전기로 구동되는 장비나 차량에 공급되는 연료전지 시스템을 설계·제조한다. 대표 제품은 연료전지 젠드라이브이고, 미국 수소 지게차 시장에서 90% 이상을 점유하고 있다. 이 외에도 수소 연료전지 전력 솔루션인 젠슈어, 수소 연료 충전기인 젠퓨엘 등의 제품과 서비스 라인업을 보유하고 있다. 북미 지역 액체 수소 최대 구매자다. 산업용 모빌리티 애플리케이션(전기지게차, 산업용 차량 등)부터 수소 생산과 저장, 연료 공급 솔루션까지 개발하며, 수직계열화된 수소 비즈니스 구축을 통해 경쟁력을 확보하고 있다.

구조적 성장 스토리

✓ 글로벌 연료전지 시장의 고성장 초입
✓ 침투 속도가 빠른 수소 상용차 분야 집중 전략
✓ 명확한 장기 성장 로드맵

리스크 요인　　그린 수소 산업의 더딘 성장과 산업 침투율, 가격 경쟁력 확보 지연, 산업 경쟁 심화와 정책 리스크

글로벌 하우스 전망
- **모건스탠리(매수, 목표 주가 $38):** 에너지 패러다임의 전환 속에서 2조 5,000억 원 규모의 수소 연료 시장 성장 유망. 플러그파워는 공장 가동률 상승과 기술 개발을 통해 수소 인프라를 확장하며 수익성 개선 기대. 유럽의 그린딜 정책으로 연료전지 차량과의 협력 기대.
- **바클레이즈(중립, 목표 주가 $21):** 플러그파워의 핵심 사업 시장점유율은 15~20%로 탄탄한 입지 보유. 최근 SK그룹이 수소 시장 진출을 위해 이 회사에 1조 6,000억 원 투자 발표. 르노그룹과도 유럽 내 중소형 수소 상용차 시장 공략을 위한 합작 법인 설립 확정 등 성장 모멘텀 발생.

투자 포인트

1. 글로벌 연료전지 시장의 고성장 초입 단계

수소 연료전지 시장은 성장 초입 단계로 2018년 800MW에서 2023년 2,500MW 규모로 확대 전망되며, 미주와 운송용 시장을 중심으로 빠르게 성장할 것으로 예상. 글로벌 친환경 정책 강화, 규모의 경제와 기술 발전에 따른 원가 절감 등을 통한 시장 고성장으로 선두 기업인 플러그파워 수혜 전망.

2. 초기 상업화가 빠른 상용차(지게차) 시장 집중

수소차 초기 시장은 충전 인프라가 부족한 상황에서 승용차보다 노선과 주행거리 예측 가능성이 높은 상용차 중심으로 보급이 확산될 것으로 예상. 플러그파워는 지게차와 같은 상용차 분야에 집중하고 가격 진입장벽을 낮추며 빠르게 보급되고 있음. 이미 월마트, 아마존, 페덱스 등과 협업해 미국 상업용 수소차 시장을 주도.

3. 장기 성장 계획에 따른 명확한 로드맵

그린 수소 생산 공장 5곳 구축(2024년까지), 기가 팩토리 건설을 통한 생산 원가 50% 절감(2021년 완공), 유럽 시장 진출, 데이터센터향 신제품 출시(2021년) 등 명확한 성장 로드맵 보유. 이 외에 글로벌 플레이어인 린데(상용차 연료전지 개발), BP(그린 수소 프로젝트) 등과의 다양한 협업으로 수소 생태계를 확장해나갈 것으로 전망.

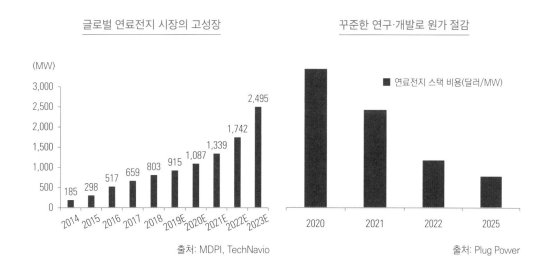

글로벌 연료전지 시장의 고성장

(MW)

출처: MDPI, TechNavio

꾸준한 연구·개발로 원가 절감

■ 연료전지 스택 비용(달러/MW)

출처: Plug Power

---

* 연료전지: 수소를 포함한 연료와 공기 중의 산소가 연소 없이 전기화학 반응을 통해 전기와 열에너지를 생산하는 시스템으로, 공해와 소음이 없는 친환경 장치다.

■ 팩트셋(Factset) 투자의견 컨센서스

매수 80%		중립 13%	매도 7%

■ 팩트셋 평균 목표 주가: $66.8(목표 주가 범위: 21.0~88.0)
■ 시장 컨센서스 대비 서프라이즈(상회) 비율(최근 3년): 33%(4/12)
■ 회사 가이던스 대비 서프라이즈(상회) 비율(최근 3년): 100%(3/3)

실적 및 밸류에이션 (12월 결산)

	2018	2019	2020	2021(E)	2022(E)
매출액(백만 달러)	174.6	230.2	-100.5	460.7	722.8
영업이익(백만 달러)	-69.5	-50.0	-550.3	-73.0	-34.3
영업이익률(%)	-39.8	-21.7	-	-15.8	-4.7
순이익(백만 달러)	-78.1	-85.5	-561.7	-122.3	-87.2
잉여현금흐름(백만 달러)	-63.2	-63.7	-188.7	-518.6	-498.1
성장성 지표					
매출액성장률(%)	74.4	31.8	-	-	56.9
영업이익성장률(%)	적자 지속	적자 지속	적자 지속	적자 지속	적자 지속
순이익성장률(%)	적자 지속	적자 지속	적자 지속	적자 지속	적자 지속
밸류에이션 지표					
PER(배)	-	-	-	-	-
PBR(배)	248.0	6.1	8.0	13.1	13.2
PSR(배)	1.6	3.3	-	48.7	31.0
ROE(%)	-7,200.0	-69.2	-37.2	-6.9	-5.0

주요 경쟁 기업 분석

종목명	시가총액 (백만 달러)	매출성장률 (3년, %)	순이익성장률 (3년, %)	PER (배)	PSR (배)	배당수익률 (%)
Plug Power	23,743.9	-	-	-	46.4	-
Ballard Power Systems	7,815.5	-5.0	-	-	58.8	-
FuelCell Energy	5,855.0	-9.5	-	-	58.3	-

Aptiv(APTV-US)
앱티브

· A P T I V ·

앱티브는 2017년 델파이오토모티브(1997년 GM에서 독립)에서 분사한 자동차 전장 부품 및 자율주행 솔루션 기업이다. 능동형 안전 시스템, 자율주행 솔루션, 커넥티드카 등에 특화되어 있으며 구글의 웨이모, GM의 크루즈에 이어 세계 3대 자율주행 솔루션 기업으로 평가된다. 미국의 3대 완성차뿐만 아니라 글로벌 주요 완성차 기업들을 고객으로 확보하고 있다. 2019년 9월 현대차그룹과 합작 법인을 설립, 완전자율주행 플랫폼을 개발하고 있다.

구조적 성장 스토리

✓ 자율주행 솔루션 채택률 증가
✓ 글로벌 톱티어(top-tier) 수준의 자율주행 기술력
✓ 완전자율주행 상용화 목표 조기 달성을 통한 미래 자동차 경쟁력 강화

리스크 요인   전방 자동차 산업 성장 둔화, 완전자율주행 플랫폼 개발 지연에 따른 경쟁력 약화

글로벌 하우스 전망

- **골드만삭스(매수, 목표 주가 $149):** 이산화탄소 규제 강화에 따른 전기차 수요 증가로 고전압 시스템 부문은 2022년까지 연평균 40%의 고성장이 가능할 것으로 전망. 첨단운전자보조시스템·AV 부문은 레벨 2/2+ 솔루션 수요 증가로 시장점유율 상승이 기대되며, 향후 레이더 및 위성 기술 등 레벨 3~5의 자율주행 모델 수요도 대응 가능한 기업.

- **JP모간(중립, 목표 주가 $132):** 자동차 전장 및 안전 제품 시장을 선도하는 기업. 내연기관 자동차에서 전기차로의 전환, 자율주행 기술 적용 확대, 자동차 전장화 트렌드의 수혜가 큰 기업. 견고한 재무 구조와 수익성 추구의 경영 전략으로 안정적인 현금흐름이 발생하고 있어 향후 인수·합병이나 주주 친화적 정책들을 기대할 수 있는 점도 투자 포인트.

투자 포인트

1. 자율주행 솔루션 채택률 증가

글로벌 (부분)자율주행 솔루션 채택률은 2019년 50%(레벨 0/1 35%, 레벨 2/2+ 15%)에서 2022년 60%(레벨 0/1 40%, 레벨 2/2+ 20%), 2025년 70%(레벨 0/1 45%, 레벨 2/2+ 25%)까지 증가할 것으로 예상. 자율주행 기능이 고가에서 중저가 모델까지 확대되고 있으며 소비자의 선호도도 점차 높아져 앱티브가 영위 중인 시장의 구조적 확대가 예상.

2. 무인자율주행 상업화 가능성 최초로 입증

앱티브는 레벨 4(무인자율주행) 상업화 가능성을 최초로 입증했고, 2019년 글로벌 시장 조사 기관 내비건트 리서치의 평가에서 자율주행 관련 벤더 순위 상위권으로 도약하며 선도적인 경쟁력을 보유한 회사로 인정받음. 향후 자율주행 기술 상용화 시 수혜 전망.

3. 현대차와 함께 '모셔널' 설립, 조기 완전자율주행 상용화 목표

2019년 9월 현대차그룹과 조인트벤처 '모셔널'을 설립, 2022년까지 완성차 기업 및 로보택시 사업자 등에 공급할 자율주행 플랫폼 개발 계획. 이는 기존 계획보다 2년 단축된 것. 2020년 12월, 2023년까지 미국 차량 공유 회사인 리프트에 최대 규모의 양산형 로보택시 공급 계획 발표. 조기 상용화 시 미래차 시장의 경쟁 구도에서 유리한 입지 선점 가능.

자율주행 솔루션 채택률 증가

(백만 대)

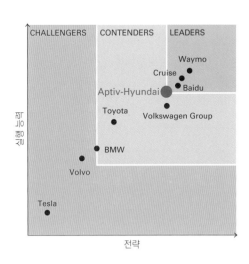

출처: Luminar, IHS, LMC Automotive

앱티브의 선도적인 자율주행 기술력

출처: Navigant Research

■ 팩트셋(Factset) 투자의견 컨센서스

매수 70%	중립 19%	매도 11%

■ 팩트셋 평균 목표 주가: $137.1(목표 주가 범위: 75.0~171.0)
■ 시장 컨센서스 대비 서프라이즈(상회) 비율(최근 3년): 92%(11/12)
■ 회사 가이던스 대비 서프라이즈(상회) 비율(최근 3년): 78%(7/9)

실적 및 밸류에이션

(12월 결산)

	2018	2019	2020	2021(E)	2022(E)
매출액(백만 달러)	14,435.0	14,357.0	13,066.0	15,670.5	17,397.9
영업이익(백만 달러)	1,598.0	1,414.0	851.0	1,662.4	2,055.5
영업이익률(%)	11.1	9.8	6.5	10.6	11.8
순이익(백만 달러)	1,067.0	990.0	1,804.0	1,061.4	1,400.4
잉여현금흐름(백만 달러)	794.0	843.0	829.0	1,040.6	1,161.3
성장성 지표					
매출액성장률(%)	12.0	-0.5	-9.0	19.9	11.0
영업이익성장률(%)	4.5	-11.5	-39.8	95.4	23.6
순이익성장률(%)	4.5	-7.2	82.2	-41.2	31.9
밸류에이션 지표					
PER(배)	15.3	24.7	19.9	39.8	30.1
PBR(배)	4.6	6.3	4.5	4.8	4.3
PSR(배)	1.1	1.7	2.7	2.6	2.3
ROE(%)	31.6	27.2	30.8	12.0	14.4

주요 경쟁 기업 분석

종목명	시가총액 (백만 달러)	매출성장률 (3년, %)	순이익성장률 (3년, %)	PER (배)	PSR (배)	배당수익률 (%)
Aptiv	40,746.8	0.5	20.9	37.4	2.5	0.2
Alphabet	1,385,884.4	18.0	47.1	28.5	6.0	-
Baidu	88,689.7	7.3	6.2	24.0	4.5	-

Virgin Galactic(SPCE-US)
버진갤럭틱

버진갤럭틱은 민간 우주여행 상용화에 가장 앞선 우주 개발 기업으로 2004년 영국 버진그룹 회장 리처드 브랜슨이 설립했다. 현재 테슬라의 스페이스X, 아마존의 블루오리진과 함께 글로벌 우주 산업을 주도하는 3대 민간 기업 중 하나다. 2018년 첫 우주 관광 상품을 판매(예약)했고 2021년 본격적인 상용화를 목표로 한다. 또한 보잉에서 재무적 투자를 받았고 롤스로이스, 미 항공우주국(NASA) 등과의 기술 협력을 통해 극초음속 항공기를 개발하고 있으며 2020년 8월 첫 디자인을 공개했다.

구조적 성장 스토리

- ✔ 다가오는 우주여행 상용화 시점과 성장 잠재력
- ✔ 선두 진입자의 이점이 높은 산업에서 수혜
- ✔ 극초음속기 개발로 새로운 시장 성장 기회

리스크 요인　기술적 난제에 따른 상용화 시점 지연, 스페이스X와 블루오리진 등 경쟁자 진입에 따른 경쟁 심화

글로벌 하우스 전망
- **모건스탠리(중립, 목표 주가 $30):** 우주선 시험 비행이 발사 모터 내 컴퓨터 연결 문제로 실패했으나 제품 설계 안전은 확신할 수 있었음. 시험 비행 완료 시기는 2021년 1분기에서 2분기로 다소 지연되나 이미 시장에서 인지. 버진갤럭틱의 재무 상태와 현금흐름은 여유 있는 편. 단기 목표 주가는 30달러지만, 시험 비행이 성공한다면 장기적으로 54달러까지 상승 가능하다고 판단.
- **골드만삭스(중립, 목표 주가 $20):** 단기적으로 현재 앞두고 있는 시험 비행과 미국 연방항공청(FAA) 승인, 상용화 시점이 중요하다고 판단. 버진갤럭틱이 제시한 위 이벤트들의 타임라인은 현실적으로 충분히 이행 가능한 수준이지만, 변수 발생에 따라 지연될 가능성 존재.

투자 포인트

1. 우주여행, 가늠하기 어려운 잠재력 높은 유효시장

2021년 우주 상업 관광 라이선스를 위한 세 차례 테스트 후 우주여행 티켓 판매 본격화 예상. 상용화 성공 시 본격적인 우주여행 시장 개화로 버진갤럭틱의 미래 성장 잠재력에 대한 시장 관심은 더욱 높아질 것.

2. 선두 진입자의 이점 누릴 수 있어

우주여행의 고도화된 산업 특성상 높은 기술력과 안정성, 투자 비용 등으로 강력한 진입장벽 구축 가능. 첫 상용화 성공 시 장기간 선두 진입자의 이점을 누릴 것으로 예상.

3. 극초음속기 개발로 8,000억 달러 규모의 잠재 시장 진출

버진갤럭틱은 우주여행 외에 항공 여행을 위한 극초음속기를 개발 중. 이를 위해 롤스로이스와 협력하고 미국 FAA의 협조하에 개발 진행. 2020년 8월 첫 디자인을 공개했는데 회사에 따르면 18,000m 고도에서 마하 3으로 비행하고 뉴욕-런던을 2시간, 시드니-런던을 4시간 만에 비행 가능(현재 시드니-런던 최단 비행 기록은 19시간). 모건스탠리는 해당 시장이 2040년까지 8,000억 달러로 성장할 것으로 전망.

버진갤럭틱의 Space Ship Two Unity

출처: Virgin Galactic

극초음속기 잠재 시장 전망

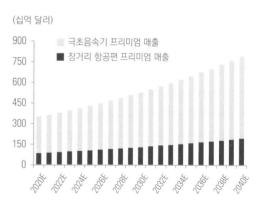

(십억 달러)

극초음속기 프리미엄 매출
장거리 항공편 프리미엄 매출

출처: Morgan Stanley Research

■ 팩트셋(Factset) 투자의견 컨센서스

매수 44%	중립 56%

■ 팩트셋 평균 목표 주가: $30.0(목표 주가 범위: 19.0~36.0)

■ 시장 컨센서스 대비 서프라이즈(상회) 비율(최근 3년): 20%(1/5)

■ 회사 가이던스 대비 서프라이즈(상회) 비율(최근 3년): -

핵심
투자 지표

실적 및 밸류에이션
(12월 결산)

	2018	2019	2020	2021(E)	2022(E)
매출액(백만 달러)	-	-	0.2	11.9	88.0
영업이익(백만 달러)	-	-	-275.1	-241.6	-146.5
영업이익률(%)	-	-	-115,581.5	-2,030.5	-166.4
순이익(백만 달러)	-	-	-273.0	-237.8	-143.9
잉여현금흐름(백만 달러)	-	-	-249.7	-235.0	-182.1
성장성 지표					
매출액성장률(%)	-	-	-	4,900.0	639.7
영업이익성장률(%)	-	-	-	적자 지속	적자 지속
순이익성장률(%)	-	-	-	적자 지속	적자 지속
밸류에이션 지표					
PER(배)	-	-	-	-	-
PBR(배)	-	-	8.5	16.8	20.1
PSR(배)	-	-	21,846.3	738.0	99.8
ROE(%)	-	-	-48.3	-46.7	-33.1

주요 경쟁 기업 분석

종목명	시가총액 (백만 달러)	매출성장률 (3년, %)	순이익성장률 (3년, %)	PER (배)	PSR (배)	배당수익률 (%)
Virgin Galactic	8,782.4	-	-	-	328.8	-
Boeing	157,110.1	-14.6	-	245.0	1.9	0.0

C3.AI(AI-US)
C3.AI

C3.AI는 기업용 AI 솔루션 제공 기업으로, 자동화된 AI 플랫폼으로 알고리즘을 제작해 고객관계관리(CRM) 플랫폼에서 추출한 데이터에서 원하는 결과를 도출하는 소프트웨어를 제공한다. 이 회사가 제공하는 툴로 코딩 없이 쉽게 AI 모델 제작이 가능한 장점이 있다. 창업자인 톰 시벨은 CRM 솔루션의 원조인 시벨시스템즈를 개발한 인물로 40년의 긴 업계 경력으로 유명하다. C3.AI는 2009년 설립되어 미국 국방부, 3M, 아스트라제네카 등 다양한 산업군의 고객사를 보유하고 있으며 마이크로소프트도 여기 투자해 파트너십이 강화될 것으로 예상된다.

이 회사의 제품은 크게 C3.AI 스위트, C3.AI 애플리케이션, C3.AI 엑스 마키나로 구분된다. C3.AI 스위트는 핵심 제품으로 방대한 양의 데이터를 분석해 기업이 AI를 기반으로 애플리케이션을 개발할 수 있도록 도와준다. C3.AI 애플리케이션은 미리 제작된 애플리케이션을 서비스형 소프트웨어(SaaS) 형태로 제공해 고객이 구독할 수 있게 한다. C3.AI 엑스 마키나는 시각화 툴로 데이터 과학자와 분석가 등 전문가가 코드 변경 없이 데이터를 쉽게 분석할 수 있게 한다.

구조적 성장 스토리

- ✓ 데이터 생성량 급증으로 데이터 분석 소프트웨어 시장의 구조적 성장
- ✓ CRM의 개념을 정립한 저명한 CEO 톰 시벨의 업계 영향력
- ✓ 마이크로소프트, 어도비 등과의 파트너십을 통한 성장 전략

리스크 요인 대형 IT 기업들의 시장 진출, 소수의 고객에 집중된 매출 구조

글로벌 하우스 전망
- ■ **모건스탠리(매도, 목표 주가 $100):** 코딩 없이 쉽고 빠르게 머신러닝 애플리케이션 제작이 가능한 것이 경쟁력으로 AI·머신러닝 소프트웨어 시장에 빠르게 침투. 특히 저명한 CEO 톰 시벨의 업계 영향력으로 더욱 빠르게 성장할 것으로 예상. 단, 높은 밸류에이션으로 매도 의견.

투자 포인트

1. 인공지능·머신러닝 데이터 분석 소프트웨어 시장의 구조적 성장

데이터 생성량 급증에 따라 빅데이터를 분석할 수 있는 소프트웨어의 수요 빠르게 증가. 시장조사 기관 IDC는 C3.AI 스위트의 타깃 유효시장 규모가 2019년 420억 달러에서 2024년 720억 달러, C3.AI 애플리케이션의 시장 규모가 2019년 1,070억 달러에서 2024년 2,270억 달러로 고성장할 것으로 전망. 견조한 시장 성장 수혜 전망.

2. CEO 톰 시벨의 업계 영향력

창업자이자 CEO인 톰 시벨은 CRM의 개념을 처음 정립했고 오라클의 CRM 브랜드인 '시벨 CRM'을 개발한 것으로 유명. 무려 40년의 긴 업계 경력을 보유하고 있고 CRM 업계의 기술 트렌드를 선도한 인물로 네트워크를 활용한 고객 기반 확대 기대.

3. 다양한 기업과의 파트너십을 통한 성장 전략

마이크로소프트와 어도비는 C3.AI와 파트너십을 맺고 자사의 CRM 소프트웨어와 C3.AI의 데이터 분석 AI 플랫폼을 결합한 제품 출시 예정. C3.AI는 클라우드 기반 소프트웨어(SaaS) 대가들의 선택을 받으며 기술력을 인정받음. 마이크로소프트는 5,000만 달러 규모의 지분 투자 진행. 과거에도 IBM, 레이시온, 베이커휴지스, 피델리티 내셔널 인포메이션 서비스 등 다양한 기업과의 파트너십을 통해 성장 도모.

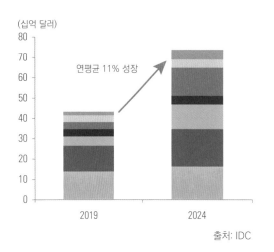

C3.AI 스위트의 시장 규모

(십억 달러)

연평균 11% 성장

출처: IDC

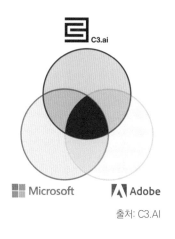

다양한 파트너십을 통한 성장 전략

출처: C3.AI

■ 팩트셋(Factset) 투자의견 컨센서스

매수 40%	중립 40%	매도 20%

■ 팩트셋 평균 목표 주가: $147.2(목표 주가 범위: 84.0~200.0)

■ 시장 컨센서스 대비 서프라이즈(상회) 비율: -

■ 회사 가이던스 대비 서프라이즈(상회) 비율: -

실적 및 밸류에이션

(4월 결산)

	2018	2019	2020	2021(E)	2022(E)
매출액(백만 달러)	-	91.6	156.7	181.5	239.9
영업이익(백만 달러)	-	-36.0	-71.5	-49.6	-110.2
영업이익률(%)	-	-39.3	-45.6	-27.3	-45.9
순이익(백만 달러)	-	-33.3	-69.4	-64.6	-126.2
잉여현금흐름(백만 달러)	-	-41.7	-63.6	-35.9	-97.0
성장성 지표					
매출액성장률(%)	-	-	71.0	15.9	32.2
영업이익성장률(%)	-	-	적자 지속	적자 지속	적자 지속
순이익성장률(%)	-	-	적자 지속	적자 지속	적자 지속
밸류에이션 지표					
PER(배)	-	-	-	-	-
PBR(배)	-	-	-	7.7	10.7
PSR(배)	-	-	-	50.0	37.9
ROE(%)	-	-	-42.4	-4.6	-12.4

주요 경쟁 기업 분석

종목명	시가총액 (백만 달러)	매출성장률 (3년, %)	순이익성장률 (3년, %)	PER (배)	PSR (배)	배당수익률 (%)
C3.ai	9,083.8	-	-	-	39.1	-
Snowflake	50,654.9	-	-	-	43.3	-
Palantir	49,055.4	-	-	169.2	31.5	-

Salesforce(CRM-US)
세일즈포스

세일즈포스는 클라우드 기반 고객관계관리(CRM) 서비스 1위 기업으로 전 세계 시장의 약 20%를 점유하고 있다. CRM은 기업이 고객 및 잠재 고객 관련 정보를 정확하게 파악해 고객관계를 효과적으로 관리하고 경영 전략을 수립하는 데 도움을 주는 서비스다. 기존 SAP, 오라클, 마이크로소프트 등이 전통적인 설치형 패키지 형식의 소프트웨어로 서비스를 제공한 반면, 세일즈포스는 클라우드 기반의 서비스형 소프트웨어(SaaS)를 제공하며 CRM 시장을 장악했다. 적극적인 인수·합병 전략으로 CRM 서비스에 영업과 마케팅, 커뮤니케이션, 전자상거래 등 다양한 기능을 연동하며 'CRM 클라우드 생태계'를 확장하고 있다.

구조적 성장 스토리

✓ 디지털 전환 트렌드의 구조적 수혜 기업
✓ 클라우드 서비스 다각화로 타깃 유효시장 확대
✓ 적극적인 인수·합병을 통한 사업 시너지 창출

리스크 요인　　기존 기업들의 클라우드 전환으로 경쟁 심화, 슬랙 인수에 따른 재무적 부담, 경기 둔화로 기업들의 IT지출 감소

글로벌 하우스 전망
- **골드만삭스(매수, 목표 주가 $315):** 디지털 혁신의 기초 토대를 만드는 리더로 평가. 코로나19가 가속화한 기업의 디지털화 추세로 기업의 IT 투자 증가 예상. 연간 기존 고객과 신규 고객의 성장 기여도는 각각 77%와 23% 수준을 유지하며, 원가 절감을 통한 수익성 개선세도 지속. 최근 인수 발표한 슬랙과의 시너지 효과도 기대.
- **모건스탠리(중립, 목표 주가 $270):** 글로벌 디지털화 추세에 수혜 기대. 기업용 메신저 개발사인 슬랙을 인수하며 기업용 소프트웨어 시장에서 경쟁력 강화될 것. 자체 인터페이스에 슬랙의 메신저 기능을 추가하면 고객 묶어두기 효과로 이어질 것으로 기대. 단, 이번 인수·합병으로 인한 희석 효과는 세일즈포스의 주가에 부정적.

투자 포인트

1. CRM의 디지털 전환은 구조적 트렌드

기업들의 디지털 전환 트렌드가 지속되는 가운데 코로나19로 클라우드 수요 가속화. 클라우드 CRM 시장의 독보적 지위를 점유한 세일즈포스의 구조적인 수혜 전망. 2020년 12월 중장기(2021~2026 회계연도) 연평균 매출 19% 성장, 2022 회계연도 대비 4년 내에 매출 목표 규모를 2배로 확대 제시하며 성장 자신감 표명.

2. 클라우드 서비스 다각화로 타깃 유효시장 확대

타깃 유효시장은 2021~2025년 연평균 11%로 견조한 성장 예상. 세일즈포스는 2026년까지 인수·합병을 고려하지 않은 기존 사업의 유기적 성장률이 연평균 17%에 달할 것으로 전망. 시장의 구조적 성장과 함께 다변화된 클라우드 서비스의 시너지 및 교차 판매가 가능하기 때문. 최근 핵심 성장 분야는 커머스 부문으로 성장 기회 클 것으로 전망.

3. 인수·합병을 통한 시너지 및 통합 플랫폼으로의 발전

2019년 데이터 분석 플랫폼인 태블로 인수로 기술 경쟁력을 한층 높임. 2020년에는 슬랙 인수로 기존 서비스와 애플리케이션, 데이터를 연결하는 콜라보 인터페이스 구축이 가능해지며, 잠재 고객 확대 측면에서도 큰 사업 시너지 예상.

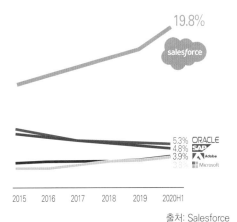

2위권과의 격차 확대 지속

출처: Salesforce

세일즈포스의 2026년 중장기 로드맵

출처: Salesforce

■ 팩트셋(Factset) 투자의견 컨센서스

매수 79%	중립 21%

■ 팩트셋 평균 목표 주가: $276.7(목표 주가 범위: 200.0~344.0)
■ 시장 컨센서스 대비 서프라이즈(상회) 비율(최근 3년): 100%(12/12)
■ 회사 가이던스 대비 서프라이즈(상회) 비율(최근 3년): 92%(11/12)

실적 및 밸류에이션

(1월 결산)

	2018	2019	2020	2021	2022(E)
매출액(백만 달러)	10,540.0	13,282.0	17,098.0	21,252.0	25,712.5
영업이익(백만 달러)	454.0	562.0	503.0	455.0	4,535.4
영업이익률(%)	4.3	4.2	2.9	2.1	17.6
순이익(백만 달러)	360.0	1,110.0	126.0	4,072.0	3,368.6
잉여현금흐름(백만 달러)	2,204.0	2,803.0	3,688.0	4,091.0	4,525.7
성장성 지표					
매출액성장률(%)	25.6	26.0	28.7	24.3	21.0
영업이익성장률(%)	487.8	23.8	-10.5	−9.5	896.8
순이익성장률(%)	100.4	208.3	-88.6	3,131.7	-17.3
밸류에이션 지표					
PER(배)	232.5	106.3	1,230.2	51.5	61.8
PBR(배)	8.0	7.5	4.8	4.7	4.5
PSR(배)	7.9	8.9	9.1	9.9	7.6
ROE(%)	4.0	8.5	0.5	10.8	7.2

주요 경쟁 기업 분석

종목명	시가총액 (백만 달러)	매출성장률 (3년, %)	순이익성장률 (3년, %)	PER (배)	PSR (배)	배당수익률 (%)
salesforce	194,752.4	26.8	-11.1	60.5	7.4	-
Oracle	193,658.2	1.2	2.8	14.2	4.7	1.7
SAP SE	151,117.3	5.6	9.0	21.0	4.6	1.7

ServiceNow(NOW-US)
서비스나우

servicenow.

서비스나우는 IT 서비스를 관리·지원하는 IT 서비스 관리(ITSM) 소프트웨어를 클라우드를 통해 제공하는 ITSM SaaS 시장의 1위 기업이다. 기업의 IT 업무에 대한 워크플로와 다양한 툴을 제공하며, 기존의 온프레미스와 클라우드 ITSM에서 가장 높은 시장점유율(42%)을 올리고 있다. 2018년 〈포브스〉가 선정한 '가장 혁신적인 기업' 1위에 올랐다.

구조적 성장 스토리

- ✔ 기업과 공공 부문의 IT 워크플로 자동화 전환 가속화
- ✔ 경기 불황에도 안정적 실적 시현이 가능한 수익 모델과 성장성
- ✔ 글로벌 진출을 통한 신성장동력 확보와 신규 사업 확장

리스크 요인 경기 둔화에 따른 기업들의 IT 지출 감소, SaaS 기업 간 경쟁 심화, 대기업들의 ITSM 소프트웨어 내재화

글로벌 하우스 전망
- ■ **골드만삭스(매수, 목표 주가 $695):** 주력 분야인 ITSM을 기반으로 인적자원관리(HR), 고객서비스관리(CSM) 분야까지 사업 확장. 기업 내 자원과 실행 등 모든 업무의 효율성을 극대화하는 데 초점을 맞추며 정부 기관과 대기업을 주요 고객사로 확보. 디지털화의 일환으로 워크플로 자동화의 중요성이 커지면서 구조적인 시장 성장 기대.
- ■ **모건스탠리(매수, 목표 주가 $662):** 소프트웨어를 통한 자동화 및 디지털화 워크플로가 임시 수동 프로세스보다 내구성 부문에서 높은 경쟁력 보유. 매출성장률도 당분간 25% 이상으로 지속될 전망. 수익성이 개선되며 현금흐름도 빠르게 증가하는 추세.

투자 포인트

1. 코로나19 이후에도 IT 워크플로 자동화에 대한 수요 지속

많은 기업이 IT 워크플로 자동화를 위한 투자를 진행 중. 최근 정부 등 공공 부문에서도 IT 워크플로의 SaaS 전환 수요 견조. 미국 연방정부도 2020년부터 디지털 전환 정책을 본격화, 1위 기업인 서비스나우의 제품을 지속적으로 채택할 가능성 높음. 2020년 정부향 계약 최고액을 달성했고, 2021년과 2022년에도 계약 규모 최고치를 경신할 것으로 기대.

2. 비즈니스 모델의 안정성과 성장성 부각

서비스나우의 서비스는 경상적으로 발생하는 회원제 기반의 구독 매출이 대부분. 또한 대기업향 매출 비중이 80% 이상, 구독형 매출 비중이 95%, 계약 갱신율도 98%로 실적의 안정성이 매우 뛰어남. 시장 성장과 점유율 확대를 통한 고성장이 지속되고 있어 실적의 안정성과 성장성 모두 매력 높음.

3. 글로벌 진출 및 신규 서비스 확장

2020년 1월 SAP 출신의 빌 맥더멋으로 수장 교체. 그가 CEO로 일한 10년 동안 SAP의 시가총액은 390억 달러에서 1,630억 달러로 3배 넘게 증가. 또 그는 해외 네트워크가 풍부하기 때문에 세일즈포스의 해외 진출에도 역량을 발휘할 것으로 기대. 서비스나우의 북미 비중은 60%로 아시아, 남미 등 글로벌 진출을 통한 신성장동력이 필수. 여기에 SaaS의 주력 분야인 인적자원관리(HR), 고객서비스관리(CSM), 보안 등으로 서비스를 확대하고 있어 생태계 확장을 통한 성장동력 확보.

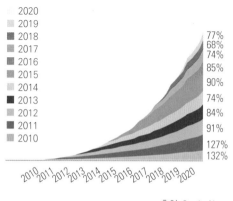

연도별 기존 고객 매출 증가율

출처: ServiceNow

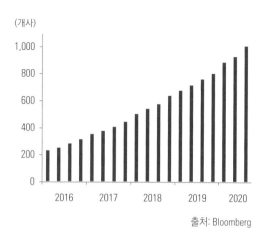

연간 100만 달러 이상 계약 고객의 꾸준한 성장

출처: Bloomberg

■ 팩트셋(Factset) 투자의견 컨센서스

매수 91%	중립 9%

■ 팩트셋 평균 목표 주가: $614.9(목표 주가 범위: 520.0~695.0)
■ 시장 컨센서스 대비 서프라이즈(상회) 비율(최근 3년): 92%(11/12)
■ 회사 가이던스 대비 서프라이즈(상회) 비율(최근 3년): 100%(1/1)

**핵심
투자 지표**

실적 및 밸류에이션

(12월 결산)

	2018	2019	2020	2021(E)	2022(E)
매출액(백만 달러)	2,608.8	3,460.4	4,519.5	5,737.8	7,168.9
영업이익(백만 달러)	-41.4	42.1	198.9	1,354.5	1,789.0
영업이익률(%)	-1.6	1.2	4.4	23.6	25.0
순이익(백만 달러)	-26.7	626.7	118.5	1,107.5	1,459.1
잉여현금흐름(백만 달러)	732.0	971.1	1,447.3	1,718.6	2,159.5
성장성 지표					
매출액성장률(%)	36.0	32.6	30.6	27.0	24.9
영업이익성장률(%)	적자 지속	흑자 전환	372.1	581.1	32.1
순이익성장률(%)	적자 지속	흑자 전환	-81.1	834.5	31.7
밸류에이션 지표					
PER(배)	-	88.8	940.4	89.5	69.4
PBR(배)	28.9	25.1	38.0	23.8	17.1
PSR(배)	12.1	16.1	24.7	16.7	13.4
ROE(%)	-2.8	38.7	4.8	26.6	24.7

주요 경쟁 기업 분석

종목명	시가총액 (백만 달러)	매출성장률 (3년, %)	순이익성장률 (3년, %)	PER (배)	PSR (배)	배당수익률 (%)
ServiceNow	95,936.0	32.7	-	84.8	15.9	-
HP	37,926.7	2.7	4.0	9.2	0.6	2.7
Atlassian	57,329.2	37.6	-	175.7	26.3	-

Twilio(TWLO-US)
트윌리오

트윌리오는 클라우드 기반의 커뮤니케이션 플랫폼 서비스(CPaaS: Communications Platform as a Service) 기업이다. 기업과 고객 간 실시간 커뮤니케이션을 위한 음성, 메시지, 비디오, 이메일 등 커뮤니케이션 관련 소프트웨어 개발용 솔루션과 APIs*를 제공한다. 소프트웨어 기반 클라우드 커뮤니케이션 시장을 개척한 선구자로서 견고한 기술적 지위와 시장 리더십을 보유하고 있다.

구조적 성장 스토리

✓ 디지털 전환으로 커뮤니케이션 플랫폼의 클라우드화 가속화

✓ CPaaS 시장을 개척한 기업으로 시장 선점 효과

✓ CPaaS 적용 가능한 산업의 확대

리스크 요인 대형 IT 기업의 유사 서비스 출시로 경쟁 심화, 글로벌 기업들의 IT 지출 둔화

글로벌 하우스 전망

■ **JP모간(매수, 목표 주가 $475):** 우버와 왓츠앱, 에어비앤비 등 인지도 높은 강력 고객들의 피드백과 함께 시장 내 입지 구축. 더불어 현재 시장에서 유일하게 순수한 CPaaS 기업이기에 클라우드 및 모바일 애플리케이션 개발의 확산세에 힘입어 더욱 성장할 것으로 예상. 유럽·중동·아프리카(EMEA), 아시아·태평양(APAC) 등에 각각 2014년, 2015년부터 투자를 진행해왔는데, 이들 지역에서 향후 눈에 띄는 수익을 발생시킬 수 있을 것으로 전망.

■ **미즈호증권(매수, 목표 주가 $475):** 2020년 3분기 매출이 전년 동기 대비 50% 성장하며 어닝 서프라이즈를 기록. 단기적으로는 코로나19의 수혜를 받고 있고, 장기적으로도 음성, 메시지, 비디오, SMS 등의 소프트웨어 애플리케이션을 통해 견조한 성장세를 보일 것으로 전망.

투자 포인트

1. 디지털 전환으로 CPaaS 도입 가속화

다수 기업이 디지털 전환의 일환으로 커뮤니케이션 플랫폼의 클라우드화를 진행하고 있어 총유효시장이 빠르게 확대되는 추세. CPaaS 시장은 기존 예상치를 크게 상회하며 2018년 50억 달러에서 2023년 200억 달러까지 고성장할 것으로 전망.

2. CPaaS 개척한 선두 기업으로 개발자들은 이미 트윌리오의 APIs에 익숙

트윌리오는 개발자들에게 커뮤니케이션에 특화된 APIs를 제공해 소프트웨어 개발 기간을 크게 단축하고 서비스 확장성이 높은 것이 장점. CPaaS 시장을 개척한 선두 기업으로 이미 경쟁력 높은 APIs에 개발자들이 익숙해져 있어, 고성장하는 시장에서 당분간 선점 효과를 누릴 것으로 예상.

3. CPaaS 적용 가능한 산업의 확대

CPaaS의 장점은 적용 가능한 산업의 범위가 매우 넓다는 점. 코로나19를 계기로 새로운 산업에서 비디오 API 수요가 폭증했고, 특히 원격 의료와 교육 분야 등에서 수요가 크게 성장할 것으로 전망. 트윌리오 플랫폼의 빠른 개발 속도와 글로벌 서비스 확장성, 유연성을 기반으로 다양한 산업군의 신규 수요가 계속 확대될 전망.

CPaaS 시장 성장의 가속화

CPaaS 기업의 기술 역량 및 사업 전략 평가

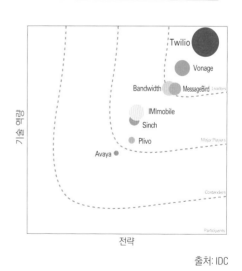

(십억 달러)

	2016년 전망치	2018년 전망치
25		
20		20
15		
10	10	
5		5
1		
0		
	2016　2021	2018　2023

출처: 언론 보도, IDC

출처: IDC

---

*　APIs(Application Programming Interfaces): 운영 체제와 응용 프로그램 사이의 통신에 사용되는 언어나 메시지 형식.

■ 팩트셋(Factset) 투자의견 컨센서스

매수 86%	중립 14%

■ 팩트셋 평균 목표 주가: $388.3(목표 주가 범위: 250.0~550.0)

■ 시장 컨센서스 대비 서프라이즈(상회) 비율(최근 3년): 88%(7/8)

■ 회사 가이던스 대비 서프라이즈(상회) 비율(최근 3년): 100%(12/12)

실적 및 밸류에이션 (12월 결산)

	2018	2019	2020	2021(E)	2022(E)
매출액(백만 달러)	650.1	1,134.5	1,761.8	2,421.7	3,178.7
영업이익(백만 달러)	-113.7	-354.0	-471.1	-16.8	77.3
영업이익률(%)	-17.5	-31.2	-26.7	-0.7	2.4
순이익(백만 달러)	-121.9	-307.1	-491.0	-19.9	55.4
잉여현금흐름(백만 달러)	-16.2	-49.8	-26.5	-23.3	39.3
성장성 지표					
매출액성장률(%)	62.9	74.5	55.3	37.5	31.3
영업이익성장률(%)	적자 지속	적자 지속	적자 지속	적자 지속	흑자 전환
순이익성장률(%)	적자 지속	적자 지속	적자 지속	적자 지속	흑자 전환
밸류에이션 지표					
PER(배)	-	-	-	-	1,062.4
PBR(배)	20.4	3.2	6.6	7.3	7.6
PSR(배)	13.3	11.3	28.2	26.0	19.8
ROE(%)	-30.6	-13.0	-7.7	-0.2	0.7

주요 경쟁 기업 분석

종목명	시가총액 (백만 달러)	매출성장률 (3년, %)	순이익성장률 (3년, %)	PER (배)	PSR (배)	배당수익률 (%)
Twilio	62,911.4	64.1	-	79,368.2	24.5	-
RingCentral	31,115.7	33.1	-	265.5	20.0	-
Agora	6,659.9	-	-	-	33.6	-

Docusign(DOCU-US)
도큐사인

Docu*Sign*®

도큐사인은 미국 온라인 전자서명·문서 관리 플랫폼 기업으로 시장점유율 70%인 1등 기업이다. 계약에 필요한 전 과정을 자동화해 제공하는 '어그리먼트 클라우드(Agreement Cloud)'와 전자서명 시스템 서비스를 중심으로 사업을 영위하고 있다. 포춘 500대 기업 중 300개 이상이 고객으로 글로벌 전자서명 시장에서 견고한 브랜드 파워와 파트너십을 구축했다.

구조적 성장 스토리

✓ 아직 성장 초기 단계인 전자서명 시장

✓ 압도적 1위 기업의 경쟁력

✓ 서명 시장의 구조적 변화와 사업 확장성

리스크 요인 대형 소프트웨어 기업들의 전자서명 시장 진출, 코로나19 완화 이후 단기 성장률 둔화 가능성, 사업 확장기로 연구·개발 등 비용 증가

글로벌 하우스 전망
- **모건스탠리(매수, 목표 주가 $290):** 코로나19 직접 수혜 기업으로, 고객 수와 계약 갱신율이 큰 폭으로 증가. 전자서명 총유효시장이 지속적으로 커지는 가운데 도큐사인의 경쟁력 있는 가격 정책으로 경쟁우위 지속. 정부 기관과 클라우드 기반 고객사 증가로 전자서명 시장 내 선두적 지위 유지 전망. 경쟁 기업들 대비 높은 실적 성장으로 밸류에이션 프리미엄 정당화 가능.
- **골드만삭스(중립, 목표 주가 $251):** 전자서명 시장이 빠른 속도로 성장하며 예상치를 상회하는 실적을 기록하고 있음. 2020년 3분기 매출액이 전년 동기 대비 53% 신장하면서 가이던스와 시장 컨센서스 모두 상회하는 실적 달성. 신규 유료 고객 7만 3,000명을 추가하며 업계 최다 고객 82만 2,000명 보유. 다만 어도비와의 경쟁 심화, 기업들의 IT 관련 지출 감소, 법적 문제 및 당국의 규제 변경으로 인한 리스크 요인 상존.

투자 포인트

1. 성장 초기 시장으로 향후 성장 여력 매우 커

전자서명의 잠재 시장은 약 250억 달러로 추정되며 디지털 계약 체결 시장까지 고려 시 약 500억 달러까지 확대. 전자서명 시장 침투율이 아직 6~8%로 낮고 디지털 전환과 클라우드 산업의 가속화로 성장 잠재력은 매우 클 것으로 전망.

2. 2위권과 격차가 큰 압도적 1위 기업

시장점유율이 70%로 압도적이고 엔터프라이즈 시장에서 선두 기업으로서의 경쟁력을 입증. 의미 있는 경쟁자는 어도비(점유율 5%)뿐이지만 격차가 큼. 높은 브랜드 파워와 파트너십 강화, 인수·합병 전략 등으로 강력한 1위 기업 포지셔닝 구축.

3. 전자서명에서 종합 문서 관리로 구조적 확장 도모

전자서명은 고객 묶어두기 효과가 높고 산업의 전반적인 디지털화로 견조한 성장세 예상. 2018년 계약전과정관리(CLM: Contract Lifecycle Management) 기업에 이어 2020년 초 인공지능 기반 계약서 분석 기업을 인수해 전자서명에서 종합 문서 관리 플랫폼으로 영역 확장을 적극 진행 중. 당분간 구조적 성장이 지속될 것으로 전망.

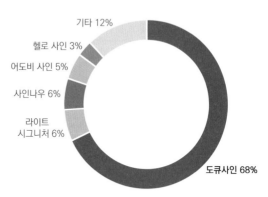

세계 전자서명 시장의 구조적 성장

(십억 달러)

연평균 36% 성장

출처: Markets and Markets

도큐사인의 압도적 시장점유율

기타 12%
헬로 사인 3%
어도비 사인 5%
사인나우 6%
라이트 시그니처 6%
도큐사인 68%

출처: Datanyze

■ 팩트셋(Factset) 투자의견 컨센서스

매수 82%	중립 18%

■ 팩트셋 평균 목표 주가: $279.5(목표 주가 범위: 230.0~325.0)
■ 시장 컨센서스 대비 서프라이즈(상회) 비율: 89%(8/9)
■ 회사 가이던스 대비 서프라이즈(상회) 비율: 100%(10/10)

실적 및 밸류에이션 (1월 결산)

	2018	2019	2020	2021	2022(E)
매출액(백만 달러)	518.5	701.0	974.0	1,453.0	1,965.7
영업이익(백만 달러)	-51.7	-424.5	-193.5	-165.9	275.0
영업이익률(%)	-10.0	-60.6	-19.9	-11.4	14.0
순이익(백만 달러)	-52.3	-426.5	-208.4	-243.3	270.5
잉여현금흐름(백만 달러)	36.0	45.7	43.7	214.6	328.3
성장성 지표					
매출액성장률(%)	0.0	35.2	38.9	49.2	35.3
영업이익성장률(%)	0.0	적자 지속	적자 지속	적자 지속	흑자 전환
순이익성장률(%)	0.0	적자 지속	적자 지속	적자 지속	흑자 전환
밸류에이션 지표					
PER(배)	-	-	-	-	162.0
PBR(배)	-	13.6	26.0	79.6	71.8
PSR(배)	-	9.5	14.2	29.8	20.0
ROE(%)	-25.7	-103.6	-35.9	-55.8	44.3

주요 경쟁 기업 분석

종목명	시가총액 (백만 달러)	매출성장률 (3년, %)	순이익성장률 (3년, %)	PER (배)	PSR (배)	배당수익률 (%)
DocuSign	39,240.4	36.7	-	154.5	19.4	-
Adobe	212,964.4	21.0	45.9	37.6	13.5	-
OneSpan	1,052.6	3.7	-	1,810.1	4.7	-

Fastly(FSLY-US)
패스틀리

fastly

미국의 대표적인 CDN(Contents Delivery Network: 분산된 서버에 데이터를 저장해 게임 클라이언트나 콘텐츠를 사용자에게 효율적으로 전달하는 시스템) 기업으로, 용량이 큰 이미지와 영상 데이터를 효율적으로 전송하는 핵심 기술을 보유하고 있다. CDN을 사용하면 로딩 시간이 50%까지 줄어들어 효율성을 극대화할 수 있으며, 온라인 쇼핑몰, 스트리밍 동영상, 온라인 게임에 주로 적용된다. 패스틀리는 오픈소스 기반 기술을 보유해 개발자들이 자유롭게 사용, 최적화할 수 있는 장점이 있다. 주요 고객사는 쇼피파이, 슬랙, 에어비앤비, 핀터레스트 등이다.

구조적 성장 스토리

✔ 데이터 트래픽 증가로 데이터를 효율적으로 전송하는 CDN 부각

✔ 차별화된 기술력과 최적화된 솔루션으로 시장점유율 상승

✔ 중장기 에지 컴퓨팅 시대에 최적화된 CDN 적용 증가 전망

리스크 요인　주요 고객사의 이탈, 대형 IT 기업들의 CDN 시장 진출, 레거시 기업과의 기술 격차 축소로 가격 인하 압력

글로벌 하우스 전망
- **크레디트스위스(중립, 목표 주가 $90):** 대표 고객사 틱톡의 이탈, 트래픽이 급증한 2020년 대비 2021년 실적의 상대적 부진 등으로 단기적으로 수익성 하락 우려. 개발자 중심의 에지 컴퓨팅 플랫폼 지위는 유지될 것으로 기대.
- **씨티(매도, 목표 주가 $49):** 틱톡의 이탈과 신규 고객사 일부의 계약 연기, 틱톡 외 매출 하락으로 리스크 확대. 다른 소프트웨어 업종 대비 매력 낮음. 수익 모델이 이용량과 트래픽에 비례하므로 높은 실적 변동성과 낮은 수익성, 경쟁 심화로 매도 의견 제시.

투자 포인트

1. 5G 이동통신 본격화로 데이터 트래픽 증가 가속화

전 세계 연간 데이터 트래픽은 2017년 1.5ZB에서 2022년 4.8ZB로 연평균 26% 증가할 것으로 전망. 5G 본격화로 데이터 트래픽 증가 가속화. 이에 따라 데이터를 효율적으로 전송하기 위한 CDN 시장도 확대될 것으로 예상. 현재 CDN의 전방산업은 75%가 OTT(Over-the-Top: 인터넷으로 미디어 콘텐츠를 제공하는 서비스), 25%가 웹 서비스로 2025년까지 연평균 19% 성장할 것으로 전망. 패스틀리는 데이터 트래픽 양에 비례해 요금을 부과하기 때문에 트래픽의 구조적 증가로 수혜 예상.

2. 최적화와 저렴한 비용을 바탕으로 시장점유율 상승

경쟁사와의 차별화를 통해 시장점유율을 2018년 14%에서 2025년 27%까지 확대할 수 있을 것으로 전망. 경쟁사들(전통 레거시 CDN 기업인 아카마이, 클라우드 대형 벤더인 아마존과 마이크로소프트)은 CDN 완제품을 제공하는 반면 패스틀리는 CDN 코드를 제공해 개발자들이 직접 최적화된 솔루션을 만들 수 있게 함으로써 가격 경쟁력도 보유. 2020년 온라인 데이터 보안 회사 시그널 사이언스를 인수해 신규 고객사 유치와 보안 솔루션에서 시너지 강화.

3. 중장기 에지 컴퓨팅 시대에 최적화된 CDN 적용 증가 전망

분산된 데이터센터를 기반으로 한 에지 컴퓨팅이 확산되며 데이터가 거쳐야 하는 데이터센터가 많아지고 멀티 클라우드 증가. 이에 따라 데이터를 효율적으로 전송하는 CDN 기술의 적용이 증가할 전망. 각 고객 기업에 최적화된 에지 클라우드 기반 CDN 기술의 수요가 늘어남에 따라 패스틀리의 시장지배력이 높아질 것으로 예상.

글로벌 CDN 시장의 구조적 성장

(십억 달러)

출처: IDC

중장기적으로
에지 컴퓨팅 시장에서 성장 도모

354억 달러

179억 달러
에지 컴퓨팅 시대의
애플리케이션 서비스와 보안

175억 달러
CDN 및 스트리밍

2022

출처: Fastly

■ 팩트셋(Factset) 투자의견 컨센서스

매수 42%	중립 42%	매도 17%

■ 팩트셋 평균 목표 주가: $80.9(목표 주가 범위: 47.0~125.0)

■ 시장 컨센서스 대비 서프라이즈(상회) 비율: 60%(3/5)

■ 회사 가이던스 대비 서프라이즈(상회) 비율: 100%(5/5)

실적 및 밸류에이션 (12월 결산)

	2018	2019	2020	2021(E)	2022(E)
매출액(백만 달러)	144.6	200.5	290.9	381.7	487.0
영업이익(백만 달러)	-29.1	-46.5	-85.8	-44.0	-28.9
영업이익률(%)	-20.2	-23.2	-29.5	-11.5	-5.9
순이익(백만 달러)	-30.9	-51.6	-95.9	-46.2	-30.4
잉여현금흐름(백만 달러)	-	-46.8	-57.0	-73.8	-64.1
성장성 지표					
매출액성장률(%)	37.8	38.7	45.1	31.2	27.6
영업이익성장률(%)	적자 지속	적자 지속	적자 지속	적자 지속	적자 지속
순이익성장률(%)	적자 지속	적자 지속	적자 지속	적자 지속	적자 지속
밸류에이션 지표					
PER(배)	-	-	-	-	-
PBR(배)	-	7.4	9.3	9.4	10.5
PSR(배)	-	6.8	31.1	22.6	17.7
ROE(%)	-38.6	-29.9	-14.5	-4.6	-3.5

주요 경쟁 기업 분석

종목명	시가총액 (백만 달러)	매출성장률 (3년, %)	순이익성장률 (3년, %)	PER (배)	PSR (배)	배당수익률 (%)
Fastly	8,613.3	40.5	-	-	21.4	-
Akamai Technologies	15,922.1	8.5	36.6	17.7	4.6	-
Cloudflare	23,563.4	47.3	-	-	37.5	-

CrowdStrike(CRWD-US)
크라우드스트라이크

CROWDSTRIKE

크라우드스트라이크는 2011년 미국 연방수사국(FBI) 출신들이 만든 '엔드포인트 위협 탐지·대응(EDR: Endpoint Detection & Response)' 보안 기업이다. 엔드포인트는 데스크톱, 노트북, 가상머신, 사물인터넷(IoT) 등을 가리킨다. 이 회사가 제공하는 EDR 소프트웨어는 클라우드 기반으로 인공지능·머신러닝 기술을 활용, 엔드포인트 디바이스에서 해킹을 예측 및 감시해 사이버 공격에서 보호한다. 기존 안티바이러스 프로그램이 이미 알려진 위협에 대응한다면, EDR은 알려지지 않은 신종·변종 악성코드에 실시간 대응하는 개념으로 커버리지가 넓고 입체적이다. 2019년 엔드포인트 보안 시장의 글로벌 리더로 선정되었고 포춘 100대 기업 중 49개, 글로벌 100대 기업 중 40여 개가 이 회사의 솔루션을 구독할 만큼 경쟁력을 인정받고 있다.

구조적 성장 스토리
✓ IT 디바이스 급증으로 엔드포인트 보안 수요 증가
✓ 사이버 보안 시장에 클라우드 서비스의 가파른 침투
✓ 경쟁 기업 대비 압도적 성장성 보유

리스크 요인   기존 기업의 클라우드화로 경쟁 심화, 연구·개발 등 비용 증가로 수익성 개선 지연

글로벌 하우스 전망
- **JP모간(중립, 목표 주가 $175):** 클라우드 시스템에 특화된 인공지능 기반 보안 솔루션 제공 기업으로 머신러닝을 통해 사이버 공격을 감지·방어하는 독창적 솔루션 제공. 2020년 3분기 연간반복매출(ARR) 80% 수준의 높은 성장률로 서프라이즈 기록. 대형 회계법인과의 파트너십을 통한 신규 기업 고객 유치로 지속 성장이 가능할 전망.
- **골드만삭스(매수, 목표 주가 $240):** 매출, ARR, 신규 고객 등 모든 성장 지표에서 성장 지속. 2021 회계연도 가이던스를 상향 조정하며 매출액 성장률 78~79% 전망. 규모의 경제로 플랫폼 간 사용 효율이 증가해 전사 이익률 개선 전망. 신규 모듈인 팔콘호라이즌, 팔콘X 레콘, 팔콘포렌식스 출시로 플랫폼 적용 가능 시장 확대.

투자 포인트

1. IT 디바이스 증가로 유효시장 확대

5G 이동통신의 등장으로 IT 디바이스가 2017년 180억 대에서 2020년 240억 대, 2022년 285억 대로 연평균 약 10% 증가할 것으로 전망. 이는 자연스럽게 엔드포인트 보안 수요 증가로 이어져 1위 기업인 크라우드스트라이크의 수혜로 직결 전망.

2. 차별화된 기술력에 기반해 클라우드 보안 시장 장악 전망

클라우드 보안 서비스는 기존 보안이 대응하지 못했던 위협을 AI 기술을 활용한 스마트 필터링으로 감지하고 차단하는 혁신적인 솔루션을 제공하며 시장 침투. 특히 이 회사는 컴퓨팅 파워를 혁신적으로 절감하고 기존 운영 체제와의 호환성이 뛰어난 장점 보유. 향후 시장 내 침투율을 높여가며 고성장할 것으로 전망됨.

3. 주요 보안 기업 중 가장 높은 매출 성장률 기록 중

크라우드스트라이크는 2021 회계연도 매출 성장률이 78%로 예상되어 주요 보안 경쟁사들 중 가장 높은 매출 성장률 기대. 고객 유지 비율은 2020년 3분기 기준 11개 분기 연속 120%를 상회. 이는 지속적인 신기능 출시를 통해 기존 고객을 대상으로 상향 판매에 성공했음을 의미. 기존 대기업 위주를 벗어나 중소기업까지 영업을 강화하고 있고 연방정부 및 글로벌 확장에도 힘쓰고 있어 향후 매출 고성장세 지속 전망.

매출과 고객 수의 가파른 성장

출처: Bloomberg

EDR 부문 리더로 선정

출처: Gartner, 2019년 8월 기준

■ 팩트셋(Factset) 투자의견 컨센서스

매수 82%	중립 14%

매도 5%

■ 팩트셋 평균 목표 주가: $220.2(목표 주가 범위: 161.0~275.0)
■ 시장 컨센서스 대비 서프라이즈(상회) 비율: 100%(5/5)
■ 회사 가이던스 대비 서프라이즈(상회) 비율: 100%(6/6)

실적 및 밸류에이션
(1월 결산)

	2018	2019	2020	2021(E)	2022(E)
매출액(백만 달러)	118.8	249.8	481.4	860.1	1,211.4
영업이익(백만 달러)	-131.4	-136.9	-146.1	48.9	86.0
영업이익률(%)	-110.7	-54.8	-30.3	5.7	7.1
순이익(백만 달러)	-135.5	-140.1	-141.8	51.5	82.8
잉여현금흐름(백만 달러)	-	-66.0	12.5	232.5	252.2
성장성 지표					
매출액성장률(%)	125.1	110.4	92.7	78.7	40.8
영업이익성장률(%)	적자 지속	적자 지속	적자 지속	흑자 전환	75.9
순이익성장률(%)	적자 지속	적자 지속	적자 지속	흑자 전환	60.9
밸류에이션 지표					
PER(배)	-	-	-	896.1	628.1
PBR(배)	-	-	17.5	54.1	49.7
PSR(배)	-	-	27.0	51.2	36.3
ROE(%)	-	-542.3	-34.9	6.0	7.9

주요 경쟁 기업 분석

종목명	시가총액 (백만 달러)	매출성장률 (3년, %)	순이익성장률 (3년, %)	PER (배)	PSR (배)	배당수익률 (%)
CrowdStrike	43,176.0	109.0	-	571.5	35.2	-
Palo Alto Networks	33,308.5	24.6	-	52.0	7.2	-
Fortinet	30,737.0	20.2	149.6	49.7	9.8	-

Amazon(AMZN-US)
아마존

아마존은 1990년대 온라인 서점으로 시작해 글로벌 전자상거래 및 클라우드 1위 기업으로 성장했다. 미국 전자상거래 시장에서 39%라는 압도적 점유율을 보유하고 있으며, 클라우드 서비스인 AWS도 시장점유율 33%로 2위 기업과 큰 격차를 유지하고 있다. 2020년 기준 매출 비중은 전자상거래 84%, AWS 12% 등이다. 핵심 캐시카우로 올라선 AWS가 창출하는 현금을 바탕으로 새로운 성장동력을 찾기 위해 적극적인 인수·합병과 투자를 진행하고 있다. 투자 영역은 온라인·오프라인 유통, 신사업(인공지능, 헬스케어 등)으로 다양하다.

구조적 성장 스토리

✓ 성장하는 미국 이커머스 시장에서 압도적 점유율 보유
✓ 클라우드 컴퓨팅 서비스 수요의 구조적 성장
✓ 클라우드 사업 캐시카우 기반 다양한 신사업 투자로 장기 성장동력 확보

리스크 요인   반독점 규제 강화, 2021년 이커머스 부문 성장률 둔화, 클라우드 시장점유율 축소

글로벌 하우스 전망
- **모건스탠리(매수, 목표 주가 $4,200)**: 지속적인 사업 투자 확장에도 불구하고 AWS, 광고, 프라임 서비스 등 고마진 사업 부문의 비중 확대로 수익성 개선 지속 전망. 이커머스 시장 성장의 수혜가 예상되며, 특히 AWS가 창출하는 강력한 수익성이 아마존 성장에 가장 핵심적인 역할을 할 것으로 판단.
- **JP모간(매수, 목표 주가 $4,400)**: 구조적으로 성장하는 클라우드, 이커머스 시장의 리더. 미국의 오프라인 소매가 이커머스로 전환되는 트렌드, 전 세계 기업들의 IT 워크로드가 클라우드로 전환되는 트렌드에서 강한 성장세를 보일 것으로 예상. 또한 수익성 높은 AWS와 광고 매출이 다른 매출 대비 빠르게 성장할 것으로 예상되어 수익성도 지속적으로 개선될 전망.

투자 포인트

1. 성장하는 이커머스 시장에서 확고한 경제적 해자 구축

미국 리테일 시장의 이커머스 비중은 2019년 11%로 중국 35%, 한국 21%보다 낮아 성장 잠재력이 큼. 아마존은 이미 대규모 인프라 투자로 물류 경쟁력을 확보해 1일 배송을 진행하고 있으며, 프라임 멤버십 서비스처럼 경쟁 기업과는 차별화된 서비스를 제공해 아마존 생태계에 참여하는 고객을 묶어두는 효과를 더욱 강화 중.

2. 클라우드의 견고한 성장과 안정적인 현금흐름 창출 능력

AWS는 글로벌 클라우드 컴퓨팅 시장에서 33%를 차지하는 압도적 1위. 클라우드 서비스 도입 기업이 증가하며 클라우드 산업은 꾸준히 성장. AWS는 지난 10년간 아마존 영업이익의 68%를 만들어냈을 정도로 캐시카우 역할을 해옴. 향후 온라인 유통 손익도 안정되며 아마존의 현금 창출 능력이 한층 강화될 전망.

3. 헬스케어 중심 신성장동력에 공격적 투자

미국 헬스케어 시장은 전자상거래의 6배 규모로, 아마존은 온라인 약국과 원격 의료 시장에 우선 진출할 계획. AWS에서 창출한 현금으로 헬스케어, 자율주행 등 신성장 동력 확보에 적극적인 투자를 지속.

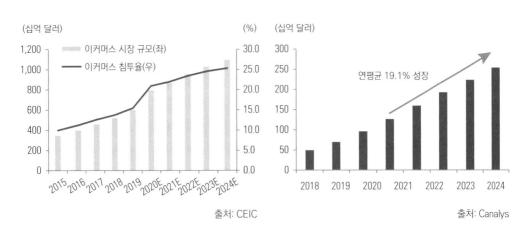

미국 이커머스 시장 전망 / 글로벌 클라우드 산업의 고성장

출처: CEIC

출처: Canalys

■ 팩트셋(Factset) 투자의견 컨센서스

매수 96%

중립 4%

■ 팩트셋 평균 목표 주가: $3,845.2(목표 주가 범위: 3,048.0~4,500.0)
■ 시장 컨센서스 대비 서프라이즈(상회) 비율(최근 3년): 75%(9/12)
■ 회사 가이던스 대비 서프라이즈(상회) 비율(최근 3년): 100%(12/12)

**핵심
투자 지표**

실적 및 밸류에이션   (12월 결산)

	2018	2019	2020	2021(E)	2022(E)
매출액(백만 달러)	232,887.0	280,522.0	386,064.0	474,174.5	559,001.3
영업이익(백만 달러)	12,717.0	14,742.0	22,824.0	30,520.0	42,869.5
영업이익률(%)	5.5	5.3	5.9	6.4	7.7
순이익(백만 달러)	10,073.0	11,588.0	21,331.0	24,900.1	35,057.2
잉여현금흐름(백만 달러)	19,402.0	25,825.0	31,018.0	39,322.7	58,142.9
성장성 지표					
매출액성장률(%)	30.9	20.5	37.6	22.8	17.9
영업이익성장률(%)	194.4	15.9	54.8	33.7	40.5
순이익성장률(%)	232.1	15.0	84.1	16.7	40.8
밸류에이션 지표					
PER(배)	74.6	80.4	77.9	64.5	46.6
PBR(배)	16.9	14.8	17.5	11.4	8.6
PSR(배)	3.2	3.3	4.3	3.3	2.8
ROE(%)	28.3	21.9	27.4	17.7	18.5

주요 경쟁 기업 분석

종목명	시가총액 (백만 달러)	매출성장률 (3년, %)	순이익성장률 (3년, %)	PER (배)	PSR (배)	배당수익률 (%)
Amazon	1,555,758.3	29.5	91.6	60.0	3.2	-
Microsoft	1,778,077.4	17.0	27.8	29.9	10.1	1.0
Alibaba	629,886.2	46.0	48.9	19.5	4.5	-

JD.com(JD-US)
징둥닷컴

징둥닷컴은 1999년 설립된 중국의 2위 전자상거래 기업으로 텐센트가 최대 주주다. 전자기기·가전 카테고리 판매의 강점을 기반으로 성장해왔으며 막대한 규모로 전국 물류센터에 투자한 이후 2019년 수익 회수 국면에 진입, 흑자 전환에 성공했다. 이커머스에서 멀티 플랫폼 기업으로 진화하고 있고 자회사로 다다넥서스(온라인 음식료품 및 배달 대행), 징둥건강(온라인 헬스케어), 징둥디지츠(핀테크), 징둥물류 등을 보유하고 있다.

구조적 성장 스토리

✓ 중국 이커머스 시장의 성장 매력

✓ 중국 2위 전자상거래 기업으로서의 위상 강화

✓ 멀티 플랫폼으로의 진화, 알리바바에 견줄 수 있는 경쟁력 높은 생태계 구축

리스크 요인   중국 이커머스 3위 기업인 핀둬둬의 공격적인 시장점유율 확대로 경쟁 심화, 중국 정부의 플랫폼 기업 규제 부각

글로벌 하우스 전망

- **모건스탠리(매수, 목표 주가 $92):** 온라인 식료품과 일상소비재 부문의 장기 성장이 징둥닷컴의 성장을 견인할 것으로 판단. 이 회사는 성장과 수익성 확보 사이에서 균형을 유지하는 데 탁월한 성과를 거둠. 특히 이커머스 보급이 확산되는 가운데 안정적인 현금 보유를 통해 시장점유율을 빠르게 확대할 수 있었음. 빠르게 성장하는 일상소비재 이커머스 시장은 코로나19 이후 소비자가 다수 유입되어 업계에 상당한 영향을 미칠 전망.
- **JP모간(매수, 목표 주가 $110):** 일상소비재와 식료품 카테고리의 지속적인 성장 모멘텀이 매출 상승을 견인할 것으로 전망. 더불어 가전제품 시장의 성장 둔화 가운데 징둥닷컴의 시장점유율은 꾸준히 상승할 것. 2020년 홍콩 증시 사상 최대 규모의 기업공개(IPO)를 기록한 징둥건강 또한 이 회사의 가치를 높이는 요소.

투자 포인트

1. 중국 이커머스 시장의 매력

온라인 소비 시장 성장은 구조적. 중국은 세계에서 가장 큰 이커머스 시장을 보유하고 있으며 비중은 50% 상회. 최근 5년간 중국 이커머스 시장은 150% 이상 고성장했고, 코로나19 이후 산업 성장의 가속화가 예상되어 시장을 주도하는 상위 사업자 중심으로 수혜 지속 예상.

2. 중국 2위 전자상거래 기업으로의 위상 강화

과거 가전 카테고리의 높은 비중, 직거래 비즈니스의 구조적 저마진, 대규모 물류센터 투자 부담 등의 약점 요인이 존재. 그러나 마켓플레이스 역량 강화, 판매 제품 다변화, 플랫폼 세분화, 이커머스 통합 인프라 구축, 3자 물류 서비스 진출 등 혁신을 통해 경쟁력과 성장성이 점차 높아지며 중국 2위 전자상거래 기업으로의 위상 강화.

3. 신사업 확장으로 멀티 플랫폼 생태계 구축

전자상거래 비즈니스를 넘어 온라인 헬스케어, 핀테크, 클라우드, 물류 등 다양한 신사업 분야로 진출하고 텐센트와의 시너지를 통해 알리바바에 대응할 수 있는 경쟁력 있는 플랫폼 생태계를 구축하고 있음. 2020년 다다넥서스와 징둥건강 상장에 이어 향후 징둥디지츠, 징둥물류를 순차적으로 상장하며 신사업 확장을 지속할 계획.

중국 이커머스 시장의 고성장세

출처: iResearch, NBS, Morgan Stanley Research

징둥 플랫폼 사용자 4억 명 돌파

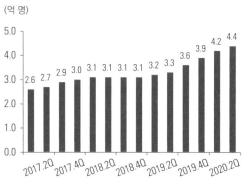

출처: JD.com

■ 팩트셋(Factset) 투자의견 컨센서스

매수 95%	

중립 5% ┐

■ 팩트셋 평균 목표 주가: $109.3(목표 주가 범위: 91.6~133.1)
■ 시장 컨센서스 대비 서프라이즈(상회) 비율(최근 3년): 82%(9/11)
■ 회사 가이던스 대비 서프라이즈(상회) 비율(최근 3년): 60%(6/10)

실적 및 밸류에이션

(12월 결산)

	2018	2019	2020	2021(E)	2022(E)
매출액(백만 달러)	69,823.0	83,487.8	108,052.2	143,107.5	172,710.8
영업이익(백만 달러)	-392.4	739.5	1,549.4	2,490.0	4,021.7
영업이익률(%)	-0.6	0.9	1.4	1.7	2.3
순이익(백만 달러)	-376.5	1,763.3	7,157.9	3,409.4	4,968.6
잉여현금흐름(백만 달러)	1,551.9	1,569.1	4,987.6	3,723.7	5,090.1
성장성 지표					
매출액성장률(%)	30.2	19.6	29.4	32.4	20.7
영업이익성장률(%)	적자 지속	흑자 전환	109.5	60.7	61.5
순이익성장률(%)	적자 전환	흑자 전환	305.9	−52.4	45.7
밸류에이션 지표					
PER(배)	-	30.7	18.6	41.1	28.9
PBR(배)	3.7	4.6	5.0	4.8	4.4
PSR(배)	0.5	0.6	1.3	1.0	0.8
ROE(%)	-4.5	17.2	35.4	11.7	15.1

주요 경쟁 기업 분석

종목명	시가총액 (백만 달러)	매출성장률 (3년, %)	순이익성장률 (3년, %)	PER (배)	PSR (배)	배당수익률 (%)
JD.com	137,063.5	26.3	645.4	38.0	0.9	-
Alibaba	629,886.2	46.0	48.9	19.5	4.5	-
Pinduoduo	197,512.1	213.6	-	806.7	14.7	-

Sea(SE-US)
씨

씨는 동남아 최대 게임 퍼블리셔이자 이커머스 플랫폼이다. 2009년 게임 퍼블리싱 사업 (Garena)으로 시작해 이커머스(Shopee)에 이어 핀테크(Sea Money)로 비즈니스를 확장하고 있다. 2019년 기준 매출 비중은 디지털엔터(게임) 61%, 이커머스 32%, 디지털 금융 서비스 7%로 구성된다. 디지털엔터 사업부는 PC·모바일 게임 개발 및 퍼블리싱 사업을 영위한다. 자체 개발 게임인 프리 파이어(Free Fire)는 2019년 세계 다운로드 1위를 기록하는 등 글로벌 흥행에 성공하면서 퍼블리싱뿐 아니라 개발 능력도 인정받았다. 모바일 중심의 이커머스 플랫폼 쇼피는 동남아 1위 이커머스로 고성장하고 있다.

구조적 성장 스토리

✔ 고성장하는 동남아 이커머스 1위 플랫폼

✔ 중국 최대 게임사인 텐센트가 투자한 게임 퍼블리셔

✔ 핀테크로의 생태계 확장

리스크 요인 이커머스 경쟁 심화, 신규 게임 흥행 실패, 핀테크 사업 규제 강화

글로벌 하우스 전망
- **골드만삭스(매수, 목표 주가 $330):** 동남아 시장에서 게임, 이커머스, 결제 시스템 분야의 성장 잠재력이 크며, 중장기적으로 인도·라틴아메리카 지역으로 확장 기대. 우수한 자체 게임 개발 능력과 모회사인 텐센트와의 시너지 효과를 통해 동남아 시장 공략 기대. 글로벌 온라인 소비 침투율 상승 및 결제 시스템 사업과의 긍정적 시너지 효과 기대.
- **모건스탠리(매수, 목표 주가 $300):** 모바일 게임은 자체 개발 및 텐센트 제휴를 통해 시장 공략. 이커머스는 동남아 시장에서 점유율이 높고, 핀테크 사업은 게임 및 이커머스 관련 결제 서비스 제공. 3가지 메가 트렌드(모바일 게임, 이커머스, 핀테크)를 기반으로 견조한 성장 기대.

투자 포인트

1. 전 세계에서 가장 빠르게 성장하는 동남아 이커머스 시장의 1위 플랫폼

동남아시아 주요국들의 이커머스 침투율은 5% 미만으로 매우 낮아 향후 고성장 예상. 씨는 2025년 동남아 이커머스 시장이 4배 정도 성장할 것으로 전망. 이커머스 플랫폼인 쇼피는 알리바바 계열의 라자다보다 늦게 진출했음에도 동남아 점유율 1위로 성장. 특히 2020년 코로나19로 인한 이커머스 시장 침투가 가속화되며 씨 점유율이 2019년 30% 초반에서 2020년 49%까지 상승할 것으로 전망.

2. 텐센트가 투자한 동남아 대표 게임 퍼블리셔

씨 지분의 23%를 중국의 최대 게임 회사인 텐센트가 보유. 씨는 텐센트가 개발·유통하는 PC·모바일 게임을 2023년까지 동남아 시장에서 퍼블리싱하는 우선매수권을 보유해 양질의 게임 콘텐츠를 확보한 상태. 검증된 퍼블리싱 능력으로 고성장하는 동남아 PC·모바일 게임 시장에서 모두 점유율 1위를 기록. 향후 자체 개발 게임 확대와 라틴아메리카 등의 진출을 통한 추가 성장 추진.

3. 핀테크로의 사업 영역 확장

2014년 핀테크로 사업 영역 확장. 현재 모바일 전자지갑 서비스가 메인으로 기존 이커머스와 게임 플랫폼의 결제가 대부분을 차지하고 있으나 고객 데이터를 활용한 소액 대출과 디지털 금융 서비스로 사업 확장. 2020년 12월에는 싱가포르 디지털은행 면허를 취득. 중장기 핀테크 사업부의 가치 재평가 기대.

동남아 국가별 이커머스 시장 규모

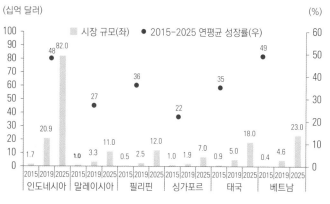

출처: Google, Temasek, e-Conomy, Sea

동남아 온라인 게임 시장의 고성장

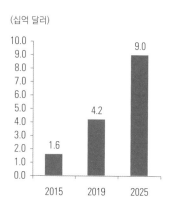

출처: Google, Temasek, Bain&Company

■ 팩트셋(Factset) 투자의견 컨센서스

매수 79%	중립 16%	

매도 5% ┘

■ 팩트셋 평균 목표 주가: $215.2(목표 주가 범위: 101.0~285.0)

■ 시장 컨센서스 대비 서프라이즈(상회) 비율(최근 3년): 33%(4/12)

■ 회사 가이던스 대비 서프라이즈(상회) 비율(최근 3년): -

실적 및 밸류에이션

(12월 결산)

	2018	2019	2020	2021(E)	2022(E)
매출액(백만 달러)	827.6	2,178.0	4,385.4	8,331.9	11,952.7
영업이익(백만 달러)	-994.1	-908.2	-1,496.3	-1,090.0	-366.6
영업이익률(%)	-120.1	-41.7	-34.1	-13.1	-3.1
순이익(백만 달러)	-961.9	-1,464.5	-1,621.7	-941.2	-416.7
잉여현금흐름(백만 달러)	-679.0	-342.0	211.0	-583.3	182.0
성장성 지표					
매출액성장률(%)	98.7	163.2	101.4	90.0	43.5
영업이익성장률(%)	적자 지속	적자 지속	적자 지속	적자 지속	적자 지속
순이익성장률(%)	적자 지속	적자 지속	적자 지속	적자 지속	적자 지속
밸류에이션 지표					
PER(배)	-	-	-	-	-
PBR(배)	2.8	16.0	50.0	59.0	75.8
PSR(배)	4.6	8.1	21.7	14.4	10.0
ROE(%)	-851.7	-318.6	-71.4	-46.3	-19.4

주요 경쟁 기업 분석

종목명	시가총액 (백만 달러)	매출성장률 (3년, %)	순이익성장률 (3년, %)	PER (배)	PSR (배)	배당수익률 (%)
Sea	120,120.8	119.2	-	-	13.3	-
Amazon	1,555,758.3	29.5	91.6	60.0	3.2	-
Alibaba	629,886.2	46.0	48.9	19.5	4.5	-

Shopify(SHOP-US)
쇼피파이

쇼피파이는 클라우드 기반 전자상거래 플랫폼 기업으로, 소상공인과 기업이 온라인 쇼핑몰을 구축할 수 있는 원스톱 솔루션 서비스를 제공한다. 수익 구조는 온라인 쇼핑몰 구축을 위한 구독 매출과 부가서비스로 구성된다. 부가서비스에는 결제 시스템 구축, 파이낸싱, 배송, 판매시점관리시스템(POS), 물류일괄대행(풀필먼트) 등 쇼핑몰 운영에 필요한 모든 서비스가 포함된다. 매출 비중은 2020년 기준 구독 매출 31%, 부가서비스 69%다.

구조적 성장 스토리

✓ 변화하는 이커머스 시장에서 핵심 경쟁력 보유

✓ 글로벌 플랫폼과의 파트너십을 통한 판매 생태계 확장

✓ 수직계열화를 통한 통합 서비스 제공으로 중장기 성장동력 강화

리스크 요인	기존 사업자 및 대기업과의 경쟁 심화, 글로벌 소비 둔화, 코로나19 완화 이후 단기 이커머스 성장 둔화
글로벌 하우스 전망	■ **골드만삭스(매수, 목표 주가 $1,680):** 풀필먼트 서비스에서 주문 결제, 분석 등 종합 솔루션을 제공함으로써 사용자 편의 제공. 코로나19 기간 시행한 쇼피파이 무료 체험 서비스는 유저들의 구독으로 이어지며 경쟁력 입증. 코로나19가 촉발한 이커머스 성장은 쇼피파이의 견조한 총거래액 상승으로 이어지며 외형 성장 기대. ■ **모건스탠리(중립, 목표 주가 $1,300):** 결제 시스템, 풀필먼트 서비스 네트워크 구축 등 종합 솔루션 포트폴리오를 판매자에게 제공. 이는 총거래액 증가로 이어지며 외형 성장에 기여. 이커머스 시장의 성장, 솔루션 서비스 포트폴리오 확장(특히 풀필먼트 솔루션), 레버리지에 따른 수익성 개선 등이 긍정적 요인이나 높은 밸류에이션으로 중립 의견 제시.

투자 포인트

1. 변화하는 이커머스 시장에서 핵심 경쟁력 보유

이커머스의 폭발적인 성장으로 마켓플레이스, SNS 플랫폼, 소비자 직접 판매(DTC: Direct to Customer) 채널 등 다양한 온라인 채널을 함께 관리해야 하는 시대 도래. 쇼피파이는 멀티 채널을 통합 플랫폼으로 서비스하며 온라인 생태계에서 완성형 쇼핑 솔루션 제공으로 입지가 강화되고 있음.

2. 글로벌 플랫폼과의 파트너십을 통한 판매 생태계 확장

아마존, 이베이, 월마트, 페이스북 등 다양한 글로벌 플랫폼과 파트너십을 체결, 적극적으로 생태계를 확장. 판매자가 마켓플레이스와 SNS 플랫폼 등 다수의 판매 채널에서 이루어지는 주문, 재고 관리, 배송 등의 과정을 하나의 플랫폼에서 관리할 수 있어 경쟁사 대비 높은 확장성과 편의성 제공. 이러한 레버리지 효과는 쇼피파이 플랫폼의 가치를 더욱 높이는 요인.

3. 서비스 수직계열화로 중장기 성장동력 강화

온라인 쇼핑몰 구축 서비스에서 결제 시스템, 파이낸싱, 배송, POS, 최근에는 이커머스의 핵심 경쟁력인 풀필먼트까지 진출하며 부가서비스를 확대하고 있음. 이미 부가서비스 부문은 2016년에 구독 서비스 매출 비중을 넘어 고성장하고 있고, 2020년에는 전체 매출의 69%를 차지함. 서비스 수직계열화로 플랫폼 경쟁력 한층 강화.

쇼피파이 가맹점과 전체 거래 금액 전망

출처: Shopify

쇼피파이 파트너십 체결 주요 내용

분야	파트너사	일자	주요 내용
마켓 플레이스	아마존	2015/05	'Amazon Webstore' 서비스 종료, 기존 고객 쇼피파이로 이전 권유
		2015/09	아마존과 파트너십 체결(쇼피파이 전환 시에도 결제, 물류 등 아마존 서비스 이용 가능)
		2017/01	아마존 마켓플레이스와 통합
	이베이	2017/10	이베이 마켓플레이스와 통합
	월마트	2020/06	월마트 마켓플레이스와 통합
소셜 미디어	페이스북	2014/07	페이스북 뉴스피드 또는 페이지에서 사용 가능한 'Buy' 버튼 베타 테스트 시작
		2015/09	페이스북 페이지 'Shop' 섹션 출시, 쇼피파이를 통한 결제 및 배송
		2020/05	'Facebook Shops'와 통합
	인스타그램	2017/10	인스타그램 인앱 구매 파트너십 체결
	핀터레스트	2014/07	핀터레스트 인앱 구매 파트너십 체결
검색엔진	구글	2018/05	구글 페이 연동
		2018/07	구글 쇼핑 채널 출시 및 쇼핑몰 광고 협력 강화

출처: 언론 보도

■ 팩트셋(Factset) 투자의견 컨센서스

매수 44%	중립 47%	매도 9%

■ 팩트셋 평균 목표 주가: $1,171.0(목표 주가 범위: 550.0~1,450.0)
■ 시장 컨센서스 대비 서프라이즈(상회) 비율(최근 3년): 86%(6/7)
■ 회사 가이던스 대비 서프라이즈(상회) 비율(최근 3년): 100%(10/10)

**핵심
투자 지표**

실적 및 밸류에이션
(12월 결산)

	2018	2019	2020	2021(E)	2022(E)
매출액(백만 달러)	1,073.2	1,578.2	2,929.5	4,055.2	5,460.9
영업이익(백만 달러)	-87.8	-136.0	129.2	491.9	620.3
영업이익률(%)	-8.2	-8.6	4.4	12.1	11.4
순이익(백만 달러)	-64.6	-124.8	319.5	484.5	599.6
잉여현금흐름(백만 달러)	-18.6	13.9	383.2	443.3	614.4
성장성 지표					
매출액성장률(%)	59.4	47.0	85.6	38.4	34.7
영업이익성장률(%)	적자 지속	적자 지속	흑자 전환	280.8	26.1
순이익성장률(%)	적자 지속	적자 지속	흑자 전환	51.6	23.8
밸류에이션 지표					
PER(배)	-	-	423.6	279.6	231.9
PBR(배)	7.3	15.3	21.7	31.9	29.9
PSR(배)	13.6	28.5	47.7	34.8	25.9
ROE(%)	-4.2	-4.9	6.8	11.4	12.9

주요 경쟁 기업 분석

종목명	시가총액 (백만 달러)	매출성장률 (3년, %)	순이익성장률 (3년, %)	PER (배)	PSR (배)	배당수익률 (%)
Shopify	141,325.0	63.3	-	268.8	32.6	-
Wix.com	16,704.3	32.4	-	-	12.4	-
BigCommerce Holdings	4,326.2	-	-	-	21.7	-

Prologis(PLD-US)
프로로지스

프로로지스는 2011년 설립된 미국 최대 물류 리츠다. 19개국에서 5,500여 개 고객사에 물류센터 4,700여 곳을 임대하고, 운용자산 규모는 140억 달러에 달한다(2020년 기준). 아마존, DHL, 지오디스, 페덱스 등 글로벌 유통·물류 기업이 핵심 임차인으로, 5% 이하의 낮은 공실률을 유지하며 안정적으로 임대 수익을 올린다. 자산의 지역별 비중은 미국 80%, 유럽 11%, 아시아 3%, 기타 6%다. 글로벌 신규 물류센터 개발과 적극적인 기업 인수로 사업을 확장하는 대표적인 성장형 리츠다.

구조적 성장 스토리

✓ 이커머스 시장의 성장과 동행하는 물류센터의 구조적 성장

✓ 진입장벽 높은 도심 근거리 물류센터의 입지 경쟁력

✓ 대표적인 성장형 리츠로 높은 배당 성장 매력

리스크 요인　물류센터 공급 증가에 따른 공실률 상승, 코로나19 완화 이후 이커머스의 단기 성장성 둔화

글로벌 하우스 전망
- **골드만삭스(매수, 목표 주가 $133):** 견조한 전방 수요 및 공격적인 자산 개발에 기반한 중장기적 성장 기대. 낮은 공실률을 유지하며, 수요 증가에 따라 임대료 상승 전망. 글로벌 확장도 기대되는 상황이며, 레버리지를 통한 수익 극대화 전망.
- **모건스탠리(매수, 목표 주가 $110):** 온라인 소비 침투율 상승에 따른 미국 이커머스 물류창고 시장의 구조적 성장 기대. 전자상거래 활성화로 인한 견조한 전방 수요가 임대료 상승으로 이어지며 내부적 성장에 기여할 전망. 안정적인 재무 구조를 바탕으로 한 기업 인수는 프로로지스의 외부적 성장에 기여할 것.

투자 포인트

1. 온라인 물류 시장 성장 가속화

코로나19 이후 가속화된 온라인 성장에 대응하기 위해 아마존, 월마트 등 이커머스 기업의 물류 인프라 확보 수요가 커진 상황. 2020년 3분기 기준 신규 임대 수요 중 이커머스의 비중이 37%로 과거 평균인 21%를 크게 상회. 신규 임대 면적도 전년 대비 28% 고신장. 이커머스 시장과 물류센터 비즈니스의 동반 성장 수혜 전망.

2. 보유 자산의 입지 경쟁력

물류 기업의 비용(교통비) 절감 니즈에 따라 도심 근거리 물류센터의 수요가 계속 증가하면서 이를 중심으로 임대료 상승이 두드러지는 추세. 프로로지스는 물류센터 중 진입장벽이 높은 도심 근거리(도시, 라스트 마일) 비중이 50%를 상회해 경쟁사 대비 높은 입지 경쟁력 보유.

3. 배당을 7년간 안정적으로 증대

전방 시장의 성장과 함께 지속적인 자산 개발과 포트폴리오의 안정성을 기반으로 꾸준한 수익 증가와 배당 성장 전망. 2020년까지 7년간 매년 안정적으로 배당을 늘려왔고 지난 7년간 연평균 배당성장률은 11% 수준임.

높은 도심 근거리 비중으로 입지 경쟁력   부동산 투자 확대로 꾸준한 자산 개발

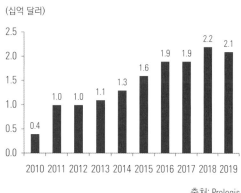

출처: Prologis   출처: Prologis

**핵심
시장 지표**

■ 팩트셋(Factset) 투자의견 컨센서스

매수 78%	중립 17%	매도 6%

■ 팩트셋 평균 목표 주가: $118.7(목표 주가 범위: 103.0~138.0)

■ 시장 컨센서스 대비 서프라이즈(상회) 비율(최근 3년): 67%(8/12)

■ 회사 가이던스 대비 서프라이즈(상회) 비율(최근 3년): -

**핵심
투자 지표**

실적 및 밸류에이션 (12월 결산)

	2018	2019	2020	2021(E)	2022(E)
매출액(백만 달러)	2,804.4	3,330.6	4,438.7	4,080.2	4,287.4
영업이익(백만 달러)	605.4	991.9	1,401.8	1,832.2	2,002.3
영업이익률(%)	21.6	29.8	31.6	44.9	46.7
순이익(백만 달러)	1,649.4	1,573.0	1,481.8	1,464.8	1,563.5
FFO(백만 달러)	2,232.0	2,591.0	3,120.0	3,167.3	3,450.0
성장성 지표					
매출액성장률(%)	7.1	18.8	33.3	-8.1	5.1
FFO성장률(%)	24.3	16.1	20.4	1.5	8.9
배당 지표					
주당 배당금(달러)	1.92	2.12	2.32	2.46	2.59
배당성장률(%)	9.1	10.4	9.4	5.9	5.6
배당수익률(%)	3.3	2.4	2.3	2.4	2.6
FFO 배당성향(%)	50.8	53.6	56.1	58.5	56.7
밸류에이션 지표					
P/FFO(배)	15.5	22.5	24.1	24.1	22.1

주요 경쟁 기업 분석

종목명	시가총액 (백만 달러)	매출성장률 (3년, %)	FFO성장률 (3년, %)	P/FFO	배당수익률 (%)
Prologis	77,004.4	19.2	20.2	24.1	2.5
Duke Realty	15,359.0	-12.2	5.3	24.7	2.6
Americold Realty Trust	9,001.9	8.4	32.2	26.4	2.5

Americold(COLD-US)
아메리콜드

아메리콜드는 세계에서 유일하게 상장된 저온 물류 전문 리츠다. 미국 냉동 물류 시장 2위 기업으로 미국 시장점유율은 20%, 세계 시장점유율은 5%다. 미국과 호주를 중심으로 세계 전역에 180여 개의 냉동창고를 보유하고 있으며 매출의 86%를 미국에서 올린다. 주요 임차인은 식품 생산 회사와 식료품 유통 회사다.

구조적 성장 스토리

✓ 글로벌 저온 물류 인프라 시장의 고성장

✓ 미국 콜드체인 인프라 시장에서 과점적 지위 유지

✓ 자산 개발을 통한 매출 고성장 기대

리스크 요인	자산 개발에 따른 투자비 증가, 주요 고객사 이탈
글로벌 하우스 전망	■ **JP모간(매수, 목표 주가 $43):** 안정적 실적과 임대료 인상으로 꾸준한 성장 가능. 향후 공격적인 투자 계획 보유. 신규 자산 개발, 최근 발표한 17억 달러 규모의 아그로 인수, 4억 8,000만 달러 규모의 홀스웨어하우스 인수 등으로 실적 성장 도모. 아메리콜드는 필수소비재에 기반한 안정적 방어주이자 평균 이상의 성장성을 보이는 성장주.
	■ **씨티(매수, 목표 주가 $46):** 코로나19로 식품 회사들의 물류 수요가 증가해 2020년 가이던스 이상의 실적을 기록한 몇 안 되는 리츠 중 하나. 콜드체인 물류센터 자산 인수로 미국 및 미국 외 지역의 외형 성장 지속. 단, 코로나19 완화 이후 상대적으로 주가 퍼포먼스가 약할 것으로 예상.

투자 포인트

1. 글로벌 저온 물류 인프라 시장은 연 15% 고성장 중

콜드체인 시장 규모는 2025년까지 연평균 15% 성장할 것으로 예상되며 이는 전체 물류 시장 성장률인 7%를 크게 상회. 접근성 높은 토지는 제한되어 있고 저온 물류 기술력이라는 진입장벽이 존재해 경쟁 부담도 낮은 편. 아메리콜드는 단순 공간 임대뿐만 아니라 운송 및 저온 기술 솔루션과 같은 차별화된 서비스 제공. 과점적 지위를 기반으로 향후 고성장하는 시장에서 수혜 예상.

2. 경기 침체기에도 상대적으로 안정적인 고객사

주요 고객사는 크래프트하인즈, 유니레버 같은 식품 생산 회사와 크로거 같은 식료품 유통 회사임. 이들 고객사는 주로 생활필수품을 생산, 판매해서 경기 침체기에도 상대적으로 안정적인 실적을 시현. 따라서 아메리콜드는 경기 변동성에도 안정적으로 임대료 수취 가능. 또한 110여 년의 장기간 비즈니스 영위로 톱 25 고객과의 평균 계약 기간이 30년을 초과할 정도로 상호 신뢰가 높음.

3. 자산 개발과 인수·합병을 통한 강력한 용량 증설

2020년 기준 아메리콜드가 미국 내에서 개발 중인 물류 용량(capacity)은 12만 6,000팔레트(냉동유통 창고의 용량 단위)로, 이전 6년 동안 인수한 12만 4,000팔레트를 상회하는 수준. 공격적인 자산 개발과 인수·합병으로 향후 고성장 기대.

글로벌 콜드체인 물류 시장 전망

출처: Statista

용량 증설을 통한 자산 규모와 배당 성장

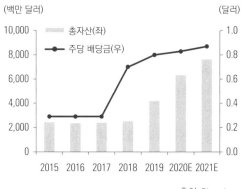

출처: Bloomberg

■ 팩트셋(Factset) 투자의견 컨센서스

매수 89%	중립 11%

■ 팩트셋 평균 목표 주가: $44.0(목표 주가 범위: 42.0~46.0)

■ 시장 컨센서스 대비 서프라이즈(상회) 비율(최근 3년): 50%(6/12)

■ 회사 가이던스 대비 서프라이즈(상회) 비율(최근 3년): -

실적 및 밸류에이션 (12월 결산)

	2018	2019	2020	2021(E)	2022(E)
매출액(백만 달러)	1,602.4	1,783.7	1,964.4	2,528.1	2,680.8
영업이익(백만 달러)	77.6	76.5	159.3	282.3	304.9
영업이익률(%)	4.8	4.3	8.1	11.2	11.4
순이익(백만 달러)	48.0	48.2	24.5	164.3	188.6
FFO(백만 달러)	128.8	176.9	157.3	279.3	305.8
성장성 지표					
매출액성장률(%)	3.9	11.3	10.1	28.7	6.0
FFO성장률(%)	89.4	37.3	−11.1	77.5	9.5
배당 지표					
주당 배당금(달러)	0.70	0.80	0.84	0.88	0.92
배당성장률(%)	-	13.9	5.0	4.4	4.7
배당수익률(%)	2.7	2.3	2.3	2.5	2.6
FFO 배당성향(%)	78.9	83.3	110.5	65.0	62.2
밸류에이션 지표					
P/FFO(배)	28.7	36.5	49.1	26.4	24.1

주요 경쟁 기업 분석

종목명	시가총액 (백만 달러)	매출성장률 (3년, %)	FFO성장률 (3년, %)	P/FFO	배당수익률 (%)
Americold Realty Trust	9,001.9	8.4	32.2	26.4	2.5
Prologis	77,004.4	19.2	20.2	24.1	2.5
Duke Realty	15,359.0	-12.2	5.3	24.7	2.6

Mastercard(MA-US)
마스터카드

마스터카드는 비자카드에 이어 세계에서 두 번째로 큰 결제 시스템 제공 기업이다. 마스터카드와 비자카드의 2019년 미국 시장점유율은 각각 21%과 49%다. 마스터카드는 카드를 직접 발행하지 않고 카드 발행사와 가맹점 간 결제 네트워크를 제공하고 수수료를 받는다. 세계 210여 개국에서 150여 개 통화를 취급한다. 2020년 매출 구성은 거래 프로세싱 수수료 37%, 국내 거래 수수료 28%, 해외 거래 수수료 15%, 기타 수익 20%다. 안정적인 현금흐름을 기반으로 전략적 제휴와 인수·합병을 통해 핵심 경쟁력을 강화하고 있다. 사이버 보안, 데이터 분석, 디지털 솔루션 등 서비스 다각화를 진행하며, 구조적으로 성장하는 디지털 결제 시장의 대표적 수혜 기업이다.

구조적 성장 스토리

✓ 디지털 결제 시장의 구조적 성장

✓ 성장 잠재력 높은 미국 외 국가의 점유율 확대 전략

✓ 지속적인 인수·합병을 통한 종합 핀테크 기업으로의 도약

리스크 요인	해외여행 관련 수요 회복 지연, 금융 규제와 반독점 규제 강화로 성장동력 둔화
글로벌 하우스 전망	■ **골드만삭스(매수, 목표 주가 $402):** 2020년 4분기 실적은 시장 컨센서스를 3% 상회. 해외 수수료 감소세가 둔화(전년 동기 대비 3분기 -36%, 4분기 -29%)되었으며 매출이 견조. 코로나19 재확산 우려에도 좋은 실적을 기록한 만큼 긍정적 모멘텀 기대. 유럽 시장을 통해 경쟁사 대비 추가 성장이 가능. 유럽은 타 지역보다 디지털 결제 침투율이 현저히 낮은 만큼 점유율 확대 여력이 있음. 2017년 보카링크 인수와 함께 추진한 네츠 인수를 통해 유럽 시장에서 입지를 강화할 수 있을 것으로 예상. ■ **모건스탠리(매수, 목표 주가 $377):** 성장 요인은 글로벌 소비의 가파른 증가, 카드 사용 비중 확대, 글로벌(미국 외) 시장점유율 확대(2위)임. 향후 두 자릿수 이익 성장세가 이어질 것으로 전망. 특히 B2B 역량 확장을 통해 더 높은 수익 성장 기대.

투자 포인트

1. 디지털 결제 가속화

북미와 유럽은 여전히 개인 소비의 30% 이상을 현금과 수표로 결제해 향후 비현금 및 디지털 결제로 전환될 잠재 시장이 매우 큼. 코로나19 이후 이커머스 시장의 고성장 등 현금 없는 사회로의 전환이 가속화되고 있어 글로벌 디지털 결제 네트워크 서비스 대표 기업인 마스터카드의 구조적 성장 전망.

2. 경쟁사 대비 적극적인 글로벌 진출

주요 경쟁사 대비 미국 외 국가와 해외 거래 비중이 높음. 유럽과 아시아 등 성장 잠재력이 높은 시장에 적극적으로 대응해 투자를 늘려왔기 때문. 코로나19 완화 시 높은 해외 비중으로 상대적인 성장 매력이 재부각될 전망.

3. 지속적인 인수·합병으로 종합 핀테크 기업으로 도약

2015년 이후 핀테크, 금융 플랫폼 기업들에 대한 적극적인 인수, 제휴 진행. 2020년에도 데이터 애그리게이터 핀테크 기업인 피니시티 인수 발표. 전통 영역인 카드 기반 개인 소비 결제를 넘어 오픈뱅킹 등 다양한 핀테크 분야로의 확장을 통해 미래 헤게모니를 장악하기 위한 적극적인 행보 지속.

확장성 큰 글로벌 결제 시장

공격적 인수 · 합병을 통한

핀테크 생태계 구축

출처: Visa

발표 일자	피인수 회사
2015년	APT
2016년	VOCALINK
2017년	NU Data Security Brighterion
2018년	oltio
2019년	TRANSFAST ethoca vyze TRANSACTIS nets session
2020년	finicity wameja

출처: Mastercard

■ 팩트셋(Factset) 투자의견 컨센서스

매수 85%	중립 13%

매도 3%

■ 팩트셋 평균 목표 주가: $385.0(목표 주가 범위: 318.0~440.0)

■ 시장 컨센서스 대비 서프라이즈(상회) 비율(최근 3년): 83%(10/12)

■ 회사 가이던스 대비 서프라이즈(상회) 비율(최근 3년): 0%(0/1)

핵심
투자 지표

실적 및 밸류에이션 (12월 결산)

	2018	2019	2020	2021(E)	2022(E)
매출액(백만 달러)	14,950.0	16,883.0	15,301.0	18,063.6	21,325.5
영업이익(백만 달러)	8,357.0	9,703.0	8,114.0	10,130.8	12,670.9
영업이익률(%)	55.9	57.5	53.0	56.1	59.4
순이익(백만 달러)	5,859.0	8,118.0	6,411.0	7,936.5	10,058.6
잉여현금흐름(백만 달러)	7,124.0	7,830.0	6,840.0	7,962.5	9,863.0
성장성 지표					
매출액성장률(%)	19.6	12.9	-9.4	18.1	18.1
영업이익성장률(%)	21.5	16.1	-16.4	24.9	25.1
순이익성장률(%)	49.7	38.6	-21.0	23.8	26.7
밸류에이션 지표					
PER(배)	33.7	37.6	56.0	47.6	36.8
PBR(배)	36.1	51.0	55.6	56.9	44.6
PSR(배)	13.2	18.1	23.5	21.0	17.8
ROE(%)	107.9	143.8	104.4	119.5	121.0

주요 경쟁 기업 분석

종목명	시가총액 (백만 달러)	매출성장률 (3년, %)	순이익성장률 (3년, %)	PER (배)	PSR (배)	배당수익률 (%)
Mastercard	380,169.7	7.0	17.9	44.9	20.3	0.4
Visa	479,519.2	6.0	17.4	36.6	19.0	0.6
American Express	119,662.2	2.4	4.7	21.3	3.0	1.2

Paypal(PYPL-US)
페이팔

페이팔은 2015년 오픈마켓 플랫폼인 이베이에서 분사한 세계 1위 온라인 전자결제 서비스 기업이다. 중국을 제외한 글로벌 시장에서 60%에 가까운 시장점유율을 보유하고 있다. 주요 사업인 페이팔 결제 서비스 외에 모바일 송금 서비스인 벤모가 신성장동력으로 자리 잡았다. 아울러 브레인트리(온라인·모바일 결제 서비스), 줌(온라인 국제 송금 서비스), 아이제틀(모바일 POS)로 사업을 확장하며 종합 핀테크 기업으로 진화하고 있다.

구조적 성장 스토리

✔ 온라인 간편결제 시장의 구조적 성장
✔ 모바일 송금 서비스 벤모의 성장 잠재력
✔ 블록체인 등 적극적인 미래 성장동력 확보

리스크 요인	간편결제 서비스 시장 경쟁 심화, 전자상거래 기업의 자체 간편결제 서비스 출시, 경기 둔화에 따른 소비 부진
글로벌 하우스 전망	■ **골드만삭스(매수, 목표 주가 $345):** 광범위한 디지털지갑 경험 제공으로 전자결제 시장 생태계 구축 주도. 2021년 QR코드의 디지털 결제 상용화 목표 달성 기대. 2021년 벤모는 6,500만 사용자를 기반으로 매출 9억 달러 창출 기대. 디지털지갑 투자, 제공 서비스 기능 확장, 암호화폐 서비스 도입 등으로 성장 지속. 코로나19 완화 이후 단기 성장은 둔화되나 디지털 결제 수용 시스템 가속화로 장기 성장 기대. ■ **JP모간(매수, 목표 주가 $310):** 이커머스 플레이어로서 코로나19로 인한 이커머스 소비 가속화와 재난 지원금의 수혜로 이용자 수 빠르게 성장. 2021년 이베이의 자체 페이먼트 결제 비중 확대와 일부 소비의 오프라인화로 전방 시장의 성장은 단기적으로 둔화될 수 있지만 벤모와 페이인포 등 신규 서비스 출시와 블록체인 서비스 확대로 페이팔의 고성장은 지속 전망.

투자 포인트

1. 코로나19발 이커머스 시장 성장과 디지털 결제 전환의 가속화 수혜

코로나19 이후 글로벌 온라인 소비가 가속화되며 우호적인 환경 지속. 2020년 기준 페이팔의 신규 활성계정수는 7,300만 개로 전년 대비 95% 급증했고, 총활성계정수는 3억 8,000만 개로 24% 증가. 향후 견조한 글로벌 이커머스 시장 성장과 디지털·간편결제 시장 전환 가속화로 구조적인 수혜 전망.

2. P2P 송금 서비스 벤모의 고성장

페이팔이 2013년 인수한 벤모는 P2P 송금과 SNS 기능을 통합한 서비스 제공. 미국 밀레니얼·Z 세대 사이에서 '벤모하라'가 '모바일 송금하라'로 통용될 정도로 대중성 확보. 2020년 4월 코로나19 재난 지원금의 주요 창구로 자리매김하며 2020년 4분기 기준 결제 대금이 470억 달러로 62% 급증, 페이팔의 신성장동력으로 자리 잡음. 향후 기존 시장을 대체해가며 고성장 전망.

3. 블록체인 등 신규 서비스 확대로 미래 성장성 확보

2020년 10월 가상화폐 기업 팍소스트러스트와 제휴해 페이팔 계정을 통한 암호화폐 거래 서비스 개시. 이후 팍소스의 암호화폐 거래량이 3배 이상 폭증, 페이팔 가입자의 20%가 암호화폐를 거래할 정도로 초기 반응 긍정적. 2021년 상반기 해외 시장 진출, 벤모 앱으로도 서비스 확대 계획. 향후 암호화폐를 통한 결제 서비스까지 진출 계획. 이 외 요금 결제, 페이인포 등 활발한 신규 서비스를 출시하며 미래 성장동력 확보 중.

세계 모바일 결제 시장의 구조적 성장

(십억 달러)

2016	2017	2018	2019	2020F	2021F	2022F
230	358	528	745	1,011	1,327	1,693

출처: Juniper Research

페이팔 활성계정수의 꾸준한 성장

(백만)　(%)

활정계정수(좌)　YoY 성장률(우)

출처: Paypal

■ 팩트셋(Factset) 투자의견 컨센서스

매수 83%	중립 15%

매도 2%

■ 팩트셋 평균 목표 주가: $257.3(목표 주가 범위: 155.0~350.0)

■ 시장 컨센서스 대비 서프라이즈(상회) 비율(최근 3년): 92%(11/12)

■ 회사 가이던스 대비 서프라이즈(상회) 비율(최근 3년): 83%(10/12)

실적 및 밸류에이션

(12월 결산)

	2018	2019	2020	2021(E)	2022(E)
매출액(백만 달러)	15,481.0	17,534.0	21,434.0	25,676.2	30,966.4
영업이익(백만 달러)	2,533.0	2,552.0	3,408.0	6,633.2	8,242.3
영업이익률(%)	16.4	14.6	15.9	25.8	26.6
순이익(백만 달러)	2,057.0	2,459.0	4,202.0	5,402.1	6,771.8
잉여현금흐름(백만 달러)	4,660.0	3,857.0	4,988.0	6,269.9	8,054.4
성장성 지표					
매출액성장률(%)	18.4	13.3	22.2	19.8	20.6
영업이익성장률(%)	13.0	0.8	33.5	94.6	24.3
순이익성장률(%)	14.6	19.5	70.9	28.6	25.4
밸류에이션 지표					
PER(배)	49.2	52.3	66.2	54.9	43.6
PBR(배)	6.4	7.5	13.7	12.1	9.9
PSR(배)	6.5	7.3	13.0	11.4	9.5
ROE(%)	13.1	15.2	22.8	22.0	22.6

주요 경쟁 기업 분석

종목명	시가총액 (백만 달러)	매출성장률 (3년, %)	순이익성장률 (3년, %)	PER (배)	PSR (배)	배당수익률 (%)
PayPal	293,203.9	17.9	32.8	52.3	11.0	0.0
Intuit	108,426.9	14.0	23.4	42.9	11.0	0.6
Square	110,066.8	62.5	-	179.8	7.6	-

Teladoc(TDOC-US)
텔라닥

Teladoc HEALTH

텔라닥은 미국 1위 원격 의료 전문 기업으로 시장의 절반 이상을 점유한 것으로 추정되며, 유료 멤버십 고객은 2020년 말 기준 5,000만 명에 이른다. 개인 고객과 직접 계약하기보다 기업과 계약을 맺거나 건강보험 기업과의 파트너십을 통해 직장건강보험 가입자 플랜에 서비스를 제공한다. 진료 과목은 일반 진료(감기 등), 피부과, 소아과, 정신과 등 450여 개(세부 분류)에 이른다. 매출은 70% 이상이 구독 모델에서 발생하며 일회성 진료 수수료 모델도 도입했다. 2020년 만성질환 및 정신건강 분야의 원격 의료 플랫폼인 리봉고를 인수해 사업 영역을 확장했다.

구조적 성장 스토리

✓ 원격 의료 경쟁력 기반, 구조적으로 성장하는 산업 수혜
✓ 공격적인 인수·합병을 통한 원격 의료 생태계 확장
✓ 원격 의료의 진료 가능 분야 확대

리스크 요인　대형 기업의 진입, 코로나19 완화 이후 원격 의료 수요 둔화, 원격 의료 산업 규제 강화

글로벌 하우스 전망
- **JP모간(매수, 목표 주가 $270):** 미국 의료 시스템의 큰 문제점인 의료 서비스의 낮은 접근성과 증가하는 의료 비용을 해소할 수 있는 대안으로 원격 의료 서비스는 구조적 성장이 가능할 것으로 전망. 특히 원격 의료에 대한 인식 개선 및 소비자 선호도 증가로 가상 진료·치료 서비스 도입 가속화. 리봉고 합병과 인터치헬스(미국 B2B 원격 의료 벤처 기업) 인수, CVS헬스와 원격 의료 서비스 제휴 등을 통해 성장동력 마련.
- **골드만삭스(중립, 목표 주가 $228):** 코로나19로 원격 의료 채택 속도가 가속화되며 텔라닥의 원격 의료 매출도 71%로 고성장. 리봉고 인수로 매출 성장이 더욱 가속화 예상. 단, 향후 원격 의료 플랫폼 간의 경쟁 심화 등이 성장 둔화 요인으로 작용할 가능성 상존. 메디케어 정책과 리봉고 합병 시너지 효과 등 확인 필요.

투자 포인트

1. 원격 의료의 경쟁력, 구조적으로 성장 가능한 산업

미국 의료 시스템의 고질적 문제는 의사 부족으로 인한 서비스 지연(대면 진료까지 평균 29일 소요)과 높은 의료 비용 등임. 원격 의료는 평균 10분 내 진료 가능하고 비용이 30% 수준 저렴해 편의성과 저비용을 바탕으로 구조적 성장이 가능한 산업. 텔라닥이 추정한 미국 원격 의료 총유효시장은 570억 달러이나 침투율은 아직 미미. 텔라닥은 미국 1위 기업으로서 강력한 의료진 네트워크와 폭넓은 파트너십, 고객군 확보로 시장 성장 수혜 전망.

2. 적극적인 인수·합병을 통한 원격 의료 생태계 확장

텔라닥은 2013년 이후 매년 적극적인 인수·합병을 통해 사업 포트폴리오 확장. 2020년에는 만성질환 및 정신건강 분야의 원격 의료 플랫폼인 리봉고 인수. 만성질환은 반복 진료와 관리가 필요해 회사의 기존 사업과는 상이. 인수 후 하나의 플랫폼에서 다양한 서비스를 제공하고 각 사 고객들에게 교차 판매가 가능해 시너지 예상. 향후 의약품 배송 등 관련 인수·합병 가능성도 열어놓고 원격 의료 생태계를 지속적으로 확장할 계획.

3. 원격 의료 진료 가능 항목 확대

현재 원격 의료는 기초 진료(신체 부상, 호흡기, 소화기 등)와 만성질환 케어 중심으로 진행되고 있으나 앞으로 진료 가능 항목이 꾸준히 확대될 것으로 전망. 또한 중장기 단순 진료를 넘어 사후 관리 영역까지 진입할 수 있다면 원격 의료의 범위가 크게 확대되어 유효시장 확대 측면에서 긍정적.

원격 의료 시장의 고성장

출처: Fortune Insight

적극적 인수 · 합병과 파트너십을 통한
원격 의료 생태계 확장

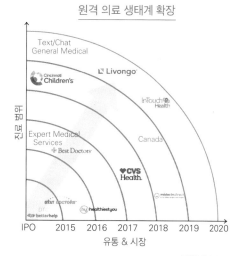

출처: Teladoc

■ 팩트셋(Factset) 투자의견 컨센서스

매수 59%	중립 38%

매도 3%

■ 팩트셋 평균 목표 주가: $252.9(목표 주가 범위: 205.0~330.0)
■ 시장 컨센서스 대비 서프라이즈(상회) 비율(최근 3년): 50%(6/12)
■ 회사 가이던스 대비 서프라이즈(상회) 비율(최근 3년): 58%(7/12)

실적 및 밸류에이션 (12월 결산)

	2018	2019	2020	2021(E)	2022(E)
매출액(백만 달러)	417.9	553.3	1,094.0	1,987.4	2,607.6
영업이익(백만 달러)	-62.1	-67.1	-409.3	-96.1	71.6
영업이익률(%)	-14.9	-12.1	-37.4	-4.8	2.7
순이익(백만 달러)	-97.1	-98.9	-485.1	-200.8	-26.8
잉여현금흐름(백만 달러)	-13.0	19.0	-79.6	166.0	339.5
성장성 지표					
매출액성장률(%)	79.1	32.4	97.7	81.7	31.2
영업이익성장률(%)	적자 지속	적자 지속	적자 지속	적자 지속	흑자 전환
순이익성장률(%)	적자 지속	적자 지속	적자 지속	적자 지속	적자 지속
밸류에이션 지표					
PER(배)	-	-	-	-	-
PBR(배)	3.5	6.0	1.9	1.7	1.7
PSR(배)	7.8	10.9	16.5	15.2	11.6
ROE(%)	-12.4	-9.8	-5.7	-1.6	-0.7

주요 경쟁 기업 분석

종목명	시가총액 (백만 달러)	매출성장률 (3년, %)	순이익성장률 (3년, %)	PER (배)	PSR (배)	배당수익률 (%)
Teladoc Health	30,227.0	67.4	-	-	14.3	-
American Well Corporation	5,561.4	-	-	-	19.6	-
GoodRx Holdings	15,312.8	51.9	-	97.2	19.0	-

Facebook(FB-US)
페이스북

페이스북은 전 세계 인구의 3분의 1이 사용하는 세계 최대 소셜미디어 서비스로 인스타그램과 왓츠앱을 자회사로 보유하고 있다. 글로벌 상위 6개 소셜미디어 서비스 중 4개(페이스북, 인스타그램, 왓츠앱, 메신저)를 서비스한다. 플랫폼 합산 월간활성이용자수(MAU)가 33억 명을 초과할 정도로 시장에서 확고한 지배력을 지니며, 알파벳(구글)과 함께 글로벌 디지털 광고 시장을 과점하고 있다. 광고 수익이 전체 매출의 98%를 차지한다.

구조적 성장 스토리

✓ 소셜미디어계의 과점적 애플리케이션으로 네트워크 기반 비즈니스 확장 잠재력 보유
✓ 압도적인 유저 베이스와 플랫폼을 활용한 다양한 수익화 전략 본격화
✓ 기존 소셜미디어 서비스 경쟁력 강화

리스크 요인　반독점 규제 강화로 성장 제한, 틱톡 등 신규 소셜미디어 플랫폼 등장으로 인한 경쟁 심화, 경기 부진에 따른 광고 수익 둔화

글로벌 하우스 전망
- **모건스탠리(매수, 목표 주가 $345):** MAU가 꾸준히 증가하는 인스타그램의 성장성이 돋보임. 페이스북 자체로도 캔버스 광고, 동적 광고, 비디오 등을 활용해 혁신적이고 지속적인 수익을 만들어낼 잠재력 충분. 특히 디지털·모바일 광고 부문의 급속한 성장 속에 시장 선두 주자로 자리 잡음. 향후 페이스북의 혁신적인 파이프라인(커머스, 결제, 메신저, 비디오, 상품 스폰서 등) 개발을 통해 새로운 수익 창출 모델로 성장 잠재력 확대.
- **JP모간(매수, 목표 주가 $360):** 페이스북이 보유한 소셜미디어와 이용자 경험이 향후 기업의 장기 성장 동력으로 작용할 것으로 판단. 또한 광고 타기팅 능력은 광고주들에게 높은 가치를 제공함. 아직 광고 플랫폼이 개발 초기 단계임을 감안하면 향후 서비스의 성장 잠재력 높음.

투자 포인트

1. 페이스북의 쇼핑 기능 출시로 이커머스 비즈니스 진출 본격화

2020년 5월 페이스북에 쇼핑 기능인 '숍'을 도입, 광고에만 의지하던 수익 구조를 벗어나 이커머스 분야에 본격 진출. 단순 쇼핑이 아니라 상품 비교, 앱 내 결제, 배송 정보 제공 등 종합 이커머스 생태계를 구축함으로써 글로벌 네트워크를 기반으로 강력한 신규 성장동력 확보 전망.

2. 다양한 수익화 전략 가시화

2020년 이후 전사적으로 수익 모델 다각화를 본격 진행. 이커머스 비즈니스 진출뿐만 아니라 결제 기능 수행을 위한 페이스북 페이 시스템 도입. 아울러 인도 릴라이언스 자회사인 지오(인도 통신 서비스 사업자) 지분 투자로 인도 내 최대 메신저인 왓츠앱의 수익화 전략 본격화.

3. 핵심인 소셜미디어 서비스 경쟁력 강화

글로벌 짧은 동영상 플랫폼 틱톡을 견제하기 위해 인스타그램에 릴스 출시, 기존 플랫폼들의 강력한 네트워크를 기반으로 빠르게 정착하며 경쟁력 강화. 기존 서비스도 애플리케이션 간 연동을 강화해 이용자 충성도를 높이며, 지속적인 광고주 다변화로 페이스북 핵심 서비스인 광고의 매출 안정성을 높이고 있음.

압도적 이용자를 보유한 대표 소셜미디어 기업

페이스북 10년 로드맵

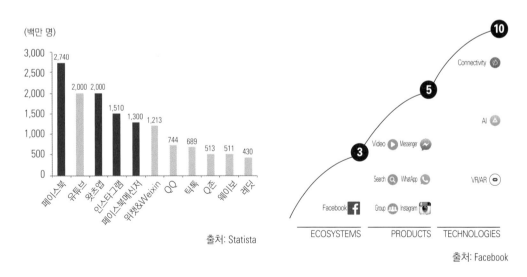

출처: Statista

출처: Facebook

■ 팩트셋(Factset) 투자의견 컨센서스

매수 86%	중립 10%

매도 4%

■ 팩트셋 평균 목표 주가: $338.5(목표 주가 범위: 220.0~397.0)
■ 시장 컨센서스 대비 서프라이즈(상회) 비율(최근 3년): 75%(9/12)
■ 회사 가이던스 대비 서프라이즈(상회) 비율(최근 3년): -

실적 및 밸류에이션

(12월 결산)

	2018	2019	2020	2021(E)	2022(E)
매출액(백만 달러)	55,838.0	70,697.0	85,965.0	107,847.0	128,769.2
영업이익(백만 달러)	24,913.0	28,986.0	32,671.0	38,624.0	46,909.7
영업이익률(%)	44.6	41.0	38.0	35.8	36.4
순이익(백만 달러)	22,111.0	18,485.0	29,146.0	32,581.0	39,214.9
잉여현금흐름(백만 달러)	15,359.0	21,211.0	23,632.0	26,795.9	34,862.4
성장성 지표					
매출액성장률(%)	37.4	26.6	21.6	25.5	19.4
영업이익성장률(%)	23.3	16.3	12.7	18.2	21.5
순이익성장률(%)	38.9	−16.4	57.7	11.8	20.4
밸류에이션 지표					
PER(배)	17.3	31.9	27.1	23.7	19.9
PBR(배)	4.4	5.8	6.1	4.9	3.9
PSR(배)	6.9	8.3	9.2	7.1	5.9
ROE(%)	27.9	20.0	25.4	20.7	19.8

주요 경쟁 기업 분석

종목명	시가총액 (백만 달러)	매출성장률 (3년, %)	순이익성장률 (3년, %)	PER (배)	PSR (배)	배당수익률 (%)
Facebook	764,314.6	28.4	22.3	22.8	6.8	-
Snap	94,555.6	44.8	-	-	22.7	-
Twitter	54,354.2	15.0	-	69.1	10.9	-

Pinterest(PINS-US)
핀터레스트

핀터레스트는 2009년 설립된 이미지 기반 글로벌 소셜미디어 플랫폼으로, 전 세계 월간활성
이용자수(MAU)가 4억 4,000만 명에 달한다. 콘텐츠를 생산하기보다는 사용자가 원하는 이미
지를 손쉽게 수집하고 수집한 이미지를 타인과 공유할 수 있게 해준다. 이용자환경(UI)이 단순
하고 이미지 중심인 것이 특징이다. 인스타그램은 일상을 공유하는 서비스에 기반한 반면, 핀
터레스트는 개인의 관심사에 적합한 이미지를 검색하고 공유하는 서비스에 집중한다.

구조적 성장 스토리

✓ 이미지 기반 플랫폼으로 사용자 수 고성장

✓ 해외 시장에서의 본격적인 수익화 전략

✓ 단순 광고 플랫폼에서 전자상거래 플랫폼으로 진화

리스크 요인	MAU 성장률 둔화, 경쟁 SNS 플랫폼 등장, 해외 시장 수익화 지연
글로벌 하우스 전망	■ **골드만삭스(매수, 목표 주가 $104):** 취향 맞춤형 콘텐츠 제공을 통해 구축한 대규모 이용자를 기반으로 플랫폼 수익화 능력 상승 중. 핀터레스트의 플랫폼 수익화는 아직 초기 단계이며, 지속적인 사용자 유입을 통해 성장 여지가 크다고 판단. 재택근무 환경과 타깃 광고 기술을 기반으로 유의미한 성장 기대. ■ **모건스탠리(매수, 목표 주가 $95):** 쇼핑-소셜미디어 융합 형식의 비즈니스 모델은 경쟁사 대비 높은 희소성 보유. 이미지 검색엔진을 기반으로 사용자에게 취향 맞춤형 콘텐츠를 제공할 뿐만 아니라 최종 소비로 전환 유도. '집콕' 경제의 부상 속에서 수혜 기대.

투자 포인트

1. 이미지 기반 플랫폼으로 MAU 고성장

최근 이미지와 동영상 기반 소셜 플랫폼에 대한 사용자 관심과 이용 증가. 이미지 부문에서 인스타그램과 핀터레스트의 소셜미디어가 주목받고 있어 MAU 증가율이 전통 SNS보다 상대적으로 높음. 코로나19 수혜까지 더해지며 2020년 사용자가 30% 이상 증가 전망.

2. 해외 시장의 가입자당평균매출(ARPU) 성장 잠재력 높아

2020년 3분기 기준 주요 소셜미디어의 미국 내 ARPU는 페이스북 39.63달러, 트위터 11.88달러인 데 비해 핀터레스트는 3.85달러에 불과해 상승 여력 높음. 미국 외 지역은 훨씬 낮은 수준인 0.21달러여서 수익화 초기 단계로 향후 성장 잠재력 높음 (해외 MAU 비중은 77%인 데 비해 해외 매출 비중은 15% 수준).

3. 단순 광고 플랫폼에서 전자상거래 플랫폼으로 진화

이용자 3분의 2가 여성으로 경쟁사 평균 대비 높은 비중을 차지. 이는 핀터레스트 소셜미디어 이용 목적 중에서 인터넷 쇼핑 및 패션이나 인테리어 등의 트렌드 파악 비중이 크기 때문. 이러한 이용자 특성은 쇼핑 광고의 수익화 가능성을 더욱 높이는 요인. 구매 기능 구축, 판매자 인증, 쇼핑 기능 확대로 쇼핑 플랫폼으로 진화하며 미래 성장동력 확보 중.

주요 소셜미디어의 최근 3년 MAU 추이

출처: Facebook, Twitter, Pinterest

주요 소셜미디어의 미국 내 ARPU 비교

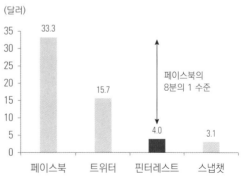

출처: Facebook, Twitter, Pinterest, Snap

■ 팩트셋(Factset) 투자의견 컨센서스

매수 59%	중립 38%

매도 3%

■ 팩트셋 평균 목표 주가: $75.2(목표 주가 범위: 42.0~90.0)
■ 시장 컨센서스 대비 서프라이즈(상회) 비율: 67%(4/6)
■ 회사 가이던스 대비 서프라이즈(상회) 비율: 100%(1/1)

실적 및 밸류에이션 (12월 결산)

	2018	2019	2020	2021(E)	2022(E)
매출액(백만 달러)	755.9	1,142.8	1,692.7	2,498.2	3,372.9
영업이익(백만 달러)	-74.7	-1,388.9	-142.5	558.5	889.2
영업이익률(%)	-9.9	-121.5	-8.4	22.4	26.4
순이익(백만 달러)	-63.0	-1,361.4	-128.3	181.4	421.8
잉여현금흐름(백만 달러)	-82.6	-33.1	11.4	531.6	729.1
성장성 지표					
매출액성장률(%)	59.9	51.2	48.1	47.6	35.0
영업이익성장률(%)	적자 지속	적자 지속	적자 지속	흑자 전환	59.2
순이익성장률(%)	적자 지속	적자 지속	적자 지속	흑자 전환	132.5
밸류에이션 지표					
PER(배)	-	-	-	85.4	58.4
PBR(배)	-	5.2	18.4	16.1	11.6
PSR(배)	-	6.9	23.2	18.1	13.4
ROE(%)	-7.0	-94.1	-6.0	18.8	19.8

주요 경쟁 기업 분석

종목명	시가총액 (백만 달러)	매출성장률 (3년, %)	순이익성장률 (3년, %)	PER (배)	PSR (배)	배당수익률 (%)
Pinterest	45,095.9	53.0	-	78.4	16.9	-
Facebook	764,314.6	28.4	22.3	22.8	6.8	-
Snap	94,555.6	44.8	-	-	22.7	-

Walmart(WMT-US)
월마트

월마트는 전 세계에 1만 1,000개 이상의 매장을 보유한 세계 최대 오프라인 유통 체인 기업이다. 오프라인 할인점인 월마트(매출 비중 65%)와 회원제 창고형 할인점인 샘스클럽(매출 비중 23%)을 운영한다. 월마트는 아마존과 같은 이커머스 기업들의 시장 침투로 오프라인 유통 채널의 성장이 둔화되자 온라인과 옴니 채널 확장에 적극 투자, 미국 온라인 식품 시장의 1위 기업으로 올라섰다.

구조적 성장 스토리

✔ 디지털 변신에 성공한 전통 오프라인 유통 기업
✔ 광범위한 오프라인 매장을 활용한 옴니 채널 전략
✔ 유료 회원제를 통한 고객 로열티 확보

리스크 요인 신선식품 카테고리 경쟁 심화, 회원제 가입자 성장 둔화, 소비 둔화

글로벌 하우스 전망
- **골드만삭스(매수, 목표 주가 $170):** 집에서 식사하는 트렌드, 온라인 침투 가속화와 신규 고객 유입, 옴니 채널을 통한 구조적 성장 가능. 최근 전략적으로 시작한 헬스클리닉과 광고 사업, 플립카트와 폰페 같은 해외 사업도 긍정적으로 평가.
- **모건스탠리(매수, 목표 주가 $154):** 새로 론칭한 월마트+가 긍정적 평가를 받아 고무적. 컨슈머 펄스 서베이에 따르면 2020년 11월 말 기준으로 미국 가구 중 6%가 월마트+ 회원이고 12%가 향후 가입할 가능성이 매우 높다고 응답. 아울러 해외 사업, 풀필먼트 서비스 확장, 광고, 헬스케어로의 사업 확장도 긍정적. 고객 데이터를 활용해 구매 증가 유도, 자동화로 매장 및 물류 시스템 개선 등 중장기 성장을 위한 투자 지속.

투자 포인트

1. 성공적인 디지털 변신 대표주

월마트는 전통적인 오프라인 대형 마트였으나 소비의 온라인화에 대응하기 위해 온라인 채널을 적극 확장. 신선식품 카테고리의 강점을 기반으로 자체 몰과 옴니 채널 확장 전략 시행. 여러 이커머스 기업(2016년 젯닷컴, 2017년 파슬, 2018년 플립카트)을 인수하며 아마존에 이어 미국 이커머스 시장 2위 기업으로 성장, 온라인 식품 시장에서는 점유율 약 30%로 1위 입지를 굳힘.

2. 옴니 채널 전략으로 아마존과 차별화

미국 전역에 보유한 대형 매장을 활용해 적극적인 옴니 채널 전략을 펼치고 있음. 신규 출점보다는 기존 매장의 픽업 스토어 리모델링, 당일 배송 가능 매장 확대, 온라인 주문 후 직접 배송, 매장 픽업, 드라이브스루 등을 통해 구매자의 편의와 만족도를 높임. 이는 소비자 묶어두기 효과로 이어져 이커머스 매출의 고성장과 기존 매장 성장의 선순환 구조 구축.

3. 유료 회원제인 월마트+를 통한 고객 로열티 확보

2020년 9월 회원제 서비스인 월마트+를 개시해 아마존의 프라임 서비스에 대응. 유료 회원제에 가입하면 35달러 이상 구입 시 무료 배송, 주유 할인 등 차별화된 서비스를 이용할 수 있어 고객 묶어두기 효과 기대. 가입 가구는 2020년 11월 말 기준 미국 전체의 6%로 조사되었으며 빠른 속도로 증가 중.

월마트의 온라인 매출액 및 비중

이커머스 고성장이 기존 매장 매출 성장을 견인

출처: Walmart

출처: Walmart

■ 팩트셋(Factset) 투자의견 컨센서스

매수 74%	중립 20%	매도 6%

■ 팩트셋 평균 목표 주가: $161.8(목표 주가 범위: 104.0~180.0)

■ 시장 컨센서스 대비 서프라이즈(상회) 비율(최근 3년): 83%(10/12)

■ 회사 가이던스 대비 서프라이즈(상회) 비율(최근 3년): -

실적 및 밸류에이션

(1월 결산)

	2018	2019	2020	2021	2022(E)
매출액(백만 달러)	499,909.0	514,405.0	523,964.0	559,151.0	550,664.7
영업이익(백만 달러)	21,203.0	21,957.0	21,468.0	22,548.0	22,715.7
영업이익률(%)	4.2	4.3	4.1	4.0	4.1
순이익(백만 달러)	9,862.0	6,670.0	14,881.0	13,510.0	15,284.2
잉여현금흐름(백만 달러)	18,287.5	16,924.0	14,550.0	25,630.0	12,400.1
성장성 지표					
매출액성장률(%)	3.0	2.9	1.9	6.7	-1.5
영업이익성장률(%)	-3.8	3.6	-2.2	5.0	0.7
순이익성장률(%)	-27.7	-32.4	123.1	−9.2	13.1
밸류에이션 지표					
PER(배)	32.5	42.4	22.1	29.6	24.7
PBR(배)	4.0	3.8	4.3	4.7	4.5
PSR(배)	0.6	0.5	0.6	0.7	0.7
ROE(%)	12.7	8.9	20.2	17.3	18.1

주요 경쟁 기업 분석

종목명	시가총액 (백만 달러)	매출성장률 (3년, %)	순이익성장률 (3년, %)	PER (배)	PSR (배)	배당수익률 (%)
Walmart	379,463.8	2.6	2.9	24.5	0.7	1.5
Costco	146,540.6	8.9	14.3	31.5	0.8	0.9
Target	89,755.9	4.0	7.0	20.5	1.0	1.6

Farfetch(FTCH-US)
파페치

파페치는 글로벌 최대 온라인 명품 플랫폼으로 50여 개국에서 현지 웹사이트를 운영 중이며 3,500개 이상의 브랜드를 190여 개국의 소비자에게 판매하고 있다. 세계적으로 성장하는 명품 시장과 이커머스 시장의 수혜를 동시에 누리면서 2017~2019년 온라인 산업 성장 대비 2배가 넘는 고성장을 지속하고 있다. 엔터프라이즈 솔루션과 큐레이션 경쟁력을 인정받으며 중국 텐센트와 징둥닷컴, 샤넬의 투자 유치에 성공했고, 2020년에는 알리바바그룹과 전략적 파트너십을 체결하고 세계 최대 명품 시장인 중국을 적극적으로 공략하고 있다.

구조적 성장 스토리

✓ 명품 구매의 온라인화

✓ 플랫폼 인지도와 1등 사업자 지배력을 기반으로 성장 가속화

✓ 알리바바와의 파트너십으로 성장 매력 높은 중국 시장 공략

리스크 요인
코로나19 완화 후 해외여행 재개(현지 명품 구매)로 단기 성장률 둔화, 주요 명품 브랜드의 자체 온라인 플랫폼 채널 확대, 경기 부진에 따른 럭셔리 제품 수요 둔화

글로벌 하우스 전망
- **모건스탠리(매수, 목표 주가 $70):** 명품 시장의 이커머스 비중이 2019년 12%에서 2025년 29%로 증가할 것으로 전망. 이 가운데 파페치의 사업 모델은 재고 관련 리스크 절감, 강력한 브랜드 파워를 가진 럭셔리 제품부터 중가 브랜드까지 모두 제공 등 럭셔리 시장 내 이커머스 강자로 거듭나기 위한 긍정적 요소 다수 보유.
- **골드만삭스(매수, 목표 주가 $71):** 디지털 플랫폼을 활용한 파페치의 2020년 총거래액이 세계 전역에서 지역을 불문하고 크게 증가. 더불어 코로나19로 인해 오프라인 매장 관련 규제가 발생하자 다수의 럭셔리 브랜드(몽클레어, 돌체앤가바나, 랄프로렌 등)가 디지털 전략을 가속화하면서 파페치와의 협업 증대. 최근에는 알리바바와 협업해 아시아 럭셔리 시장 공략에 나서면서 잠재적 소비자 규모를 크게 확장.

투자 포인트

1. 명품 산업의 디지털화 가속으로 수혜

글로벌 명품 시장의 온라인 침투율은 2019년 12%에서 2025년 30%까지 확대될 것으로 전망. 2025년까지 세계 명품 시장은 연평균 3% 성장이 예상되나 온라인 명품 시장은 코로나19로 촉발된 이커머스 산업 성장 가속화, 밀레니얼·Z 세대 소비 주력 층 부상, 중국 등 신흥국 시장의 고성장으로 연평균 20% 수준의 견조한 성장 예상.

2. 큐레이션 능력과 플랫폼 인지도를 기반으로 시장 지배력 확대

파페치의 트렌디한 큐레이션 능력은 이미 텐센트와 샤넬의 투자 유치로 인정받았음. 2020년 경쟁사들 대비 압도적인 앱 다운로드 수는 파페치의 확고한 경쟁력을 입증. 온라인 명품 시장은 2017~2019년 평균 21% 성장한 반면 이 기업은 48% 성장해 시장 성장률을 크게 상회했고 점유율을 높여가고 있음. 또한 2022년 럭셔리 화장품으로 카테고리 확장 계획을 발표하며 타깃 시장 확대.

3. 알리바바와의 파트너십으로 중국 시장 공략

2020년 11월 알리바바 및 리치몬드그룹과의 파트너십을 통해 중국 시장 성장 전략 본격화. 중국은 이미 명품 시장에서 세계 1위 규모이며, 명품 시장의 중국 비중은 2019년 35%에서 2025년 49%까지 크게 확대될 것으로 예상. 2021년 알리바바 이커머스인 티몰에 론칭하는 등 파트너십을 통한 중국 내 생태계 구축은 파페치의 성장을 더욱 촉진하는 계기가 될 전망.

온라인 명품 시장의 다양한 성장 요인

출처: Farfetch

글로벌 명품 시장 내 온라인 비중 확대

출처: Bain&company, Farfetch

■ 팩트셋(Factset) 투자의견 컨센서스

매수 75%	중립 19%	매도 6%

■ 팩트셋 평균 목표 주가: $61.6(목표 주가 범위: 48.0~77.0)

■ 시장 컨센서스 대비 서프라이즈(상회) 비율: 78%(7/9)

■ 회사 가이던스 대비 서프라이즈(상회) 비율: -

실적 및 밸류에이션 (12월 결산)

	2018	2019	2020	2021(E)	2022(E)
매출액(백만 달러)	602.4	1,021.0	1,673.9	2,214.4	2,839.4
영업이익(백만 달러)	-172.3	-394.5	-555.7	-451.1	-368.3
영업이익률(%)	-28.6	-38.6	-33.2	-20.4	-13.0
순이익(백만 달러)	-155.6	-385.3	-3,350.6	-513.4	-441.5
잉여현금흐름(백만 달러)	-137.3	-154.9	-49.0	83.5	148.5
성장성 지표					
매출액성장률(%)	56.1	69.5	63.9	32.3	28.2
영업이익성장률(%)	적자 지속	적자 지속	적자 지속	적자 지속	적자 지속
순이익성장률(%)	적자 지속	적자 지속	적자 지속	적자 지속	적자 지속
밸류에이션 지표					
PER(배)	-	-	-	-	-
PBR(배)	4.7	3.0	-	-	-
PSR(배)	7.8	3.2	13.0	9.6	7.5
ROE(%)	-20.4	-33.6	-	-	-

주요 경쟁 기업 분석

종목명	시가총액 (백만 달러)	매출성장률 (3년, %)	순이익성장률 (3년, %)	PER (배)	PSR (배)	배당수익률 (%)
Farfetch	21,109.0	63.1	-	-	9.0	-
Amazon	1,555,758.3	29.5	91.6	60.0	3.2	-
RealReal	2,086.0	30.9	-	-	4.6	-

Redfin(RDFN-US)
레드핀

REDFIN.

레드핀은 2004년 설립된 온라인 기반 부동산 플랫폼 기업으로 미국과 캐나다에서 각종 부동산 데이터 제공, 중개 및 관련 서비스를 제공한다. 미국 온라인 부동산 중개 1위로 전통 오프라인 기업보다 저렴한 수수료와 편의성이 강점이다. 매매 서비스뿐 아니라 모기지 대출과 소유권 이전 서비스 등 종합적인 디지털 매매 솔루션을 제공한다. 온라인 가상 투어, 비디오 채팅 거래, 즉각 부동산 거래인 i바잉(iBuying*), 가상 집 꾸미기 등 다양한 기술 기반 서비스도 제공한다. 경쟁 부동산 포털인 질로우와 트룰리아 등은 광고 수익 기반인 반면, 레드핀은 부동산 중개 수익 모델 중심의 사업을 영위하고 있다.

구조적 성장 스토리

✔ 부동산 중개업의 디지털 전환 추세

✔ 새롭게 떠오르는 편리한 부동산 매매, i바잉 비즈니스의 고성장

✔ 부동산 매매 빅데이터를 기반으로 신사업 확장과 선순환 구조 구축

리스크 요인	주택 경기 침체, i바잉 비즈니스 확대에 따른 자본 조달 비용 증가, 부동산 거래 플랫폼 간 경쟁 심화
글로벌 하우스 전망	■ **골드만삭스(중립, 목표 주가 $85):** 전통적인 부동산 중개업에 혁신적인 비즈니스 모델을 도입함으로써 지속적인 점유율 확대와 중개 수수료 수입 증가를 통해 성장하고 있음. 미국 부동산 시장의 견조한 수요 회복으로 점유율이 빠르게 상승 중. i바잉도 당사 예상치를 상회하는 실적과 가이던스 발표. 단, 주가 급등으로 추가 상승 여력 제한적. ■ **제프리스(중립, 목표 주가 $90):** 기술이 결합된 플랫폼으로 지속적인 시장점유율 상승 예상. 2021년도 부동산 시장 활황으로 매출 성장세 가속화 전망. 장기적으로 데이터 기반 신사업 확장에 대해서는 긍정적이나 높은 밸류에이션으로 중립 의견 제시.

투자 포인트

1. 부동산 시장의 디지털화 트렌드

온라인 부동산 중개는 기존 오프라인 매매 과정보다 쉽고 빠르게 진행되며 오프라인 중개 수수료(매도 기준 2.5~3%)보다 낮은 수수료(1~1.5%)로 가격 메리트 존재. 온라인 부동산 중개 1위 기업임에도 2018년 기준 800억 달러를 상회하는 거대한 미국 부동산 중개 시장 내 침투율이 1.0%(2020년 기준)로 낮아 향후 침투율 확대에 따른 높은 성장 잠재력 보유.

2. 편리함을 극대화한 신트렌드 i바잉 비즈니스의 고성장

i바잉은 주택 매매자의 편리함을 극대화한 방식으로 미국에서 떠오르는 트렌드. 2019년 미국에서 i바잉을 통해 매매된 주택 비중은 3~5%이며 매년 약 25% 고성장. 레드핀은 자동화된 밸류에이션 모델을 기반으로 부동산에 직접 투자, 평균 시세 대비 10% 저렴하게 매입하고 빠르게 매각. 높은 수수료(7%) 수취 가능. 이 회사의 i바잉 서비스(RedfinNow)는 출시 이후 고성장하며 매출액 비중이 빠르게 증가(2018년 2분기 6%에서 2020년 연간 24%).

3. 부동산 매매 데이터를 활용한 신사업 확장과 선순환 구조

부동산 중개 데이터를 활용, 관련 신사업 확장. i바잉 서비스를 포함해 부동산 검색 포털을 통한 광고 수익 창출, 모기지 알선, 등기 이전 서비스 등이 대표적. 트래픽 데이터를 비즈니스에 활용, 이는 다시 트래픽 증가로 이어지며 선순환 구조 구축.

레드핀의 중개 점유율

출처: NAR Existing Home Sales, Redfin

부동산 매매의 종합 디지털 솔루션 구축

출처: Redfin

* i바잉(ibuying): 단순 중개 사업이 아니라 직접 부동산을 매수해 정비한 후 매도하는 비즈니스. 주택 거래에 드는 시간을 크게 단축해 고객 편의 제공.

■ 팩트셋(Factset) 투자의견 컨센서스

매수 24%	중립 59%	매도 18%

■ 팩트셋 평균 목표 주가: $61.4(목표 주가 범위: 28.0~86.0)

■ 시장 컨센서스 대비 서프라이즈(상회) 비율(최근 3년): 92%(11/12)

■ 회사 가이던스 대비 서프라이즈(상회) 비율(최근 3년): 100%(12/12)

실적 및 밸류에이션

(12월 결산)

	2018	2019	2020	2021(E)	2022(E)
매출액(백만 달러)	486.9	779.8	886.1	1,337.3	1,711.5
영업이익(백만 달러)	-47.6	-88.2	8.7	18.4	61.0
영업이익률(%)	-9.8	-11.3	1.0	1.4	3.6
순이익(백만 달러)	-42.0	-80.8	-18.5	-2.1	37.2
잉여현금흐름(백만 달러)	-45.0	-123.1	40.0	28.4	88.7
성장성 지표					
매출액성장률(%)	31.6	60.1	13.6	50.9	28.0
영업이익성장률(%)	적자 지속	적자 지속	흑자 전환	112.2	232.4
순이익성장률(%)	적자 지속	적자 지속	적자 지속	적자 지속	흑자 전환
밸류에이션 지표					
PER(배)	-	-	-		181.7
PBR(배)	3.5	5.9	12.0	12.5	12.0
PSR(배)	2.5	2.5	7.6	5.8	4.5
ROE(%)	-13.8	-23.0	-3.9	0.2	6.6

주요 경쟁 기업 분석

종목명	시가총액 (백만 달러)	매출성장률 (3년, %)	순이익성장률 (3년, %)	PER (배)	PSR (배)	배당수익률 (%)
Redfin	7,700.2	33.8	-	850.0	5.5	-
Opendoor Technologies	15,614.0	-	-	-	3.4	-
Zillow Group	36,643.8	45.8	-	150.5	6.1	-

Carvana(CVNA-US)
카바나

CARVANA

카바나는 미국 1위 온라인 중고차 매매 플랫폼으로 중고차 정보 제공, 계약, 대금 지불, 등록 절차 대행, 배송, 환불 등 매매의 전 과정을 통합 서비스로 제공한다. 미국의 중고차 시장 규모는 2019년 기준 8,400억 달러, 판매량 4,000만 대 수준으로 신차 시장보다 크다. 그러나 1위 기업의 점유율이 1.8% 수준이고 4만 3,000여 개의 딜러상이 존재할 정도로 파편화되어 있다. 해당 산업의 온라인 침투율은 1%로 매우 미미해 향후 디지털·플랫폼화와 함께 성장 잠재력이 높다.

구조적 성장 스토리

✓ 온라인 침투율이 아직 1%에 불과한 중고차 매매 시장
✓ 선도 진입자로 온라인 통합 플랫폼의 편의성과 가격 경쟁력 보유
✓ 차별화된 서비스 경쟁력

리스크 요인 오프라인 중고차 거래 기업들의 온라인 시장 진출, 수수료 인하 경쟁, 코로나19 완화 이후 단기 매출 성장 둔화

글로벌 하우스 전망

- **골드만삭스(매수, 목표 주가 $310):** 온라인 중고차 거래 기업으로 규모의 경제와 수직계열화 장점을 앞세워 중고차 시장에서 수년간 성장해왔음. 코로나19로 인해 공급·영업에 제한이 있었으나 최근 앱 다운로드 횟수가 증가하며 향후 다시 상승세를 보일 것으로 전망.

- **모건스탠리(매수, 목표 주가 $420):** 독창적인 중고차 비즈니스 모델을 기반으로 기존 중고차 판매 시장에서 2030년까지 5% 이상의 점유율 확보 가능할 전망. 코로나19로 비대면 자동차 거래량이 증가하고 있으나, 카바나가 구입하는 수량이 고객에게 판매하는 수량보다 많은 상황. 기존 중고 자동차 매매 기업인 카맥스, 알바이트 등의 온라인 시장 진출로 경쟁 심화 전망.

투자 포인트

1. 거대한 중고차 매매 시장의 온라인 침투율은 아직 1%에 불과

미국의 중고차 매매 시장 규모는 2019년 기준 약 8,400억 달러로 연간 4,000만 건 이상이 거래되어, 1,680만여 건의 신차 시장보다 2배 이상 큼. 반면 이 시장의 온라인 침투율은 1%에 불과해 향후 침투 여력이 매우 높음. 코로나19 이후 언택트 플랫폼 성장 가속화로 온라인 중고차 매매 시장의 고성장과 카바나의 수혜 예상.

2. 온라인 통합 플랫폼으로 편의성과 가격 경쟁력 보유

중고차 매매 기업은 통상 매장을 찾아 실물을 보고 선택하도록 유도하지만, 카바나는 정보 제공, 계약, 대금 지불, 등록 절차 대행, 배송, 환불 등의 전 과정을 온라인 플랫폼으로 통합, 간편하게 진행. 디지털 기반으로 가격 경쟁력과 수익성 확보뿐만 아니라 거래 증가에 따른 규모의 경제, 신뢰도 상승을 통해 침투율을 계속 높여갈 것으로 전망.

3. 서비스·운영 차별화로 고객 만족도 높게 유지

디지털 플랫폼에 최적화된 편의성과 함께 엄격한 품질관리, AI 알고리즘 기반 실시간 정보 제공과 파격적인 환불 정책(7일 내 전액 환불 가능) 등으로 차별화된 서비스 제공, 높은 고객 만족도를 통해 경쟁력을 입증.

하나의 플랫폼에서 토털 서비스 제공

강력한 브랜드 파워

대규모의 수리 시설

거래 전 과정의 온라인화

물류 네트워크

금융 플랫폼

압도적인 풀필먼트 서비스

출처: Carvana

연도별 신규 진출 지역의 시장점유율 추이

2013 2014 2015 2016
2017 2018 2019

2.09%
1.47%
0.98%
0.67%
0.56%
0.46%
0.35%

출처: Carvana

- 팩트셋(Factset) 투자의견 컨센서스

매수 67%	중립 29%

매도 4%

- 팩트셋 평균 목표 주가: $258.3(목표 주가 범위: 80.0~350.0)
- 시장 컨센서스 대비 서프라이즈(상회) 비율(최근 3년): 33%(4/12)
- 회사 가이던스 대비 서프라이즈(상회) 비율(최근 3년): 33%(1/3)

**핵심
투자 지표**

실적 및 밸류에이션

(12월 결산)

	2018	2019	2020	2021(E)	2022(E)
매출액(백만 달러)	1,955.5	3,939.9	5,586.6	8,722.8	11,879.0
영업이익(백만 달러)	-228.5	-280.3	-332.4	-200.9	9.4
영업이익률(%)	-11.7	-7.1	-5.9	-2.3	0.1
순이익(백만 달러)	-55.5	-114.7	-171.1	-293.5	-136.5
잉여현금흐름(백만 달러)	-578.0	-938.1	-837.0	-715.7	-715.6
성장성 지표					
매출액성장률(%)	127.7	101.5	41.8	56.1	36.2
영업이익성장률(%)	적자 지속	적자 지속	적자 지속	적자 지속	흑자 전환
순이익성장률(%)	적자 지속	적자 지속	적자 지속	적자 지속	적자 지속
밸류에이션 지표					
PER(배)	-	-	-	-	-
PBR(배)	16.9	47.4	58.3	94.7	84.9
PSR(배)	0.5	1.1	8.4	5.7	4.1
ROE(%)	-54.0	-129.0	-51.8	-47.0	-1.2

주요 경쟁 기업 분석

종목명	시가총액 (백만 달러)	매출성장률 (3년, %)	순이익성장률 (3년, %)	PER (배)	PSR (배)	배당수익률 (%)
Carvana	49,385.5	86.7	-	-	5.3	-
CarMax	21,741.5	8.6	12.3	23.3	1.0	-
Vroom	5,098.5	-	-	-	1.8	-

Draftkings(DKNG-US)
드래프트킹스

드래프트킹스는 판타지 스포츠, 온라인 스포츠 베팅과 온라인 카지노 서비스 등을 제공하는 미국 베팅 플랫폼 기업으로 팬듀얼과 함께 시장을 과점하고 있다. 온라인에서 가상의 팀을 꾸려 경기를 진행하고 결과에 따라 베팅 금액을 나누는 '데일리 판타지 스포츠'로 시작했고, 2018년 3분기에 스포츠 베팅이 합법화된 뉴저지를 중심으로 온라인 스포츠 베팅(스포츠북) 서비스를 출시했으며, 이어 온라인 카지노인 아이게이밍 서비스까지 사업 영역을 확장했다. 미국은 온라인 스포츠 베팅을 합법화하는 주가 점차 늘고 있어 향후 산업의 성장 매력이 높다.

구조적 성장 스토리

✓ 미국 내 온라인 스포츠 베팅 합법화 주 확대

✓ 갬블링 시장 내 온라인 침투 가속화

✓ 인지도 및 선호도 1위, 협업을 통한 스포츠 베팅 시장 내 확고한 포지셔닝

리스크 요인 오프라인 갬블링 업체 등 경쟁자들의 스포츠 베팅 시장 진입, 초기 시장점유율 확보를 위한 비용 확대로 수익성 개선 지연

글로벌 하우스 전망
- **모건스탠리(매수, 목표 주가 $66):** 미국 스포츠 베팅과 아이게이밍 산업의 규모는 2019년 15억 달러에서 2025년 120억 달러로 가파른 성장 전망. 코로나19의 영향으로 온라인 베팅 사용자가 큰 폭 증가. 신규 세금 확보 수단으로 온라인 베팅이 다수의 지역에서 긍정적으로 검토되고 있는 만큼 온라인 베팅 시장의 성장이 가속화할 것으로 전망.
- **JP모간(중립, 목표 주가 $58):** 미국 내 스포츠 베팅과 아이게이밍 산업 내 선두적 지위를 보유한 기업. 미국 온라인 베팅 서비스 이용 고객은 한번 사용한 플랫폼을 오래 사용하는 특징이 있는데, 드래프트킹스는 미국에서 가장 선호되는 온라인 베팅 플랫폼 중 하나. 그러나 향후 시장 내 경쟁 심화가 예상되어 중립 의견 제시.

투자 포인트

1. 미국 스포츠 베팅 허용 주 지속 확대 예상

2018년 5월 미국 대법원의 스포츠 베팅 규제 완화 판결 이후(주별로 허용 여부 결정) 세수 증대를 목적으로 20개 주가 합법화 완료, 6개 주가 관련 법안 통과(2020년 12월 23일 기준). 2025년까지 총 48개 주가 허용할 것으로 예상. 스포츠 베팅이 이미 허용된 유럽 일부 국가와 달리 미국의 스포츠 베팅 시장은 이제 막 개화하는 중. 선두 기업 중 하나인 드래프트킹스가 시장 성장을 주도해나갈 것으로 예상.

2. 미국 갬블링 시장의 온라인 침투율 3%에 불과 vs 영국은 45%

미국은 온라인 베팅 규제로 전체 갬블링 시장에서 온라인 침투율이 3%에 불과해, 45%인 영국에 비해 현저히 낮은 수준. 드래프트킹스는 온라인 스포츠 베팅에 집중해 시장의 고성장과 낮은 비용 구조로 수혜 예상. 이 회사는 미국 온라인 스포츠 베팅과 온라인 카지노 총유효시장을 400억 달러로 추정(온라인 스포츠 베팅 180~230억 달러, 온라인 카지노 210억 달러).

3. 인지도 및 선호도 1위, 협업을 통한 스포츠 베팅 시장 내 확고한 포지셔닝

스포츠 베팅 시장은 아직 성장 초입기여서 주마다 선두 기업이 다르지만 드래프트킹스는 미국 내 인지도와 선호도에서 1위를 기록하고 있음. 이는 기존 '데일리 판타지 스포츠'로부터의 견조한 고객 유입과 공격적인 마케팅 전략 등에 기인. 2020년 9월 마이클 조던이 투자자 겸 특별고문으로 이사회에 참여했고 MLB 시카고 컵스, NFL 뉴욕 자이언츠, ESPN 등과의 파트너십을 통해 생태계 내 협력 관계 확대. 향후 스포츠 베팅 시장에서 확고한 포지셔닝 전망.

미국 내 스포츠 베팅 합법화 현황

출처: ESPN, 2020년 12월 23일 기준

드래프트킹스 추정 총유효시장 규모

출처: Draftkings

■ 팩트셋(Factset) 투자의견 컨센서스

매수 68%	중립 28%	

매도 4%

■ 팩트셋 평균 목표 주가: $62.0(목표 주가 범위: 41.0~100.0)

■ 시장 컨센서스 대비 서프라이즈(상회) 비율: 0%(0/3)

■ 회사 가이던스 대비 서프라이즈(상회) 비율: -

핵심
투자 지표

실적 및 밸류에이션

(12월 결산)

	2018	2019	2020	2021(E)	2022(E)
매출액(백만 달러)	-	-	614.5	1,012.9	1,431.5
영업이익(백만 달러)	-	-	-812.4	-721.1	-547.8
영업이익률(%)	-	-	-132.2	-71.2	-38.3
순이익(백만 달러)	-	-	-844.3	-611.4	-552.8
잉여현금흐름(백만 달러)	-	-	-350.0	-518.2	-319.1
성장성 지표					
매출액성장률(%)	-	-	-	64.8	41.3
영업이익성장률(%)	-	-	−	적자 지속	적자 지속
순이익성장률(%)	-	-	−	적자 지속	적자 지속
밸류에이션 지표					
PER(배)	-	-	-	-	-
PBR(배)	-	-	6.8	15.3	19.2
PSR(배)	-	-	23.2	56.0	39.6
ROE(%)	-	-	-63.8	-34.5	-31.7

주요 경쟁 기업 분석

종목명	시가총액 (백만 달러)	매출성장률 (3년, %)	순이익성장률 (3년, %)	PER (배)	PSR (배)	배당수익률 (%)
DraftKings	28,535.0	-	-	-	51.8	-
Flutter Entertainment	38,430.6	36.0	-44.2	46.9	5.0	0.5
Penn National Gaming	20,416.8	4.4	-	77.5	4.0	-

The Trade Desk(TTD-US)
더트레이드데스크

theTradeDesk

더트레이드데스크는 미국 1위의 애드테크 기업으로, 옴니 채널 광고주 전용 플랫폼(DSP: Demand-side-platform)을 운영한다. DSP는 광고 구매자가 효율적으로 광고를 생성하고 관리하는 인터페이스다. 더트레이드데스크는 DSP를 통해 광고주가 여러 디바이스에서 다양한 형식의 디지털 광고 캠페인을 최적화된 방식으로 운영할 수 있게 하는 프로그래매틱(programmatic) 광고 서비스를 제공한다. 데이터 분석의 효율성과 투명한 광고 집행, 탁월한 보안성, 고객에게 제공하는 높은 자율도, 규모의 경제 등을 바탕으로 산업 내 견고한 입지를 보유하고 있다.

구조적 성장 스토리
✓ 프로그래매틱 시스템을 통한 정확한 타기팅으로 광고 효율성 극대화
✓ 구조적인 광고 시장의 디지털화 수혜
✓ 중국 대형 IT 기업들과의 파트너십을 통한 중국 시장 공략

리스크 요인 광고 시장 둔화, 개인정보보호법 강화에 따른 디지털 광고 시장 위축, 대형 IT 기업의 DSP 시장 진입

글로벌 하우스 전망

■ **씨티(중립, 목표 주가 $925):** 선도적 독립 DSP 기업으로 광고 시장의 디지털화 수혜. 유저 ID 기술로 개인정보보호법 관련 규제 리스크를 최소화. 성장하고 있는 커넥티드TV 시장에서의 입지도 향후 성장에 유리. 단, 높은 주가 상승으로 중립 의견 유지.

■ **피버털리서치(매수, 목표 주가 $1,010):** 신규 성장 여력이 큰 커넥티드TV 외에 2021년 출시될 업그레이드 플랫폼 솔리마도 강력한 성장동력이 될 것으로 전망. 최근 라이브램프, 크리테오, 닐슨 등 대형 고객과 계약 성공, 2021년에도 광고주들의 수요 성장 지속 전망.

투자 포인트

1. 프로그래매틱 광고 시장의 성장과 규모의 경제 효과

디지털 시대 도래와 사용 디바이스 증가로 공급자와 구매자 사이에서 광고 인벤토리를 중개해주는 DSP 비즈니스 고성장. 특히 프로그래매틱 시스템을 통해 광고 효율을 높일 수 있는 플랫폼 역할 부각. 이 플랫폼 특성상 더 많은 구매자와 공급 옵션을 보유할수록 규모의 경제 효과 강화. 디지털 광고 시장 성장과 함께 1위 기업인 더 트레이드데스크가 수혜 전망.

2. 구조적인 TV 광고 시장의 디지털화

디지털 광고는 이미 미국 광고 시장의 절반을 차지할 만큼 전통 미디어의 디지털 전환 가속화. 전통 매체인 TV는 아직 전체 광고 시장의 3분의 1 차지. 코드커팅(유료 방송 시청자가 가입을 해지하고 OTT 등 새로운 플랫폼으로 이동하는 현상)이 가속화되면서 OTT와 커넥티드TV의 부상 등 디지털화가 빠르게 진행. 이는 프로그래매틱 광고의 도입률이 70%를 상회하는 비디오 광고 부문에서 새로운 시장의 확대를 의미해 긍정적.

3. 중국 시장 내 성장성 기대

중국 광고 시장은 고성장하고 있으나 데이터 수집의 역사가 길지 않고 중국 내 데이터 외부 반출 불가, 블랙박스식 DSP 운영으로 투명성과 보안이 약한 것이 단점. 더트레이드데스크는 2019년 3월 BAT(바이두, 알리바바, 텐센트)와 바이트댄스와의 파트너십을 통해 중국 시장에서 공식 서비스 개시, 글로벌 광고주들의 중국 내 디지털 광고 집행 확대에 따른 성장 기대. 해외 매출 비중은 15%로 낮으나 최근 3년 매출성장률 55%로 미국의 성장률보다 높아 향후 고성장하는 해외 비중 확대 예상.

미국 디지털 광고 시장 추이

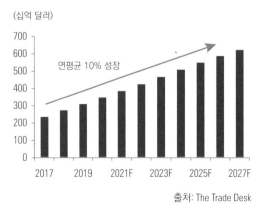

출처: The Trade Desk

프로그래매틱 광고 수요의 증가

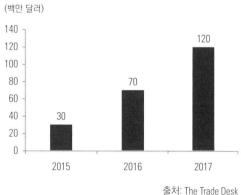

출처: The Trade Desk

■ 팩트셋(Factset) 투자의견 컨센서스

매수 50%	중립 45%	매도 5%

■ 팩트셋 평균 목표 주가: $807.1(목표 주가 범위: 257.0~1,016.0)
■ 시장 컨센서스 대비 서프라이즈(상회) 비율(최근 3년): 100%(12/12)
■ 회사 가이던스 대비 서프라이즈(상회) 비율(최근 3년): 91%(10/11)

**핵심
투자 지표**

실적 및 밸류에이션 (12월 결산)

	2018	2019	2020	2021(E)	2022(E)
매출액(백만 달러)	477.3	661.1	836.0	1,133.1	1,469.4
영업이익(백만 달러)	107.3	112.2	144.2	213.1	308.5
영업이익률(%)	22.5	17.0	17.2	18.8	21.0
순이익(백만 달러)	88.1	108.3	242.3	173.8	250.7
잉여현금흐름(백만 달러)	64.2	19.6	325.0	291.6	386.2
성장성 지표					
매출액성장률(%)	54.9	38.5	26.5	35.5	29.7
영업이익성장률(%)	51.5	4.5	28.5	47.8	44.8
순이익성장률(%)	73.5	22.9	123.7	-28.3	44.2
밸류에이션 지표					
PER(배)	60.3	114.7	161.9	134.7	105.9
PBR(배)	12.9	19.3	37.4	27.0	20.1
PSR(배)	11.1	18.8	46.9	31.4	24.2
ROE(%)	27.5	21.5	29.8	20.0	19.0

주요 경쟁 기업 분석

종목명	시가총액 (백만 달러)	매출성장률 (3년, %)	순이익성장률 (3년, %)	PER (배)	PSR (배)	배당수익률 (%)
Trade Desk	35,592.5	39.5	68.3	127.9	29.7	-
Magnite	5,687.2	12.5	-	234.2	19.1	-
PubMatic	2,792.1	-	-	101.1	14.5	-

Kornit Digital(KRNT-US)
코닛디지털

코닛디지털은 디지털 텍스타일 프린터 전문 기업으로, 의류·홈데코 산업용 디지털 인쇄기와 잉크를 개발해 생산·판매한다. 이 회사 제품은 기존 아날로그 인쇄 방식에 비해 다양한 프린팅을 전·후 처리 과정 없이 원 스텝으로 빠르게 제작하고, 모든 종류의 원단에 인쇄할 수 있으며, 친환경적이고 품질이 뛰어나다. 트렌드에 빠르게 대응해야 하는 이커머스 기업과 명품 브랜드, SPA 브랜드가 이 회사 제품 채택을 확대하고 있다.

구조적 성장 스토리

✔ 아마존이 선택한 혁신적인 디지털 인쇄기

✔ 다품종 소량 생산으로 밀레니얼 세대의 다양한 취향에 대응 가능

✔ 친환경을 지향하는 등 ESG 가치를 추구

리스크 요인 경기 둔화에 따른 의류 소비 감소, 주요 고객사 이탈, 신규 경쟁사 시장 진입

글로벌 하우스 전망

■ **골드만삭스(매수, 목표 주가 $135):** 2023년까지 섬유·의복 시장이 디지털 프린트로 전환됨에 따라 20% 이상의 매출 성장 예상. 코닛디지털은 경쟁사와 차별화된 기술력을 갖추고 있으며 의류에 직접 프린팅하는 시장에서 선두 지위를 유지할 것으로 예상.

■ **씨티(매수, 목표 주가 $125):** 디지털 프린팅으로의 전환과 다양한 개인 취향을 위한 다품종 소량 생산 트렌드가 코로나19로 인해 더욱 가속화. 물류비와 보유 재고 감소를 위한 생산 거점의 현지화 트렌드 수혜. 주요 고객사인 아마존의 디지털 프린터 및 잉크 구매 계약이 기존 1.5억 달러에서 4억 달러까지 상향 조정. 기대치를 상회하는 실적과 가이던스 발표.

투자 포인트

1. 아마존이 투자한 디지털 프린팅

디지털 프린팅의 시장 침투율은 5% 미만으로 향후 성장성이 기대되는 미래 산업. 코닛디지털의 가장 큰 고객사인 아마존이 2020년 지분 투자하며 제품 60대 추가 구매. 아마존은 이 회사의 기기를 활용해 디자이너 제품을 선 주문 후 제작 하는 비즈니스 모델인 머치 바이 아마존(Merch by Amazon) 서비스 도입.

2. 밀레니얼·Z 세대의 다양한 취향에 대응 가능

밀레니얼과 Z 세대는 남들과는 다른 자신만의 개성이 반영된 디자인의 의류 선호. 디지털 프린팅은 기존 아날로그 방식으로는 구현하지 못했던 섬세하고 다양한 디자인과 컬러를 손쉽게 구현해 개인의 다양한 취향에 대응 가능한 장점 보유.

3. 친환경적 생산 과정을 지향하는 ESG 기업

패션 업계가 전체 산업폐수 배출량에서 차지하는 비중이 20%를 초과할 만큼 수질오염 문제가 심각. 코닛디지털 제품은 생산 과정에 한 방울의 물도 사용하지 않는 친환경 방식을 적용. 또 기존 의류 제조사들은 과잉 생산 후 남는 재고를 소각해 환경오염을 유발하지만 코닛디지털은 재고 부담 없는 선 주문 후 제작 방식 채택이 가능해 ESG 트렌드에 적합.

디지털 프린팅 시장의 고성장

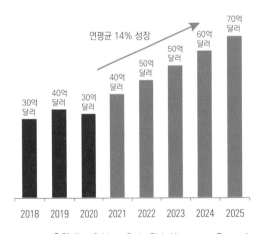

출처: Pira, Goldman Sachs Global Investment Research

디지털 프린팅으로 의류 제작 기간 단축

출처: Kornit Digital

■ 팩트셋(Factset) 투자의견 컨센서스

매수 100%

■ 팩트셋 평균 목표 주가: $82.7(목표 주가 범위: 72.0~100.0)
■ 시장 컨센서스 대비 서프라이즈(상회) 비율(최근 3년): 64%(7/11)
■ 회사 가이던스 대비 서프라이즈(상회) 비율(최근 3년): 90%(9/10)

실적 및 밸류에이션

(12월 결산)

	2018	2019	2020	2021(E)	2022(E)
매출액(백만 달러)	147.0	185.0	193.3	276.4	351.6
영업이익(백만 달러)	11.0	12.7	-6.7	33.0	54.5
영업이익률(%)	7.5	6.9	-3.5	11.9	15.5
순이익(백만 달러)	12.4	10.2	-4.8	31.4	51.8
잉여현금흐름(백만 달러)	26.1	4.7	17.6	-	-
성장성 지표					
매출액성장률(%)	28.8	25.9	4.5	43.0	27.2
영업이익성장률(%)	흑자 전환	15.2	적자 전환	흑자 전환	65.1
순이익성장률(%)	흑자 전환	-18.2	적자 전환	흑자 전환	64.7
밸류에이션 지표					
PER(배)	52.0	128.2	-	126.4	76.0
PBR(배)	3.7	4.1	-	-	-
PSR(배)	4.5	7.3	19.5	16.5	13.0
ROE(%)	7.5	3.9	-1.1	-	-

주요 경쟁 기업 분석

종목명	시가총액 (백만 달러)	매출성장률 (3년, %)	순이익성장률 (3년, %)	PER (배)	PSR (배)	배당수익률 (%)
Kornit Digital	4,573.5	19.2	-	112.0	15.7	-
Dover	19,511.9	-5.1	-5.6	20.8	2.7	1.5
Seiko Epson	7,117.4	0.5	-46.0	20.6	0.8	3.1

Uber(UBER-US)
우버

Uber

우버는 세계 1위 차량 공유 서비스 기업이자 미국 2위 음식 배달 플랫폼 기업이다. 우버의 차량 공유 서비스는 세계 53%, 미국 70%의 압도적 점유율을 보인다. 음식 배달 플랫폼인 우버이츠는 미국 점유율 35%(포스트메이츠 인수 이후)로 도어대시에 이은 2위다. 주요 수익원은 플랫폼에서 발생하는 수수료이며 2019년 기준 매출 비중은 차량 공유 76%, 음식 배달 18%, 화물 5% 등이다.

구조적 성장 스토리

✔ 차량 공유 시장의 압도적 점유율로 경제적 해자 보유
✔ 미국 내 공유 드라이버의 정규직 인정 이슈 종료로 사업 성장 및 수익화 전략 탄력
✔ 음식 배달 시장의 구조적 성장과 차량 공유 서비스의 시너지

리스크 요인   예상보다 더딘 경제활동 재개, 음식 배달 플랫폼 간의 출혈 경쟁 지속, 예상보다 느린 수익성 개선, 미국 외 국가에서 드라이버의 정규직 인정 논란 지속

글로벌 하우스 전망

- **JP모간(매수, 목표 주가 $72):** 코로나19 완화 이후 더욱 고성장할 것으로 전망. 모든 시장에서 차량 공유 사업의 선두 지위 유지, 음식 배달 수요 증가, 식료품 및 생필품 배달까지 사업 확장, 2021년까지 수익성 개선에 집중, 2020년 3분기 기준 약 73억 달러의 현금 보유로 견고한 재무지표가 근거임.

- **모건스탠리(매수, 목표 주가 $70):** 월간실사용자수와 사용률 증가 데이터를 바탕으로 향후 차량 공유 서비스와 우버이츠 사업이 계속 성장할 것으로 전망. 차량 공유 서비스의 이익은 평탄하게 성장할 것으로 예상되는 반면, 우버이츠의 이익은 주문 건수의 가파른 증가 추세 및 고매출, 고마진 음식점의 비중 상승으로 고성장할 것으로 예상. 우버 플랫폼의 높은 접근성은 자사가 보유한 우버이츠와 물류를 담당하는 우버프레이트 등으로 확장될 수 있음.

투자 포인트

1. 코로나19 완화 이후 경제활동 재개 시 차량 공유 빠른 회복 전망

차량 공유 서비스는 코로나19로 크게 타격받았으나 경제활동 재개 시 이용량이 점차 회복될 것으로 예상. 우버는 차량 공유 시장에서 세계 53%, 미국 70%를 점유한 압도적인 1위 플랫폼으로서 시장 회복 시 온전한 수혜 전망.

2. 미국 내 공유 드라이버의 정규직 인정 이슈 종료로 불확실성 해소

우버 드라이버의 정규직 인정 여부에 대한 이슈가 존재했으나 2020년 캘리포니아주에서 개인 사업자로 인정하며 미국 내 논란 종료. 인건비에 대한 불확실성이 해소되어 사업 정상화와 예상보다 빠른 수익성 개선 전망. 또한 비수익 지역에서 철수하고 비주력 사업부들을 지속 매각해 현금흐름과 재무 구조 개선 가속화 기대.

3. 음식 배달 시장의 구조적 성장

코로나19로 인해 음식과 식료품 배달 시장의 성장 가속화. 미국에서 음식 배달 시장은 성장 초입 국면으로 향후 3년간 연평균 10% 이상 성장 전망. 음식 배달 시장의 경쟁이 치열하나 우버는 기존 차량 공유 플랫폼과의 시너지와 음식료품 배달(우버 다이렉트), 퀵서비스(우버 커넥트) 등 신규 서비스 확장을 통한 플랫폼화로 견조한 성장 유지 전망.

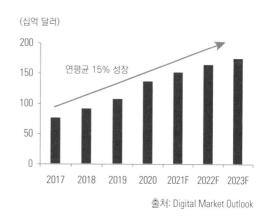

우버의 수익성 개선 목표

(수정 EBITDA, % 조정순이익)

손익분기점 도달 목표 시점은 2021년

출처: Uber

세계 온라인 음식 배달 시장 규모

(십억 달러)

연평균 15% 성장

출처: Digital Market Outlook

■ 팩트셋(Factset) 투자의견 컨센서스

매수 84%	중립 11%

매도 5%

■ 팩트셋 평균 목표 주가: $56.6(목표 주가 범위: 14.0~80.0)

■ 시장 컨센서스 대비 서프라이즈(상회) 비율: 43%(3/7)

■ 회사 가이던스 대비 서프라이즈(상회) 비율: -

실적 및 밸류에이션 (12월 결산)

	2018	2019	2020	2021(E)	2022(E)
매출액(백만 달러)	11,270.0	14,147.0	11,139.0	16,112.5	21,947.3
영업이익(백만 달러)	-2,836.0	-8,596.0	-4,324.0	-2,467.8	-1,080.2
영업이익률(%)	-25.2	-60.7	-38.8	-15.3	-4.9
순이익(백만 달러)	997.0	-8,506.0	-6,768.0	-2,555.5	-1,105.3
잉여현금흐름(백만 달러)	-2,103.0	-4,909.0	-3,361.0	-1,527.6	196.7
성장성 지표					
매출액성장률(%)	42.1	25.5	-21.2	44.6	36.2
영업이익성장률(%)	적자 지속	적자 지속	적자 지속	적자 지속	적자 지속
순이익성장률(%)	흑자 전환	적자 전환	적자 지속	적자 지속	적자 지속
밸류에이션 지표					
PER(배)	-	-	-	-	-
PBR(배)	-	3.6	7.7	8.8	8.3
PSR(배)	-	2.9	8.0	7.0	5.1
ROE(%)	19.1	-81.1	-51.2	-22.1	-8.7

주요 경쟁 기업 분석

종목명	시가총액 (백만 달러)	매출성장률 (3년, %)	순이익성장률 (3년, %)	PER (배)	PSR (배)	배당수익률 (%)
Uber	112,160.8	12.0	-	-	6.5	-
DoorDash	45,657.5	-	-	-	11.7	-
Lyft	21,831.1	30.7	-	-	6.6	-

Doordash(DASH-US)
도어대시

도어대시는 미국 시장 1위 음식 배달 플랫폼으로 미국과 캐나다, 호주에서 서비스를 운영하고 있다. 사용자 1,800만 명과 배달원 100만 명, 가맹점 39만 개를 확보하고 있다. 후발 주자임에도 불구하고 2018년 소프트뱅크의 투자 이후 가맹점 확대와 마케팅 전략을 공격적으로 수행, 2년 만에 주문 건수가 약 10배 증가하며 시장점유율 51%의 확고한 1위 사업자로 성장했다.

구조적 성장 스토리

- ✓ 미국 음식 배달 시장의 구조적 성장
- ✓ 인수·합병에 따른 시장 재편과 경쟁 완화
- ✓ 1위 기업으로 비즈니스 선순환 구조 구축

리스크 요인　　코로나19 완화 이후 음식 배달 수요 둔화, 배달 플랫폼 간 경쟁 심화, 낮은 진입장벽

글로벌 하우스 전망
- ■ **골드만삭스(중립, 목표 주가 $145):** 코로나19 완화 이후 성장성에 대한 시장의 의구심이 많지만 도어대시의 월간활성이용자수는 2021년 30%, 2022년 20% 증가하며 성장을 지속할 전망. 미국 음식 배달 시장의 50%를 점유했고 향후 식료품 및 생활용품 배달로도 사업 확장 기대.
- ■ **JP모간(중립, 목표 주가 $160):** 성장률은 둔화되겠지만 소비자들의 편의성 중시 성향, 음식점들의 배달을 통한 매출 성장 도모로 주문 금액이 2021년 39%, 2022년 27% 성장 예상. 멤버십 서비스인 대시패스는 2020년 3분기에 구독자 500만 명을 확보했으며 물류 일괄 대행 서비스 구축, 배달 품목 확대로 중장기 성장 도모.

투자 포인트

1. 코로나19로 가속화된 미국 음식 배달 시장의 구조적 성장

미국 음식 배달 산업의 시장 침투율은 2019년 10% 미만으로 낮은 수준이었음. 2020년 코로나19로 침투율이 급등하면서 음식 배달 시장은 113%, 도어대시의 매출은 200% 이상 고성장. 2021년 시장 성장률이 둔화될 것으로 예상되나 넓어진 사용자 및 계약 가맹점주 저변을 기반으로 안정적인 성장 흐름을 이어갈 것.

2. 경쟁 업체 간 인수·합병과 재편으로 시장 경쟁 완화 가능성

과거 음식 배달 플랫폼 다수가 가맹점과 소비자 확보를 위해 마케팅비를 공격적으로 집행해 수익성 부진. 그러나 2019년 8월 도어대시의 캐비어 인수, 2020년 7월 우버의 포스트메이츠 인수로 도어대시(시장점유율 51%), 우버이츠(30%), 그럽허브(18%)의 3강 구도로 시장 재편, 경쟁 완화 전망.

3. 선순환 구조 구축으로 실적 개선과 플랫폼 영역 확장

업계 최초 무제한 배달 멤버십 출시, 성장률 높은 중소도시 공략 등 차별화된 전략으로 미국 내 1위 기업으로 성장, 사용자 증가-가맹점 증가-배달원 증가로 이어지는 선순환 구조 구축. 식료품 및 생활용품 근거리 배송을 개시해 서비스를 다양화하고 있으며 향후 더 많은 국가로 서비스 확대 목표.

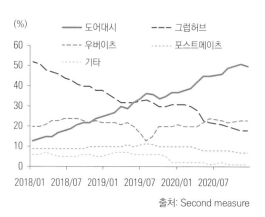

미국 음식 배달 시장의 고성장

출처: Second Measure, 미국 통계청

미국 음식 배달 시장 내 도어대시의 점유율 상승

출처: Second measure

■ 팩트셋(Factset) 투자의견 컨센서스

매수 28%	중립 72%

■ 팩트셋 평균 목표 주가: $165.9(목표 주가 범위: 100.0~200.0)

■ 시장 컨센서스 대비 서프라이즈(상회) 비율: -

■ 회사 가이던스 대비 서프라이즈(상회) 비율: -

실적 및 밸류에이션 (12월 결산)

	2018	2019	2020	2021(E)	2022(E)
매출액(백만 달러)	291.0	885.0	2,886.0	3,709.8	4,632.3
영업이익(백만 달러)	-210.0	-616.0	-339.0	-252.9	-180.6
영업이익률(%)	-72.2	-69.6	-11.7	-6.8	-3.9
순이익(백만 달러)	-204.0	-667.0	-461.0	-224.9	-129.9
잉여현금흐름(백만 달러)	-	-	146.0	130.2	250.8
성장성 지표					
매출액성장률(%)	-	204.1	226.1	28.5	24.9
영업이익성장률(%)	-	적자 지속	적자 지속	적자 지속	적자 지속
순이익성장률(%)	-	적자 지속	적자 지속	적자 지속	적자 지속
밸류에이션 지표					
PER(배)	-	-	-	-	-
PBR(배)	-	-	9.7	9.4	9.1
PSR(배)	-	-	15.8	12.3	9.9
ROE(%)	-	-77.1	-15.7	-2.4	-0.2

주요 경쟁 기업 분석

종목명	시가총액 (백만 달러)	매출성장률 (3년, %)	순이익성장률 (3년, %)	PER (배)	PSR (배)	배당수익률 (%)
DoorDash	45,657.5	-	-	-	11.7	-
Uber	112,160.8	12.0	-	-	6.5	-
Grubhub	6,311.6	38.6	-	91.1	2.8	-

Dada Nexus(DADA-US)
다다넥서스

  达达集团 DADA GROUP

다다넥서스는 중국 온라인 음식료품 플랫폼 및 배달 대행 기업으로 온라인 음식료품 마켓플레이스 플랫폼인 'JDDJ'와 배달 대행 서비스인 '다다나우'를 보유하고 있다. 다다나우는 일반 상점과 징둥물류(징둥닷컴의 물류 자회사)의 도심 배달을 라이더와 연결해준다. 매출 비중은 2019년 기준 JDDJ 36%, 다다나우 64%다. 중국 시장점유율은 JDDJ와 다다나우 각각 24%를 기록하고 있고(2020년 3분기 누적) 계속 확대되는 추세다. 주요 주주는 징둥닷컴(지분율 48%)과 월마트(지분율 11%)이며, 중국 시장에서 메이퇀뎬핑, 알리바바 허마, 어러머 등과 경쟁하고 있다.

구조적 성장 스토리

✔ 중국 온라인 음식료품 시장과 배달 대행 시장의 가파른 성장

✔ 주요 주주인 징둥닷컴과 월마트 캡티브 기반 안정적 성장 영위

✔ 초기 시장 선점을 통한 고성장 전략 보유

리스크 요인	시장 경쟁 심화, 인건비 상승에 따른 수익성 악화
글로벌 하우스 전망	▪ **모건스탠리(중립, 목표 주가 $35):** 중국 온라인 음식료품 시장은 코로나19 수혜로 성장 가속화. 매장 기반 마켓플레이스 사업 모델로 성공 가능성이 높으며, 특히 인프라가 부족한 3~4선 도시에서 고성장 전망. 징둥닷컴과의 파트너십 강화를 통해 시장점유율 증가 추세 지속 예상. 향후 온라인 생필품 구매 시장의 경쟁이 심화되겠지만 시장의 고성장이 예상되고 다다넥서스의 점유율 확대로 장기 성장 지속 전망. ▪ **골드만삭스(매수, 목표 주가 $46):** 징둥닷컴과의 파트너십을 통한 서비스 지역 확대, 가전제품, 전자제품, 의약품 등 판매 물품 확대 전략. 다다나우는 직접 판매 매출 증가 및 전체 시장 확대로 수혜 기대. 고성장하는 온라인 생필품 구매 시장 내 다다넥서스의 점유율은 24% 수준으로 예상되며, 전체 온라인 구매 시장 증가와 함께 장기적인 성장 전망.

투자 포인트

1. 중국 온라인 음식료품·배달 대행 시장 가파른 성장

중국 온라인 음식료품 시장은 2019년에서 2023년까지 연평균 70%씩 고성장할 것으로 전망. 중국 음식료품 시장의 온라인 침투율은 1.4%에 불과해 평균 온라인 침투율인 37% 대비 현저히 낮은 수준이며 향후 성장 잠재력이 매우 높음. 중국 배달 시장 또한 배달 건수 기준으로 2023년까지 연평균 31% 성장이 예상되어 선도 기업인 다다넥서스 수혜 전망.

2. 주요 주주인 징둥닷컴과 월마트 기반 안정적 점유율 확대

중국 2위 이커머스인 징둥닷컴이 48%, 글로벌 대형 마트 체인인 월마트가 11% 지분을 보유하고 있어 전방산업에서 전략적 시너지 기대. JDDJ는 징둥닷컴을 통해 들어오는 트래픽이 30%를 상회하고, 월마트도 JDDJ의 핵심 가맹점으로 안정적인 캡티브에 기반해 경쟁사 대비 사용자 확보에 유리.

3. 초기 시장을 선점하며 고성장세 지속

2020년 매출 성장률은 무려 85%, 2021년 예상 매출 성장률은 20%로 고성장 지속 전망. 아직 초기 시장인 온라인 음식료품 시장의 선도 기업으로서 높은 매출 성장세가 돋보임. JDDJ의 강점은 확장성이 큰 플랫폼 전략이기 때문에 월마트 외에도 영휘마트, 뱅가드 등 중국 내 주요 마트를 가맹점으로 확보, 네트워크 우위 보유(2020년 1분기 JDDJ 매장 8만 9,000개 vs 알리바바 허마 250개).

중국 온라인 슈퍼마켓 시장의 고성장

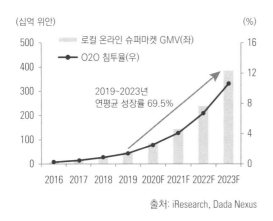

출처: iResearch, Dada Nexus

중국 일평균 배달 시장의 고성장

출처: Dada Nexus

■ 팩트셋(Factset) 투자의견 컨센서스

매수 78%	중립 22%

■ 팩트셋 평균 목표 주가: $48.0(목표 주가 범위: 39.1~55.2)
■ 시장 컨센서스 대비 서프라이즈(상회) 비율: 100%(2/2)
■ 회사 가이던스 대비 서프라이즈(상회) 비율: 100%(1/1)

실적 및 밸류에이션 (12월 결산)

	2018	2019	2020	2021(E)	2022(E)
매출액(백만 달러)	290.5	448.6	831.6	996.0	1,514.8
영업이익(백만 달러)	-286.9	-257.0	-254.7	-351.0	-113.2
영업이익률(%)	-98.8	-57.3	-30.6	-35.2	-7.5
순이익(백만 달러)	-361.2	-356.7	-301.5	-333.5	-82.8
잉여현금흐름(백만 달러)	-	-	-158.5	-194.3	0.6
성장성 지표					
매출액성장률(%)	61.2	54.4	85.4	19.8	52.1
영업이익성장률(%)	적자 지속	적자 지속	적자 지속	적자 지속	적자 지속
순이익성장률(%)	적자 지속	적자 지속	적자 지속	적자 지속	적자 지속
밸류에이션 지표					
PER(배)	-	-	-	-	-
PBR(배)	-	-	8.0	9.9	10.8
PSR(배)	-	-	7.3	7.2	4.7
ROE(%)	-	-	-1,425.1	-42.2	-4.3

주요 경쟁 기업 분석

종목명	시가총액 (백만 달러)	매출성장률 (3년, %)	순이익성장률 (3년, %)	PER (배)	PSR (배)	배당수익률 (%)
Dada Nexus	7,183.3	66.5	-	-	6.5	-
Meituan	252,482.5	51.9	-	177.0	8.8	-
DoorDash	45,657.5	-	-	-	11.7	-

Zebra Technologies(ZBRA-US)
지브라테크놀로지스

지브라테크놀로지스는 디지털 바코드 스캐너와 산업용 라벨 프린터 제조 1위 기업이다. 아울러 자동인식·데이터취득(AIDC) 기술과 기업자산정보(EAI)* 분야의 글로벌 리더다. 바코드 및 무선인식(RFID) 스캐너 분야 시장의 약 35%를 점유한다. 주력 제품과 솔루션으로 엔터프라이즈 모바일 컴퓨팅 제품, 데이터 수집 기술, RFID 리더, 바코드 스캐너 및 프린터, 리얼타임 로케이션 시스템(RTLS) 등이 있고, 고객군은 유통, 운송·물류, 헬스케어, 에너지, 공공 서비스 등 폭넓게 분포한다.

구조적 성장 스토리

✓ 디지털 전환을 위한 투자 증가

✓ 지속적인 인수·합병을 통한 통합 서비스 제공

✓ AIDC 시장의 성장 매력

리스크 요인   글로벌 경기 부진에 따른 전방산업 투자 감소, 핵심 고객사들의 투자 감소, 공격적인 인수·합병에 따른 잠재적 재무 부담

글로벌 하우스 전망

- **모건스탠리(중립, 목표 주가 $380):** 디지털 전환 추세에 맞춰 다양한 산업에 서비스를 적용할 수 있도록 투자 지속. 코로나19로 인해 효율성 증대와 디지털 전환을 위한 투자 가속화. 그러나 코로나19 완화 이후 단기적으로는 투자 감소 불가피.
- **JP모간(중립, 목표 주가 $500):** 디지털 전환 가속화로 시장 컨센서스를 상회하는 실적과 가이던스 제시. 2021년 강력한 실적 반등과 자사주 매입, 공격적 인수·합병이 주가에 긍정적으로 작용. 단, 역사적 평균 대비 비싼 밸류에이션으로 중립 의견 유지.

투자 포인트

1. 디지털 전환을 위한 투자가 구조적으로 증가

4차 산업혁명 생태계에서 디지털에 기반한 모든 데이터의 수집과 처리, 저장, 분석 등이 필수이며 이런 디지털화는 유통 분야뿐 아니라 헬스케어, 제조 및 서비스업 등 전 산업에 걸쳐 구조적으로 진행. 이는 산업 디지털화의 핵심 밸류체인 중 하나인 자동인식과 자산정보 분야의 핵심 솔루션을 보유한 지브라테크놀로지스에 긍정적.

2. 혁신을 위한 투자와 성공적인 인수·합병의 역사

이 회사는 지속적인 연구·개발과 인수·합병을 통한 혁신으로 성장해옴. 매년 전체 매출의 10% 규모를 연구·개발에 투자하고, 모토로라 솔루션 엔터프라이즈, 엑스플로러, 프로피텍, 템프타임, 리플렉시스시스템즈 등 다양한 기업의 인수·합병을 통해 비즈니스 혁신에 필요한 핵심 기술을 성공적으로 흡수, 제품 및 솔루션을 강화하며 변화하는 미래 환경에 선제적으로 대응.

3. AIDC 시장의 성장성

글로벌 AIDC 시장 규모는 2019년에서 2025년까지 연평균 13% 성장, 약 1,000억 달러에 이를 것으로 전망. AIDC 시장은 최근 사물인터넷(IoT) 및 클라우드 기반 데이터 분석 기술과 접목되어 기업자산정보 분야로 확장되는 추세이며 산업 전반으로 확대될 것으로 기대. RFID 및 솔루션 분야 글로벌 리더인 이 기업의 구조적 수혜 전망.

다변화된 전방산업	적극적인 연구 · 개발과 인수 · 합병 기반 혁신 지속

출처: Zebra Technologies

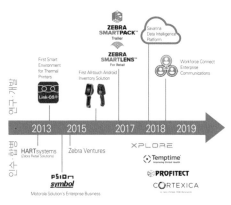

출처: Zebra Technologies

* EAI(Enterprise Asset Intelligence): 주요 자산 간 실시간 연결과 데이터 수집을 통해 제품의 상태, 위치, 사용 현황, 설정 등을 종합적으로 분석해 신속한 의사결정을 할 수 있도록 지원하는 개념

■ 팩트셋(Factset) 투자의견 컨센서스

매수 58%	중립 33%	매도 8%

■ 팩트셋 평균 목표 주가: $402.2(목표 주가 범위: 335.0~500.0)

■ 시장 컨센서스 대비 서프라이즈(상회) 비율(최근 3년): 92%(11/12)

■ 회사 가이던스 대비 서프라이즈(상회) 비율(최근 3년): 83%(10/12)

실적 및 밸류에이션

(12월 결산)

	2018	2019	2020	2021(E)	2022(E)
매출액(백만 달러)	4,205.0	4,443.0	4,454.0	5,060.8	5,288.3
영업이익(백만 달러)	616.0	682.0	691.0	1,060.3	1,102.0
영업이익률(%)	14.6	15.3	15.5	21.0	20.8
순이익(백만 달러)	421.0	544.0	504.0	717.9	801.4
잉여현금흐름(백만 달러)	721.0	624.0	895.0	748.5	911.3
성장성 지표					
매출액성장률(%)	12.7	5.7	0.2	13.6	4.5
영업이익성장률(%)	55.6	10.7	1.3	53.4	3.9
순이익성장률(%)	2,376.5	29.2	-7.4	42.4	11.6
밸류에이션 지표					
PER(배)	20.5	25.6	41.1	30.6	27.7
PBR(배)	6.4	7.5	9.6	9.0	7.1
PSR(배)	2.1	3.1	4.7	5.0	4.8
ROE(%)	38.8	34.3	25.3	29.5	25.7

주요 경쟁 기업 분석

종목명	시가총액 (백만 달러)	매출성장률 (3년, %)	순이익성장률 (3년, %)	PER (배)	PSR (배)	배당수익률 (%)
Zebra Technologies	25,282.1	6.1	209.5	29.9	5.0	-
Honeywell International	149,101.5	-7.0	42.4	26.6	4.3	1.8
Datalogic	1,276.9	-7.2	-38.7	30.0	1.9	1.4

Estee Lauder(EL-US)
에스티로더

에스티로더는 25개 이상의 브랜드를 보유한 세계 1위 럭셔리 화장품 기업으로, 대표 브랜드는 에스티로더, 바비브라운, 라메르, 맥, 조말론런던, 아베다 등이다. 미국 외 지역에서 매출의 70%가 발생하는 글로벌 기업이고 화장품 전 카테고리에 걸쳐 사업을 영위한다. 품목별 매출 비중은 스킨케어 48%, 색조 36%, 향수 13%, 헤어케어 3%다.

구조적 성장 스토리

✓ 강력한 럭셔리 브랜드 포트폴리오 구축
✓ 중국에서의 프리미엄 화장품 및 온라인 채널 성장
✓ 기업 인수를 통한 포트폴리오 강화

리스크 요인 소비 둔화로 럭셔리 제품 수요 감소, 중국 내 경쟁 심화, 오프라인 채널 부진

글로벌 하우스 전망
- **모건스탠리(매수, 목표 주가 $331):** 2021 회계연도에는 2020년의 실적 저조 때문에 높은 매출성장률이 예상되나 코로나19 영향이 지속되는 한 단기간 정상 수준 회복은 어려울 전망. 중국 시장은 코로나19로 중국인의 해외여행이 제한되며 내수 소비가 코로나19 이전 수준으로 가장 빠르게 회복. 특히 수익성이 높은 스킨케어 제품의 판매 회복은 에스티로더의 장기 성장성에 중요한 요인. 이커머스 시장 확대 및 우호적인 환율도 실적에 긍정적 영향 미칠 것.
- **골드만삭스(중립, 목표 주가 $291):** 이커머스 및 스킨케어, 중국향 판매 비중 증가 등이 장기 성장 요인. 단, 미국, 유럽, 오프라인 채널 등의 실적 부진으로 이익 증가 폭은 제한적일 것으로 전망. 중국과 한국 시장 판매 증가가 다른 지역의 판매 부진을 일정 부분 상쇄하지만, 실질적인 성장을 위해서는 미국과 유럽 시장의 회복이 필요하다고 판단.

투자 포인트

1. 강력한 럭셔리 브랜드 포트폴리오 구축

럭셔리 화장품 카테고리는 강력한 브랜드 파워와 고객 충성도를 기반으로 장기 성장 가시성이 높음. 에스티로더는 세계 화장품 기업 중 럭셔리 비중이 가장 높아 안정적 실적과 높은 수익성 향유 가능.

2. 중국 프리미엄 화장품 시장 성장과 온라인 역량 강화

중국 프리미엄 화장품 시장은 최근 3년 평균 20%의 고성장을 지속해왔으며, 에스티로더와 같은 글로벌 브랜드들이 주도. 중국 화장품 내 프리미엄 카테고리 비중은 2019년 기준 27%로 미국 40%, 아시아(한국, 일본, 홍콩) 평균 47% 대비 낮아 향후 성장 여력 높음. 또한 에스티로더는 온라인 중심의 채널 믹스 강화를 지속, 온라인 비중을 2020년 3분기 기준 전사 매출의 약 35%로 확대. 이커머스 중심으로 변화하는 시장 환경에 적극 대응하며 성장 제고.

3. 기업 인수를 통한 포트폴리오 강화

트렌디한 신생 브랜드를 인수한 후 자사가 보유한 막대한 유통 채널과 마케팅 전략을 통해 글로벌 브랜드로 성장시키는 전략을 수행. 2016년 밀레니얼 세대에게 인기 있는 색조 브랜드인 베카와 투페이스드를 인수했고, 2019년에는 닥터자르트를 인수하며 포트폴리오를 지속 강화.

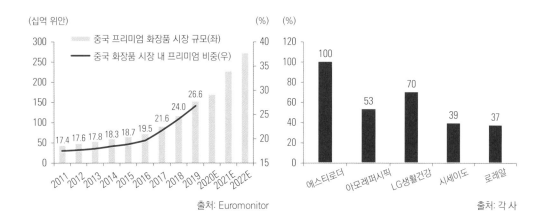

중국 프리미엄 화장품 시장의 고성장 / 주요 화장품 기업별 럭셔리 매출 비중

출처: Euromonitor

출처: 각 사

■ 팩트셋(Factset) 투자의견 컨센서스

매수 71%	중립 25%

매도 4%

■ 팩트셋 평균 목표 주가: $264.6(목표 주가 범위: 208.0~311.0)
■ 시장 컨센서스 대비 서프라이즈(상회) 비율(최근 3년): 92%(11/12)
■ 회사 가이던스 대비 서프라이즈(상회) 비율(최근 3년): 100%(9/9)

핵심 투자 지표

실적 및 밸류에이션
(6월 결산)

	2018	2019	2020	2021(E)	2022(E)
매출액(백만 달러)	13,683.0	14,835.0	14,259.0	15,873.9	17,840.1
영업이익(백만 달러)	2,433.0	2,515.0	1,997.0	2,870.8	3,405.0
영업이익률(%)	17.8	17.0	14.0	18.1	19.1
순이익(백만 달러)	1,108.0	1,785.0	684.0	2,178.3	2,537.5
잉여현금흐름(백만 달러)	1,944.0	1,773.0	1,622.0	2,066.7	2,379.1
성장성 지표					
매출액성장률(%)	15.7	8.4	-3.9	11.3	12.4
영업이익성장률(%)	25.9	3.4	-20.6	43.8	18.6
순이익성장률(%)	-11.3	61.1	-61.7	218.5	16.5
밸류에이션 지표					
PER(배)	48.4	38.0	101.2	48.5	41.6
PBR(배)	11.2	15.1	17.3	19.4	16.1
PSR(배)	3.9	4.6	4.9	6.6	5.9
ROE(%)	24.4	39.3	16.4	39.9	38.7

주요 경쟁 기업 분석

종목명	시가총액 (백만 달러)	매출성장률 (3년, %)	순이익성장률 (3년, %)	PER (배)	PSR (배)	배당수익률 (%)
Estee Lauder	104,913.7	6.4	-18.2	43.4	6.1	0.8
LVMH Moet Hennessy Louis Vuitton	339,493.2	1.9	-2.5	36.1	5.0	1.3
L'Oreal	215,611.9	2.8	-2.0	39.0	5.9	1.4

Activision Blizzard(ATVI-US)
액티비전블리자드

액티비전블리자드는 미국 최대 게임 퍼블리셔 및 개발사다. 세계적으로 유명한 핵심 게임의 지식재산권(IP)을 다수 보유하고 있으며, 대표 게임으로 콜오브듀티, 월드오브워크래프트, 디아블로, 오버워치, 캔디크러시 등이 있다. 1979년 콘솔 게임 개발에 특화된 액티비전으로 출범한 후 2008년 PC 온라인 게임 개발사인 블리자드와 합병했고, 2015년 모바일 게임 부문 확장을 위해 캐주얼 모바일 게임 개발사인 킹을 인수하며 콘텐츠 다각화에 성공했다.

구조적 성장 스토리

✓ 글로벌 게임 산업의 지속적인 호황과 코로나19로 가속화된 게임 수익 모델의 변화
✓ 명품 게임 IP 보유로 프랜차이즈 업그레이드 신작 출시 전략에 따른 장기 성장성 담보
✓ 차세대 콘솔 기기 출시 및 클라우드 게임 시장 확대 등 게임 플랫폼의 진화 수혜

리스크 요인	신규 게임 출시 지연, 경쟁 심화, 코로나19 완화 이후 게임 시장의 단기 성장세 둔화
글로벌 하우스 전망	▪ **모건스탠리(매수, 목표 주가 $115):** 연간 수익의 25%를 차지하는 콜오브듀티의 유저 유입 효과와 수익 창출 능력으로 장기적인 성장세를 유지할 것으로 보임. 또한 PC와 콘솔의 IP를 모바일에 적용함으로써 수익 레버지리 효과를 기대할 수 있을 것으로 예상. ▪ **JP모간(매수, 목표 주가 $115):** 콜오브듀티, 월드오브워크래프트, 오버워치 등 강력한 자체 IP를 보유하고 있고, 경영진이 IP를 기반으로 '참여율 상승–결제율 향상–재투자–참여율 상승'의 선순환 비즈니스 구조를 구축함. 콘솔 게임에서 디지털 다운로드로 게임 소비 형태가 전환되면서 수익성이 지속 향상되고 있음. 현재 시가총액에는 광고 사업과 새로운 모바일 IP의 가치가 반영되지 않은 상태라고 판단.

투자 포인트

1. 세계적 명품 게임 IP 다수 보유

액티비전블리자드는 디아블로, 월드오브워크래프트, 오버워치, 콜오브듀티, 하스스톤, 캔디크러시 등 세계적으로 인지도 높은 게임 IP를 다수 보유. 유행에 민감한 게임 산업 내에서 충성도 높은 IP를 활용한 신작 출시와 업그레이드, 크로스 플랫폼 전략 등을 통해 변함없는 프랜차이즈의 가치를 증명하고 있음.

2. 강력한 신작 출시 모멘텀 지속

2020년 11월 '콜오브듀티: 블랙 옵스 콜드워' 출시에 이어 12월 콜오브듀티 모바일이 중국에서 출시되며 2021년 높은 기대감 형성. 하스스톤, 월드오브워크래프트 확장팩과 '크래시밴디쿳: 온더런' 출시도 기대 요인. 매년 '블리즈컨' 행사 개최를 통해 대표작인 '디아블로 이모털'과 '오버워치2'를 포함한 신규 게임의 업데이트 및 출시 일정을 공개하기도 해 모멘텀으로 작용.

3. 신규 콘솔 기기 출시 및 클라우드 게이밍 시대 개화의 수혜주

2020년 말 신규 콘솔 기기인 플레이스테이션 5와 엑스박스 출시로 콘솔 게임 매출 확대 기대. 성장 초입기인 클라우드 게이밍 산업 내 플랫폼 간의 경쟁적 콘텐츠 투자로 대표적인 게임 소프트웨어 회사인 액티비전블리자드가 혜택을 얻을 전망.

글로벌 게임 산업의 장기 성장성

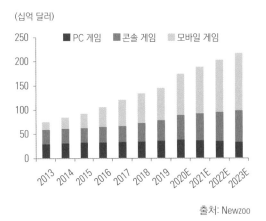

(십억 달러)

출처: Newzoo

액티비전블리자드의 핵심 게임 IP

출처: Activision Blizzard

■ 팩트셋(Factset) 투자의견 컨센서스

매수 82%	중립 15%

매도 3%

■ 팩트셋 평균 목표 주가: $100.4(목표 주가 범위: 69.5~117.0)

■ 시장 컨센서스 대비 서프라이즈(상회) 비율(최근 3년): 100%(12/12)

■ 회사 가이던스 대비 서프라이즈(상회) 비율(최근 3년): 100%(12/12)

실적 및 밸류에이션

(12월 결산)

	2018	2019	2020	2021(E)	2022(E)
매출액(백만 달러)	7,493.0	6,450.0	8,089.0	8,523.2	9,630.4
영업이익(백만 달러)	1,991.0	1,700.0	2,831.0	3,641.5	4,238.2
영업이익률(%)	26.6	26.4	35.0	42.7	44.0
순이익(백만 달러)	1,848.0	1,503.0	2,197.0	2,853.7	3,350.9
잉여현금흐름(백만 달러)	1,659.0	1,715.0	2,174.0	2,799.8	3,351.5
성장성 지표					
매출액성장률(%)	6.8	-13.9	25.4	5.4	13.0
영업이익성장률(%)	52.1	-14.6	66.5	28.6	16.4
순이익성장률(%)	576.9	-18.7	46.2	29.9	17.4
밸류에이션 지표					
PER(배)	19.4	30.5	32.9	25.5	21.8
PBR(배)	3.1	3.6	4.8	4.2	3.6
PSR(배)	4.8	7.1	8.9	8.5	7.5
ROE(%)	17.7	12.4	15.8	16.4	16.5

주요 경쟁 기업 분석

종목명	시가총액(백만 달러)	매출성장률(3년, %)	순이익성장률(3년, %)	PER(배)	PSR(배)	배당수익률(%)
Activision Blizzard	72,079.2	4.9	100.4	24.7	8.2	0.4
Electronic Arts	37,532.3	4.4	46.5	21.5	5.9	0.3
Take-Two Interactive	19,609.0	20.2	83.0	27.9	5.7	-

Unity(U-US)
유니티

유니티는 서드파티 게임 개발용 소프트웨어 기업으로 에픽게임즈와 함께 전 세계 게임엔진 시장을 과점하고 있다. 게임엔진은 게임 개발 시 가상세계를 구현하는 데 필수 요소인 그래픽, 물리, 오디오, UI 시스템 등 전반적인 개발 툴을 통합된 하나의 플랫폼으로 지원하는 소프트웨어를 말한다. 2019년 기준 애플과 구글 스토어의 상위 1,000개 게임 중 약 53%, PC, 모바일, 콘솔 게임 합산 시장의 45% 이상이 유니티의 게임엔진을 사용하고 있으며, 100대 게임 개발 스튜디오 중 94개가 유니티의 고객이다. 게임엔진은 실시간 3D 플랫폼 기반 미디어·콘텐츠 산업뿐 아니라 건축, 설계 등 적용할 수 있는 분야가 다양해 확장성이 크다.

구조적 성장 스토리

✓ 모바일 게임에 강점 있는 글로벌 1위 게임엔진사로 높은 진입장벽 형성

✓ 게임엔진의 수익 모델 다변화로 성장성 강화

✓ 게임 외 산업으로의 높은 확장성 보유

리스크 요인　게임 개발사들의 개발 엔진 내재화, 모바일 OS 데이터 프라이버시 정책 변경에 따른 게임 광고 매출 둔화

글로벌 하우스 전망
- **골드만삭스(매수, 목표 주가 $126)**: 게임 개발 시장의 압도적 시장점유율과 코로나19로 인한 게임 서비스 수요 급증으로 강력한 성장세 시현. 최근 게임 산업을 넘어 건축, 엔지니어링, 미디어, 콘텐츠 등 다양한 산업에 유니티의 엔진 적용 확대. 실시간 3D 개발 엔진, 중립적 플랫폼, 강력한 파트너십을 기반으로 향후 게임 및 게임 외 산업에서 시장점유율 확대 전망.
- **크레디트스위스(매수, 목표 주가 $170)**: 선도적인 게임엔진 플랫폼으로 게임 개발 시장에서 50% 이상의 압도적 점유율 보유. 현재는 게임 비중이 압도적이나 향후 게임 외 산업으로의 확장성 높음. 애플의 데이터 프라이버시 정책 변경이 리스크이나 소규모 경쟁사들보다 우월한 입지에 있다고 판단.

투자 포인트

1. 1위 게임엔진, 과점 시장에 높은 진입장벽 형성

게임엔진 시장은 유니티와 에픽게임즈가 양분. 타 상용 게임엔진과 게임사 자체 엔진은 대부분 퇴출되어 시장 과점화. 유니티는 특히 모바일 플랫폼에 강점이 있는데 경쟁사 대비 편의성과 범용성, 멀티 플랫폼 지원에 특화한 성과. 모바일 게임 시장의 고성장과 과점화된 상용 엔진으로 높은 진입장벽을 구축한 만큼 장기간 구조적 성장 지속 전망.

2. 게임엔진 수익 모델 다변화

매출은 크게 콘텐츠 제작 솔루션과 관리 솔루션으로 구분되며 2020년 3분기 기준 비중은 각각 30%와 60%임. 콘텐츠 제작 솔루션은 구독 모델 기반 제작 서비스 제공, 관리 솔루션은 주로 인게임 광고 매출과 게임 운용 최적화 솔루션인 라이브 서비스로 구성. 유니티는 매월 230억 개 이상의 광고를 제공하는 최대 모바일 광고 네트워크 중 하나. 게임 개발 플랫폼부터 게임 내 핵심 수익 모델 구축, 운영 서비스로의 확장은 수익 모델 다변화와 유니티 게임엔진 수요 증대에 긍정적 요인.

3. 게임 외 산업으로의 확장성

게임엔진은 실시간 3D 렌더링에 강점. 유니티의 엔진을 타 산업에 적용하는 사례가 늘고 있는데 미디어·콘텐츠, 건축 설계 산업이 대표적이며 이미 매출의 12%가 게임 외에서 발생. 2019년 10대 건축 회사 중 8개, 10대 자동차 회사 중 9개사가 유니티 제품 사용. 유니티는 게임 외 잠재 시장을 170억 달러로 추정하며 높은 확장 잠재력 제시.

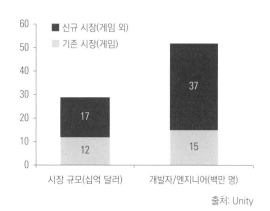

유니티 엔진으로 개발된 수많은 게임	게임과 게임 외 타깃 시장 비교

출처: Unity

출처: Unity

- 팩트셋(Factset) 투자의견 컨센서스

매수 58%	중립 25%	매도 17%

- 팩트셋 평균 목표 주가: $128.6(목표 주가 범위: 62.0~175.0)
- 시장 컨센서스 대비 서프라이즈(상회) 비율: 100%(1/1)
- 회사 가이던스 대비 서프라이즈(상회) 비율: -

실적 및 밸류에이션   (12월 결산)

	2018	2019	2020	2021(E)	2022(E)
매출액(백만 달러)	380.8	541.8	772.4	965.5	1,246.4
영업이익(백만 달러)	-130.3	-147.1	-270.7	-91.0	-24.5
영업이익률(%)	-34.2	-27.1	-35.0	-9.4	-2.0
순이익(백만 달러)	-131.6	-163.2	-282.3	-104.2	-43.0
잉여현금흐름(백만 달러)	-	-	-20.0	-100.8	-73.8
성장성 지표					
매출액성장률(%)	-	42.3	42.6	25.0	29.1
영업이익성장률(%)	-	적자 지속	적자 지속	적자 지속	적자 지속
순이익성장률(%)	-	적자 지속	적자 지속	적자 지속	적자 지속
밸류에이션 지표					
PER(배)	-	-	-	-	-
PBR(배)	-	-	20.6	15.7	17.9
PSR(배)	-	-	54.3	30.4	23.6
ROE(%)	-	-46.0	-23.2	-5.2	-2.4

주요 경쟁 기업 분석

종목명	시가총액 (백만 달러)	매출성장률 (3년, %)	순이익성장률 (3년, %)	PER (배)	PSR (배)	배당수익률 (%)
Unity	29,374.5	-	-	-	28.8	-
Activision Blizzard	72,079.2	4.9	100.4	24.7	8.2	0.4
Take-Two Interactive	19,609.0	20.2	83.0	27.9	5.7	-

Take-Two Interactive(TTWO-US)
테이크투 인터랙티브

테이크투 인터랙티브는 GTA(Grand Theft Auto) 시리즈로 유명한 미국 게임 개발사이자 퍼블리셔다. 자회사로 락스타게임즈, 2K 등을 보유하고 있다. 핵심 게임 IP로 GTA, 레드 데드 리뎀프션, NBA 2K, 문명, 보더랜드 등이 있다. 매출의 약 75%가 콘솔 게임으로 2019년 기준 글로벌 콘솔 게임 시장의 12%를 점유했다.

구조적 성장 스토리

✔ 강력한 인기 IP 보유

✔ 단기 차세대 콘솔 플랫폼 출시와 중장기 크로스 플랫폼, 클라우드 게임 산업 성장 수혜

✔ 향후 5년간 신작 93개 개발 목표로 공격적인 파이프라인 출시 전략

리스크 요인　　신규 게임 출시 지연, 게임 시장 경쟁 심화, 소수의 대작에 집중된 매출 구조

글로벌 하우스 전망

■ **모건스탠리(매수, 목표 주가 $215):** 클래스 콘텐츠 내에서 가장 우수한 대규모 참여형 콘텐츠 보유. 반면 상대적으로 게임 유저당 매출이 낮다는 점에서 향후 강력한 매출 성장 예상. 락스타게임즈 IP는 메타크리틱 평가에서 93점을 받으며 업계 최고의 평점을 기록한 바 있음. 높은 등급의 게임 보유로 향후 주요 경쟁사인 액티비전블리자드와의 매출 격차를 점차 좁혀나갈 것으로 전망.

■ **골드만삭스(매수, 목표 주가 $232):** 향후 매년 새로운 IP를 하나씩 출시해 5개 이상의 신규 IP를 출시하겠다는 목표 공유. 또한 향후 5년간 93개 이상의 강력한 게임 파이프라인으로부터 수익 창출 예상. 캐주얼 게임 개발사 플레이닷츠 인수 계획 발표 등 게임 포트폴리오를 캐주얼 모바일 게임까지 확장 시도. 콘텐츠와 유통 채널 다양화로 중장기적 성장 전망.

투자 포인트

1. 오랫동안 변하지 않는 강력한 IP

대표 게임인 GTA는 2013년 출시, 현재 누적 판매량이 1억 3,000만 장을 상회할 정도로 강력한 IP. 2020년 5월에는 에픽게임즈와 함께 게임을 무료 배포해 온라인 사용자 기반을 한 번 더 확대한 바 있음. 후속작인 GTA6 출시 일정은 미정이나 GTA5가 출시된 지 오래된 만큼 향후 출시 기대감 높아질 전망. 테이크투 인터랙티브가 보유한 다양한 인기 IP 기반의 F2P(Free to Play) 부분 유료화, 인게임 매출 확대와 멀티 플랫폼 확장 전략은 수익성 및 성장에 긍정적임.

2. 2021년 글로벌 콘솔 게임 시장 호황 전망

2020년 말 차세대 콘솔 플랫폼인 플레이스테이션 5와 엑스박스 시리즈 X가 출시되며 2021년 콘솔 게임 시장의 호황 예상. 이 회사는 콘솔 게임계의 전통적인 강자로 차세대 제품 출시에 따른 판매량 증가 및 대작 게임 중심의 단가 상승으로 성장 모멘텀 이어질 것. 중장기로는 크로스 플랫폼, 클라우드 게임 산업 성장의 수혜 전망.

3. 향후 5년간 93개의 신작 게임 출시 목표

향후 5년간 93개의 신작 게임 출시를 목표로 하고 있음(2020년 5월 발표). 이 중 절반 정도인 47개는 기존 프랜차이즈에서 제작하고, 46개는 신규 IP로 제작할 예정. 회사가 보유한 다수의 인기 IP를 활용한 신작 게임 출시 전략의 높은 성공 확률을 고려할 때, 중장기 성장 매력 높음.

글로벌 콘솔 게임 시장의 꾸준한 성장성

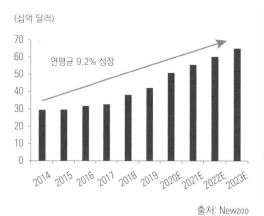

출처: Newzoo

테이크투의 강력한 IP 라이브러리

출처: Take-Two Interactive

■ 팩트셋(Factset) 투자의견 컨센서스

매수 57%	중립 39%	

매도 4%

■ 팩트셋 평균 목표 주가: $205.3(목표 주가 범위: 172.0~240.0)
■ 시장 컨센서스 대비 서프라이즈(상회) 비율(최근 3년): 92%(11/12)
■ 회사 가이던스 대비 서프라이즈(상회) 비율(최근 3년): 100%(2/2)

실적 및 밸류에이션
(3월 결산)

	2018	2019	2020	2021(E)	2022(E)
매출액(백만 달러)	1,792.9	2,668.4	3,089.0	3,415.4	3,471.9
영업이익(백만 달러)	166.4	204.2	425.4	849.7	823.4
영업이익률(%)	9.3	7.7	13.8	24.9	23.7
순이익(백만 달러)	173.4	333.8	404.5	721.1	722.9
잉여현금흐름(백만 달러)	332.2	776.5	632.0	711.7	697.9
성장성 지표					
매출액성장률(%)	0.7	48.8	15.8	10.6	1.7
영업이익성장률(%)	46.7	22.8	108.3	99.8	−3.1
순이익성장률(%)	162.6	92.6	21.2	78.3	0.3
밸류에이션 지표					
PER(배)	63.5	32.5	33.5	27.5	27.9
PBR(배)	7.5	5.2	5.3	5.9	4.9
PSR(배)	6.1	4.1	4.4	5.7	5.6
ROE(%)	13.9	18.9	17.7	21.3	17.8

주요 경쟁 기업 분석

종목명	시가총액 (백만 달러)	매출성장률 (3년, %)	순이익성장률 (3년, %)	PER (배)	PSR (배)	배당수익률 (%)
Take-Two Interactive	19,609.0	20.2	83.0	27.9	5.7	-
Activision Blizzard	72,079.2	4.9	100.4	24.7	8.2	0.4
Electronic Arts	37,532.3	4.4	46.5	21.5	5.9	0.3

Walt Disney(DIS-US)
월트디즈니

월트디즈니는 1923년 설립된 미디어 및 종합 엔터테인먼트 기업으로 전통 미디어(방송·케이블), 테마파크·리조트, 스튜디오, OTT 등의 사업을 영위하고 있다. 디즈니, 픽사, 마블, 스타워즈, 내셔널지오그래픽 등 막강한 지식재산권(IP)을 기반으로 콘텐츠를 제작·유통하고 있으며, 2019년 말 자체 OTT 서비스인 디즈니+ 출시 이후 글로벌 구독자가 급증하고 있다. 사업부별 매출 비중은 2019년 기준 테마파크·리조트 35%, 미디어 네트워크 34%, 스튜디오 15%, 콘텐츠 상품 등 15%다.

구조적 성장 스토리

✔ 방대한 IP 라이브러리에 기반한 콘텐츠 경쟁력
✔ 디즈니+ 중심의 소비자 직접 서비스(DTC) 비즈니스 성장 잠재력
✔ 코로나19 완화 이후 테마파크 등 콘택트형 사업 부문의 빠른 회복력 기대

리스크 요인
OTT 산업의 경쟁 심화, 오리지널 콘텐츠 및 DTC 사업부 투자 확대에 따른 수익성 부담, 테마파크 등 전통 콘택트 비즈니스 회복 지연

글로벌 하우스 전망

■ **골드만삭스(매수, 목표 주가 $225):** 월트디즈니는 다양한 콘텐츠를 기반으로 폭넓은 고객층에게 서비스. 현재 디즈니+는 약 1년간 서비스하면서 이미 구독자 8,700만 명 돌파, 2024년 2억 3,000만~2억 6,000만 명 전망. 이는 기존 예상치인 1억 6,500만 명을 훨씬 상회하는 수준으로, 상향된 전망치도 충분히 달성 가능하다고 판단. 미국과 유럽에서는 디즈니+의 기본요금 인상을 통해 성장 도모.

■ **모건스탠리(매수, 목표 주가 $200):** 2024년 디즈니+의 구독자는 2억 3,000만~2억 6,000만 명에 이를 것으로 전망되며, 이는 기존 예상치 1억 5,000만 명을 크게 상회. 만약 2024년 구독자가 3억~3억 5,000만 명에 이를 경우, 넷플릭스를 뛰어넘을 수 있음.

투자 포인트

1. 방대한 IP 라이브러리에 기반한 막강한 콘텐츠 경쟁력

월트디즈니는 명실상부한 글로벌 콘텐츠 1위 기업. ABC 방송국, 픽사, 마블, 루카스필름, 21세기폭스 등을 공격적으로 인수해 최대 콘텐츠 기업으로 성장. 인지도 높은 콘텐츠는 반영구적인 수익 창출이 가능한 막강한 무형자산. 콘텐츠 경쟁력을 기반으로 전통 미디어 채널에서 OTT 중심의 독점적 콘텐츠 플랫폼으로 진화하고 있음.

2. 디즈니+ 중심의 DTC 성장 잠재력

막강한 콘텐츠 IP를 기반으로 2019년 자체 OTT 서비스인 디즈니+ 출시. 2020년 12월 기준 디즈니+의 가입자는 8,680만 명, 전체 OTT 서비스 1억 3,710만 명(훌루 3,880만, ESPN+ 1,150만 포함)으로 빠르게 증가. 향후 본격적인 지역 확장으로 2024년 디즈니+ 가입자 2억 3,000만~2억 6,000만 명, 전체 OTT 서비스 합산 3억~3억 5,000만 명을 목표로 제시. 2020년 말 넷플릭스의 가입자가 2억 명임을 고려할 때 글로벌 OTT 톱 2 사업자로 견조한 성장 전망.

3. 콘택트형 사업 부문의 빠른 회복력 기대

2020년 코로나19 여파로 테마파크와 스튜디오 사업 부문의 실적이 큰 폭 감소. 2019년 기준 양 사업 부문의 영업이익 비중은 50% 수준으로 주요 캐시카우였음. 다만 적극적인 사업 구조조정과 높은 콘텐츠 경쟁력을 고려할 때, 경제가 정상화될 경우 높은 회복력을 보일 것으로 전망.

디즈니의 방대한 콘텐츠 라이브러리

OTT 서비스 가입자 가이던스 대폭 상향

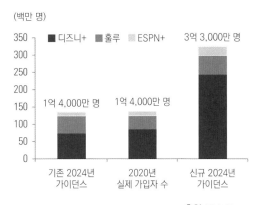

출처: Walt Disney

출처: Walt Disney

■ 팩트셋(Factset) 투자의견 컨센서스

매수 72%	중립 24%

매도 3%

■ 팩트셋 평균 목표 주가: $188.0(목표 주가 범위: 115.0~211.0)

■ 시장 컨센서스 대비 서프라이즈(상회) 비율(최근 3년): 73%(8/11)

■ 회사 가이던스 대비 서프라이즈(상회) 비율(최근 3년): -

핵심
투자 지표

실적 및 밸류에이션

(9월 결산)

	2018	2019	2020	2021(E)	2022(E)
매출액(백만 달러)	59,469.0	69,422.0	65,125.0	68,333.0	85,670.4
영업이익(백만 달러)	14,914.0	11,710.0	3,577.0	8,038.1	14,021.4
영업이익률(%)	25.1	16.9	5.5	11.8	16.4
순이익(백만 달러)	12,598.0	10,425.0	-2,832.0	1,665.2	7,302.5
잉여현금흐름(백만 달러)	9,830.0	1,108.0	3,594.0	2,832.1	6,207.9
성장성 지표					
매출액성장률(%)	8.2	16.7	-6.2	4.9	25.4
영업이익성장률(%)	8.0	-21.5	-69.5	124.7	74.4
순이익성장률(%)	40.3	-17.2	적자 전환	흑자 전환	338.5
밸류에이션 지표					
PER(배)	14.0	19.6	-	103.2	40.6
PBR(배)	3.6	2.6	2.7	4.1	3.9
PSR(배)	3.0	3.1	3.4	5.2	4.2
ROE(%)	28.0	15.1	-3.3	4.0	9.5

주요 경쟁 기업 분석

종목명	시가총액 (백만 달러)	매출성장률 (3년, %)	순이익성장률 (3년, %)	PER (배)	PSR (배)	배당수익률 (%)
Walt Disney	357,897.4	5.8	-	61.1	4.7	0.5
Netflix	229,428.6	28.8	70.3	49.5	7.4	-
AT&T	212,797.4	2.3	-	9.5	1.2	6.9

Roku(ROKU-US)
로쿠

ROKU

로쿠는 2002년 설립된 미국 1위 TV 스트리밍 플랫폼 기업으로 수많은 유·무료 콘텐츠, 채널, 앱을 하나의 플랫폼을 통해 서비스한다. 로쿠TV, 로쿠와 협업한 스마트TV, TV에 연결할 수 있는 단말기를 구매하면 로쿠의 플랫폼을 통해 넷플릭스, 디즈니+, 유튜브 등 다양한 콘텐츠를 시청할 수 있다. 이 회사의 매출은 플레이어(디바이스 판매)와 플랫폼(콘텐츠 구매·광고)으로 이루어진다. 플랫폼 매출은 크게 3종류, 즉 AVOD(광고를 시청하고 무료로 콘텐츠 소비), TVOD(특정 콘텐츠 구매 또는 대여), SVOD(로쿠의 플랫폼 내에서 원하는 인터넷 동영상 서비스 가입)로 구성된다.

구조적 성장 스토리

✓ 코드커팅 등 콘텐츠 소비 방식 변화로 OTT 스트리밍 수요가 구조적 증가

✓ OTT 시장 성장에 따른 콘텐츠 다양화로 플랫폼 경쟁력 강화

✓ 글로벌 시장 진출

리스크 요인	글로벌 IT 기업의 TV 스트리밍 시장 진출, 더딘 해외 확장, 광고 경기 회복 지연, 대체 미디어 확산
글로벌 하우스 전망	■ **씨티(매수, 목표 주가 $460):** 코드커팅 현상 지속, DTC 앱 증가, 디지털 광고 비중 확대 등으로 중장기 성장성 확보. 단기적으로는 디스커버리+와 HBO 맥스와의 계약을 통한 콘텐츠 확장이 주가에 모멘텀으로 작용. 향후 글로벌 확장을 통한 성장 도모.
	■ **모건스탠리(매도, 목표 주가 $275):** 미국 시장의 경쟁이 심해지고 글로벌 확장까지 장시간 소요되는 점을 시장은 과소평가하고 있다는 판단. 미국 시장의 계정 증가는 중국 가전 제조사 TCL과의 협력에 기인하며, 지속적인 성장을 위해서는 새로운 스마트TV 파트너가 필요할 전망. 로쿠의 스트리밍 기반 성장 잠재력은 충분하나 현재 주가는 이를 모두 반영했다고 판단.

투자 포인트

1. 코드커팅, OTT 시장의 구조적 성장 수혜

미국은 전통적인 유료 방송에서 OTT로 수요 전환 지속. 로쿠는 다양한 OTT를 스트리밍할 수 있는 스마트TV 시장점유율 1위 사업자. OTT 시장의 성장과 함께 2020년 로쿠의 활성계정수와 스트리밍 시간이 전년 대비 40~50%로 고성장.

2. OTT 시장 성장에 따른 콘텐츠 다양화로 플랫폼 경쟁력 강화

넷플릭스, 디즈니에 이어 AT&T 등 많은 기업이 OTT 시장에 경쟁적으로 진출, 로쿠 플랫폼에서 서비스 가능한 콘텐츠가 더욱 확대. 이는 플랫폼(콘텐츠 구매·광고) 매출의 고성장으로 이어지며 경쟁력 강화.

3. 글로벌 시장 진출

미국, 캐나다, 영국 등 20여 개국에서 서비스를 제공하고 있지만 여전히 매출 대부분이 미국에서 발생. 아직 해외 진출 초기 단계이나 주요 진출 국가의 플레이어 매출이 고성장하는 등 유의미한 성장세로 미래 성장동력 기대.

OTT 시장과 연계된 로쿠의 성장

출처: Bloomberg

플랫폼 매출의 견조한 비중 확대 추이

출처: Bloomberg

■ 팩트셋(Factset) 투자의견 컨센서스

매수 64%	중립 29%	매도 7%

■ 팩트셋 평균 목표 주가: $332.3(목표 주가 범위: 200.0~500.0)
■ 시장 컨센서스 대비 서프라이즈(상회) 비율(최근 3년): 100%(9/9)
■ 회사 가이던스 대비 서프라이즈(상회) 비율(최근 3년): 100%(9/9)

실적 및 밸류에이션

(12월 결산)

	2018	2019	2020	2021(E)	2022(E)
매출액(백만 달러)	742.5	1,128.9	1,778.4	2,557.9	3,548.5
영업이익(백만 달러)	-13.3	-61.2	-20.3	-29.8	88.9
영업이익률(%)	-1.8	-5.4	-1.1	-1.2	2.5
순이익(백만 달러)	-8.9	-59.9	-17.5	-36.4	88.1
잉여현금흐름(백만 달러)	-4.4	-63.3	65.8	102.1	283.7
성장성 지표					
매출액성장률(%)	44.8	52.0	57.5	43.8	38.7
영업이익성장률(%)	적자 지속	적자 지속	적자 지속	적자 지속	흑자 전환
순이익성장률(%)	적자 지속	적자 지속	적자 지속	적자 지속	흑자 전환
밸류에이션 지표					
PER(배)	-	-	-	-	610.1
PBR(배)	13.7	23.0	32.0	34.4	28.8
PSR(배)	4.3	13.7	23.1	18.1	13.0
ROE(%)	-4.5	-12.7	-1.7	-2.1	4.7

주요 경쟁 기업 분석

종목명	시가총액 (백만 달러)	매출성장률 (3년, %)	순이익성장률 (3년, %)	PER (배)	PSR (배)	배당수익률 (%)
Roku	46,226.8	51.4	-	-	16.8	-
Amazon	1,555,758.3	29.5	91.6	60.0	3.2	-
Alphabet	1,385,884.4	18.0	47.1	28.5	6.0	-

Bilibili(BILI-US)
빌리빌리

bilibili

빌리빌리는 중국 Z 세대(1997~2010년대생)에게 사랑받는 동영상 스트리밍 플랫폼 중 하나로 애니메이션·만화·게임(ACG) 콘텐츠를 기반으로 한 온라인 종합 엔터테인먼트 기업이다. 애니메이션 콘텐츠 이용자제작콘텐츠(UCC)로 시작해 현재 드라마, 예능, 라이브 방송 등 다양한 콘텐츠를 스트리밍하고 있다. 월간활성이용자수(MAU)는 2020년 말 기준 2억 명을 넘어섰다. 플랫폼상에서 인기를 끈 애니메이션을 모바일 게임으로 제작해 퍼블리싱하며, 광고와 이커머스 등으로 수익 모델을 다각화하고 있다.

구조적 성장 스토리

✓ 애니메이션 콘텐츠로 타 OTT 기업과 차별화

✓ 인기 애니메이션을 모바일 게임으로 제작하는 선순환 구조 구축

✓ 광고와 이커머스로 수익 모델 다각화

리스크 요인　　플랫폼 간 경쟁 심화, 마케팅비 증가로 수익성 악화, 라이브 스트리밍 규제 강화

글로벌 하우스 전망

■ **골드만삭스(매수, 목표 주가 $160):** 콘텐츠 문화 확산세에 따른 빌리빌리의 다양한 고품질 콘텐츠 라이브러리는 유저 묶어두기 효과를 불러일으키며, 매 분기 높은 신규 유저 유입률을 기록함. 2022년까지 게임 파이프라인으로 인한 온라인 게임 매출 고성장과 광고, 라이브 스트리밍, VAS(Value Added Service, 프리미엄 멤버십 및 동영상 수익) 사업 부문의 세 자릿수 매출 성장이 기대됨.

■ **모건스탠리(매수, 목표 주가 $180):** 중국 Z 세대에게 인기가 있어 Z 세대 침투율이 2020년 45%에서 2025년 75%에 달할 것으로 전망되며 MAU는 2021년 2억 4,000만~2억 5,000만 명, 2022년 2억 8,000만~3억 명 예상. 2020년 광고 매출은 중국 전체 온라인 광고 매출 시장의 0.3%에 불과하지만 중장기적으로 5~10%까지 확대될 것으로 전망.

투자 포인트   1. 애니메이션 콘텐츠로 타 플랫폼과 차별화

애니메이션을 기반으로 성장했고 애니메이션 콘텐츠에 특화되어, 타 플랫폼과 다르게 특정 고객층의 로열티가 상당히 강함. 최근 중국도 스트리밍 플랫폼이 다수 생겨나며 경쟁이 치열해지고 있지만, 빌리빌리의 플랫폼은 차별화된 콘텐츠를 기반으로 Z 세대 유저가 가파르게 증가. 2020년 말 MAU는 전년 대비 55% 급증해 타 OTT 플랫폼과 성장성 측면에서 차별화.

2. 플랫폼의 인기 애니메이션 기반 모바일 게임 제작으로 선순환

이 회사의 플랫폼에서 인기를 끈 애니메이션을 모바일 게임으로 제작해 퍼블리싱. 현재 매출의 50%가 게임 부문으로 수익의 큰 부분을 차지하며, 대부분 애니메이션 기반의 게임으로 플랫폼 내에 선순환 구조 구축.

3. 광고, 이커머스 등 다양한 미래 수익 모델 보유

라이브 스트리밍, VAS 사업뿐 아니라 광고와 이커머스 등 다양한 분야로 수익 모델 다각화 진행. 광고 분야는 경쟁사인 웨이보와 아이치이 대비 MAU당 광고 매출이 아직 낮은 수준으로 성장 여력 높음. 또한 최근 중국에서 빠르게 성장하는 라이브 커머스 시장에서도 두각을 드러낼 수 있을 것으로 전망됨.

Z 세대가 견인하는 중국 온라인 엔터 시장 전망

출처: Bilibili

신규 서비스 고성장으로 수익 다각화

출처: Bilibili

■ 팩트셋(Factset) 투자의견 컨센서스

매수 94%		중립 6%

■ 팩트셋 평균 목표 주가: $83.8(목표 주가 범위: 50.0~182.0)
■ 시장 컨센서스 대비 서프라이즈(상회) 비율: 55%(6/11)
■ 회사 가이던스 대비 서프라이즈(상회) 비율: 89%(8/9)

**핵심
투자 지표**

실적 및 밸류에이션 (12월 결산)

	2018	2019	2020	2021(E)	2022(E)
매출액(백만 달러)	624.5	979.2	1,735.4	2,934.4	4,157.4
영업이익(백만 달러)	-110.3	-216.0	-454.3	-521.3	-249.2
영업이익률(%)	-17.7	-22.1	-26.2	-17.8	-6.0
순이익(백만 달러)	-83.5	-186.2	-435.6	-527.4	-306.7
잉여현금흐름(백만 달러)	-76.1	-236.7	-202.5	-408.7	94.9
성장성 지표					
매출액성장률(%)	71.6	56.8	77.2	69.1	41.7
영업이익성장률(%)	적자 지속	적자 지속	적자 지속	적자 지속	적자 지속
순이익성장률(%)	적자 지속	적자 지속	적자 지속	적자 지속	적자 지속
밸류에이션 지표					
PER(배)	-	-	-	-	-
PBR(배)	4.5	6.0	19.8	63.5	92.0
PSR(배)	7.3	6.1	17.1	13.2	9.3
ROE(%)	-12.5	-18.4	-40.1	-71.7	-44.5

주요 경쟁 기업 분석

종목명	시가총액 (백만 달러)	매출성장률 (3년, %)	순이익성장률 (3년, %)	PER (배)	PSR (배)	배당수익률 (%)
Bilibili	41,137.1	68.3	-	-	12.2	-
Alphabet	1,385,884.4	18.0	47.1	28.5	6.0	-
HUYA	6,200.1	73.5	-	27.6	3.0	-

IDEXX Laboratories(IDXX-US)
아이덱스

아이덱스는 세계 1위 동물용 진단 솔루션 기업으로, 핵심 사업은 동물병원 대상 진단기기 판매와 검사 대행 서비스다. 글로벌 반려동물 진단 및 소프트웨어 시장에서 42%를 점유하고 있다. 매출의 88%를 반려동물 사업 부문에서 일으키고, 가축에서 6%, 수질 검사 서비스 및 기타에서 6%를 올린다. 지역별 매출 비중은 미국이 69%로 가장 크고, 유럽·중동·아프리카(EMEA) 21%, 아시아 10%다. 진단기기 유형은 크게 4가지로 신장병·갑상선 기능 판별용, 혈액 관련 검사용, 소변 검사용, 각종 기생충 판별용으로 구분된다.

구조적 성장 스토리

✓ 동물 진단기기 시장의 구조적 성장과 높은 고객 유지 비율

✓ 진단기기 판매 후 소모품 등 반복적인 매출로 안정적인 실적 시현

✓ 경쟁사 대비 압도적인 연구·개발 경쟁력

리스크 요인　　인체용 의료기기 제조사의 동물 의료기기 시장 진입에 따른 경쟁 심화, 반려동물 시장 성장 둔화

글로벌 하우스 전망

- **골드만삭스(중립, 목표 주가 $510):** 2020년 진단 사업 부문이 기대 이상의 실적 호조를 보였고 당분간 성장을 지속할 것으로 예상. 신규 혈구 측정기 '프로사이트 원' 출시가 매출 성장에 기여 전망. 다만 진단 키트 활용률 저하, 코로나19로 트래픽 타격, 비용 리스크, 동종 기업 아박시스와의 경쟁 등이 리스크 요인으로 판단되어 중립 의견 제시.

- **크레디트스위스(매수, 목표 주가 $565):** 코로나19 타격에도 진단 매출이 예상치 상회. 동물병원 방문 트래픽이 회복되고 있으며 중장기적으로는 반복 매출로 인한 안정적 실적과 신제품 파이프라인 기반 성장이 투자 포인트.

투자 포인트

1. 동물 진단기기 시장의 구조적 성장과 높은 고객 유지 비율

동물 진단 시장은 2044년까지 연평균 8%의 고성장을 지속할 전망. 그 요인으로 반려동물 수 증가, 생명 연장, 반려동물에 쓰는 비용 증가 등이 거론. 아이덱스는 1위 진단기업으로 시장의 약 42%를 점유하고 연평균 10% 이상 안정적 성장을 지속. 2019년 기준 고객 유지 비율도 97~99% 수준으로 매우 높아 장기 시장 성장 수혜 예상.

2. 진단기기 판매 후 발생하는 소모품 등 반복적인 매출의 비중 상승

진단기기 특성상 아이덱스의 기기를 도입한 병원들이 검사 진행을 위해 필요한 장비, 시약, 소프트웨어, 검사 대행 서비스를 반복 구매하면서 전체 매출에서 반복 매출 비중이 지속 확대되는 추세. 전체 매출에서 동물사업 부문의 반복 매출 비중은 2010년 81%에서 2019년 89%까지 높아지며 안정적 성장의 근간이 되고 있음.

3. 경쟁사 대비 압도적 연구·개발 투자로 기술 격차 확대

주요 경쟁사인 아박시스와 헤스카 대비 압도적인 연구·개발 투자를 통해 기술 격차를 확대하고 있음. 동물 진단 산업 연구·개발 투자 규모에서 아이덱스의 비중이 80% 이상으로 파악. 2018년 미국 수의사 대상 설문조사에서 61%가 아이덱스 제품을 선택했고 23%가 아박시스, 19%가 헤스카 제품을 선택했다는 결과는 연구·개발 기반 아이덱스 제품의 경쟁우위를 입증.

글로벌 반려동물 진단 시장의 구조적 성장 · · · · · · · · · · 아이덱스의 압도적 연구 · 개발 투자

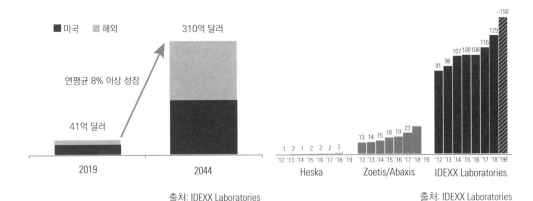

출처: IDEXX Laboratories · 출처: IDEXX Laboratories

■ 팩트셋(Factset) 투자의견 컨센서스

매수 70%	중립 20%	매도 10%

■ 팩트셋 평균 목표 주가: $512.2(목표 주가 범위: 453.0~570.0)

■ 시장 컨센서스 대비 서프라이즈(상회) 비율(최근 3년): 100%(12/12)

■ 회사 가이던스 대비 서프라이즈(상회) 비율(최근 3년): -

실적 및 밸류에이션

(12월 결산)

	2018	2019	2020	2021(E)	2022(E)
매출액(백만 달러)	2,213.2	2,406.9	2,706.7	3,098.7	3,414.6
영업이익(백만 달러)	494.9	543.2	696.2	853.1	966.7
영업이익률(%)	22.4	22.6	25.7	27.5	28.3
순이익(백만 달러)	377.0	427.7	581.8	656.0	748.8
잉여현금흐름(백만 달러)	284.3	401.2	579.5	649.2	785.9
성장성 지표					
매출액성장률(%)	12.4	8.8	12.5	14.5	10.2
영업이익성장률(%)	19.8	9.7	28.2	22.5	13.3
순이익성장률(%)	43.3	13.4	36.0	12.8	14.1
밸류에이션 지표					
PER(배)	43.7	53.4	74.5	65.5	56.9
PBR(배)	-	126.0	67.6	56.9	40.7
PSR(배)	7.4	9.5	16.0	13.7	12.5
ROE(%)	-	509.3	143.7	87.0	71.6

주요 경쟁 기업 분석

종목명	시가총액 (백만 달러)	매출성장률 (3년, %)	순이익성장률 (3년, %)	PER (배)	PSR (배)	배당수익률 (%)
IDEXX Laboratories	42,520.8	11.2	30.3	63.6	13.5	-
Zoetis	72,496.1	7.9	23.8	33.7	9.6	0.7
Heska	1,948.0	15.1	-	-	8.2	-

Lululemon(LULU-US)
룰루레몬

lululemon

룰루레몬은 캐나다의 프리미엄 요가복 제조 및 판매 기업으로 애슬레저('애슬레틱'과 '레저'의 합성어로 운동에 적합하면서 일상복으로 입기에도 편안한 옷차림을 의미) 트렌드를 주도하고 있다. 요가복계의 '샤넬'로 불릴 만큼 브랜드 파워를 축적했으며 가격대도 다른 브랜드 대비 20~40% 높다. 웰니스 커뮤니티를 기반으로 한 차별화된 체험형 마케팅 전략으로 브랜드 인지도와 고객 충성도를 확보했다. 17개국에 진출했고 북미 매출 비중이 80% 이상이다. 2020년 홈 피트니스 플랫폼 기업인 미러를 인수해 체험 마케팅 시너지와 비즈니스 영역 확장을 추진 중이다.

구조적 성장 스토리

✓ 글로벌 애슬레저 시장의 성장 매력
✓ 요가복계의 샤넬로 불릴 만큼 높은 브랜드 파워와 고객 충성도
✓ 글로벌 시장 성장 잠재력

리스크 요인 프리미엄 카테고리 경쟁자 진입, 애슬레저 트렌드 약화, 해외 성장성 둔화

글로벌 하우스 전망

- **모건스탠리(중립, 목표 주가 $400):** 독특한 브랜드 포지셔닝과 패셔너블한 상품을 통해 스포츠 요가 의류 분야에서 우위를 점하고 있음. 이커머스 채널의 성장, 공급망 개선 및 재고 관리 개선이 더해지며 가파른 성장세를 보임. 다만 현재 밸류에이션은 부담.
- **골드만삭스(중립, 목표 주가 $364):** 코로나19로 오프라인 매장이 타격을 받았지만 회복하는 추세이고 온라인의 고성장이 오프라인 부진을 상쇄하며 성장동력으로 주목. 최근 인수한 미러를 통해 통합 서비스를 제공하며 옴니 채널 피트니스 브랜드로 거듭날 것으로 기대. 다만 코로나19 재확산에 따른 오프라인 매출 부진 장기화와 높은 밸류에이션은 리스크 요인.

투자 포인트

1. 글로벌 애슬레저 시장 성장을 주도

전 세계적으로 건강에 대한 관심 증가와 애슬레저라는 새로운 트렌드의 열풍으로 요가복 등 관련 스포츠 의류 시장이 견조하게 성장하고 있음. 글로벌 리서치 회사 유로모니터는 소매 의류 시장의 전반적인 부진에도 미국 스포츠 의류 시장은 5~6%대로 꾸준히 성장하고 그중 애슬레저 카테고리가 가장 고성장할 것으로 전망.

2. 하이엔드 요가복으로 포지셔닝 성공

룰루레몬은 제품 경쟁력과 차별화된 마케팅 전략으로 요가복 시장에서 프리미엄 브랜드로 포지셔닝하는 데 성공. 2019년 글로벌 광고 기업 WPP가 공개한 자료에 따르면 룰루레몬이 인스타그램에 이어 브랜드 가치가 가장 많이 상승함(690억 달러, 전년 대비 +77%). 이 회사의 브랜드 파워는 현재 프리미엄 애슬레저 카테고리에 뚜렷한 경쟁 브랜드가 없을 정도로 강력.

3. 글로벌 시장 성장 잠재력

매출의 북미 비중이 80% 이상으로 대부분이 미국에서 발생. 2019년 장기 성장 목표인 'Power of three'를 발표, 해외 매출 규모를 2023년까지 4배 증가시킬 계획. 현재 중국 중심의 아시아 매출이 고성장하며 해외 성장을 견인하고 있음. 강력한 브랜드 인지도와 아직 초기 단계인 해외 시장 진출, 고성장하는 온라인 채널과 카테고리 확장 여력을 고려 시 중장기 성장 모멘텀이 풍부.

룰루레몬의 장기 성장 전략 'Power of Three'

출처: Lululemon

미국 외 지역 매장 오픈 가속화

출처: Lululemon

■ 팩트셋(Factset) 투자의견 컨센서스

매수 61%	중립 36%

매도 3%

■ 팩트셋 평균 목표 주가: $404.1(목표 주가 범위: 275.0~490.0)
■ 시장 컨센서스 대비 서프라이즈(상회) 비율(최근 3년): 92%(11/12)
■ 회사 가이던스 대비 서프라이즈(상회) 비율(최근 3년): 100%(9/9)

핵심 투자 지표

실적 및 밸류에이션 (1월 결산)

	2018	2019	2020	2021(E)	2022(E)
매출액(백만 달러)	2,649.2	3,288.3	3,979.3	4,333.0	5,421.0
영업이익(백만 달러)	495.9	704.4	890.6	835.1	1,202.4
영업이익률(%)	18.7	21.4	22.4	19.3	22.2
순이익(백만 달러)	258.7	483.8	645.6	601.1	869.2
잉여현금흐름(백만 달러)	331.0	517.0	386.3	389.8	687.1
성장성 지표					
매출액성장률(%)	13.0	24.1	21.0	8.9	25.1
영업이익성장률(%)	15.5	42.1	26.4	-6.2	44.0
순이익성장률(%)	-14.7	87.0	33.4	-6.9	44.6
밸류에이션 지표					
PER(배)	41.6	40.5	48.6	66.6	45.7
PBR(배)	6.7	13.2	16.0	16.4	14.0
PSR(배)	4.1	6.0	7.9	9.2	7.4
ROE(%)	17.5	31.8	38.0	24.7	30.6

주요 경쟁 기업 분석

종목명	시가총액 (백만 달러)	매출성장률 (3년, %)	순이익성장률 (3년, %)	PER (배)	PSR (배)	배당수익률 (%)
Lululemon Athletica	39,894.0	19.3	28.6	44.7	7.2	-
NIKE	221,416.4	3.0	-15.7	37.7	4.7	0.8
adidas	71,513.9	-1.9	-32.1	36.4	2.7	1.2

Peloton(PTON-US)
펠로톤

펠로톤은 2012년에 설립된 미국의 커넥티드 홈 피트니스 기업이다. 스피닝 자전거, 트레드밀 등 홈 피트니스 기구를 판매한 후 구독 기반의 피트니스 콘텐츠를 제공해 피트니스계의 '넷플릭스'로 불린다. 주력 제품은 실내자전거(하드웨어 내 85% 비중)와 트레드밀이고, 펠로톤 제품에 장착된 디스플레이를 통한 구독과 별도의 앱을 통한 디지털 구독 서비스를 병행하고 있다. 2020년 말 기준 구독자는 167만 명으로 전년 대비 134% 증가했다.

구조적 성장 스토리

✓ 홈 피트니스 트렌드를 선도

✓ 코로나19로 홈 트레이닝 시장 성장 및 침투 가속화

✓ 카테고리 및 지역 확장 잠재력

리스크 요인 코로나19 완화로 홈 피트니스 성장 둔화, 신규 사업자 진입에 따른 경쟁 심화, 단기 공급 차질 이슈 부각

글로벌 하우스 전망

■ **JP모간(매수, 목표 주가 $200):** 혁신적인 홈 피트니스 기업으로 시장 침투율이 아직 낮아 성장 여력 큼. 2020년 코로나19로 수요가 급증하며 공급 부족 현상 지속. 신제품인 바이크+도 예상보다 초기 수요가 좋음. 최근 피트니스 기구 생산 기업인 프레코 인수로 실내자전거 배송 기간을 단축하며 성장성 제고. 2023 회계연도까지 30% 이상의 매출 성장 지속 전망.

■ **골드만삭스(중립, 목표 주가 $180):** 웰니스 라이프를 지향하는 소비자들을 주요 타깃으로 신규 시장 창출. 운동 기구와 콘텐츠의 결합을 통해 종합 피트니스 플랫폼으로 성장 도모. 주요 고객 저변이 미국 부유층에서 중산층으로 확대 예상. 프레코 인수로 제품 포트폴리오 확보 기대.

투자 포인트

1. 홈 피트니스계의 '넷플릭스'

홈 피트니스계에 새로운 바람을 일으킨 선두 주자로 하드웨어부터 소프트웨어, 구독 서비스까지 수직계열화에 성공. 고품질 콘텐츠 제작 능력과 가성비, 사용자 연결성 강화로 고객 충성도를 높이고 있음. 사전 녹화 및 라이브 클래스 수강이 가능하며 트레이너와의 실시간 교류도 가능해 콘텐츠의 주요 경쟁력으로 부각.

2. 코로나19발 홈 피트니스 수요 확대

코로나19로 인해 피트니스 센터의 이용이 제한되며 홈 피트니스 수요가 급증, 시장 성장과 침투가 가속화되고 있음. 펠로톤이 자체 추정하는 시장 침투율은 7% 수준으로 아직 낮고 추가 서비스 확대 여력을 고려하면 향후 시장 성장 잠재력 높음.

3. 지역, 제품, 서비스 확대를 통한 생태계 확장 전략

2019년부터 유럽을 중심으로 해외로 진출하고 있고, 2020년 차세대 모델 바이크+와 저가형 트레드밀을 출시하며 제품 라인업 확대. 스피닝에서 트레드밀, 맨손 피트니스 운동까지 다양한 카테고리로 서비스를 확대하며 홈 피트니스 생태계를 적극적으로 확장하고 있음.

홈 피트니스 혁신을 선도하는 펠로톤

출처: Peloton

구독자 수의 가파른 성장

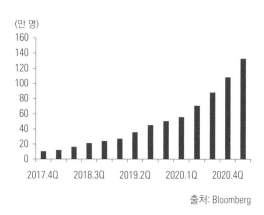

출처: Bloomberg

■ 팩트셋(Factset) 투자의견 컨센서스

매수 89%	매도 7%

중립 4%

■ 팩트셋 평균 목표 주가: $155.7(목표 주가 범위: 33.0~190.0)

■ 시장 컨센서스 대비 서프라이즈(상회) 비율: 60%(3/5)

■ 회사 가이던스 대비 서프라이즈(상회) 비율: 100%(4/4)

실적 및 밸류에이션 (6월 결산)

	2018	2019	2020	2021(E)	2022(E)
매출액(백만 달러)	435.1	915.0	1,825.9	4,108.4	5,551.6
영업이익(백만 달러)	-47.5	-202.2	-20.5	96.6	281.0
영업이익률(%)	-10.9	-22.1	-1.1	2.4	5.1
순이익(백만 달러)	-47.9	-245.7	-71.6	106.8	250.9
잉여현금흐름(백만 달러)	-	-191.7	220.0	425.3	309.9
성장성 지표					
매출액성장률(%)	99.0	110.3	99.6	125.0	35.1
영업이익성장률(%)	적자 지속	적자 지속	적자 지속	흑자 전환	190.9
순이익성장률(%)	적자 지속	적자 지속	적자 지속	흑자 전환	135.0
밸류에이션 지표					
PER(배)	-	-	-	355.1	151.5
PBR(배)	-	-	9.9	18.9	15.2
PSR(배)	-	-	7.0	8.0	5.9
ROE(%)	-44.5	-99.6	-6.9	5.3	10.0

주요 경쟁 기업 분석

종목명	시가총액 (백만 달러)	매출성장률 (3년, %)	순이익성장률 (3년, %)	PER (배)	PSR (배)	배당수익률 (%)
Peloton	32,851.7	102.9	-	183.1	6.4	-
Apple	2,031,863.2	6.2	5.9	26.6	6.0	0.7
Planet Fitness	6,926.9	-1.8	-	65.6	11.5	-

Boston Beer(SAM-US)
보스턴비어

THE BOSTON
BEER COMPANY

보스턴비어는 1984년 미국의 양조장으로 시작해 현재 60여 종의 맥주와 알코올 음료 등을 제조, 판매하는 종합 음료 기업이다. 주요 제품으로는 트룰리 하드셀처, 트위스티드티(하드 아이스티), 새뮤얼애덤스(맥주), 앵그리오차드(하드 사이다) 등이 있다. 최근 성장동력은 트룰리 하드셀처다. 하드셀처는 탄산수에 알코올을 섞고 향미를 첨가한 술이며, 알코올 도수는 약 5%로 맥주와 비슷하지만 칼로리가 낮고 풍미가 다양해 미국 밀레니얼 세대를 중심으로 큰 인기를 끌며 고성장하고 있다.

구조적 성장 스토리

✔ 떠오르는 맥주의 경쟁자, 하드셀처
✔ 신규 카테고리 시장 내 선두 주자로 진입장벽 구축
✔ 미국 시장 고성장, 글로벌 확장에 대비한 증설 및 상품·유통 채널 확대 전략

리스크 요인   하드셀처 시장의 성장 둔화, 다양한 신제품 출시에 따른 경쟁 심화

글로벌 하우스 전망

■ **골드만삭스(매수, 목표 주가 $1,375):** 하드셀처 시장의 2위에 오른 기업. 보스턴비어의 하드셀처 브랜드인 트룰리가 꾸준히 시장 기대치를 상회하며 매출을 견인, 새로운 주류 카테고리 확대 및 헬스·웰니스 소비자 트렌드 확산의 수혜로 하드셀처 시장은 2025년까지 220억 달러를 달성할 것으로 전망.

■ **씨티(매수, 목표 주가 $1,325):** 중장기적으로 하드셀처 시장에 신규 진입하는 기업이 증가하며 경쟁 심화가 예상되지만 트룰리의 견고한 브랜드 파워를 기반으로 강한 성장세 지속 전망. 신제품인 트룰리 레모네이드의 좋은 반응과 1위 경쟁 제품인 화이트클로의 물량 부족 이슈로 판매 호조. 유통 채널에서 하드셀처의 매대 비중 확대와 레스토랑 등으로의 판매 채널 확대로 성장 여력 큼.

투자 포인트

1. 떠오르는 맥주의 경쟁자, 하드셀처

하드셀처는 미국 밀레니얼 세대 사이에서 떠오르는 맥주 대용 알코올 음료로, 알코올 도수는 맥주와 비슷하지만 칼로리가 낮고 풍미가 다양해 가파르게 성장하고 있음. 2020년에도 100% 이상 성장해 점유율이 전체 맥주 시장의 9%까지 상승했으며 2025년에는 23%까지 확대될 것으로 전망됨.

2. 1위를 추격하는 2위의 브랜드 파워

보스턴비어의 하드셀처 제품인 트룰리는 1위 화이트클로(점유율 약 50%)에 이어 2위(23%). 새로 생겨나는 카테고리에서 선두 기업들의 브랜드 파워는 전자담배 시장의 '쥴'이 보여줬듯이 큰 진입장벽으로 작용. 단기 경쟁이 심화되는 환경이지만 시장 자체가 고성장하고 이 회사도 1위 제품의 점유율을 잠식하고 있어 당분간 견고한 시장 지위를 유지할 것으로 예상.

3. 미국 시장 고성장, 글로벌 확장에 대비한 공격적 설비 증설

고성장하는 하드셀처 시장에 대비해 2021년 생산 설비를 기존의 2배로 증설하고 다양한 신제품 출시 준비. 또한 2021년 소비자 직접 판매(DTC)에서 술집과 식당 같은 B2B 시장으로 유통망 확대 계획. 골드만삭스는 보스턴비어 매출에서 하드셀처 비중이 2020년 28%에서 2025년 66%까지 커질 것으로 전망. 아직 하드셀처 시장의 95%가 미국에 국한되어 있지만 향후 글로벌 트렌드가 될 가능성 주목.

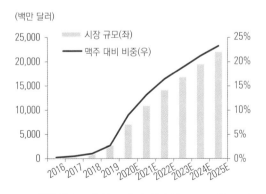

하드셀처 카테고리의 고성장

출처: Nielsen, Goldman Sachs Global Investment Research

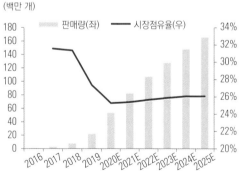

트룰리 매출의 고성장

출처: Nielsen, Goldman Sachs Global Investment Research

■ 팩트셋(Factset) 투자의견 컨센서스

매수 50%	중립 36%	매도 14%

■ 팩트셋 평균 목표 주가: $1,041.7(목표 주가 범위: 648.0~1,379.0)
■ 시장 컨센서스 대비 서프라이즈(상회) 비율(최근 3년): 58%(7/12)
■ 회사 가이던스 대비 서프라이즈(상회) 비율(최근 3년): -

**핵심
투자 지표**

실적 및 밸류에이션 (6월 결산)

	2018	2019	2020	2021(E)	2022(E)
매출액(백만 달러)	995.6	1,249.8	1,739.7	2,438.0	3,018.3
영업이익(백만 달러)	116.5	155.8	264.7	386.1	517.6
영업이익률(%)	11.7	12.5	15.2	15.8	17.1
순이익(백만 달러)	92.7	110.0	192.0	286.4	385.0
잉여현금흐름(백만 달러)	108.0	85.0	113.5	138.3	305.4
성장성 지표					
매출액성장률(%)	15.4	25.5	39.2	40.1	23.8
영업이익성장률(%)	-1.3	33.7	69.9	45.9	34.1
순이익성장률(%)	-6.4	18.8	74.4	49.2	34.4
밸류에이션 지표					
PER(배)	30.2	41.3	65.3	47.5	36.9
PBR(배)	6.0	6.2	12.9	11.3	8.8
PSR(배)	2.8	3.6	7.2	5.4	4.4
ROE(%)	21.0	18.4	22.7	23.9	23.9

주요 경쟁 기업 분석

종목명	시가총액 (백만 달러)	매출성장률 (3년, %)	순이익성장률 (3년, %)	PER (배)	PSR (배)	배당수익률 (%)
Boston Beer	13,230.5	26.3	24.7	44.9	5.2	-
Anheuser-Busch InBev	126,386.2	-6.0	-	20.3	2.5	1.5
Constellation Brands	44,511.9	4.4	-	21.9	5.3	1.4

Beyond Meat(BYND-US)
비욘드미트

비욘드미트는 식물성 대체육 식품을 제조 및 판매하는 식품 회사로, 2009년 동물 보호가 이선 브라운이 설립했다. 주요 제품은 '비욘드' 브랜드의 버거, 소시지, 치킨으로 2020년 기준 12만 개 넘는 유통 채널을 통해 세계 85개국의 레스토랑, 대형 마트, 식료품점에서 판매된다. 매출의 80% 이상이 미주 지역에서 발생하며 글로벌 웰빙 트렌드와 함께 해외 제조 시설을 설립, 인수하면서 제품 라인업을 확대하고 있다.

구조적 성장 스토리

✓ 밀레니얼 세대의 건강에 대한 관심 증가로 대체육 시장 구조적 성장

✓ 대체육 부문에서 확고한 브랜드와 기술우위 보유

✓ 카테고리 및 진출 국가 확대에 따른 높은 성장 잠재력 보유

리스크 요인	전통 식품 회사들의 대체육 출시로 경쟁 심화, 수익성 개선 지연, 성장 초기로 높은 실적 변동성
글로벌 하우스 전망	▪ **골드만삭스(매도, 목표 주가 $112):** 2021년 1월 미국 편의점 7,000여 개 점포에 제품 공급을 발표. 지속적인 신메뉴 개발과 생산 기업 인수를 통해 생산 원가 절감이 기대됨. 하지만 맥도날드의 자체 식물성 패티 개발 소식 발표로 고객사 불확실성이 확대되었고, 코로나19의 영향으로 메뉴 개발이 지연될 가능성이 있으며, 주원료인 콩단백질의 가격이 높은 수준을 유지하고 있다는 점에서 매도 의견을 유지. ▪ **JP모간(매도, 목표 주가 $94):** 2020년 3분기 실적이 컨센서스를 크게 하회하며 향후 실적의 불확실성이 확대됨. 맥도날드의 식물성 패티인 맥플랜트 개발에 비욘드미트의 역할이 미미한 점도 리스크로 작용. 판매 채널 확대, 신제품 출시 등 긍정적인 뉴스 흐름이 이어진다면 주가가 상승할 수 있지만 매출과 수익성 대비 프리미엄이 과도하다고 판단.

투자 포인트

1. 웰빙 트렌드로 대체육 시장 성장

밀레니얼 세대의 건강 관심 증대와 바이러스 대유행 등으로 채식과 대체육에 대한 웰빙 트렌드 형성. 글로벌 대체육 시장은 2018년 101억 달러에서 2026년 309억 달러로 고성장할 것으로 전망되어 산업의 선두 주자인 비욘드미트의 수혜 예상.

2. 확고한 브랜드와 기술력 기반 고성장세 지속

대체육 시장의 선도 기업으로 제품 경쟁력 우위를 기반으로 식물성 대체육 부문의 확고한 브랜드로 자리 잡음. 맥도날드, 스타벅스, 버거킹, 펩시 등과 같은 글로벌 프랜차이즈 및 식음료 기업과도 활발히 협업. 상장 후 불과 1년 5개월 만에 글로벌 유통 채널이 294% 증가했으며, 6개월 만에 미국 소비자 침투율이 40% 증가하는 등 고성장 초입 구간에 위치.

3. 해외 시장 진출과 제품 라인업 확대로 높은 성장 잠재력 보유

플래그십 제품은 비욘드버거로 매출의 64%를 차지. 비욘드비프, 브렉퍼스트 소시지, 프라이드치킨, 미트볼 등 신제품을 잇달아 출시했고 향후 비욘드 핫도그, 햄, 참치, 게살 등 다양한 카테고리로 제품 라인업 확장 계획. 2021년 중국 및 유럽 등 해외 시장 진출이 본격화될 것으로 예상되어 성장에 가속도가 붙을 전망.

글로벌 대체육 시장의 구조적 성장

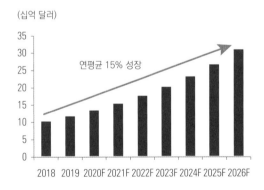

(십억 달러)

연평균 15% 성장

2018 2019 2020F 2021F 2022F 2023F 2024F 2025F 2026F

출처: Statista

IPO 이후 판매 채널과 브랜드 인지도 확대

	기업공개 시점	2020년 9월	성장률
총매출(전 세계)	~31,000	~122,000	294%
미국 소매	~17,000	~28,000	65%
미국 푸드 서비스	~12,500	~42,000	236%
국제 소매	~150	~33,000	21,900%
국제 푸드 서비스	~1,500	~19,000	1,167%

	기업공개 시점	2020년 7월	성장률
브랜드 인지도			
비보조 브랜드 인지도	6%	23%	283%
총 브랜드 인지도	23%	52%	126%

출처: Beyond Meat

■ 팩트셋(Factset) 투자의견 컨센서스

매수 11%	중립 53%	매도 37%

■ 팩트셋 평균 목표 주가: $114.7(목표 주가 범위: 57.0~170.0)

■ 시장 컨센서스 대비 서프라이즈(상회) 비율: 33%(2/6)

■ 회사 가이던스 대비 서프라이즈(상회) 비율: -

**핵심
투자 지표**

실적 및 밸류에이션

(12월 결산)

	2018	2019	2020	2021(E)	2022(E)
매출액(백만 달러)	87.9	297.9	406.8	573.1	838.5
영업이익(백만 달러)	-26.5	4.4	-31.5	-21.0	14.1
영업이익률(%)	-30.1	1.5	-7.7	-3.7	1.7
순이익(백만 달러)	-29.9	-12.4	-52.8	-23.3	9.4
잉여현금흐름(백만 달러)	-61.0	-73.0	-98.0	-76.5	-23.4
성장성 지표					
매출액성장률(%)	169.9	238.8	36.6	40.9	46.3
영업이익성장률(%)	적자 지속	흑자 전환	적자 전환	적자 지속	흑자 전환
순이익성장률(%)	적자 지속	적자 지속	적자 지속	적자 지속	흑자 전환
밸류에이션 지표					
PER(배)	-	-	-	-	621.3
PBR(배)	-	12.1	21.4	22.7	20.2
PSR(배)	-	10.7	19.1	15.6	10.7
ROE(%)	-46.0	-5.4	-14.0	-4.4	3.2

주요 경쟁 기업 분석

종목명	시가총액 (백만 달러)	매출성장률 (3년, %)	순이익성장률 (3년, %)	PER (배)	PSR (배)	배당수익률 (%)
Beyond Meat	8,965.9	132.0	-	-	14.4	-
Hormel Foods	26,164.8	1.6	2.4	27.2	2.6	2.1
Kellogg	20,639.2	2.1	-0.5	15.0	1.5	3.8

Thermo Fisher Scientific(TMO-US)
써모피셔사이언티픽

Thermo Fisher
SCIENTIFIC

써모피셔사이언티픽은 글로벌 생명과학 기업으로 헬스케어 및 생명과학 등의 분야에서 사용하는 다양한 분석·진단 장비와 소프트웨어, 실험실용 화학 제품과 시약, 소모품 등을 생산·판매한다. 제약·바이오 기업뿐 아니라 병원, 대학교, 정부 기관 산하 연구소 등 폭넓은 고객군을 보유하고 있다. 2010년 이후 70여 개 기업 인수를 통해 사업을 확장했고 200개 이상의 브랜드를 보유하고 있다. 2019년 기준 주요 사업부 매출 비중은 실험용 시약·서비스 40%, 생명과학 솔루션 26%, 분석용 기기 20%, 진단 14%로 구성된다.

구조적 성장 스토리
✓ 글로벌 상위 생명과학 기업으로 다변화된 고객과 높은 반복 발생 매출이 강점
✓ 코로나19 이후 헬스케어 분야의 전반적인 투자 증가에 따른 성장 모멘텀 보유
✓ 고성장하는 신흥국에서 성장동력 확보

리스크 요인 중저가 제품 카테고리 경쟁 심화, 인수·합병 시장 경쟁 심화에 따른 잠재 비용 증가, 코로나19 완화 이후 진단 매출 부진

글로벌 하우스 전망
- **골드만삭스(매수, 목표 주가 $600):** 2020년 4분기에 컨센서스를 상회하는 실적을 기록했고 2021년까지 성장세를 이어갈 것으로 전망. 제약·바이오 및 임상이라는 매력적인 타깃 시장과 높은 반복 발생 매출 비중 보유. 퀴아젠 인수가 무산되며 성장동력에 의문이 제기되기도 했으나, 탄탄한 재무 구조 기반 향후 인수·합병 지속 전망. 현재 집중하는 핵산은 코로나 백신 외의 부문에도 활용할 수 있도록 연구 진행 중. 이처럼 지속적인 투자는 장기적으로 생명과학 부문에서 입지를 더욱 강화.
- **모건스탠리(매수, 목표 주가 $575):** 제약·바이오 시장 점유율 확대 및 신흥국 내 입지 강화 등으로 동종 기업들에 비해 매우 높은 성과를 낼 수 있을 것으로 기대. 더불어 예정된 인수·합병 옵션 및 코로나19로 크게 흔들리지 않는 기업의 내구성이 강점.

투자 포인트

1. 폭넓고 안정적인 고객군을 보유한 글로벌 종합 생명과학 기업

제약·바이오 기업(42%), 클리닉·병원(23%), 일반 산업(16%), 학교·정부 기관(19%) 등 폭넓은 고객군을 보유하고 있음. 이 고객사들의 공통점은 안정적인 현금흐름을 바탕으로 꾸준히 연구·개발에 투자할 수 있다는 점. 또 이 회사의 기기를 한번 구입하면 그 기기에서 파생되는 소모품·소프트웨어를 반복적으로 구매하게 되는데, 현재 매출의 약 77%가 이러한 반복 매출로 장기 실적 안정성이 매우 높음.

2. 코로나19 이후 헬스케어 업계 전반적인 투자 강화 전망

코로나19 이후 임상 실험과 생명공학 관련 연구, 의료 시설에 대한 투자가 늘어날 것으로 예상. 코로나19 팬데믹 사태로 미국을 포함한 많은 국가가 현 의료 체제의 문제점을 인지하고 관련 투자를 확대할 것으로 전망. 써모피셔사이언티픽은 진단 및 치료제, 백신에 대한 투자 증가뿐만 아니라 민간-공공 파트너십 확대와 글로벌 헬스케어 시스템의 투자 증가 측면에서 장기 성장성 강화 전망.

3. 고성장하는 신흥국에서 성장동력 확보

중국은 정부 주도하에 제약·바이오 산업 발전을 위해 신약 개발과 헬스케어 관련 연구에 투자를 확대. 써모피셔사이언티픽의 중국향 매출은 과거 9년간 연평균 16% 수준으로 고성장 지속. 이커머스 플랫폼 확장과 글로벌 공급망 구축, 연구·개발과 생산 설비의 현지화 전략으로 중국 포함 신흥국의 매출 비중은 2010년 15%에서 2019년 21%까지 상승, 전사 성장성 제고에 기여하고 있음.

다변화된 고객군 보유로 안정적 성장 도모

클리닉·병원 23%
일반 산업 16%
학교·정부 기관 19%
제약·바이오 42%

출처: Thermo Fisher Scientific

코로나19 이후 현금흐름 강화 전망

(백만 달러)

2012	2013	2014	2015	2016	2017	2018	2019	2020E	2021E	2022E
1,737	1,728	2,192	2,394	2,712	3,498	3,785	4,047	6,052	7,414	7,905

출처: Bloomberg, Goldman Sachs Global Investment Research

■ 팩트셋(Factset) 투자의견 컨센서스

매수 78%	중립 22%

■ 팩트셋 평균 목표 주가: $532.4(목표 주가 범위: 475.0~580.0)

■ 시장 컨센서스 대비 서프라이즈(상회) 비율(최근 3년): 100%(12/12)

■ 회사 가이던스 대비 서프라이즈(상회) 비율(최근 3년): -

실적 및 밸류에이션 (12월 결산)

	2018	2019	2020	2021(E)	2022(E)
매출액(백만 달러)	24,358.0	25,542.0	32,218.0	35,420.3	34,410.5
영업이익(백만 달러)	3,872.0	4,259.0	7,926.0	10,516.9	9,437.4
영업이익률(%)	15.9	16.7	24.6	29.7	27.4
순이익(백만 달러)	2,938.0	3,696.0	6,375.0	8,731.9	7,964.3
잉여현금흐름(백만 달러)	3,830.0	4,083.0	6,823.0	6,907.5	6,595.8
성장성 지표					
매출액성장률(%)	16.4	4.9	26.1	9.9	-2.9
영업이익성장률(%)	18.5	10.0	86.1	32.7	−10.3
순이익성장률(%)	31.9	25.8	72.5	37.0	−8.8
밸류에이션 지표					
PER(배)	30.9	35.4	29.2	20.5	22.2
PBR(배)	3.3	4.4	5.4	4.5	4.3
PSR(배)	3.7	5.1	5.8	5.0	5.2
ROE(%)	11.1	12.9	19.9	22.2	19.1

주요 경쟁 기업 분석

종목명	시가총액 (백만 달러)	매출성장률 (3년, %)	순이익성장률 (3년, %)	PER (배)	PSR (배)	배당수익률 (%)
Thermo Fisher Scientific	177,400.0	15.5	42.0	20.8	5.0	0.2
Danaher	152,896.0	6.7	13.9	27.9	5.8	0.4
Siemens Healthineers	59,033.4	2.1	0.1	25.0	3.0	2.0

Intuitive Surgical(ISRG-US)
인튜이티브 서지컬

INTUÏTIVE

인튜이티브 서지컬은 1995년 설립된 글로벌 1위 수술용 로봇 생산 기업이다. 1999년 첫 수술 로봇인 '다빈치(da Vinci)' 출시, 2000년 미국 식품의약국(FDA)에서 최초의 복강경 수술 로봇으로 허가를 획득하며 최소 침습 수술 시대를 열었다. 세계 최초로 수술 로봇을 상용화했고 현재 수술 로봇 시장의 약 80%를 점유하는 것으로 추정된다. 매출 구성은 다빈치 시스템 27%, 부품 및 액세서리 56%, 서비스 17%다. 누적 설치된 수술 로봇을 기반으로 발생하는 소모품과 서비스 등 반복 매출 비중이 꾸준히 증가해 2020년 기준 전체 매출의 77%를 차지하고 있다.

구조적 성장 스토리

✓ 복강경 수술 로봇 압도적 1위로 수술 관련 소모품 매출 비중 확대

✓ 로봇 수술의 적용 분야 확장

✓ 수술 로봇 도입 초기 단계인 해외 시장으로의 확장 잠재력

리스크 요인 경쟁사들의 수술 로봇 출시, 가격 경쟁, 코로나19 이후 감소한 수술 건수 회복 지연

글로벌 하우스 전망

- **JP모간(매수, 목표 주가 $840):** 새로운 의료 기술로 맞는 신규 성장 기회, 급증하는 미국 외 지역의 성장 기회, 신제품 주기(X, SP, ION 등이 주도) 등의 요소를 고려했을 때 향후 중장기적 성장 매력 보유.

- **모건스탠리(중립, 목표 주가 $780):** 장기적으로 로봇공학 수술 산업의 펀더멘털은 매우 견고하며 인튜이티브 서지컬의 경쟁우위 또한 안정적인 상황. 코로나19 완화 이후 회복세를 보이며 기업 이익이 앞으로도 지속 성장 가능할 것으로 전망. 이 기업의 SP 시스템은 자연 개구부 수술 및 단일 절개 수술 시장을 개척했고, ION 시스템은 폐 생검 및 치료에 포커스를 맞춘 시장을 개척하는 등 사업 파이프라인이 시장을 확대하는 역할 수행.

투자 포인트   1. 글로벌 수술 로봇 설치 확대와 수술 증가에 따른 견조한 반복 매출 성장

설립 이후 2020 회계연도 기준 누적 5,989대의 수술 로봇이 설치. 수술 로봇은 고가
(15~30억 원)의 장비로 한번 설치되면 고객 묶어두기 효과가 큼. 로봇 수술 환자 수도
견조한 증가세를 보이며 관련 소모품 및 서비스 등 반복 매출이 지속 성장. 최근 리
스 형태의 제품 출하 비중도 고성장하며 전사 실적의 안정성이 더 높아짐.

2. 로봇 수술의 적용 분야 확장

2010년 미국 로봇 수술의 90% 이상이 산부인과와 비뇨기과에 국한되어 있었으나
2020년 일반 외과 비중이 50%까지 증가. 복강경 수술 외에도 뇌, 척추, 관절, 혈관
카테터, 폐 생검 등 다양한 수술 분야에서 연구·개발을 진행하고 있어서 향후 로봇
수술의 적용 분야 확장과 관련 수술 환자 수의 성장 여력이 매우 큼.

3. 중국 등 해외 지역으로의 확장

고가의 수술 로봇은 미국뿐만 아니라 세계적으로 도입률이 낮음. 세계 외과 수술 시
장에서 로봇 수술 비중은 아직 2% 수준에 불과. 인튜이티브 서지컬은 중국에서 로컬
제약사인 복성제약과 합작 법인 설립. 2018년 10월 중국 재무부가 2020년까지 수술
로봇 154대 추가 수입 계획을 발표하는 등, 향후 중국 내 수술 로봇 시장 개화가 빨라
질 것으로 기대. 2012년 이후 해외 시스템 출고 비중은 23%에서 35%로 증가. 유럽·
아시아를 중심으로 꾸준한 비중 확대 추세.

수술 로봇 다빈치 누적 설치 추이   반복 매출(유지 보수, 소모품) 비중 확대

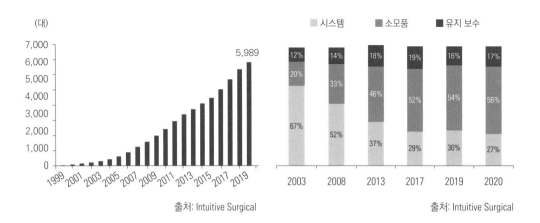

출처: Intuitive Surgical   출처: Intuitive Surgical

■ 팩트셋(Factset) 투자의견 컨센서스

매수 45%	중립 40%	매도 15%

■ 팩트셋 평균 목표 주가: $784.9(목표 주가 범위: 410.0~879.0)
■ 시장 컨센서스 대비 서프라이즈(상회) 비율(최근 3년): 83%(10/12)
■ 회사 가이던스 대비 서프라이즈(상회) 비율(최근 3년): 100%(1/1)

실적 및 밸류에이션
(12월 결산)

	2018	2019	2020	2021(E)	2022(E)
매출액(백만 달러)	3,724.2	4,478.5	4,358.4	4,953.0	5,776.9
영업이익(백만 달러)	1,244.6	1,375.0	1,048.6	1,773.7	2,188.8
영업이익률(%)	33.4	30.7	24.1	35.8	37.9
순이익(백만 달러)	1,127.9	1,379.3	1,060.6	1,514.0	1,855.5
잉여현금흐름(백만 달러)	1,186.0	1,172.6	1,023.0	1,390.1	1,577.7
성장성 지표					
매출액성장률(%)	18.7	20.3	-2.7	13.6	16.6
영업이익성장률(%)	14.4	10.5	-23.7	69.1	23.4
순이익성장률(%)	68.1	22.3	-23.1	42.7	22.6
밸류에이션 지표					
PER(배)	50.4	51.2	92.8	59.1	48.0
PBR(배)	8.2	8.3	9.9	9.0	8.1
PSR(배)	15.3	15.8	22.6	17.5	15.0
ROE(%)	19.7	18.5	11.8	15.2	16.8

주요 경쟁 기업 분석

종목명	시가총액 (백만 달러)	매출성장률 (3년, %)	순이익성장률 (3년, %)	PER (배)	PSR (배)	배당수익률 (%)
Intuitive Surgical	86,888.4	11.6	17.1	56.6	17.0	-
Johnson & Johnson	420,180.0	2.6	124.5	16.5	4.5	2.7
Medtronic	160,164.5	-0.9	5.9	21.3	5.0	2.0

Dexcom(DXCM-US)
덱스컴

덱스컴은 연속혈당측정시스템(CGM) 전문 업체로 미국 시장의 70% 이상을 점유하고 있다. CGM은 패치 형태로 피부에 부착하면 센서를 피하지방에 삽입해 연속적인 혈당 정보를 제공하는 장비다. 기존 자가혈당측정방식(SMBG)과 다르게 채혈이 필요 없고 5분 단위로 혈당 측정이 가능해 편리하다. 또한 안정적인 혈당 관리로 잠재적 질병의 위험을 감소시킬 수 있다. 덱스컴은 CGM 분야에서 경쟁력 높은 선도 기업으로 지난 10년간 연평균 매출 성장률이 44%에 달한다.

구조적 성장 스토리

✓ 매력적인 CGM 시장의 성장 잠재력

✓ 높은 제품 경쟁력 보유

✓ 차세대 모델 G7 출시로 타깃 유효시장 확대

리스크 요인　　주요 경쟁사와의 경쟁 심화, 신제품 개발 및 출시 지연

글로벌 하우스 전망

- **JP모간(매수, 목표 주가 $450):** 코로나19 전파에도 불구하고 신규 고객 증가 추세가 유지되며 매출 성장 지속. G6 제품의 성공적 출시와 함께 약국 등 판매처 확대를 통해 사업 성장 지속 전망. 2형 당뇨 환자를 위한 차세대 제품 G7의 출시가 예정되어 있으며, 향후 미국 시장 이외에도 당뇨병 환자가 다수 존재하는 아시아 및 중동 시장 개척이 본격화될 것으로 전망.

- **모건스탠리(중립, 목표 주가 $410):** 전체 CGM 시장 규모가 확대되고 있어 지속적인 성장이 가능한 기업. 장기적으로 인슐린 치료 및 지속적인 혈당 체크가 필요한 당뇨병 환자 중 CGM을 사용하는 환자 비중이 60%까지 증가할 것으로 전망. 다만 경쟁사 애보트가 리브레에 대해 공격적인 가격 정책을 펼쳐 시장 내 경쟁이 심화될 것으로 전망.

투자 포인트

1. CGM 시장의 성장 잠재력이 매력적

당뇨병은 고령화가 야기한 대표적인 만성질환. 국제당뇨기구(IDH)는 글로벌 당뇨 환자가 2019년 4억 6,000만 명에서 2045년 7억 명으로 증가 전망. CGM 시장은 주력 시장 침투율이 10% 수준으로 성장 초기 국면. 기술 발전과 유용성 입증을 통해 기존 시장을 빠르게 대체할 것으로 전망. 중장기 인공 췌장 영역 확대 가능성 고려 시 성장 잠재력이 상당히 큼.

2. 경쟁사 대비 높은 경쟁력

세계 CGM 시장은 덱스컴, 애보트, 메드트로닉의 3사가 90% 이상 과점하고 있는데 덱스컴 제품의 정확성이 가장 뛰어나고 고객 만족도가 높음. 기술력 입증이 필요한 공보험 급여 혜택과 유통 채널 확대 등으로 미국에서 압도적 점유율 달성. 파트너십을 통한 인공 췌장 분야 진출 준비로 차세대 혁신 의료기기 시장 선점 가능성 높음.

3. 차세대 제품(G7) 출시로 2형 당뇨 시장 침투 확대

CGM은 1형 당뇨(인슐린이 전혀 분비되지 않음) 시장 침투율(42%) 대비 2형 당뇨(인슐린 비의존성) 시장 침투율(26%)이 여전히 낮은 수준. 당뇨 시장 내 2형 당뇨 환자 비중은 92%로 훨씬 큼. 2021년 차세대 모델 G7 출시로 2형 당뇨 시장에 적극적으로 진입할 계획.

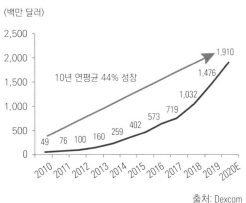

미국 당뇨 시장의 높은 성장 잠재력

(달러)

당뇨 환자 1인당 연간 헬스케어 지출액

2007	2012	2017	2030E
11,729	13,735	16,778	27,000

출처: Dexcom

가팔라지는 성장의 기울기

(백만 달러)

10년 연평균 44% 성장

49 76 100 160 259 402 573 719 1,032 1,476 1,910

2010 2011 2012 2013 2014 2015 2016 2017 2018 2019 2020E

출처: Dexcom

■ 팩트셋(Factset) 투자의견 컨센서스

매수 81%	중립 10%	매도 10%

■ 팩트셋 평균 목표 주가: $462.2(목표 주가 범위: 350.0~540.0)
■ 시장 컨센서스 대비 서프라이즈(상회) 비율(최근 3년): 100%(11/11)
■ 회사 가이던스 대비 서프라이즈(상회) 비율(최근 3년): 100%(2/2)

**핵심
투자 지표**

실적 및 밸류에이션 (12월 결산)

	2018	2019	2020	2021(E)	2022(E)
매출액(백만 달러)	1,031.6	1,476.0	1,926.7	2,318.6	2,795.5
영업이익(백만 달러)	-180.9	142.3	299.5	314.7	443.6
영업이익률(%)	-17.5	9.6	15.5	13.6	15.9
순이익(백만 달러)	-127.1	101.1	493.6	223.5	329.7
잉여현금흐름(백만 달러)	56.1	67.4	277.0	150.8	362.3
성장성 지표					
매출액성장률(%)	43.6	43.1	30.5	20.3	20.6
영업이익성장률(%)	적자 지속	흑자 전환	110.5	5.1	41.0
순이익성장률(%)	적자 지속	흑자 전환	388.2	−54.7	47.5
밸류에이션 지표					
PER(배)	-	199.7	73.0	154.5	105.9
PBR(배)	16.3	22.7	19.5	16.6	14.4
PSR(배)	10.2	13.7	18.7	14.8	12.3
ROE(%)	-23.5	13.1	36.4	10.7	13.6

주요 경쟁 기업 분석

종목명	시가총액 (백만 달러)	매출성장률 (3년, %)	순이익성장률 (3년, %)	PER (배)	PSR (배)	배당수익률 (%)
DexCom	34,405.5	38.9	-	141.9	14.3	-
Abbott Laboratories	206,755.2	8.1	134.7	22.7	4.9	1.4
Medtronic	160,164.5	-0.9	5.9	21.3	5.0	2.0

Healthpeak Properties(PEAK-US)
헬스피크프로퍼티스

미국 대형 헬스케어 리츠 기업으로 미국 전역에서 618개 헬스케어 시설을 운용하고 있다. 사업 부문은 바이오 오피스 클러스터 임대 사업인 라이프 사이언스(매출 비중 36%), 외래 진료와 클리닉 중심의 메디컬 오피스(30%), 노인 주거 시설인 시니어 하우징(29%)으로 이루어져 있다. 라이프 사이언스의 주요 임차인은 의료기기 제조사, 제약회사, 대학교, 과학 연구 기관이며, 메디컬 오피스는 외래 병원, 약국, 진단센터와 재활 클리닉 등으로 구성된다.

구조적 성장 스토리
- ✓ 인구 고령화에 따른 헬스케어 리츠 수요의 구조적 성장
- ✓ 연구실과 메디컬 오피스의 비중이 높아 안정적인 실적 추구 가능
- ✓ 경쟁 강도 높은 시니어 하우징 사업 매각으로 수익성 개선 전략 보유

리스크 요인 시니어 하우징 경쟁 심화, 코로나19 장기화로 실적 회복 지연, 배당 변동성

글로벌 하우스 전망
- ■ **JP모간(매수, 목표 주가 $32):** 자본 배분 파이프라인을 통해 투자자들에게 평균 이상의 수익률을 제공해 경쟁력 강화. 다만 코로나19 영향으로 시니어 하우징 부문의 실적 부진 가능성 상존. 그러나 시니어 하우징 사업을 영위하고 있는 톱 3 리츠 가운데 이 기업의 시니어 하우징 비중이 가장 낮다는 점이 강점.
- ■ **모건스탠리(중립, 목표 주가 $29):** 코로나19로 인한 타격은 다른 리츠 대비 상대적으로 미미. 향후 시니어 하우징 관련 포트폴리오를 매각하고 라이프 사이언스와 메디컬 오피스 자산 비중을 늘릴 계획. 라이프 사이언스와 메디컬 오피스 자산은 수요가 꾸준히 성장하지만, 포트폴리오 교체 과정에서 수익성 타격 예상. 현재 배당성향은 100%를 상회하고 있어 잠재 배당 리스크 존재.

투자 포인트

1. 라이프 사이언스 부문의 실적 안정성

라이프 사이언스는 의료기기 제조사, 제약회사, 과학 연구 기관 등에 오피스와 연구실을 임대하는 사업부로 샌프란시스코, 샌디에이고, 캘리포니아, 보스턴 등 미국의 주요 바이오 클러스터에 대부분(97%) 위치. 클러스터의 비즈니스 시너지 효과 등으로 관련 오피스 임대 수요는 견조하며 안정적. 코로나19 기간에도 해당 부문은 안정적 실적 성장 시현.

2. 코로나19 완화 이후 외래 진료 회복에 따른 메디컬 오피스 실적 개선

메디컬 오피스는 주로 외래 병원 및 약국, 진단센터, 재활 클리닉에 임대해주는 사업부. 코로나19로 인한 병원 방문 횟수 감소로 병원 실적이 부진했지만 다중 임차인 구조로 부도 리스크가 낮고 임대 만기도 장기 계약(2025년 이후 만기 비중 50%)이 많아 안정적인 임대료 수취 가능. 장기적으로 인구 고령화에 따른 구조적 성장 전망.

3. 시니어 하우징 구조조정으로 수익성 개선

현재 시니어 하우징이 전체 포트폴리오에서 차지하는 비중은 29%로 경쟁 기업보다 낮은 편. 시니어 하우징은 코로나19로 타격을 크게 받았고 공급 과잉으로 인해 임대료 상승도 부진. 일부 시니어 하우징 자산을 매각함으로써 리스크를 낮추고 전사 수익성을 개선하는 전략 보유.

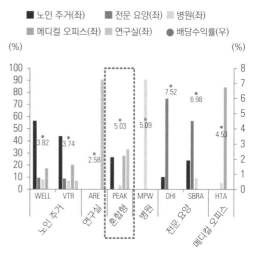

인구 고령화에 따른 헬스케어 지출액 증가

(천 달러)

■ 1인당 연간 헬스케어 지출액

	평균	0~18세	19~34세	35~44세	45~54세	55~64세	65세~
	5.0	2.1	2.6	3.9	5.1	7.8	11.3

출처: Kaiser Family Foundation

주요 헬스케어 리츠의 보유 자산 비중 및 배당수익률

■ 노인 주거(좌) ■ 전문 요양(좌) ■ 병원(좌)
■ 메디컬 오피스(좌) ■ 연구실(좌) ● 배당수익률(우)

출처: Bloomberg

■ 팩트셋(Factset) 투자의견 컨센서스

매수 48%	중립 48%	

매도 5%

■ 팩트셋 평균 목표 주가: $31.5(목표 주가 범위: 25.0~36.0)

■ 시장 컨센서스 대비 서프라이즈(상회) 비율(최근 3년): 58%(7/12)

■ 회사 가이던스 대비 서프라이즈(상회) 비율(최근 3년): -

실적 및 밸류에이션

(12월 결산)

	2018	2019	2020	2021(E)	2022(E)
매출액(백만 달러)	1,846.7	1,240.3	1,551.2	2,240.0	2,330.8
영업이익(백만 달러)	229.1	466.0	366.8	330.7	370.3
영업이익률(%)	12.4	37.6	23.6	14.8	15.9
순이익(백만 달러)	1,083.2	159.4	143.7	162.2	221.9
FFO(백만 달러)	780.2	780.3	693.4	788.2	915.6
성장성 지표					
매출액성장률(%)	-0.1	-32.8	25.1	44.4	4.1
FFO성장률(%)	18.0	0.0	-11.1	13.7	16.2
배당 지표					
주당 배당금(달러)	1.48	1.48	1.48	1.30	1.31
배당성장률(%)	0.0	0.0	0.0	-12.1	0.6
배당수익률(%)	5.3	4.3	4.9	4.1	4.1
FFO 배당성향(%)	89.2	93.1	113.8	88.0	76.2
밸류에이션 지표					
P/FFO(배)	16.8	21.7	23.3	21.5	18.5

주요 경쟁 기업 분석

종목명	시가총액 (백만 달러)	매출성장률 (3년, %)	FFO성장률 (3년, %)	P/FFO	배당수익률 (%)
Healthpeak Properties	17,108.7	-5.7	1.6	21.5	4.1
Welltower	30,936.4	-7.2	-1.8	24.0	3.3
Ventas	21,786.4	2.0	-5.7	19.9	3.2

Airbnb(ABNB-US)
에어비앤비

에어비앤비는 2007년 설립된 세계 최대 숙박 공유 플랫폼으로 2020년 현재 전 세계에 560만 개의 숙박 네트워크를 보유하고 있다. 비즈니스 모델은 여유 공간인 방, 집, 별장 등을 빌려주어 수익을 창출하려는 호스트와, 저렴한 숙박료로 현지의 문화와 생활을 체험하려는 게스트를 플랫폼을 통해 연결해주고 중개 수수료를 받는 것이다. 누적 사용자가 8억 2,500만 명에 달한다. 상장 첫날 공모가 68달러에서 112% 급등한 146달러로 거래를 시작해 기업 가치가 주요 호텔 체인인 메리어트, 힐튼, 인터컨티넨탈의 시가총액 합계를 넘어섰다.

구조적 성장 스토리

✔ 독보적 1위 숙박 공유 플랫폼의 브랜드 경쟁력

✔ 혁신 비즈니스 모델을 기반으로 경제적 해자 구축

✔ 밀레니얼·Z 세대의 공유 문화 선호와 여행의 가치

리스크 요인　　공유 플랫폼 관련 규제, 경쟁 심화, 여행 수요 회복 지연

글로벌 하우스
전망

- **골드만삭스(중립, 목표 주가 $195):** 코로나19 영향으로 단기 실적 부진이 예상되지만 온라인 여행 시장 내 점유율 상승, 트래픽의 90%가 에어비앤비 사이트로 직접 들어올 만큼 높은 브랜드 인지도, 코로나19 전파 이후 공격적인 비용 감축으로 인한 수익성 개선으로 중장기 성장 지속 전망.

- **모건스탠리(중립, 목표 주가 $160):** 에어비앤비의 2019년 총예약 금액은 글로벌 숙박 산업 시장의 5%에 불과해 성장 여력 큼. 이 기업은 민간 임대 주택 시장을 개척한 브랜드 리더십 보유. 향후에도 전통 숙박 산업과 민간 임대 주택 시장의 경계가 모호해지며 성장 지속 전망.

투자 포인트

1. 독보적 1위 숙박 공유 플랫폼의 브랜드 경쟁력

코로나19로 인한 여행 수요 급감으로 실적이 악화되었으나 경쟁사(부킹홀딩스,익스피디아) 대비 빠른 회복력 시현. 이는 독보적인 브랜드 파워, 신뢰성 높고 차별화된 글로벌 네트워크(내수, 단거리, 교외 지역 및 장기 투숙 여행 강점), 편의성 등에 기인. 코로나19 완화 이후 여행 산업 수요 회복 시 탄력적인 성장 궤도 복귀 전망.

2. 공유경제의 선도 기업으로 혁신 비즈니스 모델에 기반한 경제적 해자 구축

숙박 공유 플랫폼을 도입한 혁신 기업. 현재까지 글로벌 시장에서 위협이 되는 숙박 공유 비즈니스 플랫폼은 없음. 숙박 공유의 특성상 호스트와 게스트 양쪽의 이해를 균형 있게 관리하는 능력과 플랫폼에 대한 신뢰가 높은 진입장벽으로 구축되고 있으며, 누적 사용자 증가는 이러한 경제적 해자를 강화하는 선순환 구조를 형성.

3. 비대면 문화의 확산에도 여행 고유의 가치는 불변

코로나19로 여행 산업의 구조조정 본격화. 에어비앤비는 고정 자산 투자가 크게 필요 없는 공유 플랫폼으로 코로나19 위기에도 탄탄한 비즈니스 모델 검증. 여행이라는 대체하기 어려운 여가 활동의 특성을 고려할 때 비대면 문화의 확산에도 산업의 견조한 회복세 예상. 글로벌 소비를 주도하는 밀레니얼·Z 세대가 공유경제를 선호하는 점도 이 기업의 장기 성장에 긍정적.

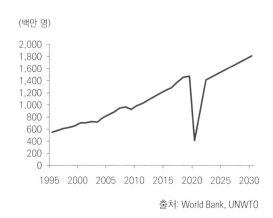

견조한 글로벌 여행객 추이

(백만 명)

출처: World Bank, UNWTO

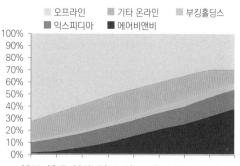

민간 임대 주택 시장 내 온라인,
에어비앤비의 침투 가속화

출처: Euromonitor

■ 팩트셋(Factset) 투자의견 컨센서스

매수 34%	중립 56%	매도 9%

■ 팩트셋 평균 목표 주가: $158.0(목표 주가 범위: 103.0~200.0)

■ 시장 컨센서스 대비 서프라이즈(상회) 비율: -

■ 회사 가이던스 대비 서프라이즈(상회) 비율: -

실적 및 밸류에이션
(12월 결산)

	2018	2019	2020	2021(E)	2022(E)
매출액(백만 달러)	3,652.0	4,805.2	3,378.2	4,728.5	6,420.1
영업이익(백만 달러)	18.7	-497.6	-3,438.8	-804.8	-137.0
영업이익률(%)	0.5	-10.4	-101.8	-17.0	-2.1
순이익(백만 달러)	-16.9	-674.3	-4,584.7	-980.2	-353.0
잉여현금흐름(백만 달러)	-	-	-667.1	-319.1	784.6
성장성 지표					
매출액성장률(%)	42.6	31.6	-29.7	40.0	35.8
영업이익성장률(%)	흑자 전환	적자 전환	적자 지속	적자 지속	적자 지속
순이익성장률(%)	적자 지속	적자 지속	적자 지속	적자 지속	적자 지속
밸류에이션 지표					
PER(배)	-	-	-	-	-
PBR(배)	-	-	30.3	41.5	38.2
PSR(배)	-	-	26.0	26.6	19.6
ROE(%)	-	-	-437.9	-27.3	-6.0

주요 경쟁 기업 분석

종목명	시가총액 (백만 달러)	매출성장률 (3년, %)	순이익성장률 (3년, %)	PER (배)	PSR (배)	배당수익률 (%)
Airbnb	125,787.8	9.7	-	-	24.9	-
Booking Holdings	98,350.9	-18.8	-70.7	50.0	9.5	-
Expedia	25,117.2	-19.8	-	156.0	3.1	0.3

5장

테마 2.
배당 성장주

배당은 자본이득과 더불어 매우 중요한 수익원 중 하나다. 인덱스 펀드의 창시자인 존 보글은 저서《모든 주식을 소유하라》에서 1900년대 이후 주식시장의 수익에 영향을 미치는 주요 요인을 배당과 이익(투자수익), 밸류에이션(투기수익)으로 나누어 설명했는데, 배당수익이 평균적으로 주가 상승의 약 46%에 기여한 것으로 나타났다.

그림 5-1. 미국 10년 단위별 주식 수익(1900~2016년)

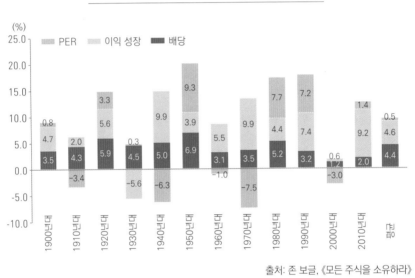

출처: 존 보글,《모든 주식을 소유하라》

저성장 시대에는 안정적인 '인컴' 자산인 배당주의 매력이 더욱 부각된다. 다른 인컴 자산인 채권의 투자 매력이 감소하는 상황에서는 특히 배당주 투자에 주목할 필요가 있다.

오늘날 채권 금리와 주식시장의 배당수익률 차이는 한때 역사상 최고치를 경신했다. 채권왕 빌 그로스도 2020년 9월 〈블룸버그〉 인터뷰에서, 채권 금리가 너무 낮아져서 안정적인 배당주의 투자 매력이 높아졌다고 말하기도 했다.

배당 재투자 효과도 무시할 수 없는 매력이다. 이는 수취한 배당금을 지속적으로 재투자함으로써 투자수익을 최대화하는 방법이다. 이러한 배당 재투자 효과는

그림 5-2. 미국 S&P500 배당수익률과 국채 10년물 금리 스프레드(2006~2020년)

투자가 장기화될수록 큰 효과를 발휘한다.

배당 성장주는 고배당주보다 높은 장기 성과 보유

1부에서 고배당주보다 배당 성장주에 더 주목할 필요가 있다고 주장했다. 더 상세하게 설명하겠다.

고배당주는 이익 변동성과 배당금 축소 리스크가 상대적으로 큰 경향이 있다. 2020년 코로나19 충격에 따른 미국의 배당 축소 사례를 보면 경기에 민감한 전통적인 고배당주가 많았다. 고배당주 카테고리에 포함된 기업은 성장기를 지나 성숙기에 접어든 산업에 속한 경우가 많고, 성장이 둔화되는 대신 안정적인 현금흐름을 기반으로 높은 배당금을 꾸준히 지급하는 경우가 많다. 그러나 이번 코로나19 사태처럼 단기 경기 충격에 직면하면 배당 지급의 지속 가능성이 낮아지고, 외부의 충격이 아니더라도 성장이 멈추고 이익이 감소하면 배당액이 축소될 위험이 상존한다. 물론 고배당주 중에도 성장의 매력은 낮아도 이익과 배당 지급이 안정적인, 퀄리티 높은 종목도 존재한다.

반면 배당 성장주는 보통 산업의 성장기에 해당하는 기업, 또는 경쟁우위나 혁신을 통해 구조적 성장동력을 보유한 기업이다. 미국에는 짧게는 5년에서 길게는 50년 이상 연속으로 매년 배당을 인상한 퀄리티 높은 배당 성장주가 상당하다. 퀄리티 높은 배당 성장주란 재무 건전성을 확보하고 있고 안정적인 사업 포트폴리오와 현금 창출 능력을 기반으로 꾸준히 배당을 늘려온 기업을 가리킨다. 장기간 배당 지급의 신뢰성이 높다는 것은 해당 기업의 이익 창출 능력이 우수하고 안정적이라고 해석할 수 있다.

버크셔 해서웨이의 투자 포트폴리오에서 세 번째로 큰 비중을 차지하는 코카콜라는 2020년까지 59년 연속 배당을 증가시켜온 배당킹 기업이다(배당킹은 50년 이상 배당을 증가시켜온 기업으로 존슨앤드존슨, P&G, 3M 등이 있다). 장기 성과 역시 좋았다. 미국의 대표적인 배당 성장 지표인 배당귀족지수는 미국의 대표 지수인 S&P500의 성과를 꾸준히 상회하고 있다. 배당귀족지수는 25년 이상 배당을 증가시켜온 기업들로 구성된다.

배당 성장주에 투자하면 좋은 이유는 지속적으로 증가하는 배당 수익과 함께, 이익 성장에 기반한 기업 가치 상승으로 주가 상승에 따른 자본이득도 추구할 수 있다는 데 있다. 크레디트스위스 홀트의 2020년 분석에 따르면, 지난 25년간 퀄리티 높은 배당 성장주에 투자했을 경우 고배당주에 투자했을 때보다 약 50%의 초과수익을 얻을 수 있었다.

코로나19로 인한 주가 급락과 이후의 회복기에도 배당 성장주의 성과는 두드러졌다. 2020년 고배당주 비중이 높은 VYM ETF(Vanguard High Dividend Yield Index ETF)는 1년 누적 수익률 -2.3%를 기록한 반면, 배당 성장주에 주로 투자하는 VIG ETF(Vanguard Dividend Appreciation ETF)의 수익률은 +13.2%였다. 배당 성장주는 고배당주에 비해 주가가 오를 때 더 많이 오르고 빠질 때 덜 빠지는 안정적인 성향을 보여준다.

표 5-1. 배당킹과 배당귀족 상위 10종목의 배당수익률

배당킹 상위 10종목				배당귀족 상위 10종목			
종목명	시가총액 (십억 달러)	배당수익률 (%)	2020년 연간 수익률(%)	종목명	시가총액 (십억 달러)	배당수익률 (%)	2020년 연간 수익률(%)
존슨앤드존슨	414.3	2.6	7.9	존슨앤드존슨	414.3	2.6	7.9
P&G	342.6	2.5	11.4	월마트	408.1	1.9	21.3
코카콜라	235.6	3.0	-0.9	P&G	342.6	2.5	11.4
로우스	120.7	1.8	34.0	코카콜라	235.6	3.0	-0.9
3M	100.8	3.4	-0.9	펩시코	205.1	2.7	8.5
알트리아그룹	76.2	8.3	-17.9	AT&T	204.9	7.2	-26.4
콜게이트팜올리브	73.3	2.0	24.2	애보트	194.1	1.4	26.1
에머슨일렉트릭	48.1	3.1	5.4	애브비	189.2	4.5	21.0
시스코	37.8	3.3	-13.2	엑슨모빌	174.3	8.4	-40.9
파커-하니핀	35.1	1.9	32.4	셰브론	157.7	6.1	-29.9

출처: Suredividend, Factset, 2020년 12월 31일 기준

그림 5-3. 배당킹과 배당귀족 상위 10종목의 주가 추이(2010~2020년)

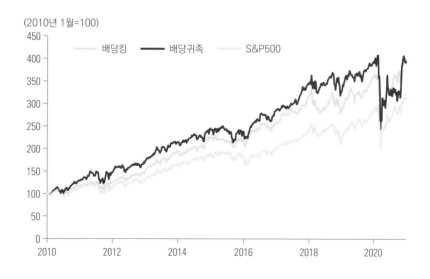

기업의 성장 사이클에 따른 배당주의 사이클을 보면, 본격적인 성장에 따라 현금이 쌓여가는 구간에서 배당을 지급하고 증가시키기 시작한다. 배당 성장주도 기본적으로는 구조적인 이익의 성장 가시성이 중요하다. 한편 성장성이 둔화되고 현금의 누적 속도가 둔화되는 가운데 밸류에이션이 하락하면서 과거의 배당 성장주

그림 5-4. 배당 성장주(VIG) vs 고배당주(VYM) 성과 비교(2019/12~2020/12)

그림 5-5. 기업의 라이프 사이클에 따른 현금흐름투자수익률(CFROI)과 주요 현금 배분처

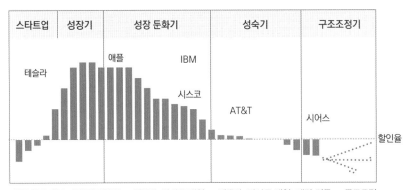

출처: CS Holt

가 고배당주로 변화하는 경우가 많다.

미국의 대표적인 배당 지수들 중 배당 성장의 기간이 짧은 배당 블루칩 기업에 주목하는 것도 좋은 방법이다. 5년 이상 배당을 지급한 기업을 의미하는 배당 블루칩은 전체 시장뿐만 아니라, 장기간 배당 성장을 기록한 배당귀족지수와 고배당

그림 5-6. 이익과 배당이 구조적으로 성장하는 배당 성장주 vs 횡보하는 고배당주

지수보다 압도적으로 높은 수익률을 달성해왔다. 배당 블루칩에는 비즈니스 사이클상 안정적인 이익의 성장기에 들어선 기업이 많다. 이런 성장의 프리미엄으로 투자자는 배당 수익과 기업 가치 상승에 따른 자본이득을 동시에 향유할 수 있다.

그림 5-7. 배당 지수별 포트폴리오 성과(1993~2020년)

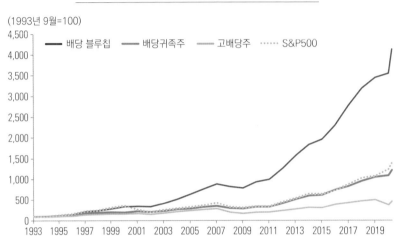

표 5-2. 주요 배당 블루칩 기업 리스트

티커	종목명	업종	시가총액(십억 달러)	연속 배당 증가 연수
LRCX	Lam Research	IT	69.3	6
SWKS	Skyworks Solution	IT	27.9	6
NTAP	Netapp	IT	14.8	6
CDW	CDW	IT	18.8	6
AAPL	Apple	IT	2215.4	8
INTU	Intuit	IT	99.0	8
DPZ	Domino's Pizza	경기소비재	14.6	7
AMT	American Tower	리츠	101.0	8
RMD	ResMed	헬스케어	29.3	7
ZTS	Zoetis	헬스케어	73.3	7
HUM	Humana	헬스케어	50.7	9

출처: Bloomberg, 2021년 1월 31일 기준

코로나19 이후 배당 성장주 더욱 차별화

배당 성장주들은 2020년 코로나19 팬데믹 기간 중에도 투자자에게 깊은 인상을 남겼다. 코로나19 확산에 따른 단기적인 실물 경기와 기업 이익 침체 국면에서도 이익 성장을 만들어낼 수 있는 배당 성장주와 그렇지 못한 배당주 간 성과 차별화가 나타났다.

배당 성장 카테고리에 속한 기업 중 2020년 코로나19 충격에서 이익과 배당이 증가한 기업의 주가 회복력이 가장 탁월했다. 주로 IT와 헬스케어, 필수소비재 업종 등 장기 성장 가시성이 높은 업종이 여기에 속한다. 반면 이익이 감소하고 배당도 감소한 기업은 비중이 높지 않지만 가장 부진한 주가 회복력을 보였다. 여기에는 경기에 민감한 금융, 경기 소비재, 리츠 업종 등이 속한다. 아래 그림처럼 이익과 배당의 성장 유무에 따라 배당주들의 성과가 눈에 띄게 달랐다.

성장이 정체되고 경기에 민감한 고배당주는 2020년 하반기 코로나19 백신 개발과 함께 2021년 경기 개선에 대한 기대감에 따른 경기 민감 업종(가치주)의 반등세에도 여전히 연초 주가를 회복하지 못했다(2020년 말 기준). 반면 고배당 카테고

그림 5-8. 이익과 배당에 따른 주가 성과 비교(배당 성장주)

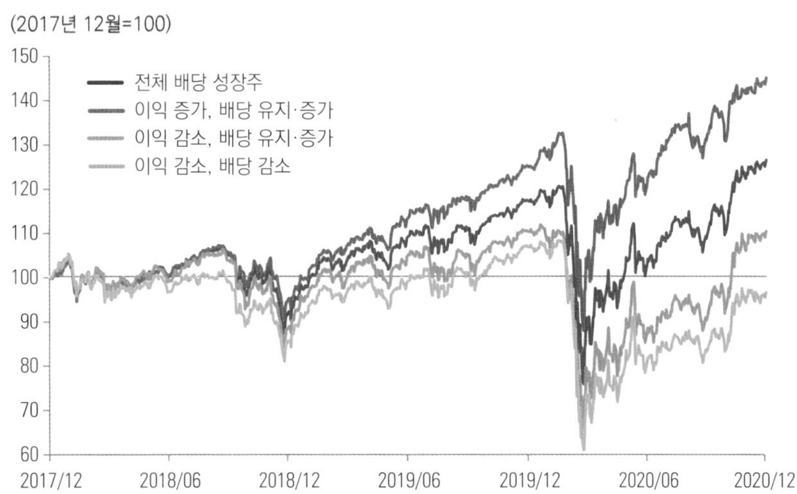
(2017년 12월=100)
150
140
130
120
110
100
90
80
70
60
전체 배당 성장주
이익 증가, 배당 유지·증가
이익 감소, 배당 유지·증가
이익 감소, 배당 감소
2017/12
2018/06
2018/12
2019/06
2019/12
2020/06
2020/12

그림 5-9. 이익과 배당에 따른 주가 성과 비교(고배당주)

(2017년 12월=100)

- 전체 고배당주
- 이익 증가, 배당 유지·증가
- 이익 감소, 배당 유지·증가
- 이익 감소, 배당 감소

리 내에서도 이익과 배당이 동반 성장한 주식은 상대적으로 양호한 성과를 달성했다.

성장의 테마 아래, 이상의 결과를 통해 확인할 수 있는 배당주의 투자 지침은 분명하다. 앞선 구조적 성장 테마에 해당하거나 코로나19와 같은 단기 경기 충격에도 견조한 성장을 이어갈 수 있는 '구조적 배당 성장주'가 투자 매력상 1순위다. 그리고 코로나19라는 불가피한 타격으로 일시적으로 성장이 훼손되었으나 경기가 정상화되면 탄력적인 회복이 가능한 경쟁력 높은 배당 성장주가 2순위다.

이 책에서는 장기 투자 관점에서 매력적인, 퀄리티 높은 고배당주도 함께 제시한다. 고배당주에 투자할 때에는 경제적 해자 기반의 우수한 이익 창출 능력과 배당 지급의 안정성이 중요하다.

투자 매력이 높은 배당주를 찾기 위해 우선 미국의 대표적인 배당 성장 및 고배당 지수와 글로벌 주요 배당 ETF 운용사들이 적용하는 배당주 방법론 등을 차용해 재무 구조가 우수하고 배당 축소 위험이 낮은 1차 투자 후보군(유니버스)을 선정했다. 이어 후보군 내에서 다음에 설명하는 기준에 따라 구조적 배당 성장주와 퀄리티 높은 고배당주를 선별했다.

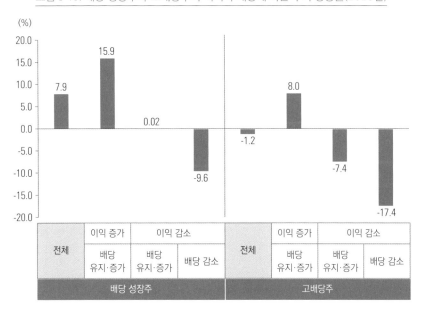

그림 5-10. 배당 성장주와 고배당주의 이익과 배당에 따른 주가 상승률(2020년)

	이익 증가	이익 감소			이익 증가	이익 감소	
전체	배당 유지·증가	배당 유지·증가	배당 감소	전체	배당 유지·증가	배당 유지·증가	배당 감소
배당 성장주				고배당주			

구조적 성장 + 배당 성장주 = 구조적 배당 성장주

배당 성장주 투자에서 가장 주목하는 종목은 구조적 성장과 함께 꾸준히 배당
이 증가할 수 있는 종목이다. 주된 선정 방식은 다음과 같다. 장기 투자의 안정성을
고려해 시가총액 100억 달러 이상의 기업 중에서 선정했다.

(1) 이미 과거 이익과 배당이 꾸준히 증가한 '검증된' 배당 성장주(5년 이상 배당 증가)
(2) 구조적 성장 산업에 해당하거나 자체적인 장기 성장동력을 보유한 종목
(3) 2021년에도 이익과 배당의 성장 추세 유지 또는 회복이 전망되는 종목

해당 조건에 부합한 퀄리티 높은 배당 성장주를 선별한 결과는 다음 리스트와
같다.

그림 5-11. 구조적 배당 성장주

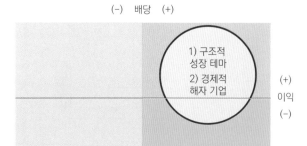

2020년 코로나19 팬데믹

표 5-3. 구조적 배당 성장주 리스트

종목명	업종	시가총액 (십억 달러)	배당수익률 (%)	배당 연속 증가(년)	DPS 성장률 (%, 5년 평균)	EPS 성장률 (%, 5년 평균)
Microsoft	IT 서비스	1749.5	1.0	17	10.4	13.9
Accenture	IT 서비스	159.9	1.5	9	9.4	10.1
Intuit	**IT 서비스**	**99.0**	**0.7**	**8**	**19.9**	**13.5**
Automatic Data Processing	IT 서비스	70.7	2.3	40+	10.2	10.7
MSCI	**IT 서비스**	**32.7**	**0.9**	**6**	**69.5**	**22.1**
Apple	정보 기술	2215.4	0.7	8	10.5	13.0
Qualcomm	**정보 기술**	**176.8**	**1.7**	**17**	**10.0**	**−5.2**
Texas Instruments	정보 기술	152.1	2.5	17	21.0	15.3
Lam Research	**정보 기술**	**69.3**	**1.1**	**6**	**89.5**	**30.2**
Analog Devices	정보 기술	54.4	1.7	16	7.7	12.9
KLA Corporation	정보 기술	43.4	1.3	10	10.8	16.5
Xilinx	정보 기술	32.0	1.1	15	7.6	8.2
Skyworks Solutions	정보 기술	28.1	1.2	6	48.3	15.1
Corning	정보 기술	27.4	2.7	10	14.9	−9.4
NetApp	정보 기술	14.8	3.0	6	21.7	19.7
Procter & Gamble	소비재	315.7	2.6	40+	3.4	−19.1
NIKE	**소비재**	**210.6**	**0.8**	**18**	**12.8**	**10.9**
PepsiCo	소비재	188.7	3.1	40+	8.4	3.9
Mondelez International	소비재	79.3	2.4	7	13.4	15.7
Colgate−Palmolive	소비재	66.9	2.4	40+	3.8	3.0
Hershey	소비재	30.3	2.3	11	−5.1	7.6
Clorox	소비재	26.4	2.2	33	6.5	8.3
McCormick & Company	소비재	23.9	1.5	35	9.0	9.5
Church & Dwight	소비재	21.0	1.2	24	8.0	10.3
McDonald's	소비자 서비스	154.9	2.5	40+	7.6	10.2

종목명	업종	시가총액 (십억 달러)	배당수익률 (%)	배당 연속 증가(년)	DPS 성장률 (%, 5년 평균)	EPS 성장률 (%, 5년 평균)
Starbucks	**소비자 서비스**	**114.0**	**2.1**	**10**	**22.1**	**16.6**
Domino's Pizza	소비자 서비스	14.6	1.0	7	21.1	27.1
Home Depot	**유통**	**291.6**	**2.2**	**11**	**21.4**	**20.9**
Costco	**유통**	**156.1**	**0.8**	**16**	**12.9**	**12.1**
Lowe's	유통	122.3	1.4	36	21.5	5.8
Johnson & Johnson	헬스케어	429.4	2.6	40+	6.3	−0.3
UnitedHealth Group	헬스케어	316.5	1.5	11	24.1	20.3
Abbott Laboratories	헬스케어	219.0	1.3	7	8.0	6.7
Pfizer	헬스케어	199.5	4.4	11	7.0	15.2
Eli Lilly and Company	헬스케어	198.9	1.6	6	5.5	32.0
Merck	헬스케어	195.0	3.4	10	5.0	−1.4
AbbVie	**헬스케어**	**180.9**	**5.1**	**8**	**20.2**	**36.7**
Medtronic	**헬스케어**	**149.9**	**2.1**	**40+**	**12.3**	**2.4**
Amgen	헬스케어	140.6	2.8	9	18.9	13.8
Stryker	**헬스케어**	**83.1**	**1.1**	**11**	**11.3**	**32.6**
Anthem	헬스케어	73.9	1.4	9	12.8	14.7
Zoetis	**헬스케어**	**73.3**	**0.6**	**7**	**18.3**	**22.0**
Humana	헬스케어	50.7	0.7	9	14.1	22.1
ResMed	헬스케어	29.2	0.9	7	7.5	3.0
Honeywell International	산업재	137.1	1.9	10	12.4	9.5
Illinois Tool Works	산업재	61.5	2.2	25	18.5	1.2
Waste Management	산업재	47.0	2.1	17	6.4	7.0
Cummins	산업재	34.7	2.3	15	11.8	10.0
Rockwell Automation	산업재	28.9	1.7	11	10.8	−0.3
Air Products and Chemicals	소재	59.0	2.1	38	8.7	11.4
United Parcel Service	운송	134.0	2.7	11	7.5	9.2
CSX Corporation	운송	65.6	1.4	16	8.8	16.7
S&P Global	상업 서비스	76.3	0.9	40+	13.7	흑자 전환
Moody's Corporation	상업 서비스	50.0	0.9	11	11.1	9.9
D.R. Horton	상업 서비스	27.9	1.1	7	35.4	22.6
Stanley Black & Decker	상업 서비스	27.8	1.7	40+	5.8	5.7
Visa	금융	451.7	0.7	12	21.3	26.1
BlackRock	**금융**	**106.9**	**2.2**	**11**	**11.3**	**7.9**
Intercontinental Exchange	금융	61.9	1.2	7	16.2	14.9
MarketAxess	금융	20.5	0.6	11	26.1	22.2
American Tower	**리츠**	**101.0**	**2.4**	**8**	**22.0**	**16.1**
Prologis	리츠	77.2	2.4	7	9.9	14.7
Equinix	리츠	65.9	1.5	5	5.4	흑자 전환
Digital Realty	리츠	40.3	3.3	16	5.4	18.8
Alexandria Real Estate	리츠	24.2	2.7	10	6.8	25.4
Realty Income	리츠	22.1	4.9	26	4.3	5.8
Omega Healthcare Investors	리츠	8.2	7.4	17	5.6	−1.8
NextEra Energy	**유틸리티**	**158.4**	**1.9**	**25**	**11.5**	**6.6**
Xcel Energy	유틸리티	33.6	2.8	17	6.2	5.4
American Water Works	유틸리티	28.8	1.5	12	10.1	7.8
AES Corporation	유틸리티	16.2	2.5	8	17.1	−15.5

출처: Bloomberg, 2021년 1월 31일 기준, 굵은 글씨는 5장에서 분석한 종목임

고배당주는 성장보다 안정성 등 기준으로 선정

고배당주 투자는 성장이라는 키워드보다는 장기 '이익 및 배당 지급의 안정성' 과 '시장 대비 높은 매력의 배당수익률(3% 이상)'을 우선적으로 고려했다. 주된 선정 방식은 다음과 같다. 배당 성장주와 마찬가지로 장기 투자의 안정성을 고려해 시가총액 100억 달러 이상의 기업 중에서 선정했다.

(1) 과거 안정적인 이익과 배당 지급, 우수한 재무 구조가 '충분히 검증된' 고배당주 (10년 이상 배당 유지)

(2) 구조적 성장 산업이나 나름의 경제적 해자를 보유해 이익의 안정성이 높은 대표 종목

(3) 2021년에도 이익 성장과 고배당 유지 가시성이 높은 종목

(4) 과거 5년간 배당성향이 100% 이하(이익 체력 대비 무리한 배당 지급 기업 제외)

해당 조건에 부합한 퀄리티 높은 고배당주를 선별한 결과는 다음 리스트와 같다.

그림 5-12. 퀄리티 고배당주

2020년 코로나19 팬데믹

표 5-4. 퀄리티 고배당주 리스트

종목명	업종	시가총액 (십억 달러)	배당수익률 (%)	배당 연속 증가(년)	DPS 성장률 (%, 5년 평균)	EPS 성장률 (%, 5년 평균)
Cisco Systems	IT 서비스	188.2	3.3	2.7	13.6	11.9
Broadcom	정보 기술	182.2	3.2	1.7	56.5	45.2
General Dynamics	정보 기술	42.0	3.2	2.5	10.5	9.8
Verizon Communications	통신	226.6	4.6	4.1	2.4	14.0
AT&T	통신	204.0	7.3	6.8	2.1	8.9
Coca-Cola	소비재	206.9	3.5	2.9	5.6	5.2
Kimberly-Clark	소비재	44.7	3.4	3.0	4.2	9.1
General Mills	소비재	35.5	3.6	3.3	4.8	0.1
Kellogg	소비재	20.3	4.0	3.6	3.5	9.8
Cardinal Health	헬스케어	15.8	3.8	3.4	8.8	5.9
3M	산업재	101.5	3.4	3.0	11.0	0.7
Genuine Parts	산업재	13.5	3.4	2.9	5.8	-1.7
Omnicom Group	상업 서비스	13.4	4.5	3.9	6.5	7.4
Duke Energy	유틸리티	69.2	4.2	4.0	3.5	13.7
Southern Company	유틸리티	62.2	4.6	4.0	3.4	15.6
American Electric Power	유틸리티	40.2	3.7	3.1	5.9	3.1
Sempra Energy	유틸리티	37.4	3.7	2.9	7.9	9.4
Public Service Enterprise Group	유틸리티	28.5	3.6	3.2	4.9	2.2
Consolidated Edison	유틸리티	24.2	4.5	4.0	3.3	1.9
DTE Energy	유틸리티	23.0	3.7	3.0	7.4	4.3
Edison International	유틸리티	22.0	4.5	3.8	10.8	-5.3
Entergy	유틸리티	19.1	4.1	3.7	2.0	4.0
Alliant Energy	유틸리티	12.2	3.3	2.7	6.8	6.2

출처: Bloomberg, 2021년 1월 31일 기준

Qualcomm(QCOM-US)
퀄컴

QUALCOMM®

퀄컴은 미국 통신 반도체 전문 기업으로 모뎀과 모바일 AP 시장에서 글로벌 1위이며 스마트폰 제조사가 주요 고객이다. 사업부는 크게 통신 반도체를 판매하는 QCT 사업부(매출 비중 76%)와 특허 라이선스·로열티 수익 관련 QTL 사업부(23%)로 구성된다. 주력 반도체 제품은 셀룰러 모뎀(베이스밴드 프로세서)과 모바일 AP. 모뎀과 모바일 AP부터 RF 모듈, 안테나까지 통합 솔루션을 제공하며 5G 이동통신 시장 성장의 대표적인 수혜 기업이다.

구조적 성장 스토리

✓ 5G 스마트폰 시장의 개화 수혜

✓ 라이선스 사업의 불확실성 완화와 미·중 분쟁 반사 수혜

✓ 사업 카테고리 확장 잠재력

✓ 배당 포인트: 17년 연속 배당 증가, 10년간 연평균 13.4% 배당금 증가

리스크 요인 — 전방 고객사들의 제품 내재화 트렌드, 경쟁 제품 간 기술 격차 축소로 가격 경쟁, 반독점 소송 리스크, 전방산업 수요 부진

글로벌 하우스 전망

- **모건스탠리(매수, 목표 주가 $167):** 셀룰러 기술에 기반한 글로벌 지위 유효. 5G 도입 비중이 늘면서 글로벌 스마트폰 시장 회복 기대. 예상보다 긍정적인 아이폰 12와 5G 스마트폰 판매로 퀄컴의 출하량과 평균 판매 단가 증가 효과 기대. 미국의 화웨이 제재로 화웨이 자회사인 하이실리콘의 시장점유율이 하락해 퀄컴 수혜로 이어질 것.

- **골드만삭스(매도, 목표 주가 $122):** RF 프론트엔드(RFFE) 비즈니스가 긍정적인 성과를 보이고 있음에도 불구하고 전체 스마트폰 시장 부진이 아쉬운 상황. 핸드셋 QCT 구성이 까다롭고 투자비가 높아져 향후 수익성 부진 우려. 견조한 펀더멘털에도 불구하고 매도 의견 유지.

투자 포인트

1. 글로벌 5G 스마트폰 시장 성장 수혜주

2020년 애플의 5G 스마트폰 출시와 각국의 투자 본격화로 글로벌 5G 스마트폰 시장 개화 예상. 퀄컴은 5G 실질적 상용화의 핵심인 밀리미터파(mmWave) 대역을 유일하게 지원. 또한 모뎀과 RF 모듈화, 칩 고도화에 따른 판매 단가 상승과 평균적으로 높은 단가의 5G 스마트폰 판매 확대로 로열티 수익(매출 연동) 상승 기대.

2. 로열티 사업의 불확실성 완화와 화웨이 규제 수혜

2019년 4월, 퀄컴의 과도한 로열티 부과에 대해 손해배상을 요구했던 애플과 전격 합의. 이로 인해 중단되었던 애플향 제품 공급도 재개. 2020년에는 화웨이와의 특허 분쟁도 해소되면서 로열티 사업 불확실성 완화. 미·중 분쟁에 따른 화웨이 제재는 퀄컴 칩 판매량 증가로 이어져 반사 수혜 예상.

3. 전장·웨어러블 등으로 비즈니스 영역 확대

퀄컴은 최고의 통신 기술과 ARM 아키텍처 기반의 프로세서 설계 기술 보유. 최근 반도체 스타트업 누비아를 인수하며 PC CPU 영역 강화. 향후 PC CPU와 전장, 자율주행, 웨어러블 시장까지 침투해 점진적으로 저변을 확대할 것으로 예상.

글로벌 5G 스마트폰 출하 확대   QCT 사업부 유효시장의 중장기적 성장성

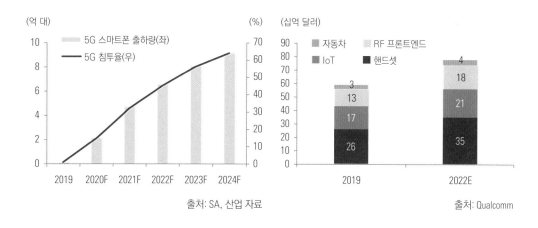

출처: SA, 산업 자료   출처: Qualcomm

■ 팩트셋(Factset) 투자의견 컨센서스

매수 69%	중립 28%

매도 3%

■ 팩트셋 평균 목표 주가: $168.9(목표 주가 범위: 124.0~200.0)
■ 시장 컨센서스 대비 서프라이즈(상회) 비율(최근 3년): 100%(12/12)
■ 회사 가이던스 대비 서프라이즈(상회) 비율(최근 3년): 100%(11/11)

실적 및 밸류에이션

(9월 결산)

	2018	2019	2020	2021(E)	2022(E)
매출액(백만 달러)	22,611.0	24,273.0	23,531.0	31,020.7	33,471.5
영업이익(백만 달러)	3,756.0	8,081.0	6,227.0	10,354.1	11,253.5
영업이익률(%)	16.6	33.3	26.5	33.4	33.6
순이익(백만 달러)	-4,964.0	4,386.0	5,198.0	8,403.6	9,245.4
잉여현금흐름(백만 달러)	3,111.0	6,399.5	4,407.0	9,177.4	9,884.8
성장성 지표					
매출액성장률(%)	1.4	7.4	-3.1	31.8	7.9
영업이익성장률(%)	-26.1	115.1	-22.9	66.3	8.7
순이익성장률(%)	적자 전환	흑자 전환	18.5	61.7	10.0
배당 지표					
주당 배당금(달러)	2.38	2.48	2.54	2.62	2.68
배당성장률(%)	8.2	4.2	2.4	3.3	2.1
배당수익률(%)	3.3	3.2	2.2	2.0	2.1
배당성향(%)	-	69.0	56.1	36.0	33.2
밸류에이션 지표					
PER(배)	-	21.3	25.3	17.8	16.1
PBR(배)	108.8	17.9	21.3	15.9	10.3
ROE(%)	-31.5	153.5	94.6	89.1	64.0

주요 경쟁 기업 분석

종목명	시가총액 (백만 달러)	매출성장률 (3년, %)	순이익성장률 (3년, %)	PER (배)	ROE (%)	배당수익률 (%)
Qualcomm	147,657.3	1.8	28.2	17.0	75.1	2.0
Broadcom	184,213.8	10.6	20.4	16.3	46.8	3.2
Skyworks Solutions	28,413.9	-2.8	-6.9	16.5	35.2	1.2

Lam Research(LRCX-US)
램리서치

램리서치는 글로벌 1위 반도체 식각 장비 제조 기업으로 이 시장의 48%를 점유하고 있다. 글로벌 반도체 장비사 중 매출 규모 기준으로 4위다. 포토 공정으로 반도체 웨이퍼에 회로를 새긴 후 불필요한 부분을 깎아내는 공정이 식각이고, 이 공정에서 식각 장비가 활용된다. 이 기업이 주력하고 있는 식각·증착 장비의 시장 규모는 전체 반도체 장비 중 47%로 비중이 가장 높다. 매출 비중은 2020 회계연도 기준 메모리반도체향 57%(NVM 39%, DRAM 18%), 파운드리향 30%, 로직반도체향 및 기타 11% 등으로 구성된다. 국가별 매출은 중국 32%, 한국 23%, 대만 21%, 일본 10%, 미국 9% 등이다.

구조적 성장 스토리

✓ 식각 장비 1위로 우월한 트랙 레코드 보유

✓ 비메모리반도체 시장의 고성장으로 파운드리 기업들의 경쟁적 생산 설비 투자 수혜

✓ 반복 매출에 기반한 안정적 실적으로 공격적인 배당금 증액

✓ 배당 포인트: 6년 연속 배당 성장, 5년간 연평균 40.5% 배당금 증가

리스크 요인　　반도체 제조 기업들의 생산 설비 투자 변동성, 극자외선(EUV) 공정 적용 확대에 따른 성장성 둔화, 미·중 분쟁으로 중국향 매출 부진

글로벌 하우스 전망

- **골드만삭스(매수, 목표 주가 $616):** 2021년 반도체 장비에 대한 투자 규모가 높은 한 자릿수로 증가하는 가운데 램리서치는 식각·증착 공정에서 중장기적으로 점유율 확대, 설치 기반 매출의 지속 성장, 견고한 현금흐름 보유. 미국의 중국 제재로 SMIC향 장비 수출 허가 여부에 따른 실적 변동성 예상.

- **JP모간(매수, 목표 주가 $620):** 2020년 실적은 파운드리의 견조한 수요와 메모리반도체 제조 기업들의 투자 금액 반등으로 컨센서스 상회. 2021년도 파운드리와 낸드 투자에 대한 긍정적 전망으로 컨센서스를 상회하는 가이던스 제시. SMIC향 장비 수출이 가능할 것으로 예상.

투자 포인트

1. 식각 장비 1위 기업으로 우월한 트랙 레코드 보유

식각 장비 시장점유율은 48%로 2, 3위인 도쿄일렉트론(18%), 어플라이드 머티리얼즈(18%)와 큰 격차. 2007년부터 장기간 40~50%의 시장점유율을 유지해 '메이저 고객사 납품-고객사의 제품 피드백-기술 협력 및 신기술 개발-시장 지위 강화'에 이르는 선순환 구조 구축.

2. 비메모리반도체 고성장과 파운드리 기업들의 생산 설비 투자 확대로 수혜

5G 이동통신, 사물인터넷(IoT), 자율주행 등 산업의 급격한 성장으로 비메모리반도체 시장 고성장. TSMC와 삼성전자는 파운드리에 공격적으로 생산 설비 투자 진행. 램리서치의 파운드리향 매출 비중은 회계연도 기준 2018년 14%에서 2021년 상반기 31%로 계속 증가. 구조적으로 성장하는 파운드리 시장 수혜.

3. 장비 판매 후에도 매출이 지속 발생, 안정적 실적과 배당 성장 매력

장비 판매 후 설치 기반(기존 고객사에서 발생하는 부품, 업그레이드, 고객 서비스) 매출이 계속 발생하는데, 그 비중이 34%로 높아 상대적으로 안정적인 실적 시현. 이를 기반으로 6년 연속 배당을 늘려왔을 뿐 아니라 과거 5년 평균 배당성장률이 40%에 달할 만큼 공격적으로 배당을 증가하고 있음.

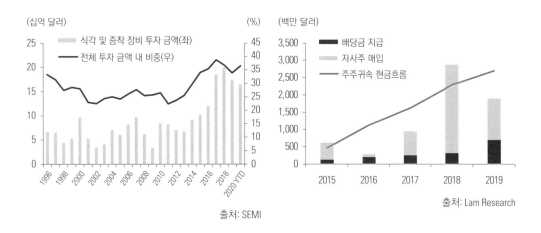

세계 식각 및 증착 장비 투자 증가 추이

출처: SEMI

배당금 지급 및 자사주 매입 추이

출처: Lam Research

■ 팩트셋(Factset) 투자의견 컨센서스

매수 76%	중립 20%	

매도 4%

■ 팩트셋 평균 목표 주가: $603.9(목표 주가 범위: 525.0~670.0)
■ 시장 컨센서스 대비 서프라이즈(상회) 비율(최근 3년): 100%(12/12)
■ 회사 가이던스 대비 서프라이즈(상회) 비율(최근 3년): 100%(10/10)

실적 및 밸류에이션

(6월 결산)

	2018	2019	2020	2021(E)	2022(E)
매출액(백만 달러)	11,088.3	9,642.7	10,040.6	14,052.8	14,618.1
영업이익(백만 달러)	3,219.6	2,462.2	2,673.0	4,289.0	4,461.5
영업이익률(%)	29.0	25.5	26.6	30.5	30.5
순이익(백만 달러)	2,380.7	2,191.4	2,251.8	3,603.3	3,725.0
잉여현금흐름(백만 달러)	2,382.0	2,872.8	1,923.2	2,785.9	3,828.2
성장성 지표					
매출액성장률(%)	38.3	-13.0	4.1	40.0	4.0
영업이익성장률(%)	67.9	-23.5	8.6	60.5	4.0
순이익성장률(%)	40.2	-7.9	2.8	60.0	3.4
배당 지표					
주당 배당금(달러)	2.55	4.40	4.60	5.05	5.54
배당성장률(%)	54.5	72.5	4.5	9.7	9.8
배당수익률(%)	1.5	2.3	1.5	1.0	1.1
배당성향(%)	19.4	32.1	30.5	20.2	21.0
밸류에이션 지표					
PER(배)	13.3	13.7	20.0	21.0	19.9
PBR(배)	4.2	5.8	8.5	12.7	10.3
ROE(%)	35.7	39.2	45.7	60.7	51.5

주요 경쟁 기업 분석

종목명	시가총액 (백만 달러)	매출성장률 (3년, %)	순이익성장률 (3년, %)	PER (배)	ROE (%)	배당수익률 (%)
Lam Research	75,001.1	7.8	9.9	20.2	53.9	1.0
Applied Materials	104,879.5	5.8	1.8	18.5	36.3	0.9
Tokyo Electron	60,902.4	12.0	17.0	23.4	25.7	2.2

American Tower(AMT-US)
아메리칸 타워

아메리칸 타워는 글로벌 최대 통신 인프라 리츠로 전 세계 18만여 개의 통신타워를 보유하고 있으며 미국 내 시장점유율은 26%다. 미국뿐만 아니라 인도, 북아프리카, 남미 등 신흥국과 유럽에서도 활발히 사업을 영위하고 있다. 통신타워를 자산으로 보유하며 주로 통신사에 임대하고 부착 장비에서 발생하는 임대료를 수취한다. 지역별 매출 비중은 미국 57%, 라틴아메리카 17%, 아시아 16%, 아프리카 8%, 유럽 2%다.

구조적 성장 스토리

✓ 미국 5G 통신 도입 확대
✓ 신흥국에서의 4G LTE 투자 확대
✓ 미국 리츠 중 높은 배당 성장 매력
✓ 배당 포인트: 8년 연속 배당 증가, 5년간 연평균 20.1% 배당금 증가

리스크 요인 예상보다 더딘 5G 침투율, 대안 기술(저궤도 위성 등) 부각에 따른 기술 진부화

글로벌 하우스 전망
- **골드만삭스(매수, 목표 주가 $280):** 지속적인 5G 기술 업그레이드와 5G 아이폰 출시 등 5G 서비스가 활성화되고 궁극적으로 네트워크 사용량의 수요가 증가할 것으로 전망. 미국 통신사 T-모바일 중심으로 2021년 상반기 미국 내 임차인들로부터 임대료 증가가 가속화될 것으로 예상되며, 코로나19 타격이 큰 인도를 제외한 해외 사업 부문도 안정적인 수익을 기록할 것으로 판단.
- **JP모간(중립, 목표 주가 $260):** 외형 성장성, 보수적인 재무 전략, 수익성 위주의 경영 전략으로 안정적인 성장을 기록하고 있지만 현재 주가에서는 리스크 대비 주가 상승 여력이 크지 않다고 판단.

투자 포인트

1. 미국의 5G 도입 확대로 안정적 성장 전망

미국의 5G 채택률은 2020년 4% 수준에서 2025년 50%까지 확대되고 미국 모바일 데이터 트래픽은 2024년까지 연평균 32%의 높은 성장률을 보일 것으로 예상. 2020년 하반기 미국 통신사들의 5G 중대역 밴드 경매 참여와 아이폰 12 출시로 2021년부터 본격적인 5G 통신 인프라 투자 확대가 예상. 5G 도입과 데이터 트래픽의 구조적 증가로 안정적인 성장 유지 전망.

2. 신흥국에서는 4G LTE 투자 활발

미국뿐만 아니라 인도, 북아프리카 등 신흥국으로도 투자를 확대하고 있음. 신흥국은 현재 4G 도입을 확대하고 모바일 보급률이 증가하고 있으며 장기적으로는 5G 도입으로 지속적인 수혜 예상.

3. 최근 5년 연평균 20%의 높은 배당성장률

최근 5년 배당성장률이 연평균 20%이며 이는 미국 리츠 중 가장 높은 수준임. 또한 배당성향이 2019년 기준 48%로 리츠 평균 80% 대비 낮아 향후에도 안정적 실적 기반 배당 성장 여력이 큼.

5G 시장 개화에 따른 성장성 강화

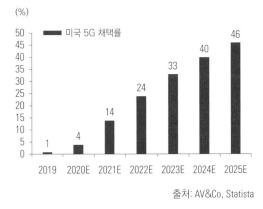

출처: AV&Co, Statista

아시아 지역 투자 확대로 성장동력 제고

출처: American Tower

■ 팩트셋(Factset) 투자의견 컨센서스

매수 70%	중립 30%

■ 팩트셋 평균 목표 주가: $275.7(목표 주가 범위: 230.0~334.0)
■ 시장 컨센서스 대비 서프라이즈(상회) 비율(최근 3년): 92%(11/12)
■ 회사 가이던스 대비 서프라이즈(상회) 비율(최근 3년): -

핵심
투자 지표

실적 및 밸류에이션 (12월 결산)

	2018	2019	2020	2021(E)	2022(E)
매출액(백만 달러)	7,440.1	7,580.3	8,041.5	8,795.0	9,183.9
영업이익(백만 달러)	1,588.1	2,050.2	3,166.2	3,438.3	3,628.2
영업이익률(%)	21.3	27.0	39.4	39.1	39.5
순이익(백만 달러)	1,236.4	1,887.8	1,690.6	2,313.9	2,524.3
FFO(백만 달러)	3,209.0	3,491.7	3,510.8	4,113.1	4,421.6
성장성 지표					
매출액성장률(%)	11.6	1.9	6.1	9.4	4.4
FFO성장률(%)	19.0	8.8	0.5	17.2	7.5
배당 지표					
주당 배당금(달러)	3.15	3.78	4.53	5.32	6.25
배당성장률(%)	20.2	20.0	19.8	17.4	17.4
배당수익률(%)	2.0	1.6	2.0	2.5	2.9
FFO 배당성향(%)	43.5	48.2	57.6	57.7	63.0
밸류에이션 지표					
P/FFO(배)	21.8	29.3	28.5	23.3	21.7

주요 경쟁 기업 분석

종목명	시가총액 (백만 달러)	매출성장률 (3년, %)	FFO성장률 (3년, %)	P/FFO	배당수익률 (%)
American Tower	95,631.5	6.5	9.2	23.3	2.6
Crown Castle International	68,440.6	10.3	16.5	26.7	3.4
SBA Communications	28,535.9	6.3	1.6	30.6	0.9

NextEra Energy(NEE-US)
넥스테라에너지

넥스테라에너지는 미국 최대 발전 운영사이자 세계 1위 신재생에너지 발전 기업이다. 에너지 지주회사로 주요 사업 부문은 플로리다 기반의 최대 발전 사업자인 FPL, 글로벌 최대 신재생 에너지 발전 사업자인 NEER, 플로리다 기반의 발전·송배전 사업자인 GPC 등이다. 2020년 부문별 매출 비중은 FPL 65%, NEER 28%, GPC 8%다. FPL은 천연가스를 기반으로 플로리다 주 500만 명 이상의 고객에게 전력 공급, 송전, 판매 사업을 영위하고 있다. NEER은 신재생 에너지 발전 프로젝트를 중심으로 장기 계약된 자산을 소유, 개발, 건설, 관리, 운영하고 있으 며 전원 비중은 풍력 67%, 태양광 14%, 원자력 10%, 천연가스 6% 등이다. 총발전 용량은 FPL 27GW, NEER 24GW다.

구조적 성장 스토리

✓ 친환경 발전 비중이 높은 미국 최대 유틸리티 기업

✓ 급증하는 신재생에너지 수주, 설비 확장으로 대응

✓ 장기 계약을 통한 안정적인 실적과 배당 성장

✓ 배당 포인트: 25년 연속 배당 증가, 10년간 연평균 10.2% 배당금 증가

리스크 요인   발전 사업 관련 규제 리스크, 신재생에너지 관련 정책 변화, 전방 수요 부진

글로벌 하우스 전망

- **모건스탠리(중립, 목표 주가 $66)**: 신재생에너지 산업 성장 기대가 꾸준히 높아지고 있음. 특히 대규모 유틸리티 설비 투자, 신재생에너지 파이프라인 증가로 평균 이상의 주당순이익(EPS) 성장이 기대됨. 넥스테라에너지는 태양광 및 풍력 에너지 시장에서 경쟁우위를 점하고 있음.

- **골드만삭스(중립, 목표 주가 $85)**: 플로리다 기반의 발전 사업자로 인구 성장이 지속되어 FPL의 안정적 성장 기대. 친환경에너지 개발로 성장 가능. 현재 진행 중인 소형 수소 프로젝트들 또한 긍정적으로 판단되지만 아직 초기 단계로 규모는 미미.

투자 포인트

1. 바이든 정부의 친환경 시대에 가장 잘 준비된 유틸리티 기업

바이든 정부는 친환경 관련 인프라 투자를 강조하고 있어 시장 고성장과 함께 보조금 등 정책적 지원 확대 예상. 넥스테라에너지는 미국의 유틸리티 기업 톱 5 중 친환경에너지 비중이 가장 높아 친환경 시대에 가장 잘 준비된 기업. NEER의 공격적인 신재생 설비 확장과 FPL·GPC의 중장기 친환경 사업 전환으로 신재생에너지 중심의 포트폴리오가 더욱 강화될 전망.

2. 급증하는 신재생에너지 수주, 설비 확장으로 대응

NEER의 신재생에너지 수주 잔고는 14GW 수준으로, 지난 20여 년 동안 구축해온 현재 포트폴리오에 버금가는 수준. 넥스테라에너지는 2022년까지 친환경 발전 용량을 두 배로 늘려 대응할 예정. FPL도 태양광 발전 비중을 2019년 2%에서 2029년 16%까지 확대하며 신재생에너지 비중을 적극적으로 확대할 예정.

3. 장기 계약 통한 안정적 판가·실적으로 배당 꾸준히 확대

장기 계약을 통해 안정적 실적을 기록하고 있으며 순이익률도 2015년 이후 평균 25%를 상회. 신재생에너지 발전에서 규모의 경제가 본격화되면 순이익률이 30%까지 상승할 것으로 기대. 주주 친화적 기업으로 안정적 실적에 기반해 2011년 이후 배당을 연평균 10%씩 확대.

미국 유틸리티 기업 톱 5 중 친환경에너지 비중 압도적

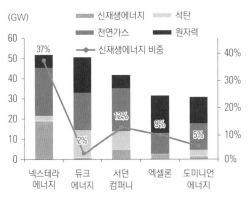

출처: 각 사

NEER 신재생에너지 수주 추이

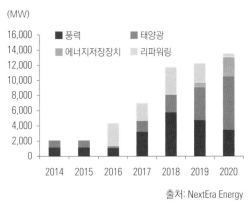

출처: NextEra Energy

■ 팩트셋(Factset) 투자의견 컨센서스

매수 68%	중립 32%

■ 팩트셋 평균 목표 주가: $89.1(목표 주가 범위: 78.0~101.0)

■ 시장 컨센서스 대비 서프라이즈(상회) 비율(최근 3년): 75%(9/12)

■ 회사 가이던스 대비 서프라이즈(상회) 비율(최근 3년): –

실적 및 밸류에이션 (12월 결산)

	2018	2019	2020	2021(E)	2022(E)
매출액(백만 달러)	16,302.0	17,486.0	17,076.0	20,869.9	22,326.0
영업이익(백만 달러)	3,823.0	3,570.0	4,025.0	7,025.6	7,692.9
영업이익률(%)	23.5	20.4	23.6	33.7	34.5
순이익(백만 달러)	6,638.0	3,769.0	2,919.0	4,954.4	5,397.2
잉여현금흐름(백만 달러)	-4,844.5	-5,466.1	-5,041.0	-2,984.0	-1,916.8
성장성 지표					
매출액성장률(%)	-0.2	7.3	-2.3	22.2	7.0
영업이익성장률(%)	-23.5	-6.6	12.7	74.5	9.5
순이익성장률(%)	23.4	-43.2	-22.6	69.7	8.9
배당 지표					
주당 배당금(달러)	1.11	1.25	1.40	1.55	1.71
배당성장률(%)	13.0	12.6	12.0	10.5	10.3
배당수익률(%)	2.6	2.1	1.8	2.0	2.3
배당성향(%)	32.0	64.4	94.4	61.5	62.7
밸류에이션 지표					
PER(배)	12.5	31.2	52.0	30.1	27.8
PBR(배)	2.4	3.2	4.1	3.5	3.4
ROE(%)	21.3	10.6	7.9	11.5	12.2

주요 경쟁 기업 분석

종목명	시가총액 (백만 달러)	매출성장률 (3년, %)	순이익성장률 (3년, %)	PER (배)	ROE (%)	배당수익률 (%)
NextEra Energy	148,303.7	1.4	-18.4	29.6	11.6	2.1
Duke Energy	70,306.4	0.4	-23.5	17.4	8.0	4.4
Southern Company	63,227.5	-4.3	52.7	17.8	11.5	4.4

Blackrock(BLK-US)
블랙록

BLACKROCK

블랙록은 글로벌 최대 자산운용사로 세계 기관과 개인을 대상으로 다양한 투자 및 리스크 관리 서비스를 제공한다. 2020 회계연도 기준 총 운용자산 규모는 8조 6,800만 달러에 이르며 주식, 채권, 단기 금융, 대체 투자 상품, ETF 등에 투자하고 있다. 운용자산은 스타일을 기준으로 액티브 운용 26%, 인덱스 운용 35%, ETF 31% 등으로 구성된다. 블랙록의 ETF 브랜드인 아이셰어즈(iShares)는 고성장하는 ETF 시장에서 글로벌 1위의 점유율을 보유하고 있다.

구조적 성장 스토리

✓ 구조적으로 성장하는 ETF 시장의 1인자
✓ 금융 플랫폼 비즈니스로의 진화
✓ 새로운 빅 트렌드인 ESG 자금의 부상으로 신규 비즈니스 모델 창출
✓ 배당 포인트: 11년 연속 배당 증가, 10년간 연평균 13.8% 배당금 증가

리스크 요인　자산 시장 하락에 따른 운용자산 감소, ETF 경쟁 심화로 수수료율 하락, 액티브 펀드 시장 축소

글로벌 하우스 전망

- **골드만삭스(매수, 목표 주가 $840):** 기관투자가를 위한 포트폴리오 자문, 금융 플랫폼 알라딘 기반의 리스크 관리 등 단순 투자 관리 외 폭넓은 서비스와 솔루션을 제공. 또한 ETF, 파생상품, 알라딘, ESG 및 솔루션 등 유망한 성장 산업을 중심으로 사업을 확대해 지속적인 수익률 개선 예상. 2022년까지 연평균 영업이익 성장률을 기존의 10%에서 15%로 상향.

- **모건스탠리(매수, 목표 주가 $890):** 아이셰어즈 ETF 플랫폼, 알라딘 등 첨단 기술이 결합된 멀티 에셋 상품 자산운용 서비스에 강점을 보유한 기업. 글로벌 시장 침투율 상승, 아이셰어즈 ETF 판매 증가 등으로 외형 성장과 함께 수익성이 개선되며 2020~2022년 주당순이익(EPS)은 연평균 10% 수준으로 성장 전망.

투자 포인트

1. 구조적으로 성장하는 ETF 시장의 최강자

ETF는 지난 20년 동안 지속적으로 자금이 유입되며 고성장하는 자산. 액티브 펀드가 2015년부터 매년 자금이 유출되고 있는 것과 대조적으로, ETF는 액티브 펀드보다 수수료가 저렴하고 손쉽게 매매가 가능하며 보유 종목이 공개되어 있다는 장점 때문에 빠르게 성장. 블랙록의 ETF 브랜드인 아이셰어즈는 글로벌 1위 ETF로 미국 내 점유율이 40%에 달하며 고성장을 이어가고 있음. 연평균 10% 성장을 통해 ETF의 펀드 순자산총액을 2배로 성장시키는 것이 장기 목표.

2. 금융 플랫폼 비즈니스로의 진화

알라딘 서비스를 통해 테크를 자산운용에 접목하고 있음. 알라딘은 은행, 증권, 보험, 자산운용 등 다양한 금융 업종 내 투자자를 시장과 연결하고 포트폴리오를 배분하며, 세계 자산을 모니터링하고 위험을 측정하는 금융 플랫폼. 블랙록은 IT 투자와 인수·합병을 통해 다양한 금융 생태계를 통합한 플랫폼 서비스를 제공하며 경쟁력을 강화하고 있음.

3. 새로운 트렌드인 ESG 시장 성장의 수혜주

세계적으로 ESG 투자에 관심 고조. 블랙록 설문조사에 따르면 ESG 관련 투자 비중은 현재 15~17%에서 중장기 30%까지 2배 성장할 것으로 예측. 블랙록 ESG 펀드 순자산총액은 1,520억 달러에서 10년 후 1조 달러까지 성장 전망. 다양한 ESG ETF 상품 출시와 알라딘 플랫폼에 ESG 점수 적용 등 시장 트렌드에 맞춰 새로운 비즈니스 모델을 창출하고 있음.

ETF 자산으로 자금 유입 지속

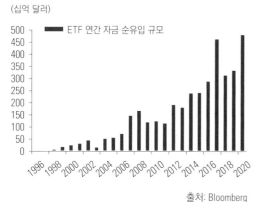

출처: Bloomberg

금융 플랫폼 비즈니스 매출의 고성장세

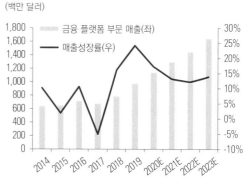

출처: Blackrock

■ 팩트셋(Factset) 투자의견 컨센서스

매수 82%	중립 18%

■ 팩트셋 평균 목표 주가: $838.9(목표 주가 범위: 715.0~890.0)

■ 시장 컨센서스 대비 서프라이즈(상회) 비율(최근 3년): 83%(10/12)

■ 회사 가이던스 대비 서프라이즈(상회) 비율(최근 3년): -

실적 및 밸류에이션

(12월 결산)

	2018	2019	2020	2021(E)	2022(E)
매출액(백만 달러)	14,199.0	14,881.0	16,932.0	18,286.0	19,738.8
영업이익(백만 달러)	5,415.0	5,774.0	6,226.0	7,336.2	8,084.0
영업이익률(%)	38.1	38.8	36.8	40.1	41.0
순이익(백만 달러)	4,305.0	4,476.0	4,932.0	5,644.4	6,234.0
잉여현금흐름(백만 달러)	-	4,125.0	5,036.3	6,522.7	7,097.0
성장성 지표					
매출액성장률(%)	3.2	4.8	13.8	8.0	7.9
영업이익성장률(%)	3.2	6.6	7.8	17.8	10.2
순이익성장률(%)	-13.1	4.0	10.2	14.4	10.4
배당 지표					
주당 배당금(달러)	12.02	13.20	14.52	15.36	16.37
배당성장률(%)	20.2	9.8	10.0	5.8	6.6
배당수익률(%)	3.1	2.6	2.0	2.1	2.3
배당성향(%)	45.2	46.4	45.6	41.7	39.9
밸류에이션 지표					
PER(배)	14.8	17.7	22.7	19.5	17.4
PBR(배)	1.9	2.3	3.1	3.0	2.8
ROE(%)	13.4	13.6	14.3	15.2	16.0

주요 경쟁 기업 분석

종목명	시가총액 (백만 달러)	매출성장률 (3년, %)	순이익성장률 (3년, %)	PER (배)	ROE (%)	배당수익률 (%)
BlackRock	109,314.8	10.2	-0.3	19.0	15.4	2.2
Moody's Corporation	54,580.4	8.5	21.1	27.0	58.4	0.9
Bank of New York Mellon	40,918.6	0.1	-3.7	11.5	8.0	2.8

Intuit(INTU-US)
인튜이트

인튜이트는 세무·회계, 페이먼트, 자산 관리 솔루션을 제공하는 핀테크 기업이다. 대표 제품은 소상공인과 중소기업 대상 세무·회계·페이먼트 솔루션인 퀵북스와, 개인 고객 대상 세무 솔루션인 터보택스다. 2020년 말 최대 개인종합자산관리(PFM) 기업으로 약 1억 1,000만 명의 개인 고객을 보유한 크레딧카르마 인수를 마무리하며 기업 및 개인 금융 솔루션 플랫폼으로서 역량을 강화하고 있다.

구조적 성장 스토리

✔ 소상공인·중소기업용 회계 솔루션의 낮은 시장 침투율로 장기 성장 잠재력 보유
✔ 중소기업·개인사업자 수의 구조적 증가 수혜
✔ 인수·합병을 통한 시너지 창출 및 포트폴리오 확장 전략
✔ 배당 포인트: 8년 연속 배당 증가, 5년간 연평균 16.2% 배당금 증가

리스크 요인　　경기 둔화로 소상공인 및 중소기업의 IT 지출 감소, 크레딧카르마 인수에 따른 재무 부담

글로벌 하우스 전망
- **골드만삭스(중립, 목표 주가 $450):** 크레딧카르마 인수로 데이터 집약적인 플랫폼을 활용해 온라인 개인 금융 사업 부문에서 큰 성장 기회 마련 가능. 크레딧카르마의 고객들을 확보하고 전체 시장 규모를 키워나갈 수 있을 것으로 예상. 2022 회계연도부터 신제품 출시 및 경제 회복, 코로나19 완화에 따른 성장 정상화 예상. 더불어 금융기관의 디지털 전환을 위한 예산 증대로 인튜이트의 이익 빠르게 반등 예상.
- **모건스탠리(매수, 목표 주가 $470):** 경영진이 높은 부가가치 솔루션으로 고객 수보다 고객당 매출 증가에 초점을 맞춘 새로운 경영 전략 발표. 기업의 이익 성장이 가속화되는 계기가 될 전망.

투자 포인트

1. 현재 회계 솔루션의 낮은 시장 침투율 = 장기 성장 잠재력

퀵북스는 소상공인 및 중소기업용 세무·회계 솔루션. 아직 미국 시장 침투율이 10% 수준에 불과해 성장 잠재력 높으며, 마켓 리더인 인튜이트가 시장을 견인할 것으로 전망. 또한 퀵북스 캐피털로 금융기관 대출을 연결하는 등 단순 회계 프로그램을 넘어 종합 핀테크 플랫폼으로 진화하고 있어 긍정적.

2. 중소기업·개인사업자 수의 구조적 증가로 수혜 예상

미국은 개인사업자가 구조적으로 증가하고 있는데 이는 사람들의 니즈와 취향이 세분화되어 틈새시장을 겨냥하는 상품과 서비스의 수요가 증가하기 때문. 인튜이트의 주요 고객사는 중소기업·개인사업자로 전체 매출의 50% 이상을 차지, 사회의 구조적 변화에 수혜 예상.

3. 인수·합병을 통해 개인 자산 관리 사업 영역 확장

2009년 민트를 인수하며 개인 자산 관리 시장에 진출. 2020년에는 미국 최대 개인종합자산관리(PFM) 기업으로 1억 명 이상의 고객을 확보한 크레딧카르마를 인수해 맞춤형 개인종합자산관리 사업으로 영역을 확장. 기존 개인용 세금 관리 서비스와 자산 관리 서비스의 시너지로 중장기 성장동력 강화. 적극적인 인수·합병으로 다양한 관련 분야에 진출하며 지속적으로 경쟁력 제고.

퀵북스의 낮은 시장 침투율	**미국 1인 기업의 구조적 성장**
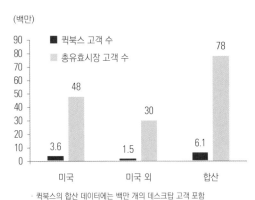	

· 퀵북스의 합산 데이터에는 백만 개의 데스크탑 고객 포함
· 지역별 데이터에는 온라인 고객만 포함

출처: Intuit, Morgan Stanley Research

출처: IRS

■ 팩트셋(Factset) 투자의견 컨센서스

매수 75%	중립 17%	매도 8%

■ 팩트셋 평균 목표 주가: $419.7(목표 주가 범위: 310.0~475.0)

■ 시장 컨센서스 대비 서프라이즈(상회) 비율(최근 3년): 83%(10/12)

■ 회사 가이던스 대비 서프라이즈(상회) 비율(최근 3년): 90%(9/10)

실적 및 밸류에이션

(7월 결산)

	2018	2019	2020	2021(E)	2022(E)
매출액(백만 달러)	6,025.0	6,784.0	7,679.0	8,962.7	10,351.4
영업이익(백만 달러)	1,560.0	1,854.0	2,176.0	3,020.8	3,540.5
영업이익률(%)	25.9	27.3	28.3	33.7	34.2
순이익(백만 달러)	1,329.0	1,557.0	1,826.0	2,285.2	2,705.1
잉여현금흐름(백만 달러)	1,988.0	2,169.0	2,277.0	2,604.3	3,096.6
성장성 지표					
매출액성장률(%)	16.4	12.6	13.2	16.7	15.5
영업이익성장률(%)	11.8	18.8	17.4	38.8	17.2
순이익성장률(%)	36.9	17.2	17.3	25.1	18.4
배당 지표					
주당 배당금(달러)	1.56	1.88	2.12	2.22	2.34
배당성장률(%)	14.7	20.5	12.8	4.8	5.2
배당수익률(%)	0.8	0.7	0.7	0.6	0.6
배당성향(%)	30.6	31.9	30.7	26.5	24.0
밸류에이션 지표					
PER(배)	40.1	47.0	44.3	47.2	40.6
PBR(배)	18.8	19.2	15.7	11.7	10.1
ROE(%)	63.7	47.4	41.2	24.7	24.8

주요 경쟁 기업 분석

종목명	시가총액 (백만 달러)	매출성장률 (3년, %)	순이익성장률 (3년, %)	PER (배)	ROE (%)	배당수익률 (%)
Intuit	108,426.9	14.0	23.4	42.9	24.8	0.6
Paychex	34,350.1	8.6	10.3	30.7	35.8	2.6
H&R Block	3,840.9	-4.6	-76.4	7.9	101.6	5.0

MSCI(MSCI-US)
MSCI

MSCI는 글로벌 1위 지수 제공 기업으로 금융시장에서 가장 영향력 있는 MSCI 지수 시리즈를 제공한다. 매출은 60%가 지수 사업부, 30%가 정보 분석 사업부에서 발생한다. 지수 사업부는 주로 MSCI 지수 시리즈를 기반으로 운용하는 ETF에서 수수료를 받고, 정보 분석 사업부는 리스크 관리 서비스와 포트폴리오 관리 서비스 등을 제공한다.

구조적 성장 스토리

✔ ETF 시장의 구조적 성장

✔ 신성장동력인 ESG 지수 제공과 리서치 서비스

✔ 견조한 현금흐름 기반, 적극적인 주주 환원 정책 시행

✔ 배당 포인트: 6년 연속 배당 증가, 5년간 연평균 29.6% 배당금 증가

리스크 요인　ETF 시장 성장세 둔화

글로벌 하우스 전망

- **모건스탠리(중립, 목표 주가 $448):** 포트폴리오 분석, ESG 및 부동산 솔루션 등 투자 관련 서비스 제공 산업의 선두 기업. 비즈니스 모델의 특성상 운영 레버리지가 매우 높아 이윤 창출 능력이 우수. 특히 시장점유율이 압도적인 지수 산업은 ETF 운용사가 다른 지수로 전환할 경우 비용 부담이 크기 때문에 고객 유지 비율이 높고 진입장벽도 높음.

- **오펜하이머(매수, 목표 주가 $489):** 지수 제공 서비스 기업으로 구독 매출이 전체 매출의 75%를 차지. MSCI 지수가 벤치마크의 지위를 잃지 않는 이상, 주식시장의 변동성은 이 기업의 서비스에 큰 영향을 미치지 않을 것으로 판단. MSCI의 서비스는 투자 산업에 필수적인 존재로 이미 자리매김 완료.

투자 포인트

1. ETF 시장의 성장 = MSCI 성장

주요 사업 모델은 ETF 운용사에 지수 관련 정보를 제공하고 그에 대한 라이선스 수수료를 받는 방식임. 수수료는 ETF 순자산총액에 비례하기 때문에 ETF 시장이 구조적으로 성장함에 따라 라이선스 수수료도 증가하는 구조. ETF는 지난 20년간 지속적으로 성장해온 자산으로 MSCI의 수혜 지속 전망.

2. ESG 기반 새로운 비즈니스 모델 구축

ESG 관련 자금은 지난 10년간 연평균 28%로 고성장. ESG 사업부는 리서치 서비스와 지수 제공 서비스로 나뉨. 현재 ESG 관련 매출 비중은 2020년 9월 기준 6%에 불과하지만 장기적으로 연평균 20%대 성장이 목표. ESG ETF는 별도의 리서치가 필요하기 때문에 일반 지수보다 높은 수수료율을 부과할 수 있어 수익성도 동반 개선될 것으로 전망.

3. 적극적인 주주 환원 정책 시행

97% 이상이 반복 매출인 만큼 안정적인 실적과 견조한 현금흐름 창출. 이를 바탕으로 적극적인 주주 환원을 펼치고 있음. 6년 연속 배당을 증가해온 배당 블루칩 기업으로 자사주 매입도 꾸준히 시행. 높은 장기 성장의 가시성에 따라 향후 주주 친화적인 정책이 강화될 것으로 기대.

지수 사업부 구독 매출의 구조적 성장

출처: MSCI

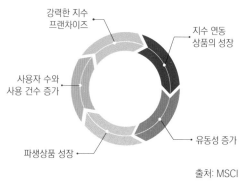

MSCI 연계 상품 생태계의 선순환 구조

출처: MSCI

■ 팩트셋(Factset) 투자의견 컨센서스

매수 54%	중립 38%	매도 8%

■ 팩트셋 평균 목표 주가: $471.0(목표 주가 범위: 430.0~502.0)

■ 시장 컨센서스 대비 서프라이즈(상회) 비율(최근 3년): 100%(12/12)

■ 회사 가이던스 대비 서프라이즈(상회) 비율(최근 3년): -

실적 및 밸류에이션 (12월 결산)

	2018	2019	2020	2021(E)	2022(E)
매출액(백만 달러)	1,434.0	1,557.8	1,695.4	1,931.6	2,129.8
영업이익(백만 달러)	686.9	755.7	884.8	1,052.2	1,180.0
영업이익률(%)	47.9	48.5	52.2	54.5	55.4
순이익(백만 달러)	507.9	563.6	601.8	744.2	844.8
잉여현금흐름(백만 달러)	563.8	655.8	760.1	824.0	909.2
성장성 지표					
매출액성장률(%)	12.5	8.6	8.8	13.9	10.3
영업이익성장률(%)	18.5	10.0	17.1	18.9	12.1
순이익성장률(%)	67.1	11.0	6.8	23.7	13.5
배당 지표					
주당 배당금(달러)	1.92	2.52	2.92	3.45	3.96
배당성장률(%)	45.5	31.3	15.9	18.0	14.9
배당수익률(%)	1.3	1.0	0.7	0.8	1.0
배당성향(%)	33.9	38.2	41.0	37.4	37.9
밸류에이션 지표					
PER(배)	26.0	39.2	62.7	45.2	39.9
PBR(배)	-	-	-	-	-
ROE(%)	-	-	-	-	-

주요 경쟁 기업 분석

종목명	시가총액 (백만 달러)	매출성장률 (3년, %)	순이익성장률 (3년, %)	PER (배)	ROE (%)	배당수익률 (%)
MSCI	34,394.8	10.0	25.6	44.0	-	0.9
BlackRock	109,314.8	10.2	-0.3	19.0	15.4	2.2
S&P Global	83,188.3	7.1	16.1	27.5	116.1	0.9

Costco(COST-US)
코스트코

코스트코는 글로벌 유통 기업으로 1983년 설립 이래 회원제 기반 창고형 할인 매장을 운영하고 있다. 세계에 803개(미국 558개, 해외 245개) 매장을 보유하고 매년 20여 개의 신규 매장을 출점한다. 이 기업은 멤버십 기반의 차별화된 비즈니스 모델을 보유하고 있다. 즉, 연간 멤버십에 가입해 연회비를 납부하는 회원들에게만 창고형 매장을 개방해 고품질의 상품(품목 수가 일반 할인점의 5% 수준)을 저렴한 가격(상품 마진을 15%대로 유지)에 판매한다. 이 같은 멤버십을 기반으로 높은 고객 로열티를 확보해 안정적인 매출 성장을 이어가고 있다.

구조적 성장 스토리

✓ 멤버십 기반의 비즈니스 모델로 전통 오프라인 채널과 차별화

✓ 연회비 기반 안정적인 현금흐름 창출하는 배당 성장주

✓ 새로운 도전, 중국 진출로 신성장동력 장착

✓ 배당 포인트: 16년 연속 배당 증가(특별배당 제외), 10년간 연평균 13.4% 배당금 증가

리스크 요인　　경쟁사의 멤버십 기반 유통 채널 확대, 신선식품의 온라인 침투 가속화, 글로벌 소비 부진

글로벌 하우스 전망
- **모건스탠리(매수, 목표 주가 $410):** 유통 기업 중 가장 좋은 실적을 시현해왔음. 차별화된 비즈니스 모델로 과거 10년간 기존 매장 매출은 6%, 영업이익은 10%의 성장률을 보임. 멤버십 갱신율도 91%로 높아 안정적 성장 예상. 다만 코로나19 수혜주로 코로나19 완화 국면이 되면 주가 수익률이 부진할 것으로 예상.
- **JP모간(매수, 목표 주가 $369):** 금융위기, 코로나19 등 경기 침체 시기에도 안정적인 실적을 시현한 기업. 높은 고객 충성도를 기반으로 장기적인 매출 성장과 상대적으로 높은 수익성 유지 가능. 지속적으로 시장점유율을 높여가며 성장 가능.

투자 포인트   1. 차별화된 멤버십 비즈니스 모델로 높은 고객 충성도 보유

멤버십 제도에 기반해 고품질의 상품을 저렴하게 판매함으로써 높은 고객 충성도 보유. 멤버십 가입을 통한 고객 묶어두기 효과로 지속적인 구매 유도 가능. 지난 20년간 멤버십 가입자는 매년 5% 이상 꾸준히 증가했으며 멤버십 갱신율도 90%로 상당히 높은 편. 전통 오프라인 대형 마트와 슈퍼마켓들은 이커머스 기업들의 침투로 부진한 실적을 보여온 반면, 코스트코는 차별화된 비즈니스 모델로 꾸준히 성장.

2. 경기 불황에도 연회비 기반 안정적인 실적 시현 가능한 배당 성장주

멤버십 가입비(연회비)는 핵심 수익원으로, 매출액에서 차지하는 비중은 2.2%지만 영업이익 비중은 70%에 달함. 실제 상품 판매를 통한 이익은 30%에 불과해, 경기 불황으로 상품 판매가 감소하더라도 기업 이익에 미치는 영향 제한적. 5~6년 주기로 멤버십 연회비 인상. 안정적인 실적 기반 16년 동안 배당을 늘려온 대표적인 배당 성장주임.

3. 중국 진출로 거대한 시장에서 신성장동력 장착

유통업은 사업의 특성상 해외 진출 어려움. 월마트와 까르푸처럼 자국에서 성공한 기업조차 해외에서 오프라인 유통으로 성공한 사례가 희소. 하지만 코스트코는 강력한 브랜드 파워와 차별화된 비즈니스 모델을 통해 해외 진출에 성공. 한국, 일본, 대만, 호주, 영국 등으로 지역 확장에 성공했으며 2019년에는 중국 1호 매장을 오픈, 향후 아시아를 중심으로 해외 매출 성장 가속화 기대.

멤버십 가입자 수의 꾸준한 증가

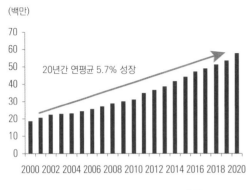

출처: Bloomberg

해외 매출 비중 지속 확대

출처: Costco

■ 팩트셋(Factset) 투자의견 컨센서스

매수 70%	중립 30%

■ 팩트셋 평균 목표 주가: $398.4(목표 주가 범위: 235.0~435.0)
■ 시장 컨센서스 대비 서프라이즈(상회) 비율(최근 3년): 75%(9/12)
■ 회사 가이던스 대비 서프라이즈(상회) 비율(최근 3년): -

실적 및 밸류에이션

(8월 결산)

	2018	2019	2020	2021(E)	2022(E)
매출액(백만 달러)	141,576.0	152,703.0	166,761.0	186,496.4	198,302.0
영업이익(백만 달러)	4,548.0	4,823.0	6,078.0	6,179.3	6,736.5
영업이익률(%)	3.2	3.2	3.6	3.3	3.4
순이익(백만 달러)	3,134.0	3,659.0	4,002.0	4,512.0	4,893.8
잉여현금흐름(백만 달러)	2,801.0	2,799.0	4,331.5	4,962.5	4,847.2
성장성 지표					
매출액성장률(%)	9.7	7.9	9.2	11.8	6.3
영업이익성장률(%)	8.5	6.0	26.0	1.7	9.0
순이익성장률(%)	17.0	16.8	9.4	12.7	8.5
배당 지표					
주당 배당금(달러)	2.14	2.44	2.70	2.88	3.11
배당성장률(%)	-76.0	14.0	10.7	6.7	8.0
배당수익률(%)	0.9	0.8	0.8	0.9	0.9
배당성향(%)	30.2	29.5	29.9	28.6	28.5
밸류에이션 지표					
PER(배)	32.9	35.7	38.6	32.9	30.3
PBR(배)	8.0	8.5	8.4	8.3	6.9
ROE(%)	26.6	26.1	23.9	25.3	22.9

주요 경쟁 기업 분석

종목명	시가총액 (백만 달러)	매출성장률 (3년, %)	순이익성장률 (3년, %)	PER (배)	ROE (%)	배당수익률 (%)
Costco	146,540.6	8.9	14.3	31.5	23.9	0.9
Amazon	1,555,758.0	29.5	91.6	60.0	17.9	-
Walmart	379,463.8	2.6	2.9	24.5	18.1	1.5

Starbucks(SBUX-US)
스타벅스

스타벅스는 세계 최대 커피 프랜차이즈 기업으로, 세계 80개국에서 3만 개가 넘는 매장을 운영한다. 1971년 미국 시애틀에서 첫번째 커피 매장을 오픈한 이래 '스타벅스 경험'을 통한 높은 고객 로열티와 브랜드 가치를 키워왔다. 매출의 70%가 미국에서 발생하며 디지털 플랫폼, 중국 시장 공략, 음료 혁신을 중심으로 한 미래 성장 전략을 보유하고 있다.

구조적 성장 스토리

✓ 중국 커피 전문점 시장의 성장 잠재력

✓ 디지털 전략을 통한 시장 트렌드 대응과 고객 로열티 향상

✓ 제품 라인업 다각화와 비대면 문화에 대한 유연한 성장 전략 보유

✓ 배당 포인트: 10년 연속 배당 증가, 5년간 연평균 20.7% 배당금 증가

리스크 요인　　중국 커피 전문점 시장의 경쟁 심화, 웰빙 트렌드로 카페인 수요 감소

글로벌 하우스 전망

■ **골드만삭스(매수, 목표 주가 $115):** 디지털화, 리워드 프로그램 강화, 온라인 배송 전략을 통해 소비자 니즈 충족. 매장 포트폴리오 최적화로 중장기 성장 기대. 중국의 매장 확장 전략이 유효하고, 코로나19 이전 수준의 실적 시현하며 회복세 진입.

■ **모건스탠리(중립, 목표 주가 $110):** 음료 혁신과 로열티 및 온라인 배송 강화 등을 기반으로 미국과 중국 시장에서 유의미한 성장 시현. 향후 판매관리비 절감 등을 통해 장기적으로 수익성 개선도 기대. 지속적인 글로벌 확장을 통한 장기 성장성 유효.

투자 포인트

1. 블루오션 중국 매장 2년 내 23% 확대 목표

중국 커피 전문점 시장 규모는 2019년 약 4조 8,000억 원으로 2023년까지 약 2배 성장 전망. 스타벅스는 중국의 폭발적 성장에 대비, 2017년 중국 합작 법인의 잔여 지분을 인수하며 중국 전역의 매장을 직영점으로 전환. 2020년 말 4,863개에서 2022년 6,000개까지 매장 확대 목표. 또한 알리바바와 파트너십을 체결, '스타벅스 딜리버리' 서비스 론칭. 1위 브랜드 가치와 핵심 경쟁력에 기반해 중국 시장 내 프리미엄 커피 브랜드로의 높은 성장 잠재력 보유.

2. 디지털 전략 통한 시장 트렌드 대응과 고객 충성도 향상

2016년 디지털 전략인 '디지털 플라이휠(Digital Flywheel)' 발표. 내용은 개인 맞춤 혜택, 빠르고 손쉬운 주문 절차, 편리한 결제, 강력한 리워드 프로그램 제공을 목표로 소비자 직접 판매 디지털 플랫폼 구축. 그 결과 모바일 가입자와 결제 횟수가 빠르게 증가하고 있으며 리워드 프로그램을 통해 고객 충성도도 향상. 언택트 문화 트렌드에 유연하게 대응해 미국 내 드라이브스루, 픽업 매장 비중을 2020년 35%에서 2023년 말 45%까지 확대한다는 목표 제시.

3. 스타벅스 브랜드 라인업 다각화로 매출 성장

2018년 네슬레에 커피 제품 판권을 매각하며 RTD(Ready-To-Drink), 가정용 커피 제품과 판매 채널 다각화 추진. 스타벅스 매장 내에서도 리저브, 테바나, 비건 등 라인업을 확대해 매출 성장 견인.

중국 커피 전문점 시장의 고성장

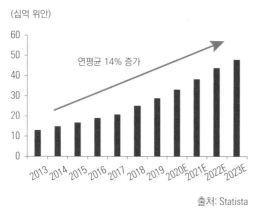

(십억 위안)

출처: Statista

리워드 로열티 회원 수 성장 추이

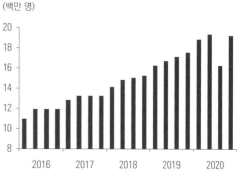

(백만 명)

출처: Starbucks

■ 팩트셋(Factset) 투자의견 컨센서스

매수 55%	중립 45%

■ 팩트셋 평균 목표 주가: $110.9(목표 주가 범위: 94.0~125.0)

■ 시장 컨센서스 대비 서프라이즈(상회) 비율(최근 3년): 75%(9/12)

■ 회사 가이던스 대비 서프라이즈(상회) 비율(최근 3년): 100%(1/1)

실적 및 밸류에이션

(9월 결산)

	2018	2019	2020	2021(E)	2022(E)
매출액(백만 달러)	24,719.9	26,501.6	23,512.5	28,546.0	30,872.4
영업이익(백만 달러)	3,859.7	3,904.6	1,516.6	4,804.1	5,702.7
영업이익률(%)	15.6	14.7	6.5	16.8	18.5
순이익(백만 달러)	4,518.3	3,599.2	928.3	3,342.1	4,050.2
잉여현금흐름(백만 달러)	8,218.0	3,240.4	114.2	3,438.2	3,881.0
성장성 지표					
매출액성장률(%)	10.4	7.2	-11.3	21.4	8.1
영업이익성장률(%)	-2.3	1.2	-61.2	216.8	18.7
순이익성장률(%)	56.6	-20.3	-74.2	260.0	21.2
배당 지표					
주당 배당금(달러)	1.26	1.44	1.64	2.06	2.15
배당성장률(%)	26.0	14.3	13.9	25.4	4.6
배당수익률(%)	2.2	1.6	1.9	1.9	2.0
배당성향(%)	38.9	49.3	208.8	72.3	62.1
밸류에이션 지표					
PER(배)	17.5	30.3	107.3	37.9	31.1
PBR(배)	63.6	-	-	-	-
ROE(%)	136.5	-	-	-	-

주요 경쟁 기업 분석

종목명	시가총액 (백만 달러)	매출성장률 (3년, %)	순이익성장률 (3년, %)	PER (배)	ROE (%)	배당수익률 (%)
Starbucks	126,924.7	1.7	-31.5	34.5	-	1.9
Nestle	310,085.0	-0.5	21.3	22.6	28.5	2.8
McDonald's	158,314.8	-5.6	-3.1	24.8	-	2.5

Zoetis(ZTS-US)
조에티스

zoetis

조에티스는 세계 1위 동물 의약품 전문 제조 기업으로, 화이자의 동물 건강 사업부에서 분할해 설립되었다. 100개국 이상에 진출했고 가축 및 반려동물에 적용되는 백신, 항감염제, 항기생충제 등 300여 개의 제품 라인업을 보유했다. 가금류를 제외한 반려동물과 소·돼지 등 가축 분야에서 글로벌 1위 기업 지위를 갖고 있으며 매출 1억 달러 이상인 블록버스터 동물 의약품 중 3분의 1 이상이 조에티스 제품이다. 2019년 기준 주요 사업부별 매출 비중은 반려동물 51%, 가축류 49%다.

구조적 성장 스토리

✓ 반려동물의 인간화 트렌드로 동물 헬스케어 시장의 구조적 성장

✓ 동물 의약품의 긴 수명 주기와 낮은 규제 리스크

✓ 검증된 연구·개발 능력 기반 신약 출시 모멘텀과 사업 영역 확대

✓ 배당 포인트: 7년 연속 배당 증가, 5년간 연평균 19.2% 배당금 증가

리스크 요인　톱 10 의약품 매출 비중이 40% 이상으로 높은 의존도, 유행병 등의 질병으로 인한 가축 수 감소, 웰빙 트렌드로 육류 소비 감소

글로벌 하우스 전망

■ **골드만삭스(매수, 목표 주가 $200):** 시장 기대보다 코로나19로부터 빠른 실적 회복. 심파리카 트리오, 레볼루션 플러스, 프로하트12 등 항기생충제 신제품 출시가 매출 성장 견인. 향후 심파리카 트리오의 개·고양이 진통제 시장점유율 확대를 위해 투자 예정.

■ **모건스탠리(중립, 목표 주가 $174):** 장기적으로 유망하나, 단기적으로는 코로나19로 인한 매출 하락이 우려. 퀄리티 높지만 밸류에이션 고평가 판단.

투자 포인트

1. 반려동물의 인간화 트렌드, 구조적으로 성장하는 동물 헬스케어 시장

반려동물을 키우는 가구가 꾸준히 증가하고, 의약 기술 발전으로 반려동물 수명이 늘어나며 동물 헬스케어 시장 성장세 지속. 주력 소비층으로 떠오르는 밀레니얼 세대는 부모 세대 대비 반려동물에 대한 지출 의지가 2배 이상 높고 진단 및 치료비 비중도 함께 늘어나는 추세여서 동물 헬스케어 시장의 구조적 성장이 지속될 전망.

2. 높은 수익성 유지 가능: 인체 의약품 대비 유연한 규제, 긴 수명 주기

동물 의약품은 인체 의약품 대비 약가 규제가 현저히 낮고 제네릭 의약품과의 경쟁 강도 또한 낮음. 아울러 신약 개발부터 허가까지 걸리는 시일이 인체 의약품의 절반에 불과한 반면 제품의 수명 주기는 상대적으로 긴 특징 보유. 조에티스 상위 23개 제품의 평균 수명은 29년에 달함. 장기적으로 수익성과 안정적인 성장 측면에서 긍정적인 산업 환경.

3. 블록버스터급 신약 출시 모멘텀과 사업 영역 확대

현재 개발 중인 신약 파이프라인이 다수 존재. 그중 2020년 론칭한 심파리카 트리오는 경쟁 약 대비 치료 가능한 범위가 넓고 경구용 제품으로 편의성을 더해 전체 기생충약 시장(40억 달러)에 11~20억 달러까지 침투할 것으로 기대되는 혁신적인 블록버스터. 또한 2018년 글로벌 동물 진단 2위 기업 아박시스를 인수하는 등 지속적인 인수·합병을 통해 진단뿐 아니라 유전자 검사, 의료기기 서비스 등으로 사업 영역을 확장하며 장기 성장동력 확보.

미국 반려동물 시장의 견조한 성장

(십억 달러)

- 사료/간식
- 의료
- 애완용품, 분양, 의약품
- 기타 서비스

연평균 7% 성장

2001 2003 2005 2007 2009 2011 2013 2015 2017

출처: American Pet Products Association

조에티스의 블록버스터 의약품 리스트

출처: Zoetis

■ 팩트셋(Factset) 투자의견 컨센서스

매수 70%	중립 30%

■ 팩트셋 평균 목표 주가: $185.0(목표 주가 범위: 159.0~210.0)

■ 시장 컨센서스 대비 서프라이즈(상회) 비율(최근 3년): 100%(12/12)

■ 회사 가이던스 대비 서프라이즈(상회) 비율(최근 3년): -

실적 및 밸류에이션

(12월 결산)

	2018	2019	2020	2021(E)	2022(E)
매출액(백만 달러)	5,825.0	6,260.0	6,675.0	7,436.5	7,993.2
영업이익(백만 달러)	1,881.0	2,018.0	2,269.0	2,882.7	3,185.2
영업이익률(%)	32.3	32.2	34.0	38.8	39.8
순이익(백만 달러)	1,428.0	1,500.0	1,638.0	2,097.9	2,356.7
잉여현금흐름(백만 달러)	1,521.0	1,428.5	1,946.5	2,174.0	2,514.7
성장성 지표					
매출액성장률(%)	9.8	7.5	6.6	11.4	7.5
영업이익성장률(%)	8.9	7.3	12.4	27.0	10.5
순이익성장률(%)	65.3	5.0	9.2	28.1	12.3
배당 지표					
주당 배당금(달러)	0.54	0.69	0.85	0.99	1.16
배당성장률(%)	22.9	27.7	22.8	16.3	17.8
배당수익률(%)	0.6	0.5	0.5	0.6	0.8
배당성향(%)	18.5	22.2	24.8	22.4	23.4
밸류에이션 지표					
PER(배)	29.2	42.5	48.4	34.6	30.7
PBR(배)	18.8	23.2	20.9	14.9	11.8
ROE(%)	72.2	61.3	50.6	43.2	38.5

주요 경쟁 기업 분석

종목명	시가총액 (백만 달러)	매출성장률 (3년, %)	순이익성장률 (3년, %)	PER (배)	ROE (%)	배당수익률 (%)
Zoetis	72,496.1	7.9	23.8	33.7	42.1	0.7
Merck	188,761.6	6.3	43.5	11.3	51.9	3.5
Elanco Animal Health	16,181.3	4.3	-	34.1	6.5	0.1

Nike(NKE-US)
나이키

나이키는 글로벌 패션 트렌드를 주도하는 독보적 1위 스포츠 의류 제조 기업으로 나이키(Nike)와 컨버스(Converse) 브랜드를 보유하고 있으며 나이키 매출 비중이 95%로 대부분을 차지한다. 주요 제품별 매출 비중은 신발 67%, 의류 30%, 장비 3% 수준이다. 매년 경쟁사 대비 압도적인 수준의 브랜드 마케팅과 투자를 하고 있으며 디자인과 개발, 마케팅 분야에 전략을 집중하는 한편, 생산은 글로벌 주문자상표부착생산(OEM) 기업에 위탁한다. 판매 국가를 다변화했으며, 지역별 매출 비중은 북미 38%, 유럽·중동·아프리카(EMEA) 25%, 중화권 18%, 아시아태평양·라틴아메리카 14% 등이다.

구조적 성장 스토리

✓ 밀레니얼 세대의 건강에 대한 관심 증가로 스포츠 의류 산업의 구조적 성장

✓ 압도적인 브랜드 인지도 보유

✓ 강력한 브랜드 파워 기반, 소비자 직접 판매(DTC)로의 성공적인 변화

✓ 배당 포인트: 18년 연속 배당 증가, 10년간 연평균 13.7% 배당금 증가

리스크 요인　　성숙 시장인 북미 매출 성장 둔화, 핵심 모델 흥행 부진, 경쟁사 아디다스의 약진

글로벌 하우스 전망

■ **골드만삭스(매수, 목표 주가 $164):** 강력한 브랜드 파워와 혁신적인 전략을 통해 지속적인 매출 성장과 수익성 개선이 가능한 몇 안 되는 기업 중 하나. 향후에도 다변화된 지역별 채널과 옴니 채널 전략을 기반으로 성장 예상. 젊은 층의 소비 파워 증가, 프리미엄 영역·여성복·일상복의 점유율 확대를 통해 높은 성장 가시성 보유.

■ **모건스탠리(매수, 목표 주가 $173):** 도매 위주의 판매 채널에서 DTC 채널로의 전환 초기 단계. 2020년 기준 DTC 매출은 전체 매출의 33% 수준. DTC 채널 매출 성장을 통해 주당순이익(EPS)이 5년간 연평균 26% 성장할 것으로 예상.

투자 포인트

1. 글로벌 1위 브랜드 인지도와 로열티

글로벌 1위 스포츠 의류 브랜드로서 압도적인 연구·개발 투자와 마케팅으로 시장 포지셔닝 강화. 제품 경쟁이 치열한 시장에서 농구(마이클 조던), 골프(타이거 우즈) 등 종목별 스타 마케팅을 통해 1위 스포츠 브랜드 인지도 구축. 타 브랜드와의 한정판 콜라보레이션 제품 출시 및 혁신 기술을 기반으로 한 다양한 신제품 출시로 경쟁력을 입증하며 브랜드 로열티를 높이고 있음.

2. 성공적인 DTC 채널 전략으로 경쟁력 강화

나이키의 유통 채널은 도매와 DTC로 구분. 도매는 풋락커, JD스포츠 등 중간 유통상에 제품을 공급하는 반면, DTC는 소비자에게 직접 판매하는 형태로 디지털(온라인) 판매와 직영점 매출로 구성. 2017년 트리플-더블 전략으로 혁신·스피드·DTC 두 배 확대 목표 제시. 이후 DTC 채널이 고성장하며 2015년 23%에서 2020년 30%대 중반까지 매출 비중 상승. 전략적인 직접 판매 확대는 매출 증대와 수익성 개선으로 이어져 성장에 매우 긍정적.

3. 고성장하는 중국 스포츠 의류 시장에서 구조적 수혜

중국 스포츠 의류 시장은 지난 5년간 연평균 11.3% 성장하며 글로벌 평균인 6.7% 상회. 소득 증가와 밀레니얼의 건강에 대한 관심 증가로 스포츠 및 레저 제품 수요 견조. 나이키는 강력한 브랜드 파워를 기반으로 중국 스포츠 의류(점유율 23%)와 신발(11%) 시장에서 점유율 1위를 기록해 향후 중국 시장 성장에서 구조적 수혜 전망.

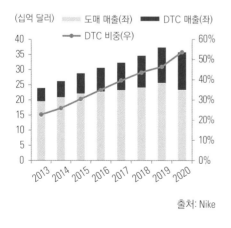

DTC 매출 비중 확대

출처: Nike

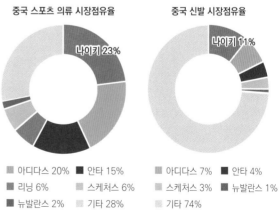

중국 스포츠 의류 및 신발 시장점유율 1위

출처: Euromonitor

■ 팩트셋(Factset) 투자의견 컨센서스

매수 88%	중립 9%

매도 3% ⌐

■ 팩트셋 평균 목표 주가: $166.2(목표 주가 범위: 140.0~185.0)

■ 시장 컨센서스 대비 서프라이즈(상회) 비율(최근 3년): 75%(9/12)

■ 회사 가이던스 대비 서프라이즈(상회) 비율(최근 3년): -

실적 및 밸류에이션

(5월 결산)

	2018	2019	2020	2021(E)	2022(E)
매출액(백만 달러)	36,363.0	39,122.0	37,420.0	43,305.4	48,205.2
영업이익(백만 달러)	4,500.0	4,724.0	2,770.0	5,834.8	7,249.6
영업이익률(%)	12.4	12.1	7.4	13.5	15.0
순이익(백만 달러)	1,933.0	4,029.0	2,539.0	4,813.8	6,139.9
잉여현금흐름(백만 달러)	3,443.8	4,450.0	1,265.0	5,185.9	5,523.5
성장성 지표					
매출액성장률(%)	6.2	7.6	-4.4	15.7	11.3
영업이익성장률(%)	4.3	5.0	-41.4	110.6	24.2
순이익성장률(%)	-54.4	108.4	-37.0	89.6	27.5
배당 지표					
주당 배당금(달러)	0.78	0.86	0.96	1.04	1.16
배당성장률(%)	11.4	10.3	11.0	8.8	11.7
배당수익률(%)	1.1	1.1	1.0	0.7	0.8
배당성향(%)	66.7	34.5	59.9	34.3	29.6
밸류에이션 지표					
PER(배)	61.4	31.0	61.8	46.3	35.9
PBR(배)	11.7	13.4	19.1	13.0	10.0
ROE(%)	17.4	42.7	29.7	28.1	28.0

주요 경쟁 기업 분석

종목명	시가총액 (백만 달러)	매출성장률 (3년, %)	순이익성장률 (3년, %)	PER (배)	ROE (%)	배당수익률 (%)
NIKE	221,416.4	3.0	-15.7	37.7	28.0	0.8
adidas	71,513.9	-1.9	-32.1	36.4	21.2	1.2
ANTA Sports Products	42,989.3	30.9	20.8	34.2	26.6	1.1

Medtronic(MDT-US)
메드트로닉

Medtronic

메드트로닉은 글로벌 1위 의료기기 제조 기업으로 150여 개국에서 심장박동기, 당뇨 의료기기, 혈관 스텐트 등 다양한 의료기기를 판매한다. 심장과 혈관, 최소 침습 치료 분야에서 세계 시장을 선도하고 있다. 1949년 설립 후 지속적인 인수·합병을 통해 사업 영역을 확장해왔다. 2015년 수술용 제품과 인공호흡기 전문 기업인 코비디엔 인수에 성공하면서 존슨앤드존슨을 제치고 세계 1위 의료기기 기업에 등극했다. 폭넓은 사업 부문을 보유하고 있으며 사업 부문별 매출 비중은 심혈관 치료 36%, 최소 침습 치료 30%, 재건 치료 27%, 당뇨 치료 7% 등이다. 지역별 매출 비중은 미국 53%, 기타 선진국 32%, 신흥 시장 15% 수준이다.

구조적 성장 스토리

✔ 지속적인 혁신 제품 출시로 신성장동력 발굴

✔ 수술 로봇 출시로 의료기기 생태계 확장

✔ 안정적인 현금흐름 기반 적극적인 인수·합병, 연구·개발, 배당 정책

✔ 배당 포인트: 43년 연속 배당 증가, 43년간 연평균 17% 배당금 증가

리스크 요인	코로나19 장기화에 따른 실적 부진, 신제품 개발 지연, 경쟁 심화
글로벌 하우스 전망	■ **모건스탠리(매수, 목표 주가 $140):** 2021년 코로나19 이후 회복에 주력. 중장기적으로 매년 5% 성장 가능한 기업. 신규 파이프라인 제품 출시와 인수·합병을 통한 성장 지속. 2020년 4월 취임한 CEO 제프 마르타는 일시적 대량 구매를 반복 구매로 전환해 실적 지속성 향상에 힘쓰며 비용 감축을 통한 연구·개발 투자 증가로 경쟁력 강화 노력. ■ **골드만삭스(중립, 목표 주가 $119):** 코로나19 재확산으로 인해 3분기 실적 가이던스를 소폭 하향 조정. 시장점유율은 존슨앤드존슨의 수술 로봇 출시 지연과 보스턴 사이언티픽의 경피적 대동맥 판막 치환술(TAVR) 시장 철수에 따라 확대 예상. 반면 당뇨 부문은 지속적인 경쟁 심화로 실적 부진 예상.

투자 포인트

1. 지속적인 혁신 제품 출시로 신성장동력 발굴

글로벌 1위 의료기기 제조 기업으로 꾸준히 혁신 제품을 개발해 성장동력 창출. 현재 성장을 견인하는 사업은 경피적 대동맥 판막 치환술, 심방세동 치료, 당뇨 관리, 신경혈관 치료, 최소 침습적 수술. 압도적인 연구·개발 투자를 통해 다양한 분야에서 의료기기 기술 발전을 선도하고 있으며 2020년에도 180건이 넘는 신규 제품 허가를 통해 미래 성장동력 강화.

2. 수술 로봇 플랫폼 출시로 생태계 확장

인튜이티브 서지컬의 다빈치와 유사한 복강경 로봇 수술 플랫폼 휴고를 개발 중이며 2021년 1분기에 유럽 CE 인증 심사와 미국 FDA 임상시험 허가서 제출 예정. 존슨앤드존슨의 수술 로봇 출시 지연으로 톱 2의 독과점적 시장이 될 것으로 예상. 매년 5,000만 건의 수술 중 2%만이 로봇 수술로 진행되어 향후 시장 침투 기회 큼.

3. 안정적인 현금흐름 기반 43년 연속 배당금 증대 기록

2020년 투자자의 날 행사를 통해 연간 유기적 매출 성장 가이던스를 4%에서 5%로 상향. 현금흐름이 매우 안정적이며 잉여현금흐름을 인수·합병과 연구·개발, 배당금에 적극 활용. 2020년에만 10월까지 누적 16억 달러 규모의 인수·합병을 진행했을 만큼 적극적인 인수·합병 전략을 통해 사업 영역을 확장하고 있고, 연간 25억 달러의 연구·개발 투자로 신성장동력 발굴. 43년 연속 배당금을 증가할 만큼 적극적인 주주 환원 정책을 시행.

2020년 180여 종의 신제품 허가 획득

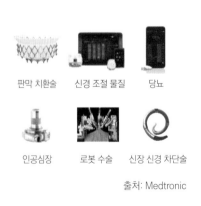

출처: Medtronic

43년 연속 배당금 증가

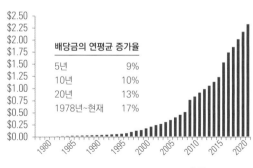

출처: Medtronic

■ 팩트셋(Factset) 투자의견 컨센서스

매수 81%	중립 19%

■ 팩트셋 평균 목표 주가: $131.1(목표 주가 범위: 119.0~150.0)
■ 시장 컨센서스 대비 서프라이즈(상회) 비율(최근 3년): 92%(11/12)
■ 회사 가이던스 대비 서프라이즈(상회) 비율(최근 3년): 75%(3/4)

실적 및 밸류에이션

(4월 결산)

	2018	2019	2020	2021(E)	2022(E)
매출액(백만 달러)	29,953.0	30,557.0	28,913.0	30,058.2	32,637.5
영업이익(백만 달러)	6,646.0	7,099.0	5,616.0	7,178.1	9,352.0
영업이익률(%)	22.2	23.2	19.4	23.9	28.7
순이익(백만 달러)	3,104.0	4,631.0	4,789.0	5,905.9	7,789.8
잉여현금흐름(백만 달러)	3,616.0	5,873.0	6,249.5	4,510.5	7,113.6
성장성 지표					
매출액성장률(%)	0.8	2.0	-5.4	4.0	8.6
영업이익성장률(%)	1.1	6.8	-20.9	27.8	30.3
순이익성장률(%)	-22.9	49.2	3.4	23.3	31.9
배당 지표					
주당 배당금(달러)	1.84	2.00	2.16	2.27	2.40
배당성장률(%)	7.0	8.7	8.0	4.9	5.7
배당수익률(%)	2.3	2.3	2.2	1.9	2.0
배당성향(%)	81.1	58.7	60.9	52.0	41.6
밸류에이션 지표					
PER(배)	35.8	25.6	28.0	27.3	20.6
PBR(배)	2.2	2.3	2.6	3.2	3.1
ROE(%)	6.2	9.2	9.5	11.6	14.9

주요 경쟁 기업 분석

종목명	시가총액 (백만 달러)	매출성장률 (3년, %)	순이익성장률 (3년, %)	PER (배)	ROE (%)	배당수익률 (%)
Medtronic	160,164.5	-0.9	5.9	21.3	14.5	2.0
Stryker	90,574.1	4.9	16.2	25.9	22.0	1.1
Boston Scientific	55,056.9	3.1	-	24.4	13.3	-

Stryker(SYK-US)
스트라이커

stryker®

스트라이커는 메드트로닉, 존슨앤드존슨, 애보트에 이은 글로벌 4위 규모의 의료기기 제조 기업이다. 정형외과에 특화되어 인공관절 및 인공관절 수술용 로봇 마코(MAKO), 스텐트, 척추 임플란트 등 6만 개가 넘는 의료기기 제품을 판매하고 있다. 2020년 족부 관절 시장을 70% 이상 점유한 라이트메디컬그룹을 인수하며 글로벌 족부 관절과 어깨 관절, 팔꿈치 관절 시장에 진출했다.

구조적 성장 스토리

✔ 적극적인 인수·합병에 기반해 정형외과 의료기기 선두 기업 등극
✔ 인구 고령화에 따른 인공관절 시장의 구조적 성장
✔ 관절 수술 로봇을 통한 미래 성장동력 확보
✔ 배당 포인트: 11년 연속 배당 증가, 10년간 연평균 14.1% 배당금 증가

리스크 요인 인공관절 시장 경쟁 심화, 라이트 인수에 따른 재무 부담, 대체 치료술 개발로 인공관절 시장의 성장 둔화

글로벌 하우스 전망
- **모건스탠리(매수, 목표 주가 $265):** 최근 분기는 회복세 반영. 매출은 시장 컨센서스보다 약간 떨어졌음. 예상대로 정형외과와 신경기술·척추 부문 매출이 안 좋았지만 수술 기기 부문 매출 성장이 두드러지면서 상쇄함. 미국 무릎 관절 시장의 성장 추세는 계속될 것으로 전망되며, 스트라이커는 산업 내 선두 주자가 될 것으로 기대.
- **JP모간(매수, 목표 주가 $265):** 의료 기술 부문에서 이미 높은 성장을 이루었지만 코로나19에 큰 타격을 받은 대표 기업임. 그러나 마코 등 의료 부문의 견고한 수요 회복세로 빠른 실적 반등 시현. 2021년은 라이트와의 사업부 통합이 관건. 과거 5년간 20건이 넘는 인수·합병과 경영진의 경영 능력으로 보아 시너지 창출 가능할 것으로 전망.

투자 포인트

1. 적극적인 인수·합병으로 정형외과 의료기기 선두 기업으로 성장

단순 의료기기 판매에서 적극적인 인수·합병을 통해 정형외과 의료기기 시장의 리더로 성장. 지난 10년간 30개 이상의 의료기기 기업을 인수, 2020년 6만 종이 넘는 제품을 판매하는 종합 의료기기 기업으로 거듭남. 2020년에는 코로나19 영향으로 매출이 감소했으나 2019년까지 무려 40년 연속 매출이 성장함. 이는 인구 고령화에 따른 정형외과 의료기기, 특히 인공관절 시장의 구조적 성장과 적극적인 인수·합병 전략에 기인.

2. 라이트 인수 통해 인공관절 포트폴리오 확장

정형외과 부문에서도 특히 인공관절에 강점 보유. 75억 달러 규모의 무릎 관절 시장 점유율 2위(26%)와 60억 달러 규모의 고관절 시장 점유율 3위(25%). 2020년 라이트 인수로 23억 달러 규모의 족부 관절 시장(점유율 70% 이상)과 27억 달러 규모의 어깨·팔꿈치 관절 시장에도 진출, 핵심 사업 포트폴리오 확장.

3. 관절 수술 로봇 마코의 성장 기대

마코는 2013년 인수한 관절 수술 로봇. 인수 이후 마코를 자사의 인공관절 제품들과 연동하고 임상 실험을 통해 효능을 입증하면서 도입하려는 병원 급증. 2006년 출시 후 2020년 3분기까지 세계에 설치된 마코가 1,000대를 상회할 만큼 관절 수술 분야에서 침투율을 높이고 있음. 라이트 인수로 수술 적용 범위 확대 전망.

2019년까지 40년 연속 매출 성장 기록

(십억 달러)

149억 달러

40년 이상
연평균 매출
16.2% 성장

40년 연속
매출 성장

2019
출처: Stryker

마코의 침투율 확대

출처: Stryker

■ 팩트셋(Factset) 투자의견 컨센서스

매수 52%	중립 41%	매도 7%

■ 팩트셋 평균 목표 주가: $251.6(목표 주가 범위: 210.0~275.0)

■ 시장 컨센서스 대비 서프라이즈(상회) 비율(최근 3년): 100%(12/12)

■ 회사 가이던스 대비 서프라이즈(상회) 비율(최근 3년): 100%(9/9)

**핵심
투자 지표**

실적 및 밸류에이션 (12월 결산)

	2018	2019	2020	2021(E)	2022(E)
매출액(백만 달러)	13,601.0	14,884.0	14,351.0	17,098.7	18,333.5
영업이익(백만 달러)	3,104.0	3,388.0	2,949.0	4,394.8	4,920.2
영업이익률(%)	22.8	22.8	20.5	25.7	26.8
순이익(백만 달러)	3,553.0	2,083.0	1,599.0	3,450.1	3,921.3
잉여현금흐름(백만 달러)	1,633.5	1,542.0	2,646.0	2,471.7	2,965.7
성장성 지표					
매출액성장률(%)	9.3	9.4	-3.6	19.1	7.2
영업이익성장률(%)	12.2	9.1	-13.0	49.0	12.0
순이익성장률(%)	248.3	-41.4	-23.2	115.8	13.7
배당 지표					
주당 배당금(달러)	1.93	2.14	2.36	2.49	2.77
배당성장률(%)	10.6	10.6	10.3	5.8	11.3
배당수익률(%)	1.2	1.0	1.0	1.0	1.2
배당성향(%)	20.7	38.9	56.0	27.5	27.0
밸류에이션 지표					
PER(배)	16.8	38.3	58.3	26.5	23.4
PBR(배)	5.0	6.1	7.0	5.9	5.1
ROE(%)	32.8	17.0	12.4	22.1	21.7

주요 경쟁 기업 분석

종목명	시가총액 (백만 달러)	매출성장률 (3년, %)	순이익성장률 (3년, %)	PER (배)	ROE (%)	배당수익률 (%)
Stryker	90,574.1	4.9	16.2	25.9	22.0	1.1
Johnson & Johnson	420,180.0	2.6	124.5	16.5	29.8	2.7
Medtronic	160,164.5	-0.9	5.9	21.3	14.5	2.0

Abbvie(ABBV-US)
애브비

abbvie

애브비는 글로벌 제약사로 면역질환 치료제, 항암제, C형 간염 치료제 등을 개발·상업화한다. 대표적인 제품은 2020년 약 200억 달러의 매출을 기록한 블록버스터 자가면역질환 치료제 휴미라이며, 이 외에 다양한 암종과 자가면역질환 치료제 파이프라인을 보유하고 있다. 휴미라 바이오시밀러(바이오 복제약) 출시(유럽 2018년 10월, 미국 2023년 예정)에 따른 경쟁 심화로 매출 감소가 예상되나 자가면역질환 부문 신약인 건선 치료제 스카이리지와 경구용 류머티즘 치료제 린보크의 성장으로 점차 상쇄될 것으로 전망된다. 2020년 보톡스로 유명한 제약사 앨러간을 인수하며 제품 포트폴리오를 다변화했다.

구조적 성장 스토리

✓ 자가면역질환 신약인 스카이리지와 린보크의 높은 성장 잠재력

✓ 자가면역질환 치료제에 이어 항암제로 포트폴리오 다각화

✓ 앨러간 인수로 미용 분야 제품 포트폴리오 확보

✓ 배당 포인트: 8년 연속 배당 증가, 5년간 연평균 18.2% 배당금 증가

리스크 요인	휴미라 매출 감소, 경쟁사 길리어드의 필고티닙 허가(2020년 허가 실패로 2년 이상 지연), 차세대 신약 성장 둔화, 임상 실패
글로벌 하우스 전망	■ **모건스탠리(매수, 목표 주가 $116):** 화이자의 젤잔스 안전성 관련 업데이트를 반영해 린보크 매출 전망 하향 조정. 휴미라의 매출 하락세와 신제품 효능이 리스크였으나 스카이리지 출시로 긍정적인 실적 모멘텀 기대. 기존 약품의 적용 범위 확대와 2023~2024년 신제품 매출 상승이 휴미라 매출 감소를 상쇄할 것으로 전망되어 컨센서스 상회하는 실적 기대. ■ **JP모간(매수, 목표 주가 $135):** 면역 포트폴리오의 구조적 성장, 미용 포트폴리오의 강한 회복세, 신약들의 높은 성장세가 예상되어 제약 최선호 종목 중 하나로 제시.

투자 포인트　1. 자가면역질환 신약에서 큰 성장 잠재력 확보

2019년 자가면역질환 신약인 스카이리지와 린보크를 성공적으로 출시. 2025년 두 신약의 합산 매출은 약 150억 달러로 휴미라 대비 의미 있는 수준으로 성장 전망. 신규 제품의 고성장으로 높은 단일 제품 의존도(2020년 휴미라 비중 43%) 완화 전망.

2. 다수의 항암제로 포트폴리오 다각화

블록버스터 혈액암 항암제 임브루비카와 벤클렉스타의 적응증 확대, 후속 혈액암 치료제인 나비토클락스 출시 기대. 초기 단계 유망 항암제 파이프라인도 다수 존재. 또한 2020년 독일 젠맙 및 중국 아이맵과 항암제 파이프라인 권리 인수 계약을 체결, 향후 3~5년 내 상업화 예상. 다양한 항암제 라인업 강화로 포트폴리오 다각화 기대.

3. 앨러간 인수로 성장 잠재력 큰 미용 산업에 진출

2020년 5월, 글로벌 1위 보톡스(점유율 85%) 제조 기업인 앨러간 인수. 이후 코로나19 타격으로 매출이 부진했으나 코로나19 완화 시 매출 정상화 예상. 인구 고령화로 미용 목적의 지출이 증가함에 따라 보톡스 매출은 구조적으로 성장할 것으로 전망.

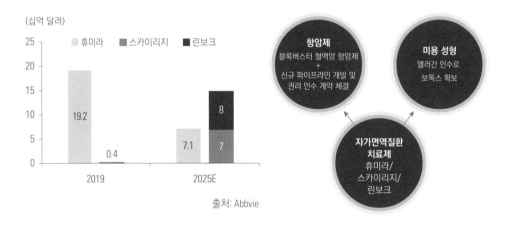

휴미라 매출 감소분을 신약 출시로 상쇄　　　　　항암제, 미용 성형으로 포트폴리오 다각화

출처: Abbvie

■ 팩트셋(Factset) 투자의견 컨센서스

매수 77%	중립 23%

■ 팩트셋 평균 목표 주가: $117.8(목표 주가 범위: 97.0~135.0)
■ 시장 컨센서스 대비 서프라이즈(상회) 비율(최근 3년): 92%(11/12)
■ 회사 가이던스 대비 서프라이즈(상회) 비율(최근 3년): 88%(7/8)

실적 및 밸류에이션

(12월 결산)

	2018	2019	2020	2021(E)	2022(E)
매출액(백만 달러)	32,753.0	33,266.0	45,804.0	55,308.7	58,824.6
영업이익(백만 달러)	12,138.0	13,915.0	15,630.0	27,514.9	29,837.6
영업이익률(%)	37.1	41.8	34.1	49.7	50.7
순이익(백만 달러)	5,657.0	7,842.0	4,556.0	22,082.9	24,359.3
잉여현금흐름(백만 달러)	11,844.0	12,772.0	16,813.0	21,421.1	24,096.3
성장성 지표					
매출액성장률(%)	16.1	1.6	37.7	20.8	6.4
영업이익성장률(%)	14.9	14.6	12.3	76.0	8.4
순이익성장률(%)	7.1	38.6	-41.9	384.7	10.3
배당 지표					
주당 배당금(달러)	3.95	4.39	4.84	5.16	5.46
배당성장률(%)	50.2	11.1	10.3	6.5	5.9
배당수익률(%)	4.3	5.0	4.5	4.8	5.0
배당성향(%)	107.9	83.1	177.7	41.8	40.0
밸류에이션 지표					
PER(배)	25.2	16.8	39.3	8.8	7.9
PBR(배)	18.2	17.5	14.5	21.3	9.4
ROE(%)	-	-	185.8	243.4	119.0

주요 경쟁 기업 분석

종목명	시가총액 (백만 달러)	매출성장률 (3년, %)	순이익성장률 (3년, %)	PER (배)	ROE (%)	배당수익률 (%)
AbbVie	191,103.7	17.5	-4.8	8.6	199.5	4.8
Roche Holding	284,811.5	4.7	20.2	15.4	37.5	3.1
Novartis	206,743.5	-0.3	1.6	13.0	24.4	4.0

Home Depot(HD-US)
홈디포

홈디포는 건축 자재, 도구, 원예 및 인테리어 전반의 제품을 판매하는, 관련 분야 미국 1위 소매 체인이다. 미국, 캐나다, 멕시코 등에서 2,300여 개 매장을 운영하고 있고, 매출의 90% 이상을 미국에서 올린다. B2C와 B2B 사업을 모두 영위하며, 고객은 크게 DIY(Do It Yourself: 제품 구입 후 직접 작업) 고객, DIFM(Do It For Me: 제품 구매와 동시에 작업 서비스까지 요청) 고객, MRO 등 법인 고객으로 구성된다.

구조적 성장 스토리

✔ 미국 주택 노후화와 밀레니얼의 DIY 인테리어 관심 증가로 홈 인테리어 시장의 성장
✔ 온라인·오프라인 통합 전략으로 이커머스 시대 대응
✔ 안정적 현금흐름 기반 배당금 지급과 자사주 매입으로 적극적 주주 환원 시행
✔ 배당 포인트: 11년 연속 배당 증가, 10년간 연평균 20.2% 배당금 증가

리스크 요인　2위 기업 로우스의 약진, 아마존 등 이커머스 기업들의 홈 인테리어 시장 침투, 코로나19 완화 이후 단기 홈 인테리어 수요 감소

글로벌 하우스 전망
- **JP모간(매수, 목표 주가 $285):** 코로나19로 인테리어 DIY 수요 급증. 기업향 매출이 부진했지만 이후 회복 추이 보이며 경쟁사 로우스와의 성장률 격차가 다시 확대될 것으로 예상. 장기적으로 시장의 과점화, 상대적으로 높은 진입장벽, 탄탄한 재무 구조와 높은 수익성을 기반으로 구조적 성장 예상.
- **모건스탠리(매수, 목표 주가 $320):** 코로나19로 2020년에 이례적으로 높은 실적 성장을 기록했지만 향후 2년도 이익 성장 지속 전망. 2021년 매출은 3% 감소할 것으로 예상되나 코로나19 관련 인건비 등 비용 감소, 옴니 채널 전략 관련 투자 감소로 이익은 개선될 것. 경제 정상화에 따른 홈 인테리어 시장의 성장 지속 전망.

투자 포인트

1. 미국 주택 노후화로 홈 인테리어 수요의 구조적 성장

미국은 40년 이상 노후 주택 비중이 52%로 높고 주택 공급 부족으로 리모델링과 홈 인테리어 수요 견조. 또한 미국 베이비부머의 자가 수리 문화와 밀레니얼 세대의 인테리어 DIY 선호 추세로 홈디포 매출도 견조한 성장 지속. 미국 시장점유율 약 40%의 1위 기업으로 규모의 경제에 기반해 타 유통 기업 대비 높은 이익률 유지 긍정적.

2. 온라인·오프라인 통합 전략으로 이커머스 시대 대응

소비의 온라인화 트렌드에 발맞춰 온라인·오프라인 통합 전략 발표. 홈디포가 취급하는 제품은 주로 직접 보고 구매해야 하는 특성 때문에 아마존 등 이커머스 기업의 침투율이 상대적으로 낮아 높은 시장점유율 유지 가능. 미국 전역에 있는 오프라인 매장을 활용, 옴니 채널 전략으로 온라인 매출을 빠르게 늘려 2020년 3분기 기준 비중을 13%까지 확대. 소비 트렌드 변화에 유연하게 대응하며 안정적인 성장 전망.

3. 안정적 현금흐름 기반 배당금 상향과 꾸준한 자사주 매입

2020 회계연도까지 11년 연속 동일 점포 매출이 플러스 성장을 기록할 정도로 견조한 성장 지속. 안정적 현금흐름을 기반으로 10년 연속 배당금이 상승했으며 꾸준한 자사주 매입으로 적극적인 주주 환원 정책 시행.

미국의 주택 노후화로 인테리어 관련 소비 증가

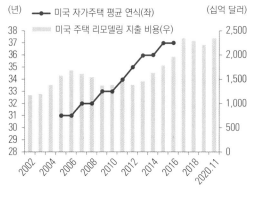

출처: Bloomberg, ACS, NAHB

홈디포 점포 수와 동일 점포 매출 증가율 추이

출처: Home Depot

■ 팩트셋(Factset) 투자의견 컨센서스

매수 71%	중립 26%	

매도 3%

■ 팩트셋 평균 목표 주가: $311.0(목표 주가 범위: 245.0~355.0)

■ 시장 컨센서스 대비 서프라이즈(상회) 비율(최근 3년): 92%(11/12)

■ 회사 가이던스 대비 서프라이즈(상회) 비율(최근 3년): -

핵심
투자 지표

실적 및 밸류에이션 (1월 결산)

	2018	2019	2020	2021	2022(E)
매출액(백만 달러)	100,904.0	108,203.0	110,225.0	132,110.0	135,017.2
영업이익(백만 달러)	14,851.0	15,777.0	15,843.0	18,278.0	19,119.8
영업이익률(%)	14.7	14.6	14.4	13.8	14.2
순이익(백만 달러)	8,630.0	11,121.0	11,242.0	12,866.0	13,428.9
잉여현금흐름(백만 달러)	10,134.0	10,596.0	11,045.0	16,376.0	13,372.3
성장성 지표					
매출액성장률(%)	6.7	7.2	1.9	19.9	2.2
영업이익성장률(%)	10.3	6.2	0.4	15.4	4.6
순이익성장률(%)	8.5	28.9	1.1	14.4	4.4
배당 지표					
주당 배당금(달러)	3.56	4.12	5.44	6.00	6.10
배당성장률(%)	29.0	15.7	32.0	10.3	2.2
배당수익률(%)	1.7	2.2	2.4	2.2	2.2
배당성향(%)	48.8	42.3	53.1	50.3	48.3
밸류에이션 지표					
PER(배)	28.4	18.9	22.3	22.7	21.5
PBR(배)	165.0	139.7	173.6	88.5	113.5
ROE(%)	298.3	-	-	14,061.2	513.5

주요 경쟁 기업 분석

종목명	시가총액 (백만 달러)	매출성장률 (3년, %)	순이익성장률 (3년, %)	PER (배)	ROE (%)	배당수익률 (%)
Home Depot	294,019.7	5.2	12.2	21.3	559.3	2.3
Lowe's	125,403.1	3.5	11.7	17.4	229.9	1.4
Wayfair	32,758.6	44.2	-	101.4	-	-

6장

테마 3.
성장하는 금융상품, ETF

21세기 최고의 금융상품으로 불리는 ETF(Exchange Traded Fund)는 1990년 캐나다에서 출시되었다. 이후 폭발적으로 성장해 2020년 말 기준 세계 ETF 운용자산 규모는 7조 7,000억 달러이며, 등록 상품은 7,600개가 넘는다. 2005년 대비 무려 18배나 증가했다. 같은 기간 세계 주식시장의 시가총액이 2.5배 증가한 것과 대비된다. 2020년에도 세계 ETF 시장은 연간 기준 역사상 가장 큰 규모인 7,759억 달러의 자금이 순유입되며 고성장했다. 글로벌 1위 ETF 운용사인 블랙록은 이 시장이 2023년 12조 달러에서 2027년 25조 달러까지 견조하게 성장할 것으로 전망했다.

ETF가 다양해지면서 비중도 확대

ETF가 주식시장에 미치는 영향력도 확대되고 있다. 2020년 말 기준 세계 주식시장 내 주식형 ETF의 비중은 7%로 10년 전 2.5%에 비해 크게 상승했다. 이는 개별 주식의 수급에 ETF의 영향력이 계속 확대되는 것을 의미한다. 한국은 2020년 일평균 주식 거래 대금 대비 주식형 ETF 거래 대금의 비중이 20% 가까이 높아졌다. 미국 보스턴연방은행에서도 인버스, 레버리지 ETF가 증시 변동성을 높인다는 연구 보고서를 발간한 바 있다.

그뿐만 아니라 액티브·테마형 ETF가 출시되고 투자 전략과 대상(테마)이 세분화되면서 관련 산업과 투자 종목에 대한 영향력이 커지는 추세다. 최근 글로벌 액티브 ETF 시장을 주도하고 있는 ARK 인베스트가 다음 혁신 테마로 우주를 선정하고 미국증권거래위원회(SEC)에 우주 관련 테마 ETF 승인 요청을 보냈다는 소식을 발표하자, 미국뿐만 아니라 한국의 관련 업종과 종목이 급등한 사례는 이러한 영향력을 잘 보여준다. ARK 인베스트가 ETF에 편입·편출하는 종목이 연일 화제가 되며 주가가 등락하는 것도 같은 맥락이다.

ETF 시장에서도 세계 1위는 미국이다. 세계 ETF 시장에서 미국이 차지하는 비중은 67%로 압도적이다. 상품의 다양성 측면에서도 비교되는데, 한국은 코스피

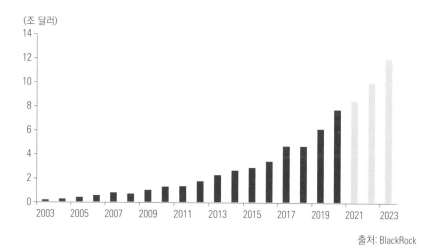

그림 6-1. 글로벌 ETF 운용자산 규모(2003~2023년)

(조 달러)

출처: BlackRock

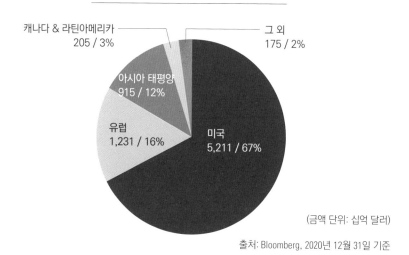

그림 6-2. 지역별 ETF 운용자산 규모와 비중

캐나다 & 라틴아메리카
205 / 3%

그 외
175 / 2%

아시아 태평양
915 / 12%

유럽
1,231 / 16%

미국
5,211 / 67%

(금액 단위: 십억 달러)

출처: Bloomberg, 2020년 12월 31일 기준

200, 코스닥150 등 지수형 ETF가 전체 ETF 거래에서 차지하는 비중이 90%로 매우 높은 반면, 미국은 섹터형, 해외 투자형, 테마형 등 다양한 유형의 ETF가 고르게 성장하고 있다. 미국도 ETF 도입 초기이던 2000년에는 지수형 ETF의 비중이 92%에 달했으나 2020년 말 기준 49%까지 하락했고 투자자의 니즈에 맞는 다양한 상품이 출시되고 있다.

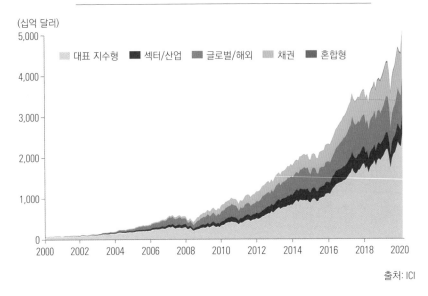

그림 6-3. 미국 ETF 상품과 전략별 운용자산 규모(2000~2020년)

(십억 달러)

대표 지수형　■ 섹터/산업　■ 글로벌/해외　채권　■ 혼합형

출처: ICI

ETF 자산에 대한 높은 투자 선호도는 지속될 것으로 예상된다. 미국 금융 회사 브라운 브러더스 해리먼의 2020년 조사에서는 향후 12개월 내에 ETF 투자 금액을 늘리겠다고 응답한 글로벌 투자자가 무려 69%에 달했다(표본 기관투자가 300곳).

ETF의 성장과 향후 잠재력엔 이유가 있다

글로벌 시장에서 ETF가 견조한 성장을 이어오며 주목받는 이유는 분명하다.

첫째, 액티브 펀드의 상대적 부진이다. ETF는 펀드매니저가 고유의 종목 선정 능력으로 주식을 편입해 운용하는 액티브 펀드의 자금을 상당 부분 빼앗아 오고 있다. 특히 저성장이 본격화된 글로벌 금융위기 이후 액티브 펀드의 성과 부진에 실망해 ETF를 포함한 패시브 펀드로의 자금 유입이 촉진되었다. 지난 20여 년간 미국 내 글로벌 주식형 액티브 펀드가 패시브 펀드를 이긴 것은 수차례에 불과했고, 수익률 산정 기간이 길수록 액티브 펀드의 승률은 더욱 떨어졌다. [그림 6-4]에서 확인할 수 있듯이, 액티브 펀드와 ETF의 자금흐름은 눈에 띄게 차별화된다.

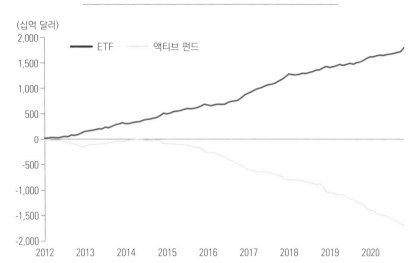

그림 6-4. 액티브 펀드와 ETF의 순유입액(2012~2020년)

1996년 이후 미국 ETF 시장에서는 자금이 유출된 적이 단 한 차례도 없다.

둘째, 글로벌 주요 운용 주체의 전략 변화와 채권 시장의 성장 잠재력이다. 2008년에서 2018년까지 글로벌 운용 자금의 30% 이상을 차지하는 연기금 포트폴리오에서 패시브 운용이 차지하는 비중은 2배 이상 증가했다. 여기에 패시브 운용 포트폴리오 비중이 높은 글로벌 국부 펀드의 고성장과, 주식시장의 규모를 크게 상회하는 글로벌 채권 시장에서의 ETF 상품 확대도 시장 성장의 주요 동인이다.

표 6-1. ETF의 장점

장점	내용
투명성	ETF 구성 종목 내역과 순자산가치 등이 매일 공표
저비용	일반 뮤추얼 펀드와 인덱스 펀드 대비 평균적으로 낮은 운용 보수
분산 투자	분산 투자 효과로 투자 위험 축소
다양성	해외 주식, 채권, 원자재 등 다양한 자산에 대한 투자 기회 제공
환금성	주식과 같이 실시간 매매와 T+2일 출금 가능

셋째, ETF 상품 고유의 장점이다. ETF는 기존 펀드 대비 운용의 투명성, 저비용, 분산 투자 효과, 접근성 낮은 상품(신흥국 주식, 채권, 금 등)에 대한 투자 기회 제공, 높은 환금성 등 다양한 상대적 이점을 보유하고 있다.

액티브 ETF와 테마형 ETF 등장

최근 ETF 시장은 액티브 ETF와 테마형 ETF의 등장으로 한 단계 더 도약하고 있다. ETF 출시 초기에는 S&P500, MSCI 세계 지수 등 대표 시장 지수를 추종하는 패시브형 ETF 상품이 주류를 이루었다. 그러나 최근 ETF 시장에서는 한 가지 흥미로운 현상이 관찰된다. ETF라는 투자 수단이 지수 혹은 업종의 수익만 추구하는 패시브의 전유물에서 벗어나고 있다는 사실이다. 주식 투자 수익은 베타(전통 지수), 스마트베타(배당, 성장, 가치, 동일가중 등), 알파(펀드매니저 고유의 능력)로 분해된다. 그런데 2010년대 이후로는 단순 베타 수익을 넘어 초과수익을 창출하려는 투자자 니즈가 증가함에 따라 스마트베타 ETF의 인기가 높아졌다. 더 나아가 이제는 스마트베타에서 나오는 초과수익을 넘어, 펀드매니저 고유의 통찰력과 종목 선택 능력으로 창출되는 알파를 원하는 ETF 투자자가 늘고 있다. 테마형 ETF와 액티브 ETF가 등장한 배경이다.

그림 6-5. ETF 투자자의 수익 추구 트렌드 변화

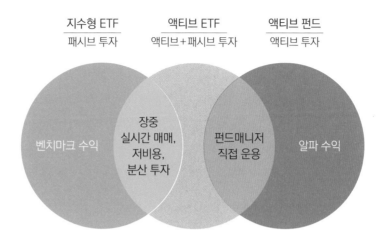

그림 6-6. 액티브 ETF의 개념

지수형 ETF
패시브 투자

액티브 ETF
액티브+패시브 투자

액티브 펀드
액티브 투자

벤치마크 수익

장중
실시간 매매,
저비용,
분산 투자

펀드매니저
직접 운용

알파 수익

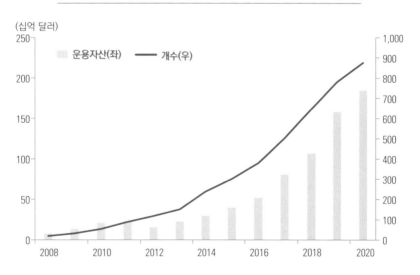

그림 6-7. 미국 액티브 ETF의 운용자산 규모와 개수(2008~2020년)

테마형 ETF란 주로 글로벌 메가 트렌드에 투자하는 상품이다. 테마 투자는 장기간 이어지는 사회적·구조적 변화에 대한 투자를 의미한다. 글로벌 1위 ETF 운용사인 블랙록은 5가지 메가 트렌드로 기술 혁신, 인구 구조와 사회 변화, 빠른 도시화, 기후 변화와 자원 부족, 신흥국 소비 증가를 꼽았다. 테마 투자는 순환적인 흐름보다는 구조적 성장이 예상되는 변화에 더 집중한다. 신재생에너지, 이커머스, 밀레니얼 소비, 게임, 의료 혁신 등이 대표적인 예다.

액티브 ETF는 편입 종목과 매매 시점 등을 펀드매니저 고유의 재량으로 액티브하게 운용해 알파를 추구하는 ETF다. 액티브 펀드와 운용 방식은 같지만, ETF처럼 주식 거래소에서 손쉽게 거래되고 보유 종목을 공개하며 수수료율이 낮은 장점이 있다. 2020년 신규 상장 ETF 자산 규모의 약 26%를 액티브 ETF가 차지할 만큼 빠르게 성장하고 있다.

브라운 브러더스 해리먼의 2019년 설문조사에서 글로벌 주요 기관투자가들은 신규 출시를 원하는 ETF 1순위로 액티브 ETF를 지목했다. 또한 딜로이트가 글로벌 23개 자산운용사들을 대상으로 실시한 설문조사에서 '모든' 응답자가 향후 3년 내 액티브 ETF의 도입 확대를 전망할 정도로 관심이 뜨겁다.

현재 액티브 ETF에서 가장 성공적인 운용사로 인정받는 ARK 인베스트는 혁신 기술 테마의 성장주 ETF를 운용한다. 파괴적 혁신이라는 테마 아래 세부적으로 혁신(ARKK), 유전공학(ARKG), 차세대 인터넷(ARKW), 핀테크(ARKF), 자동화&로봇(ARKQ) 등 다섯 가지 ETF를 운용 중이다. 2020년 5개 ETF 모두 100% 이상의 높은

그림 6-8. ARKK의 주가와 운용자산 규모(2020/01~2020/12)

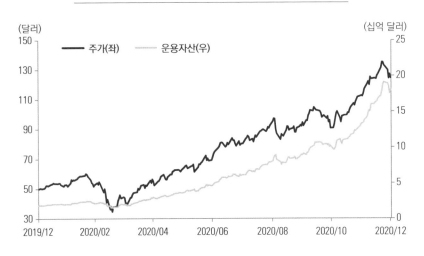

수익률을 달성했다. ARK는 혁신 기술을 보유한 기업을 선별해 기술 발전 단계에 따라 가장 높은 성장성을 보일 것으로 예상되는 기업에 액티브하게 투자하는 전략을 내세운다. ARK는 확고한 투자 철학과 운용의 투명성, 운용 능력의 신뢰에 힘입어 빠르게 성장하고 있다. 대표 상품인 ARKK ETF의 운용자산 규모는 2020년 초 19억 달러에서 1년 만에 180억 달러로 무려 10배나 성장했다. ARK의 2021년 1월 한 달 누적 순유입액은 81억 7,000만 달러로 ETF 1위 운용사인 블랙록보다 많은 자금이 유입되며 액티브 ETF 시장의 높은 성장 잠재력을 보여주었다.

한편 액티브 ETF는 투자자들에게는 ETF와 액티브 펀드의 장점을 결합한 매우 매력적인 상품이지만, 운용사와 펀드매니저의 입장에서는 자신의 경쟁력인 편입 종목을 공개해야 한다는 부담이 존재했다. 그러나 2020년 미국에서 편입 종목 내역 공개 의무가 없는 불투명 액티브 ETF가 허용되었고 다양한 운용사가 ETF 시장에 진출하는 계기가 되었다. 피델리티의 FBCG와 아메리칸 센추리의 FDG, FLV가 대표적이다. 이러한 불투명 ETF의 출시는 기존 액티브 펀드의 영역에 침투하며 ETF 시장 확대를 더욱 가속화할 것으로 예상된다.

구조적 성장 테마 ETF에 주목

다양한 ETF 상품 내에서도 우리가 주목하는 상품은 '구조적 성장 테마 ETF'다. 테마형 ETF는 크게 경기순환적 테마와 구조적 성장 테마로 구분할 수 있다. 경기 순환적 테마는 경기 사이클에 따라 단기 또는 중기적인 변동성에 투자하는 테마다. 이는 평균 회귀 특성 때문에 장기 투자에 적합하지 않다. 반면 구조적 성장 테마는 혁신 기술과 인구 및 소비자 행태 변화에 따른 장기간의 패러다임 변화에 투자하는 테마다.

미국 ETF 운용사인 글로벌 X는 10가지 메가 테마를 제시했는데, 빅데이터(클라우드 컴퓨팅, 사이버 보안 등), 모빌리티(전기차, 자율주행), 디지털 콘텐츠(비디오 게임, 소셜미디어), 핀테크(모바일 결제, 블록체인), 커넥티비티(5G, IoT, 신흥국 IT, 우주 산업), 로보틱스(AI, 3D 프린팅, 드론), 뉴 컨슈머(이커머스, 밀레니얼, 도시화, 교육), 헬스(헬스케어 혁신), 기후 변화(클린 에너지), 인프라다. 이들이 제시한 트렌드는 이 책의 구조적 성장 로드맵의 핵심 테마에 대부분 포함된다.

글로벌 액티브 ETF 운용사인 ARK가 지향하는 핵심 테마는 AI, 에너지 저장, 로보틱스, DNA 시퀀싱, 블록체인이며 이를 파괴적 혁신의 플랫폼으로 정의한다. ARK는 이러한 5가지 기술 플랫폼이 향후 10~15년간 막대한 경제적 부가가치를 창출할 것으로 전망하고 있다. 이들의 테마도 구조적인 성장을 향한다.

이제 구조적 성장 로드맵에 부합하는 주요 테마형 및 액티브 ETF를 제안하고 대표 ETF를 중심으로 소개하고자 한다. 저비용, 분산 투자 효과, 투명성 등 ETF 고유의 장점을 기반으로 구조적 성장 테마에 투자하고 싶은 투자자에게 만족할 만한 대안이 될 것으로 생각한다.

그림 6-9. ARK가 선정한 혁신 테마

출처: ARK invest

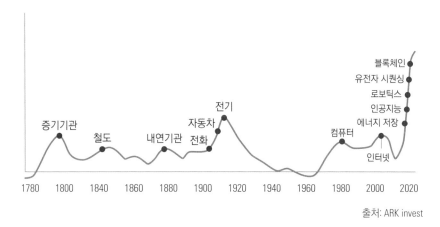

그림 6-10. 시대별 파괴적 혁신의 영향(1780~2020년)

출처: ARK invest

표 6-2. 구조적 성장 테마 ETF 리스트

테마	ETF명	티커
4차 산업혁명	ARK Innovation ETF	ARKK
반도체	iShares PHLX Semiconductor ETF	SOXX
5G	Defiance Next Gen Connectivity ETF	FIVG
신재생에너지	iShares Global Clean Energy ETF	ICLN
전기차	Global X Lithium & Battery Tech ETF	LIT
자율주행	iShares Self-Driving EV and Tech ETF	IDRV
인공지능	Global X Artificial Intelligence & Technology ETF	AIQ
클라우드	Global X Cloud Computing ETF	CLOU
사이버 보안	First Trust NASDAQ Cybersecurity ETF	CIBR
온라인 유통	Amplify Online Retail ETF	IBUY
핀테크	ARK Fintech Innovation ETF	ARKF
원격 의료	Global X Telemedicine & Digital Health ETF	EDOC
로봇	Global X Robotics & Artificial Intelligence ETF	BOTZ
게임	VanEck Vectors Video Gaming and eSports ETF	ESPO
반려동물	ProShares Pet Care ET	PAWZ
의료기기	iShares U.S. Medical Devices ETF	IHI
경제적 해자	VanEck Vectors Morningstar Wide Moat ETF	MOAT
ESG	iShares MSCI USA ESG Select ETF	SUSA
배당 성장	Vanguard Dividend Appreciation ETF	VIG
기업공개	Renaissance IPO ETF	IPO

ARK Innovation ETF(ARKK-US)

파괴적 혁신 기업에 투자하는 액티브 ETF

ARK 혁신 ETF(ARKK)는 파괴적 혁신 기업들에 액티브하게 투자하는 ARK 인베스트의 대표 ETF다. 유전공학과 4차 산업혁명, 차세대 인터넷, 핀테크 등 산업에서 새로운 제품과 서비스를 출시하고 기술 진보에 따라 수혜를 누리는 기업들을 선별해 투자한다.

기술 34.4%, 헬스케어 30.9%, 경기소비재 18.0% 등 다양한 산업에 고르게 투자하고 있으며 테슬라(전기차), 로쿠(미디어 스트리밍), 텔라닥(원격 의료), 크리스퍼 테라퓨틱스(유전자 가위) 등 해당 산업 내 대표적인 파괴적 혁신 기업들에 투자한다. 지역별로는 미국 85.8%, 중국 5.0%에 투자해 미국 기업 비중이 매우 높다.

투자 포인트

테슬라에 대한 선제적 투자로 유명해졌고 2020년 1년 수익률이 무려 148.7%였으며 운용자산 규모도 10배로 증가했다. 연간 보수가 0.75%로 지수형 ETF에 비해 높은 편이나 성장주에 액티브하게 투자하는 ETF로 높은 알파를 추구할 수 있다는 점이 매력적이다. 2021년 ARK 인베스트에서 우주 산업에 투자하는 ARKX(예정) ETF 출시를 앞두고 있어 포트폴리오 내 우주 관련 기업들의 비중 확대도 예상된다.

기본 정보

티커	운용사	연간 보수(%)	운용자산
ARKK	ARK Investment	0.75	244억 달러
보유 종목 수	분배 수익률(%)	분배 주기	일평균 거래 대금
52	1.59	연간	23억 달러
추종 지수		추적오차(%)	경쟁 ETF
–		–	DTEC, BTEK

최근 주가

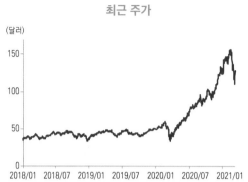

운용자산

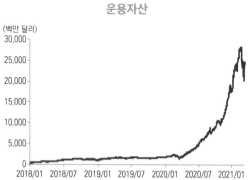

국가별 비중

국가	비중
미국	85.8%
중국	5.0%
홍콩	2.4%
대만	1.9%
벨기에	1.7%
일본	1.3%
싱가포르	1.3%

섹터별 비중

섹터	비중
기술	34.4%
헬스케어	30.9%
경기소비재	18.0%
산업재	8.1%
금융	7.3%
통신 서비스	1.2%

구성 종목 톱 10

기업명	비중
Tesla	10.9%
Square	6.4%
Roku	5.9%
Teladoc Health	5.4%
Zillow Group	3.6%
Baidu	3.4%
Spotify Technology	3.2%
CRISPR Therapeutics	3.1%
Shopify	3.0%
Zoom Video Communications	3.0%

시가총액별 비중

시가총액	비중
대형주	64.0%
중형주	31.7%
소형주	4.3%
초소형주	0.0%

iShares PHLX Semiconductor ETF(SOXX-US)
4차 산업혁명의 기반인 반도체에 투자하는 ETF

iShares. by BlackRock

아이셰어즈 필라델피아증권거래소 반도체 ETF(SOXX)는 반도체 산업에 투자하는 블랙록의 ETF다. 미국에 상장된 반도체 설계-제조-판매 등 반도체 밸류체인에 폭넓게 투자한다. SOXX는 기초자산으로 '필라델피아 반도체 지수'를 추종하는데, 이는 세계 투자자들의 중요한 투자 지표 중 하나다. 인텔, 퀄컴, 엔비디아, 마이크론 등의 반도체 업종에 77.6%, 램리서치, 어플라이드 머티어리얼즈, KLA 등의 반도체 장비 업종에 21.6%를 투자하고 있다.

투자 포인트 5G, 자율주행, 클라우드, 사물인터넷, AI 등 4차 산업혁명 관련 혁신 기술은 모두 반도체 산업에 기반한다. 반도체는 사이클 산업으로 단기 업황의 변동성은 불가피하지만 AI의 확장, 전기차 시장 개화에 따른 차량용 반도체 수요 확대, 디지털 전환에 따른 하이퍼스케일러들의 설비 투자 증가 등이 업황에 장기적으로 우호적일 것으로 전망된다. SOXX는 반도체 ETF 중 운용 기간이 가장 길고 업종의 상징적인 역할을 하고 있으며 장기 보유 목적의 투자자들이 선호하는 상품이다.

기본 정보

티커	운용사	연간 보수(%)	운용자산
SOXX	Blackrock	0.46	60억 달러
보유 종목 수	분배 수익률(%)	분배 주기	일평균 거래 대금
29	0.79	분기	5억 달러
추종 지수		추적오차(%)	경쟁 ETF
PHLX Semiconductor Sector Index		0.89	SMH, XSD

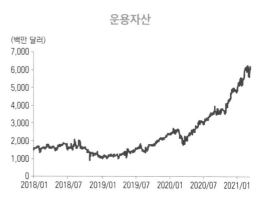

최근 주가	운용자산

국가별 비중

국가	비중
미국	91.6%
대만	4.7%
네덜란드	3.8%

섹터별 비중

섹터	비중
반도체	77.6%
반도체 장비	21.6%
산업 기계 및 장비	0.8%

구성 종목 톱 10

기업명	비중
Intel	9.4%
Broadcom	8.0%
Texas Instruments	7.7%
NVIDIA	6.8%
Qualcomm	6.4%
Micron Technology	5.1%
Applied Materials	5.0%
Lam Research	4.4%
TSMC	4.4%
NXP Semiconductors	4.2%

시가총액별 비중

시가총액	비중
대형주	95.7%
중형주	4.3%
소형주	0.0%
초소형주	0.0%

Defiance Next Gen Connectivity ETF(FIVG-US)
초연결 시대의 필수인 5G 산업에 투자하는 ETF

DEFIANCE | ETFs

디파이언스 차세대 연결성 ETF(FIVG)는 글로벌 5G 밸류체인에 투자하는 디파이언스의 ETF다. 주로 5G 통신·네트워크 사업자, 셀타워 및 데이터센터 리츠와 통신 관련 하드웨어 및 소프트웨어 기업을 선별해 분산 투자한다.

FIVG는 기초자산으로 '블루스타 5G 통신 지수'를 추종하며 반도체 32.8%, 통신 및 네트워크 22.5%, IT 서비스 및 컨설팅 9.6% 등의 업종으로 구성된다. NXP, 퀄컴, 아날로그 디바이스, 자일링스 등 5G 기술 관련 반도체·네트워크 업체 75개에 투자하며 국가별 비중은 미국 86.6%, 스웨덴 4.8% 등으로 미국의 비중이 높다.

투자 포인트 사물인터넷(IoT), 자율주행, 증강현실 등 4차 산업혁명의 핵심 기술을 상용화하기 위해서는 5G 네트워크가 필수적이다. 코로나19로 인해 5G 투자가 일부 지연되었지만 경기 회복과 아이폰 12 등 5G 디바이스 확산으로 5G 인프라 투자가 본격화될 것으로 예상된다. FIVG는 폭넓은 5G 밸류체인에 투자하는 최초의 5G 테마 ETF이며, 경쟁 ETF인 NXTG보다 미국 집중도가 높은 특징이 있다.

기본 정보

티커	운용사	연간 보수(%)	운용자산
FIVG	Defiance ETFs	0.30	11억 달러
보유 종목 수	분배 수익률(%)	분배 주기	일평균 거래 대금
75	0.98	분기	1,035만 달러
추종 지수		추적오차(%)	경쟁 ETF
Bluestar 5G Communications Index		1.04	NXTG, WUGI

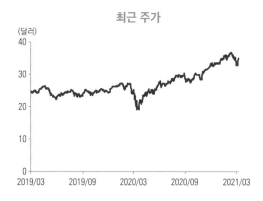

최근 주가

(달러)

| 2019/03 | 2019/09 | 2020/03 | 2020/09 | 2021/03 |

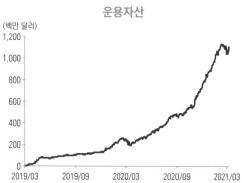

운용자산

(백만 달러)

| 2019/03 | 2019/09 | 2020/03 | 2020/09 | 2021/03 |

국가별 비중

국가	비중
미국	86.6%
스웨덴	4.8%
핀란드	3.5%
영국	1.4%
캐나다	1.3%
한국	1.0%
프랑스	0.8%
홍콩	0.7%

섹터별 비중

섹터	비중
반도체	32.8%
통신 및 네트워크	22.5%
IT 서비스 및 컨설팅	9.6%
무선통신 서비스	7.0%
전문 리츠	6.8%
통합 통신 서비스	3.7%
전기 부품 및 장비	3.2%
상업용 리츠	2.9%
전자기기 및 부품	2.4%
방송	2.0%

구성 종목 톱 10

기업명	비중
NXP Semiconductors	5.5%
Analog Devices	5.1%
Telefonaktiebolaget LM Ericsson	5.0%
Qualcomm	4.1%
Xilinx	3.2%
Keysight Technologies	3.2%
Skyworks Solutions	3.1%
AT&T	3.0%
Nokia Oyj	3.0%
Akamai Technologies	2.7%

시가총액별 비중

시가총액	비중
대형주	74.3%
중형주	14.1%
소형주	9.2%
초소형주	2.4%

iShares Global Clean Energy ETF(ICLN-US)
2020년대 메가 트렌드인 신재생에너지의 글로벌 대표 ETF

iShares. by BlackRock

아이셰어즈 글로벌 청정에너지 ETF(ICLN)는 블랙록이 운용하는 글로벌 대표 신재생에너지 ETF로 신재생 발전 사업자와 신재생 기술 및 장비 개발 기업에 주로 투자한다. 바이오에너지, 에탄올, 지력, 수력, 태양광, 풍력 발전 등 신재생에너지 관련 매출 비중이 50% 이상인 기업들에 투자한다.

ICLN은 기초자산으로 'S&P 글로벌 청정에너지 지수'를 추종하고, 구성은 재생에너지 관련 장비 및 서비스 49.3%, 전기 발전 29.1%, 독립 발전 사업 13.9% 등이다. 플러그파워(연료전지), 엔페이즈 에너지(태양광 발전), 머리디언 에너지(뉴질랜드 국영 전력 회사) 등 30개 기업에 집중 투자하며 미국 39.1%, 뉴질랜드 8.5%, 덴마크 7.8% 등으로 여러 국가에 분산 투자한다는 점이 주요 경쟁 ETF인 PBW와의 차이점이다.

투자 포인트

환경에 대한 국제 사회의 인식이 달라지고 미국 바이든 정부를 포함해 세계적으로 친환경·그린뉴딜 정책이 확대되면서 신재생에너지 산업의 성장은 더욱 가속화될 것으로 전망된다. 정부, 기업 등 주요 핵심 주체의 전방위적인 친환경 투자 확대 트렌드는 해당 산업 투자와 수요 확대, 기술 혁신과 규모의 경제에 따른 신재생에너지 발전 단가 하락, 산업 수요 촉진과 기업의 수익성 개선 등으로 선순환을 형성하며 장기간 친환경 산업 전반의 구조적 성장을 견인할 것이다. 여기에 최근 지속 가능한 테마로 ESG에 대한 관심과 관련 투자가 확대되고 있어 친환경 분야의 대표 ETF인 ICLN의 수혜가 예상된다.

기본 정보

티커	운용사	연간 보수(%)	운용자산
ICLN	Blackrock	0.46	57억 달러
보유 종목 수	분배 수익률(%)	분배 주기	일평균 거래 대금
30	0.40	반기	2억 달러
추종 지수		추적오차(%)	경쟁 ETF
S&P Global Clean Energy Index		3.72	PBW, QCLN

최근 주가	운용자산
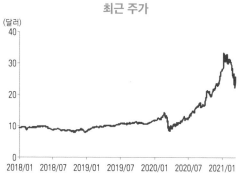	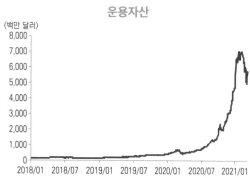

국가별 비중

국가	비중
미국	39.1%
뉴질랜드	8.5%
덴마크	7.8%
스페인	5.9%
캐나다	5.6%
오스트리아	4.9%
중국	4.7%
홍콩	4.1%
포르투갈	3.8%
브라질	3.5%

섹터별 비중

섹터	비중
재생에너지 관련 장비 및 서비스	49.3%
전기 발전	29.1%
독립 발전 사업	13.9%
유틸리티	3.9%
전기 부품 및 장비	1.9%
재생 연료	1.9%

구성 종목 톱 10

기업명	비중
Plug Power	8.9%
Enphase Energy	5.3%
VERBUND AG	5.1%
Daqo New Energy	4.9%
Siemens Gamesa Renewable Energy	4.5%
Meridian Energy	4.3%
Ormat Technologies	4.1%
Orsted	4.0%
Vestas Wind Systems	4.0%
Contact Energy	3.9%

시가총액별 비중

시가총액	비중
대형주	51.4%
중형주	46.3%
소형주	2.3%
초소형주	0.0%

Global X Lithium & Battery Tech ETF(LIT-US)

글로벌 전기차 밸류체인에 투자하는 ETF

GLOBAL X
by Mirae Asset

글로벌 X 리튬 & 배터리 기술 ETF(LIT)는 리튬 채굴-정제-배터리 생산-전기차 생산에 이르는 전기차 산업 밸류체인의 전반에 투자하는 글로벌 X의 ETF다.

LIT는 기초자산으로 '솔라액티브 글로벌 리튬 지수'를 추종하며, 업종 구성은 전기 부품 및 장비 30.7%, 소재 26.6%, 자동차 제조 11.8% 등이다. 앨버말·강봉리튬(리튬), 창신신소재(분리막), 삼성SDI·LG화학·CATL(배터리), 테슬라·BYD(전기차) 등 전기차 산업 밸류체인 대표 기업에 고루 투자하고 있다. 국가별 비중도 중국 30.6%, 미국 22.4%, 홍콩 13.7% 등으로 다변화되어 있다.

투자 포인트

친환경 정책의 일환인 주요국의 전기차 지원 정책과 제도, 주요 글로벌 완성차 기업의 친환경차 중심의 미래 성장 전략 변화로 전기차 시장이 본격적으로 개화하고 있다. 전기차 산업의 세계 자동차 시장 침투율은 아직 5% 미만으로 장기적인 성장 가시성이 높아 시장 확대에 따른 수혜를 누릴 수 있는 대표 ETF다.

LIT는 리튬 관련 기업의 비중이 상대적으로 높아 중장기 리튬 가격 상승에 따른 수혜를 누릴 수 있고, 세계 전기차 산업 밸류체인의 대표 기업들에 고르게 투자할 수 있다는 장점이 있다.

기본 정보

티커	운용사	연간 보수(%)	운용자산
LIT	Mirae Asset	0.75	28억 달러
보유 종목 수	분배 수익률(%)	분배 주기	일평균 거래 대금
40	0.43	반기	1억 달러
추종 지수		추적오차(%)	경쟁 ETF
Solactive Global Lithium Index		4.70	KARS, BATT

최근 주가

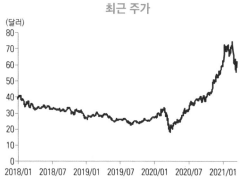

운용자산

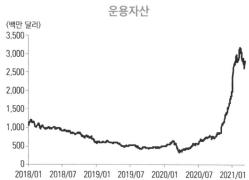

국가별 비중

국가	비중
중국	30.6%
미국	22.4%
홍콩	13.7%
한국	12.3%
일본	6.6%
호주	5.2%
칠레	4.3%
독일	2.0%
대만	1.6%
네덜란드	0.6%

섹터별 비중

섹터	비중
전기 부품 및 장비	30.7%
소재	26.6%
자동차 제조	11.8%
농업용 화학	5.1%
가전제품	4.8%
산업용 기계 및 장비	4.5%
특수화학	3.9%
반도체 장비	3.7%
특수 채광업 및 금속	3.3%
광산 지원 서비스 및 장비	2.7%

구성 종목 톱 10

기업명	비중
Albemarle	12.7%
Ganfeng Lithium	6.1%
Samsung SDI	5.4%
Tesla	5.4%
Panasonic	5.3%
EVE Energy	5.2%
Sociedad Quimica Y Minera De Chile	5.2%
BYD	5.1%
Contemporary Amperex Technology	5.0%
LG Chem	5.0%

시가총액별 비중

시가총액	비중
대형주	68.8%
중형주	21.1%
소형주	9.1%
초소형주	1.0%

iShares Self-Driving EV and Tech ETF(IDRV-US)
모빌리티의 혁신인 자율주행에 투자하는 ETF

iShares. by BlackRock

아이셰어즈 자율주행 전기차 & 기술 ETF(IDRV)는 자율주행 밸류체인 전반에 투자하는 블랙록의 ETF다. 자율주행과 함께 전기차, 전기차 배터리 및 관련 기술 기업에 폭넓게 투자한다.

IDRV는 기초자산으로 'NYSE 팩트셋 자율주행 및 전기차 지수'를 추종하며 업종 구성은 경기소비재 43.7%, 전기전자 36.8%, 산업재 7.5% 등이다. 테슬라·토요타 등 완성차 기업과 삼성전자·인텔 등 반도체 기업, 구글 등 자율주행 기술 기업에 투자하며 국가별 비중은 미국 52.7%, 한국 10.4%, 독일 10.2%로 다변화되어 있다.

투자 포인트

시장 조사 기업 AMR은 자율주행 시장이 2019년 542억 달러에서 2026년 5,560억 달러로 10배 이상 커질 것으로 전망했다. 본격적인 상용화를 눈앞에 둔 자율주행은 교통 혼잡 및 오염 배출량 감소, 생산성 증대, 여가 시간 확대 등 사회적 파급 효과가 클 것으로 예상되는 혁신 기술이다. IDRV는 자율주행 및 전기차 밸류체인 전반에 연관된 글로벌 기업에 투자하고 있고 경쟁 ETF인 DRIV보다 구성 종목이 많아 자율주행과 전기차 산업의 성장을 효과적으로 추종하기에 적합하다.

기본 정보

티커	운용사	연간 보수(%)	운용자산
IDRV	Blackrock	0.47	3억 달러
보유 종목 수	분배 수익률(%)	분배 주기	일평균 거래 대금
99	0.66	반기	745만 달러
추종 지수		추적오차(%)	경쟁 ETF
NYSE FactSet Global Autonomous Driving and Electric Vehicle Index		3.07	DRIV, KARS

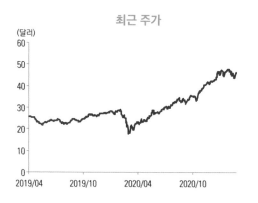

최근 주가

(달러)

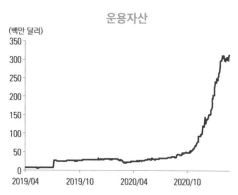

운용자산

(백만 달러)

국가별 비중

국가	비중
미국	52.7%
한국	10.4%
독일	10.2%
일본	8.8%
중국	4.1%
스웨덴	2.9%
스위스	2.7%
프랑스	2.0%
홍콩	1.3%
이탈리아	1.3%

섹터별 비중

섹터	비중
경기소비재	43.7%
전기전자	36.8%
산업재	7.5%
소재	6.6%
통신	5.1%

구성 종목 톱 10

기업명	비중
Intel	4.5%
Tesla	4.2%
Alphabet	4.2%
Samsung Electronics	4.0%
Toyota Motor	4.0%
Daimler	3.7%
Apple	3.7%
General Motors	3.6%
NVIDIA	3.4%
AMD	3.1%

시가총액별 비중

시가총액	비중
대형주	92.4%
중형주	6.5%
소형주	1.1%
초소형주	0.1%

Global X Artificial Intelligence & Technology ETF(AIQ-US)
인공지능 산업에 집중적으로 투자하는 ETF

GLOBAL X
by Mirae Asset

글로벌 X 인공지능 & 기술 ETF(AIQ)는 인공지능과 빅데이터 관련 산업에 투자하는 글로벌 X
의 ETF다. 빅데이터 관련 AI 개발 및 서비스 기업, AI 하드웨어 및 소프트웨어, 양자컴퓨터 관
련 기업 등에 집중 투자한다.

AIQ는 기초자산으로 'Indxx 인공지능과 빅데이터 지수'를 추종하고, 업종 구성은 전기전자
60.4%, 통신 서비스 20.9%, 내구소비재 10.3% 등이다. 오라클, 알파벳, 지멘스, 시스코시스템
즈, 마이크로소프트, 텐센트 등 주로 소프트웨어 및 플랫폼 서비스 기업에 투자하며 국가별 투
자 비중은 미국 71.1%, 홍콩 9.7%, 독일 4.6% 등이다.

투자 포인트

사람의 지각, 학습, 추론 등을 컴퓨터를 통해 프로그램으로 구현하는 기술인 AI는 금
융, IT, 제조업 등 글로벌 전 산업 분야에 걸쳐 패러다임을 변화시키고 있으며 중장기
구조적 성장이 전망되는 혁신 산업이다. 경쟁 ETF인 BOTZ와 ROBT가 인공지능뿐
만 아니라 로봇·자동화 테마를 중심으로 투자하는 것과는 달리 AIQ는 인공지능 테
마에 집중 투자하는 인공지능 특화 ETF다.

기본 정보

티커	운용사	연간 보수(%)	운용자산
AIQ	Mirae Asset	0.68	2억 달러
보유 종목 수	분배 수익률(%)	분배 주기	일평균 거래 대금
85	0.49	반기	207만 달러
추종 지수		추적오차(%)	경쟁 ETF
Indxx Artificial Intelligence and Big Data Index		2.94	BOTZ, ROBT

최근 주가

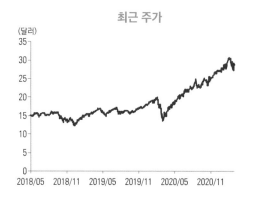

운용자산

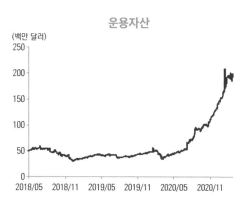

국가별 비중

국가	비중
미국	71.1%
홍콩	9.7%
독일	4.6%
한국	4.5%
일본	2.1%
중국	2.0%
대만	1.2%
프랑스	1.1%

섹터별 비중

섹터	비중
전기전자	60.4%
통신 서비스	20.9%
내구소비재	10.3%
산업재	6.3%
금융	1.5%
의료 기술	0.6%

구성 종목 톱 10

기업명	비중
Oracle	3.6%
Alphabet	3.3%
Siemens	3.3%
Cisco Systems	3.3%
Microsoft	3.2%
Accenture	3.1%
Intel	3.1%
Facebook	3.0%
Tencent Holdings	3.0%
salesforce	2.9%

시가총액별 비중

시가총액	비중
대형주	91.6%
중형주	5.7%
소형주	2.7%
초소형주	0.0%

Global X Cloud Computing ETF(CLOU-US)
디지털 전환의 핵심인 클라우드 컴퓨팅 산업에 투자하는 ETF

GLOBAL X
by Mirae Asset

글로벌 X 클라우드 컴퓨팅 ETF(CLOU)는 클라우드 컴퓨팅 산업에 투자하는 글로벌 X의 ETF다. 클라우드 기반의 소프트웨어와 서버를 제공하는 기업, 데이터센터 리츠, 클라우드 및 에지 컴퓨팅 인프라 기업 등에 투자한다.

CLOU는 기초자산으로 'Indxx 글로벌 클라우드 컴퓨팅 지수'를 추종한다. 투자 비중은 소프트웨어 및 IT 서비스가 93.2%로 압도적으로 높고, 나머지는 리츠 5.0%, 유통 1.8%다. 프루프포인트, 드롭박스, 지스케일러, 트윌리오 등 클라우드 기반의 소프트웨어를 제공하는 기업들에 주로 투자하며 국가별 비중은 미국 91.0%, 호주 4.1%, 중국 3.1% 등이다.

투자 포인트

디지털 전환의 구조적 트렌드로 데이터 저장과 교환 수요가 급증함에 따라 서버와 저장 장치를 따로 두지 않고 외부에 아웃소싱하는 클라우드 시장이 견조한 성장을 이어왔다. 시장 분석 기업인 가트너는 퍼블릭 클라우드 시장이 2018~2022년 연평균 16.8% 성장해 3,546억 달러까지 확대될 것으로 전망했다. 클라우드의 대중화로 인프라뿐만 아니라 클라우드 기반의 서비스형 소프트웨어와 보안 등의 서비스 수요가 계속 확대되는 추세이며, 코로나19 이후 IT 비용을 효율화하고 인공지능, 빅데이터 등 혁신 기술을 활용하기 위한 기업 수요가 지속적으로 증가할 것으로 예상된다. 디지털 인프라와 서비스의 핵심인 클라우드 산업의 대표 성장 기업에 투자할 수 있는 ETF다.

기본 정보

티커	운용사	연간 보수(%)	운용자산
CLOU	Mirae Asset	0.68	14억 달러
보유 종목 수	분배 수익률(%)	분배 주기	일평균 거래 대금
36	0.03	반기	4,472만 달러
추종 지수		추적오차(%)	경쟁 ETF
Indxx Global Cloud Computing Index		1.26	SKYY, WCLD

최근 주가	운용자산
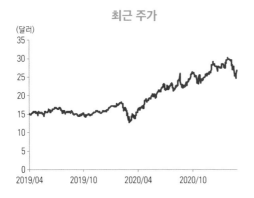	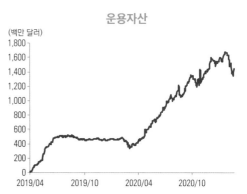

국가별 비중

국가	비중
미국	91.0%
호주	4.1%
중국	3.1%
홍콩	1.8%

섹터별 비중

섹터	비중
소프트웨어 및 IT 서비스	93.2%
주거 및 상업용 리츠	5.0%
다각화 유통	1.8%

구성 종목 톱 10

기업명	비중
Proofpoint	4.9%
Dropboxr	4.7%
Zscaler	4.7%
Twilio	4.5%
Workday	4.2%
Shopify	4.1%
Paycom Software	3.9%
Xero	3.9%
Netflix	3.8%
Everbridge	3.7%

시가총액별 비중

시가총액	비중
대형주	51.5%
중형주	48.2%
소형주	0.0%
초소형주	0.3%

First Trust NASDAQ Cybersecurity ETF(CIBR-US)
디지털 시대, 글로벌 사이버 보안 기업에 투자하는 ETF

⬜First Trust

퍼스트트러스트 나스닥 사이버 보안 ETF(CIBR)는 사이버 보안 관련 기업에 투자하는 퍼스트트 러스트의 ETF다. 미국 소비자기술협회(CTA)에 등록된 기업 중 사이버 보안 관련 사업을 영위 하는 기업에 투자한다.

CIBR는 기초자산으로 '나스닥 CTA 사이버 보안 지수'를 추종하며, 업종 구성은 소프트웨어 60.4%, IT 서비스 13.5%, 통신 장비 13.2% 등이다. 크라우드스트라이크, 지스케일러, 시스코 등 대표적인 글로벌 사이버 보안 기업에 투자하고 국가별 비중은 미국 92.4%, 영국 3.5% 등 이다.

투자 포인트

사이버 보안 산업은 IT 발달에 따라 디지털·네트워크가 확산되면서 꾸준히 성장해 왔다. 향후에도 클라우드화와 5G 이동통신 도입 확산, IT 디바이스 증가와 타 산업 간의 융합 등으로 사이버 보안의 중요성과 시장 수요는 꾸준히 성장할 것으로 전망 된다. 경쟁 ETF인 HACK와 다르게 소프트웨어 및 네트워크 산업뿐 아니라 항공 우 주 및 방위산업까지 폭넓은 분야에 투자하고 있으며 유동성 가중 방식으로 대형주 투자 비중이 상대적으로 높다는 특징이 있다.

기본 정보

티커	운용사	연간 보수(%)	운용자산
CIBR	First Trust	0.60	34억 달러
보유 종목 수	분배 수익률(%)	분배 주기	일평균 거래 대금
40	1.17	분기	2,978만 달러
추종 지수		추적오차(%)	경쟁 ETF
NASDAQ CTA Cybersecurity Index		2.28	HACK, IHAK

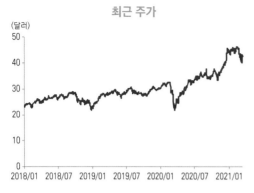

최근 주가

(달러)

운용자산

(백만 달러)

국가별 비중

국가	비중
미국	92.4%
영국	3.5%
일본	1.9%
프랑스	1.7%
한국	0.5%

섹터별 비중

섹터	비중
소프트웨어	60.4%
IT 서비스	13.5%
통신 장비	13.2%
전문 서비스	7.8%
방위산업	5.1%

구성 종목 톱 10

기업명	비중
CrowdStrike	7.1%
Zscaler	6.5%
Cisco Systems	6.3%
Accenture	5.8%
Fortinet	4.1%
Splunk	3.7%
FireEye	3.7%
Proofpoint	3.4%
F5 Networks	3.3%
SailPoint Technologies	3.2%

시가총액별 비중

시가총액	비중
대형주	59.3%
중형주	37.7%
소형주	2.8%
초소형주	0.2%

Amplify Online Retail ETF(IBUY-US)
온라인 유통 시대에 최적화된 이커머스 ETF

앰플리파이 온라인 소매 ETF(IBUY)는 온라인 유통 기업에 투자하는 앰플리파이의 ETF다. 온라인 매출 비중이 70% 이상인 기업을 선별해 투자하고 미국 주식을 75% 이상 편입한다.

IBUY는 기초자산으로 'EQM 온라인 소매 지수'를 추종하며 업종은 인터넷 서비스 40.8%, 백화점 19.2%, 레저 9.1% 등으로 구성되어 있다. 그루폰(소셜커머스), 리볼브(멀티 브랜드 편집숍), 리얼리얼(온라인 중고 명품) 등의 이커머스 기업과 리프트, 트립어드바이저 등의 차량 공유 및 온라인 숙박 예약 플랫폼 기업에 투자하며 국가별 비중은 미국 82.9%, 독일 6.0%, 중국 4.7% 등이다.

투자 포인트 장기간 구조적 성장세를 이어온 전자상거래 시장은 코로나19를 계기로 성장의 기울기가 더욱 가팔라졌다. 글로벌 최대 소비 시장인 미국의 온라인 소매 판매 비중은 아직 10%대 중반 수준으로 향후 추가 확장 여력이 크다. 주요 경쟁 ETF인 ONLN, EBIZ와 함께 세계 전자상거래 시장의 견조한 성장에 투자하기 적합한 ETF다.

기본 정보

티커	운용사	연간 보수(%)	운용자산
IBUY	Amplify Investments	0.65	17억 달러
보유 종목 수	분배 수익률(%)	분배 주기	일평균 거래 대금
58	0.47	연간	4,119만 달러
추종 지수		추적오차(%)	경쟁 ETF
EQM Online Retail Index		1.63	ONLN, EBIZ

최근 주가	운용자산

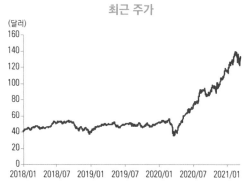

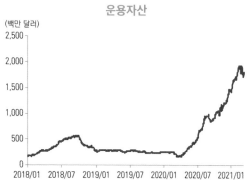

국가별 비중

국가	비중
미국	82.9%
독일	6.0%
중국	4.7%
일본	2.2%
영국	2.1%
홍콩	1.3%
네덜란드	0.7%

섹터별 비중

섹터	비중
인터넷 서비스	40.8%
백화점	19.2%
레저 및 오락	9.1%
기타 전문 유통	6.4%
자동차, 부품 및 서비스	4.0%
할인점	3.8%
의류 및 액세서리	3.6%
소프트웨어	3.5%
전문적인 정보 서비스	2.2%
오락 제품	2.2%

구성 종목 톱 10

기업명	비중
Groupon	4.9%
TripAdvisor	4.7%
Revolve Group	4.5%
Qurate Retail	3.8%
Lyft	3.7%
Lands' End	3.6%
IAC	3.2%
Expedia Group	3.0%
RealReal	2.8%
Etsy	2.7%

시가총액별 비중

시가총액	비중
대형주	44.8%
중형주	32.0%
소형주	23.2%
초소형주	0.0%

ARK Fintech Innovation ETF(ARKF-US)
파괴적 금융 혁신인 핀테크 산업에 투자하는 ETF

ARK 핀테크 혁신 ETF(ARKF)는 핀테크에 투자하는 ARK 인베스트의 액티브 ETF다. 차세대 금융시장을 이끌어갈 금융 분야 혁신 기업에 투자하는 상품으로 간편결제, 디지털지갑, 블록체인 기술, 전자금융 플랫폼 등 핀테크 관련 기업을 선별해 투자한다.

ARKF의 업종별 투자 비중은 소프트웨어 및 IT 서비스 52.5%, 전문 및 상업 서비스 11.8%, 투자은행 및 서비스 8.9% 등으로 구성된다. 스퀘어, 텐센트, 질로우, 핀터레스트 등 43개 기업에 투자한다. 국가별 비중은 미국 62.1%, 홍콩 17.7%, 싱가포르 4.0% 등이다.

투자 포인트

핀테크 산업의 한 축인 마이데이터(개인 정보 및 금융 정보를 한 곳에서 관리하는 서비스) 시장이 빠르게 성장하며 핀테크 시장 규모도 빠르게 확대되고 있다. ARK 인베스트는 디지털지갑 서비스의 잠재 시장 규모가 2025년까지 4조 6,000억 달러로 확대될 것으로 전망한다. 핀테크 산업은 금융 서비스의 디지털화와 기존 금융 영역을 뛰어넘는 높은 확장성을 기반으로 더욱 견조하게 성장할 것으로 예상된다. ARKF는 급격한 속도로 금융시장에 침투하고 있는 핀테크 산업에서 액티브한 운용을 통해 알파를 추구할 수 있는 대표적인 ETF다.

기본 정보

티커	운용사	연간 보수(%)	운용자산
ARKF	ARK Investment	0.75	42억 달러
보유 종목 수	분배 수익률(%)	분배 주기	일평균 거래 대금
43	0.34	연간	3억 달러
추종 지수		추적오차(%)	경쟁 ETF
–		–	FINX, IPAY

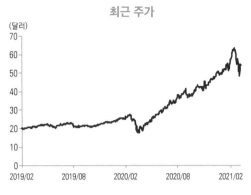

최근 주가

(달러)

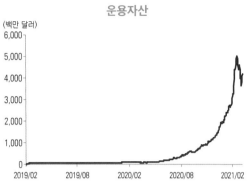

운용자산

(백만 달러)

국가별 비중

국가	비중
미국	62.1%
홍콩	17.7%
싱가포르	4.0%
일본	3.3%
네덜란드	3.3%
중국	2.5%
캐나다	2.2%
대만	1.5%
키프로스	1.4%
인도	1.0%

섹터별 비중

섹터	비중
소프트웨어 및 IT 서비스	52.5%
전문 및 상업 서비스	11.8%
투자은행 및 서비스	8.9%
은행 서비스	8.0%
부동산	5.4%
다각화 유통	4.0%
보험	3.2%
반도체 및 장비	2.5%
컴퓨터, 전화 및 가전제품	2.2%
의료 공급 및 서비스	1.6%

구성 종목 톱 10

기업명	비중
Square	10.3%
Paypal	5.5%
Zillow Group	5.0%
Intercontinental Exchange	4.2%
Silvergate Capital	4.0%
Tencent Holdings	3.9%
Sea	3.6%
Pinterest	3.6%
Shopify	3.5%
Adyen NV	3.2%

시가총액별 비중

시가총액	비중
대형주	82.7%
중형주	12.6%
소형주	4.7%
초소형주	0.0%

Global X Telemedicine & Digital Health ETF(EDOC-US)
원격 의료 시대, 글로벌 유일한 원격 의료·디지털 헬스 ETF

GLOBAL X
by Mirae Asset

글로벌 X 원격 의료 & 디지털 헬스 ETF(EDOC)는 글로벌 원격 의료 및 디지털 헬스케어 관련 기업에 투자하는 글로벌 X의 ETF다. 투자 분야는 원격 진료 및 디지털 헬스케어 장비·기계, 헬스케어 데이터 분석, 의료 시설 디지털화 등이다.

EDOC는 기초자산으로 '솔액티브 원격 의료 & 디지털 헬스 지수'를 추종하며, 업종 구성은 의료 장비 및 공급 41.2%, 의료 공급 및 서비스 24.5%, 소프트웨어 및 IT 서비스 18.9% 등이다. 뉘앙스 커뮤니케이션즈(음성 인식), 일루미나와 가든트헬스(유전자 분석) 등 40개 기업에 투자하고 있다. 국가별 비중은 미국 83.7%, 홍콩 6.9%, 독일 4.3% 등이다.

투자 포인트

고령화에 따른 기대수명 연장과 코로나19 사태 등으로 원격 의료와 디지털 헬스케어 시장의 성장이 가속화되고 있다. 원격 의료 서비스는 기존 대면 의료 시스템 대비 편의성, 시간 단축, 의료비 절감 등의 강점을 기반으로 고성장이 예상되며 만성질환 환자의 삶의 질을 개선하기 위한 디지털 장비와 솔루션의 융합도 기술 혁신에 기반한 헬스케어 시장의 구조적 변화다. EDOC는 상장한 지 1년이 되지 않았으나 성장 초기에 진입한 원격 의료와 디지털 헬스케어 산업에 분산 투자가 가능한 글로벌 유일의 원격 의료·디지털 헬스 ETF다.

기본 정보

티커	운용사	연간 보수(%)	운용자산
EDOC	Mirae Asset	0.68	7억 달러
보유 종목 수	분배 수익률(%)	분배 주기	일평균 거래 대금
40	–	반기	1,093만 달러
추종 지수		추적오차(%)	경쟁 ETF
Solactive Telemedicine & Digital Health Index		–	IHI, HTEC

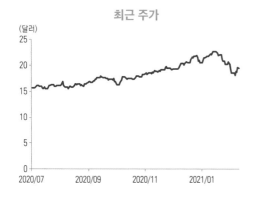

최근 주가

(달러)

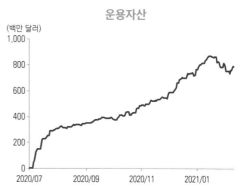

운용자산

(백만 달러)

국가별 비중

국가	비중
미국	83.7%
홍콩	6.9%
독일	4.3%
일본	4.2%
호주	1.0%

섹터별 비중

섹터	비중
의료 장비 및 공급	41.2%
의료 공급 및 서비스	24.5%
소프트웨어 및 IT 서비스	18.9%
생명공학 및 의학 연구	12.3%
식품 및 의약품 유통	2.3%
보험	0.9%

구성 종목 톱 10

기업명	비중
Nuance Communications	4.8%
Illumina	4.7%
Guardant Health	4.5%
Omnicell	4.4%
Agilent Technologies	4.3%
Change Healthcare	4.3%
Laboratory Corporation of America Holdings	4.2%
NeoGenomics	4.0%
Insulet	3.9%
Alibaba Health Information Technology	3.9%

시가총액별 비중

시가총액	비중
대형주	50.0%
중형주	37.7%
소형주	12.0%
초소형주	0.3%

Global X Robotics & Artificial Intelligence ETF(BOTZ-US)

4차 산업혁명의 주축인 로봇 산업에 투자하는 ETF

GLOBAL X
by Mirae Asset

글로벌 X 로보틱스 & 인공지능 ETF(BOTZ)는 로봇과 인공지능에 투자하는 글로벌 X의 ETF다. 산업용 로봇, 공장 자동화, 자율주행 차량, 인공지능 등 분야에 투자한다.

BOTZ는 기초자산으로 'Indxx 글로벌 로보틱스 & 인공지능 테마 지수'를 추종하며, 투자 업종은 산업재 43.9%, 전기전자 40.7%, 헬스케어 11.6% 등으로 구성된다. ABB, 화낙, 인튜이티브 서지컬 등의 로봇 제조 기업과 엔비디아 등의 반도체 기업에 주로 투자한다. 국가별 비중은 로봇 산업에 강점이 있는 일본이 43.2%로 가장 높고, 미국 33.9%, 스위스 11.7% 등으로 다변화되어 있다.

투자 포인트 4차 산업혁명으로 인한 생산 시설의 자동화(스마트팩토리), 인공지능 및 반도체 기술의 발전, 고령화로 인한 생산 가능 인구 부족 등으로 제조(산업)용 및 서비스용 로봇 산업의 견조한 성장세가 전망된다. BOTZ는 경쟁 ETF인 ROBO에 비해 세계 산업용 로봇 시장의 약 60%를 점유하고 있는(생산 기준) 일본 기업의 비중이 높은 특징이 있다. 또 상대적으로 수수료가 낮고(ROBO 대비 약 30bp 저렴) 총운용자산 규모가 더 크다.

기본 정보

티커	운용사	연간 보수(%)	운용자산
BOTZ	Mirae Asset	0.68	25억 달러
보유 종목 수	분배 수익률(%)	분배 주기	일평균 거래 대금
32	0.20	반기	4,587만 달러
추종 지수		추적오차(%)	경쟁 ETF
Indxx Global Robotics & Artificial Intelligence Thematic Index		5.36	ROBO, IRBO

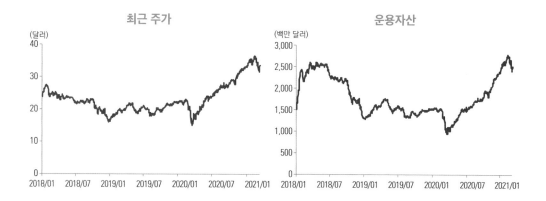

	최근 주가	운용자산

국가별 비중

국가	비중
일본	43.2%
미국	33.9%
스위스	11.7%
영국	5.2%
캐나다	3.7%
핀란드	2.2%

섹터별 비중

섹터	비중
산업재	43.9%
전기전자	40.7%
헬스케어	11.6%
내구소비재	3.1%
에너지	0.7%

구성 종목 톱 10

기업명	비중
ABB	8.1%
Fanuc	7.7%
NVIDIA	7.6%
Intuitive Surgical	7.1%
Keyence	6.3%
Brooks Automation	5.5%
Renishaw	5.4%
Yaskawa Electric	4.6%
John Bean Technologies	4.2%
OMRON	3.9%

시가총액별 비중

시가총액	비중
대형주	57.7%
중형주	27.1%
소형주	14.7%
초소형주	0.6%

VanEck Vectors Video Gaming and eSports ETF(ESPO-US)
어디서든 즐기는 엔터테인먼트인 게임 산업에 투자하는 ETF

VanEck®

반에크 벡터스 비디오 게임·e스포츠 ETF(ESPO)는 게임 산업에 투자하는 반에크의 ETF다. 비디오 게임과 e스포츠 등 게임 관련 산업의 매출 비중이 50% 이상인 게임 소프트웨어 및 하드웨어, 스트리밍 서비스 기업 등에 투자한다.

ESPO는 기초자산으로 'MVIS 글로벌 비디오게이밍 & e스포츠 지수'를 추종하며, 업종별 자산 배분은 소프트웨어 61.6%, 반도체 14.1%, 인터넷 12.9% 등이다. 텐센트, 씨, 액티비전블리자드(게임 개발 및 퍼블리싱)와 빌리빌리(스트리밍), 엔비디아, AMD, 닌텐도(하드웨어) 등 게임 산업 밸류체인 전반에 투자하고 있다. 국가별 비중은 미국 35.9%, 일본 19.6%, 홍콩 16.8%로 다변화되어 있다.

투자 포인트

글로벌 게임 산업은 2000년대 이후 모바일 시장의 개화와 함께 더욱 빠르게 성장해 왔다. 최근에는 콘솔 및 클라우드 게임, e스포츠의 활성화로 우호적인 환경이 지속되고 있으며 코로나19로 성장성이 더욱 높아졌다. 대표적인 경쟁 ETF인 HERO와 유사하나 편입 보유 종목이 24개로 적어 좀 더 집중적인 투자를 지향한다.

기본 정보

티커	운용사	연간 보수(%)	운용자산
ESPO	VanEck	0.55	8억 달러
보유 종목 수	분배 수익률(%)	분배 주기	일평균 거래 대금
24	0.12	연간	1,468만 달러
추종 지수		추적오차(%)	경쟁 ETF
MVIS Global Video Gaming & eSports Index		3.24	HERO, GAMR

최근 주가	운용자산
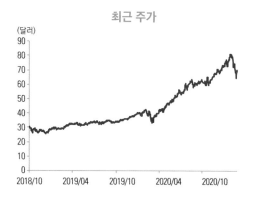	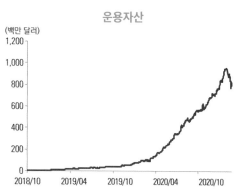

국가별 비중

국가	비중
미국	35.9%
일본	19.6%
홍콩	16.8%
중국	6.8%
싱가포르	6.8%
한국	5.6%
프랑스	2.8%
폴란드	2.4%
스웨덴	1.7%
대만	1.6%

섹터별 비중

섹터	비중
소프트웨어	61.6%
반도체	14.1%
인터넷	12.9%
장난감/게임/취미	9.4%
전기전자	2.0%

구성 종목 톱 10

기업명	비중
Tencent Holdings	9.0%
NVIDIA	7.7%
Sea	7.0%
Bilibili	6.4%
Activision Blizzard	6.1%
AMD	6.0%
NetEase	5.9%
Nintendo	5.8%
NEXON	5.0%
NCsoft	4.6%

시가총액별 비중

시가총액	비중
대형주	79.3%
중형주	20.7%
소형주	0.0%
초소형주	0.0%

ProShares Pet Care ETF(PAWZ-US)

'펫코노미'에 투자하는 ETF

프로셰어즈 펫케어 ETF(PAWZ)는 글로벌 최초의 반려동물 테마 ETF로 반려동물 관련 사료·제품 제조 및 유통, 동물 의약품 및 치료 서비스 기업에 주로 투자한다. 반려동물 관련 사업 매출 비중이 50% 이상인 기업에 자산의 85%를 투자한다.

PAWZ는 기초자산으로 '팩트셋 펫케어 지수'를 추종하고, 업종 구성은 헬스케어 48.7%, 필수소비재 25.9%, 경기소비재 19.1% 등이다. 조에티스(동물 의약품), 아이덱스(동물용 의료기기), 츄이(반려동물 이커머스), 프레시펫(프리미엄 사료) 등에 투자하고 있으며 국가별 비중은 미국 72.0%, 영국 15.7%, 스위스 4.5% 등이다.

투자 포인트

세계적으로 반려동물 관련 시장이 급성장하고 있다. 시장 조사 기업인 글로벌 마켓 인사이트는 세계 반려동물 시장이 2019년 2,231억 달러에서 2026년 3,277억 달러 규모로 성장할 것으로 전망했다. 더불어 반려동물에 대한 경제적 지출 경향이 큰 밀레니얼·Z 세대의 구매력 확대 수혜까지 누릴 수 있을 것으로 예상된다. PAWZ는 아직 유동성이 낮은 단점이 있으나 인구와 사회의 구조적 변화에 따른 반려동물 시장의 장기적 성장성에 투자할 수 있는 대표적인 ETF다.

기본 정보

티커	운용사	연간 보수(%)	운용자산
PAWZ	ProShares	0.50	2억 달러
보유 종목 수	분배 수익률(%)	분배 주기	일평균 거래 대금
25	0.14	분기	527만 달러
추종 지수		추적오차(%)	경쟁 ETF
FactSet Pet Care Index		3.21	–

최근 주가

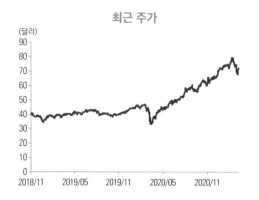

운용자산

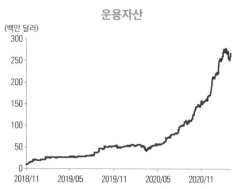

국가별 비중

국가	비중
미국	72.0%
영국	15.7%
스위스	4.5%
독일	3.3%
프랑스	2.6%
일본	1.9%

섹터별 비중

섹터	비중
헬스케어	48.7%
필수소비재	25.9%
경기소비재	19.1%
금융	6.3%

구성 종목 톱 10

기업명	비중
Zoetis	10.2%
IDEXX Laboratories	10.1%
Freshpet	9.6%
Chewy	7.6%
Dechra Pharmaceuticals	7.5%
Merck	5.0%
Nestle	4.8%
Pets At Home Group	4.8%
Trupanion	4.2%
Colgate-Palmolive	4.1%

시가총액별 비중

시가총액	비중
대형주	35.8%
중형주	41.8%
소형주	22.4%
초소형주	0.0%

iShares U.S. Medical Devices ETF(IHI-US)

고령화와 기술 혁신의 수혜인 미국 의료기기 시장에 투자하는 대표 ETF

iShares. by BlackRock

아이셰어즈 미국 의료기기 ETF(IHI)는 미국의 의료기기 산업에 투자하는 블랙록의 ETF다. IHI는 기초자산으로 'DJ US 선별/의료 장비 지수'를 추종하며 애보트, 써모피셔사이언티픽, 메드트로닉 등 미국의 대형 의료기기 기업에 주로 투자한다.

투자 포인트

세계 의료기기 산업은 연평균 약 4%씩 성장(2014~2019년)했고, 2020년대에는 성장률이 더욱 높아질 것으로 전망된다. 세계적인 고령화 트렌드와 함께 미국 인구의 약 25%에 해당하는 베이비부머들의 고령화가 본격화되어 의료기기 수요가 증가할 전망이다. 2019년 말 세계 의료기기 시장의 미국 비중은 약 43%로 가장 높다. 의료기기 산업은 신약 개발과 달리 특허 만료에 따른 경쟁 제품 출현 리스크가 낮고, 반복발생 매출이 높은 편이며 연구·개발과 기술 혁신으로 꾸준한 성장을 지속하고 있다. IHI는 안정성과 성장성을 겸비한 미국 의료기기 산업에 투자할 수 있는 대표적인 ETF다.

기본 정보

티커	운용사	연간 보수(%)	운용자산
IHI	Blackrock	0.42	82억 달러
보유 종목 수	분배 수익률(%)	분배 주기	일평균 거래 대금
63	0.25	분기	7,039만 달러
추종 지수		추적오차(%)	경쟁 ETF
DJ US Select/Medical Equipment Index		0.73	XHE

최근 주가

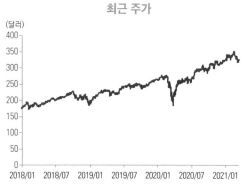

(달러)

운용자산

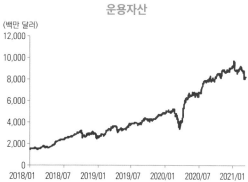

(백만 달러)

국가별 비중

국가	비중
미국	100.0%

섹터별 비중

섹터	비중
의료 장비, 소모품 및 유통	57.1%
첨단 의료 장비 및 기술	42.4%
항공 화물 및 택배 서비스	0.2%
의료 시설 및 서비스	0.2%
산업용 기계 및 장비	0.1%

구성 종목 톱 10

기업명	비중
Abbott Laboratories	14.2%
Thermo Fisher Scientific	12.2%
Medtronic	10.8%
Danaher	7.7%
Becton, Dickinson and Company	4.4%
Stryker	4.4%
Boston Scientific	4.4%
Intuitive Surgical	4.1%
Edwards Lifesciences	4.0%
IDEXX Laboratories	3.3%

시가총액별 비중

시가총액	비중
대형주	91.9%
중형주	6.3%
소형주	1.8%
초소형주	0.0%

VanEck Vectors Morningstar Wide Moat ETF(MOAT-US)
'경제적 해자' 기업에 투자하는 ETF

VanEck®

반에크 벡터스 모닝스타 경제적 해자(Wide Moat) ETF(MOAT)는 경제적 해자 기업에 투자하는 반에크 벡터스의 ETF다. 경제적 해자의 5대 요소인 무형자산, 높은 전환 비용, 네트워크 효과, 비용우위, 효율적 규모의 경제 중 최소 1가지를 보유한 미국 기업을 선별해 투자한다.

MOAT는 기초자산으로 '모닝스타 경제적 해자 포커스 지수'를 추종하고, 모닝스타가 선정한 적정 가치 대비 저평가된 40개 이상 기업에 투자한다. 업종은 헬스케어 19.3%, IT 18.9%, 금융 17.3% 등으로 구성되며 종목은 찰스 슈왑(은행), 존 와일리 앤 선즈(출판사), 코르테바(농업 화학) 등에 투자하고 있다.

투자 포인트

경제적 해자는 업황이 악화되거나 경쟁이 격화되는 등 경영 환경이 나빠져도 그 기업이 안정적으로 이익을 달성할 수 있도록 보호해주는 '구조적 진입장벽' 또는 '경쟁우위 요소'를 의미한다. 이 용어는 워런 버핏에 의해 널리 알려졌는데, 모닝스타는 버핏의 투자 철학을 정성적·정량적 방법으로 분석하는 틀로 만들어 경제적 해자 지수를 개발했다. MOAT는 바로 이 경제적 해자를 보유한 기업에 투자하도록 설계된 ETF다.

기본 정보

티커	운용사	연간 보수(%)	운용자산
MOAT	VanEck	0.47	48억 달러
보유 종목 수	분배 수익률(%)	분배 주기	일평균 거래 대금
49	1.32	연간	2,997만 달러
추종 지수		추적오차(%)	경쟁 ETF
Morningstar Wide Moat Focus Index		1.06	MOTI, GOAT

최근 주가	운용자산
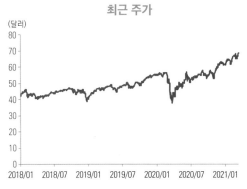	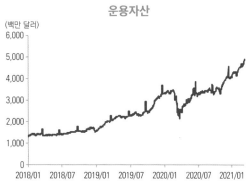

국가별 비중

국가	비중
미국	100.0%

섹터별 비중

섹터	비중
헬스케어	19.3%
IT	18.9%
금융	17.3%
산업재	16.1%
필수소비재	13.4%
경기소비재	8.7%
에너지	2.7%
기초 소재	2.4%
유틸리티	1.2%

구성 종목 톱 10

기업명	비중
Charles Schwab	3.4%
John Wiley & Sons	3.4%
Wells Fargo	3.3%
Corteva	3.1%
Bank of America	3.0%
Cheniere Energy	2.9%
U.S. Bancorp	2.9%
Boeing	2.7%
Intel	2.7%
Blackbaud	2.7%

시가총액별 비중

시가총액	비중
대형주	85.6%
중형주	8.8%
소형주	5.5%
초소형주	0.0%

iShares MSCI USA ESG Select ETF(SUSA-US)

글로벌 메가 트렌드인 ESG에 투자하는 ETF

iShares. by BlackRock

아이셰어즈 MSCI 미국 ESG 선별 ETF(SUSA)는 미국의 ESG 테마에 투자하는 블랙록의 ETF다. MSCI에서 높은 ESG 등급을 받은 미국 기업들에 투자한다.

SUSA는 기초자산으로 'MSCI 미국 ESG 선별 지수'를 추종한다. 이 지수는 네거티브 스크리닝 방식으로 ESG 기준에 부합하지 않는 종목들(화석연료 관련 및 대형 담배 제조 기업 등)을 제외하고 ESG 점수가 좋은 기업에 더 많은 가중을 두도록 설계되어 있다. 업종은 IT 37.5%, 금융 12.6%, 헬스케어 12.4% 등으로 구성되며 애플, 마이크로소프트, 구글 등 미국의 대표 기업들에 투자하고 있다.

투자 포인트

선진국 정부 및 금융기관을 중심으로 확대되기 시작한 ESG 투자는 코로나19 이후 세계 금융시장의 메가 트렌드로 부상했고 ESG ETF로의 자금 순유입과 관련 펀드 출시가 지속되고 있다. 미국은 바이든 대통령 집권 이후 ESG 투자 및 경영 활동이 더욱 활발해질 것으로 예상된다. 투자자들의 ESG 경영 요구, ESG에 관심이 높은 MZ 세대의 영향력 확대, ESG 투자의 성과 입증 등으로 ESG 투자에 대한 관심은 더욱 높아질 것으로 전망된다.

기본 정보

티커	운용사	연간 보수(%)	운용자산
SUSA	Blackrock	0.25	31억 달러
보유 종목 수	분배 수익률(%)	분배 주기	일평균 거래 대금
198	1.12	분기	3,667만 달러
추종 지수		추적오차(%)	경쟁 ETF
MSCI USA Extended ESG Select Index		0.67	ESGU, ESGV

최근 주가

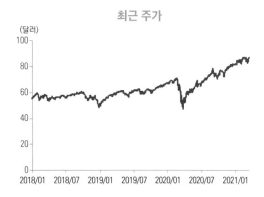

운용자산

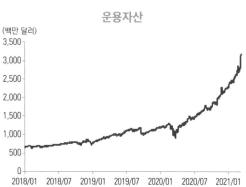

국가별 비중

국가	비중
미국	100.0%

섹터별 비중

섹터	비중
IT	37.5%
금융	12.6%
헬스케어	12.4%
경기소비재	11.9%
산업재	10.1%
내구소비재	7.8%
유틸리티	2.9%
기초소재	2.2%
에너지	2.1%
통신 서비스	0.5%

구성 종목 톱 10

기업명	비중
Apple	5.3%
Microsoft	5.3%
Alphabet	3.0%
Tesla	2.2%
Accenture	1.9%
Home Depot	1.8%
Facebook	1.7%
BlackRock	1.6%
NVIDIA	1.6%
salesforce	1.5%

시가총액별 비중

시가총액	비중
대형주	96.8%
중형주	3.2%
소형주	0.0%
초소형주	0.0%

Vanguard Dividend Appreciation ETF(VIG-US)
'배당'과 '성장'의 시너지, 미국 배당 성장 ETF

Vanguard®

뱅가드 배당 성장 ETF(VIG)는 배당 성장주에 투자하는 뱅가드의 ETF다. 미국 대형주 중 10년 이상 연속해서 배당금을 늘린 기업들을 선별해 투자한다.

VIG는 기초자산으로 '나스닥 미국 배당 성취 기업 선별 지수'를 추종하고, 업종은 경기소비재 20.5%, IT 19.3%, 산업재 15.8% 등으로 구성된다. 마이크로소프트, 월마트, 존슨앤드존슨 등 10년 이상 배당금을 늘려 지급한 미국의 대형 기업들이 상위 종목에 포진되어 있으며 210여 개 기업에 투자한다.

투자 포인트

과거 장기 수익률을 비교했을 때 성장 산업 비중이 상대적으로 높은 배당 성장주는 주가 상승률에서 고배당주를 크게 앞질렀다. 배당 성장주는 고배당주에 비해 배당 수익률은 낮지만 장기 성장의 가치가 주가에 반영되며 자본차익을 함께 추구할 수 있다. 실제 VIG의 분배 수익률은 1.6%대로 대표적인 미국 고배당주 ETF인 VYM의 3.1%보다 낮지만 장기 성과는 꾸준히 상회하는 흐름을 보여왔다. VIG는 배당수익과 함께 자본차익을 균형 있게 추구하는 데 적합한 대표적인 배당 성장 ETF다.

기본 정보

티커	운용사	연간 보수(%)	운용자산
VIG	Vanguard	0.06	545억 달러
보유 종목 수	분배 수익률(%)	분배 주기	일평균 거래 대금
211	1.60	분기	2억 달러
추종 지수		추적오차(%)	경쟁 ETF
NASDAQ US Dividend Achievers Select Index		0.52	DGRO, NOBL

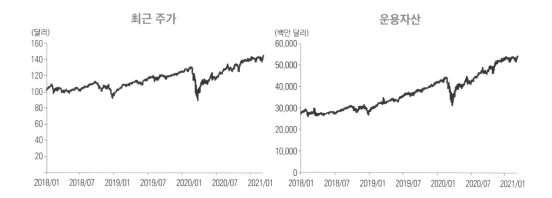

최근 주가

(달러)

운용자산

(백만 달러)

국가별 비중

국가	비중
미국	100.0%

섹터별 비중

섹터	비중
경기소비재	20.5%
IT	19.3%
산업재	15.8%
헬스케어	15.6%
필수소비재	14.2%
금융	6.3%
유틸리티	4.6%
기초 소재	3.8%

구성 종목 톱 10

기업명	비중
Microsoft	4.7%
Walmart	4.2%
Johnson & Johnson	3.9%
Procter & Gamble	3.6%
UnitedHealth Group	3.6%
Walt Disney	3.4%
Home Depot	3.3%
Visa	3.3%
Comcast	2.5%
Abbott Laboratories	2.5%

시가총액별 비중

시가총액	비중
대형주	93.8%
중형주	5.7%
소형주	0.5%
초소형주	0.0%

Renaissance IPO ETF(IPO-US)
미국 기업공개(IPO) 종목에 투자하는 대표 ETF

르네상스 IPO ETF(IPO)는 미국의 IPO 기업에 투자하는 르네상스의 ETF다. 미국 거래소에 상장된 지 90일 이내의 기업들을 매수해 2년 보유한 후 매도하는 전략을 취한다.

IPO는 기초자산으로 '르네상스 IPO 지수'를 추종하며 업종은 IT 65.1%, 경기소비재 13.4%, 헬스케어 10.5% 등으로 구성된다. 우버, 줌, 크라우드스트라이크, 펠로톤 등 최근 상장한 기업들을 보유하고 있다.

투자 포인트

2020년 미국 기업공개 건수는 사상 최고치를 기록했고 상장 후 평균적으로 높은 주가 수익률을 달성했다. 향후에도 4차 산업혁명을 비롯한 구조적 혁신을 가져올 산업의 유니콘 기업들 위주로 기업공개가 진행되리라는 전망에 비추어 볼 때, IPO는 신생 성장 기업에 투자하기에 적합한 ETF다. IPO는 경쟁 ETF인 FPX보다 더 최근에 상장한 기업들에 투자한다.

기본 정보

티커	운용사	연간 보수(%)	운용자산
IPO	Renaissance Capital	0.60	7억 달러
보유 종목 수	분배 수익률(%)	분배 주기	일평균 거래 대금
44	0.10	분기	3,782만 달러
추종 지수		추적오차(%)	경쟁 ETF
Renaissance IPO Index		1.80	FPX, IPOS

최근 주가	운용자산
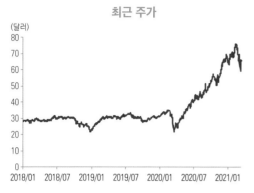	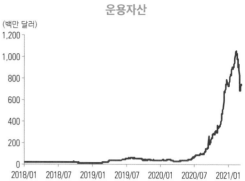

국가별 비중

국가	비중
미국	92.4%
중국	5.7%
캐나다	1.9%

섹터별 비중

섹터	비중
IT	65.1%
경기소비재	13.4%
헬스케어	10.5%
금융	5.5%
필수소비재	3.8%
산업재	1.4%
기초 소재	0.4%

구성 종목 톱 10

기업명	비중
Uber	11.2%
Zoom Video Communications	8.7%
CrowdStrike	7.7%
Peloton	7.4%
Pinterest	7.2%
Slack Technologies	4.1%
Lyft	4.0%
Avantor	3.6%
Palantir	3.5%
Datadog	3.2%

시가총액별 비중

시가총액	비중
대형주	78.8%
중형주	19.9%
소형주	1.3%
초소형주	0.0%

3부 2021년 전망과
　　　미국 투자의 기초

주요 투자은행들은 2021년 세계 경제의 회복과 주식시장의 강세를 예상했다. 골드만삭스는 코로나19 백신 개발에 따라 경제가 코로나19 이전 수준으로 정상화될 때 혜택을 받을 딥 밸류 주식(가치주), 장기 성장 전망이 우수한 성장주, 환경·사회·지배구조(ESG) 등급이 우수한 주식 등을 주목할 필요가 있는 주식으로 꼽았다. JP모간은 미국 경제가 2021년 중반에 유의미한 성장세를 보일 것으로 내다봤다. 모건스탠리는 주식시장에서 신흥국보다 선진국이 매력적이고 선진국 중에서는 미국이 우월한 성과를 제공할 것으로 전망했다.

2020년 미국 주식시장에는 기업공개(IPO)를 통한 신규 상장이 사상 최고를 기록했다. 2021년에도 기업 다수가 IPO를 계획 중이다. 그중 시장의 관심이 높은 기업들을 선정해 소개한다.

마지막으로 미국 주식 투자의 기초를 정리했다. 계좌 개설부터 환전, 거래 시간과 방법, 거래 비용, 상장 종목 관련 정보를 얻을 사이트 등을 망라했다.

7장

글로벌 투자은행들의
2021년 미국
경제·주식시장 전망

골드만삭스

우리는 2021년 세계 경제와 주식시장의 강세를 확신하며 세계 실질 경제 성장률을 6%대로 예상한다. 2020년 코로나19 팬데믹으로 주식시장이 '사건 유발형 침체'에 빠졌다. 이 같은 유형의 침체에서 회복되는 것은 순환적 침체 혹은 구조적 침체에서 회복되는 것보다 훨씬 빠르다. 순환적 침체는 금리 상승 및 하락 사이클에 연동되는 유형이고, 구조적 침체는 주식시장 버블 붕괴에서 기인하는 유형이다.

2020년 3월 이후 주가 반등은 '희망이 주도하는 단계'였다. 즉, 기업 이익이 감소하는 국면에서 밸류에이션 확장이 시장을 주도했다. 앞으로 미국 주식시장은 기업 실적이 본격적으로 회복되면서 '이익 성장이 주도하는 단계'에 진입할 전망이다. 2021년 주식시장에서는 주도주 교체가 빈번하게 일어나며, 그 요인으로 강력한 경제 및 이익 성장, 회복의 선행 지표인 장단기 금리 차 확대, 상품 가격 상승이 작용할 것으로 보인다. 물론 2020년 시장을 이끈 성장주의 성과가 부진할 것이라는 말은 아니다. 다만 성장주들이 높은 밸류에이션에 도달하면서 변곡점에 진입했음을 감안할 때, 가치주가 상대적으로 더 우수한 성과를 보일 전망이다.

미국 주식시장으로 더 들어가서 논의하면, 조 바이든이 미국의 46대 대통령으로 당선되었고 1월 5일 조지아주 상원의원 2석을 모두 민주당이 차지했다. 이 같은 블루 웨이브 정치 구도가 실현되면서 3,000억 달러 규모의 재난 지원금을 포함해 총 7,500억 달러 규모의 추가 부양책이 2021년 1분기에 통과될 것으로 예상한다. 하지만 부양책의 효과는 백신 접종 지연과 변종 바이러스 출현으로 감소할 가능성이 있다.

또한 향후 개인 소득세와 법인세가 인상될 수 있다. 2021년에는 부양책이 성장을 촉진하겠지만 2022년에는 점차 성장세가 둔화될 것이다. 부양책에 따른 재정 적자를 메우기 위한 증세(GDP의 약 0.25% 규모)가 예상되기 때문이다. 그동안 공격적으로 유동성을 풀었던 연방준비제도이사회(연준)는 인플레이션 가속화를 이유로 2022년부터 테이퍼링(양적완화 축소)을 시행할 것이고, 금리 인상은 2024년 하반기에 이루어질 것으로 예상한다.

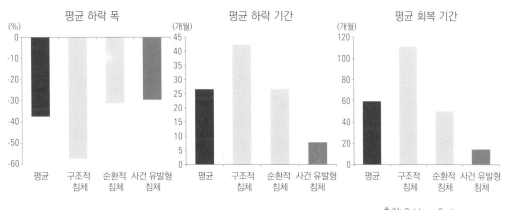

그림 7-1. 침체 유형별 S&P500지수 하락 정도와 기간, 회복 기간(1800~2020년)

평균 하락 폭

평균 하락 기간

평균 회복 기간

출처: Goldman Sachs

그림 7-2. 주요국의 예상 경제 성장률 경로

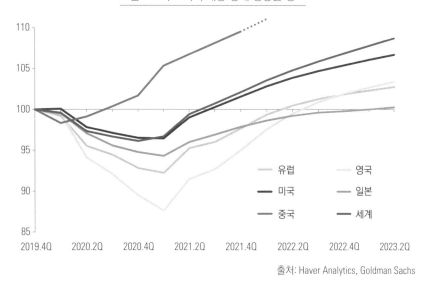

유럽　　　영국
미국　　　일본
중국　　　세계

출처: Haver Analytics, Goldman Sachs

　　이러한 가정하에 우리는 S&P500지수가 2021년 중반에 4,100선, 2021년 말에는 4,300선까지 추가 상승하고 2022년 말에는 4,600선에 도달할 것으로 전망한다.

　　전략적 관점에서 주목할 필요가 있는 주식은 1) 백신 개발에 따라 경제가 코로나19 이전 수준으로 정상화될 때 수혜를 누릴 딥 밸류 주식(가치주), 2) 장기 성장

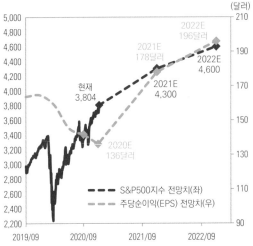

그림 7-3. 골드만삭스의 S&P500지수 전망

출처: Goldman Sachs

전망이 우수한 성장주, 3) 환경·사회·지배구조(ESG) 등급이 우수한 주식이며, 이에 부합하는 업종은 IT, 헬스케어, 산업재, 소재 등이다. FAAMG의 독주 현상이 상당 기간 이어지고 ESG가 메가 트렌드를 형성할 것으로 전망한다.

물론 경제와 주식시장 전망을 위협하는 불확실성이 존재한다. 연준이 세계 주요 시장 참여자들에게 설문조사를 실시해 2020년 연말 발행한 금융안정보고서에서 확인할 수 있듯이, 주요 기관들이 경제를 전망할 때 자주 언급하는 코로나19 이슈가 2021년의 핵심 불확실성이다. 팬데믹이 2021년에도 종식되지 않을 것이기 때문이다. 모더나와 화이자 등 대형 제약사의 백신이 상당한 효능을 보여주긴 했지만, 백신의 광범위한 배포와 안전성도 불확실한 요인이다.

또한 워싱턴 D.C.의 정치 갈등, 바이든 정권에서 시행할 수 있는 재정정책 및 규제 관련 불확실성도 미국 경제 성장과 기업 이익, 주식시장 투자 심리에 지속적으로 중대한 영향을 미칠 전망이다. 이 밖에 리스크가 될 수 있는 요인은 주식시장의 높은 밸류에이션, 미국 주식시장의 핵심 매수 주체였던 기업들의 주식 매수 여력 축소, 인플레이션 급등, 금리 상승이다.

그림 7-4. 2020년 FAAMG의 지수 상승률(왼쪽)과 S&P500 내 시가총액 비중(오른쪽)

출처: FactSet, Goldman Sachs

출처: Compustat, Goldman Sachs

그림 7-5. ESG 펀드의 누적 자금 유출입(왼쪽)과 구글 ESG 검색 인기도(오른쪽)

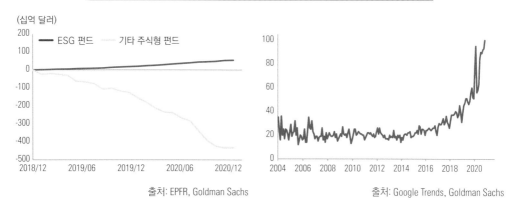

출처: EPFR, Goldman Sachs

출처: Google Trends, Goldman Sachs

JP모간

2021년은 2020년에 비해 많은 것이 바뀌겠지만, 바뀌지 않는 한 가지는 코로나19가 계속해서 경제에 지배적인 영향을 가할 것이라는 점이다. 2020년 여름~가을에 걸친 봉쇄 조치가 해제되면서 경제활동이 재개되어 미국 경기에 훈풍을 만들어냈지만, 이후 그러한 훈풍의 작용이 제한되어 1분기에는 경제가 위축될 것으로 전망한다.

그러나 코로나19 확진자가 계속 늘어난다고 하더라도 성공적인 백신 배포·접종이라는 의학적 개입을 통해 미국 경제의 충격이 제한될 것이라는 경제 주체들의 자신감은 확대될 전망이다. 백신은 2021년 2분기까지 의료 사업자, 필수 근로자, 잠재 위험군 환자들에게 접종되고, 3분기부터 4분기에 걸쳐 접종 대상이 확대될 것이다. 이와 관련한 불확실성은 많지만 이 일정대로 진행된다면 2021년 중반에 미국 경제는 유의미한 성장세를 보일 것으로 판단한다.

이처럼 바이러스 확산 경로가 미국 경제 전망에 중대한 영향을 미치지만 확대 재정정책이 바이러스의 영향을 상쇄하면서 2021년 회복세를 촉진할 것으로 보인다. 2021년 1분기 말까지 약 1조 달러의 추가 부양책이 단행될 것이며, 이 같은 대규모 부양책에 힘입어 2~3분기 미국 경제는 탄탄한 성장세를 보일 수 있다고 예상한다.

추가적인 대규모 재정정책으로 미국 중앙은행인 연준의 역할이 축소될 것이라는 우려가 제기되지만, 2021년에도 연준은 경제와 금융시장의 회복세를 지원하는 역할을 계속할 것으로 판단한다. 그러나 2020년과 달리 연준의 초점은 인플레이션을 향할 것이다. 2021년 미국 경제는 과거 추세를 크게 상회하는 고성장세를 보이겠지만 연내에 고용 시장이 코로나19 이전의 상태로 복귀하기는 어려우므로 2023년까지 인플레이션은 완만할 것이다. 이는 향후 2년 동안 연준이 방관자 태도를 보이면서 과도하게 양적완화를 축소하거나 금리를 인상하지 않을 것임을 시사한다.

주식시장에서는 2021년 초에 S&P500지수가 4,000에 도달할 것으로 전망한다. 2021년 연간 목표 지수대는 4,400이며, 범위는 4,200에서 4,600으로 제시한다. 기업 이익이 지속적으로 증가하기에 좋은 환경이 다가오고 있기 때문이다. 상당 기간 존재하던 리스크인 무역 분쟁과 코로나19, 선거 불확실성 등이 해소되는 동시에 경기가 선순환 사이클에 진입하고 있다.

게다가 조지아주 상원의원 결선 투표에서 민주당이 승리함에 따라 미국의 재정 부양책이 가속화될 전망이다. 이 같은 부양책은 미국뿐 아니라 전 세계 성장률에 추가적인 모멘텀을 만들어낼 것이다. 물론 블루 웨이브 구도 확정으로 1940년대 이후 가장 공격적으로 유동성을 투입한 연준의 완화 정책이 정상화되는 시기가 빨라질 수 있다는 우려도 존재한다.

그러나 2022년까지는 이 같은 우려는 하지 않아도 될 것으로 판단한다. 미국 경제가 코로나19 확산 이전 완전 고용 시장으로 복귀한다고 해도, 2022년 중에 미국의 근원 개인소비지출 물가가 연준의 목표치인 2%에 도달하지 못할 것이기 때문이다. 최근 미국의 기대 인플레이션은 빠른 속도로 올라오긴 했지만, 본격적인 인

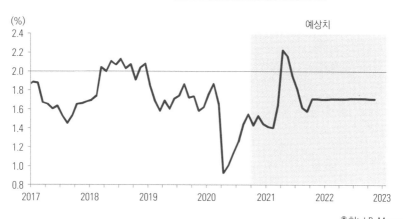

그림 7-6. 추가 재정 부양책이 미국 GDP 경로에 미칠 영향(2008~2023년)

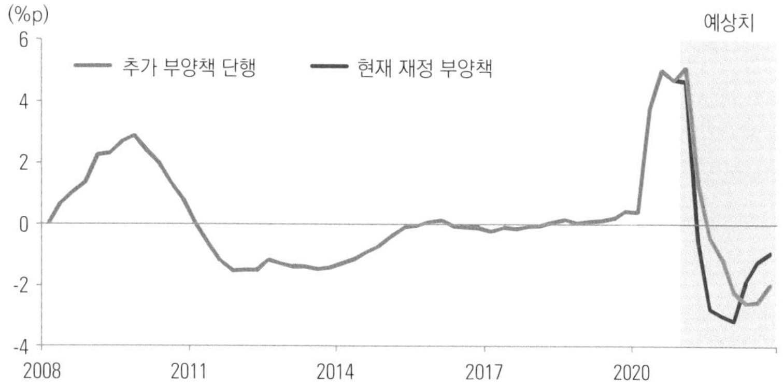

출처: J.P. Morgan, Brookings Institution

그림 7-7. 근원 개인소비지출 물가 전망(2017~2023년)

출처: J.P. Morgan

그림 7-8. 경제위기 전후 미국의 기대 인플레이션 비교(닷컴 버블, 금융위기, 코로나19)

(%)

미국 기대 인플레이션(2001년 닷컴 버블)
미국 기대 인플레이션(2008년 금융위기)
미국 기대 인플레이션(2020년 코로나19)

경제위기 전후 영업일수

출처: J.P. Morgan

그림 7-9. JP모간의 S&P500 전망(1993~2021년)

(달러)

과거 12개월 EPS(좌)   S&P500지수(우)

4,400   195.99

출처: J.P. Morgan

플레이션 급등 징후보다는 인플레이션 초기 국면에 진입한 것으로 판단한다. 또한 코로나19 백신 배포 및 봉쇄 조치 완화가 기업의 추가 실적 성장, 고용 시장 회복을 촉진할 것으로 예상되어 모두 주식시장에 긍정적인 역할을 할 것이다.

모건스탠리

2021년에도 코로나19가 미국 경제를 위협하겠지만 그 영향은 첫 몇 개월에 한정될 것으로 예상한다. 우리는 경제 성장의 모멘텀이 재개되고 특히 2021년 가을 이후 탄력을 받을 것으로 전망하는데, 근거의 상당 부분은 백신 효과에 두고 있다.

백신을 광범위하게 접종하면서 코로나19 사태가 종식될 것이라는 희망이 자라나고 있다. 코로나19가 완화되면서 그동안 노동 시장을 떠나야 했던 인력이 복귀할 전망이다. 노동 시장이 회복되면 경제의 생산이 빠르게 증가해 전반적인 성장률이 상승할 것으로 보인다.

우리는 2021년 미국 경제 성장률을 6.0%로 전망한다. 이는 미국 공개시장위원회(FOMC)와 시장의 컨센서스를 크게 상회하는 수준이다. 실업률은 2021년 5.1%, 2022년 4.0%로 크게 낮아지면서 근로자들의 소득 증가를 뒷받침할 것이다.

1월 5일 조지아주 상원의원 결선 투표 이후 블루 웨이브 확정으로 당사의 전망치에 확신이 커졌다. 원활한 재정정책 집행으로 경제는 성장세를 가속화할 전망이며, 2021년 4분기에는 코로나19 사태 전에 예상했던 성장률 경로에 복귀할 것으로 보인다. 이번 사태로 심해진 부의 양극화를 해결하기 위해 정부는 가계 재정지원을 더 늘릴 것이다. 바이든 정부의 경기 부양책으로 리플레이션(인플레이션 유발) 정책이 탄력을 받아 미국의 인플레이션은 2021년 중 2%에 도달할 것으로 전망한다.

미국의 인플레이션 발생은 필연적으로 연준의 양적완화 축소 혹은 통화정책 정상화 논의로 이어질 것이다. 연준은 2022년 1월부터 자산 매입 규모를 축소함으로써 통화정책 정상화에 진입하기 위해 가속 페달을 밟을 것으로 전망한다. 금

그림 7-10. 모건스탠리, 연준, 시장의 경제 전망치 비교(2021년 4분기)

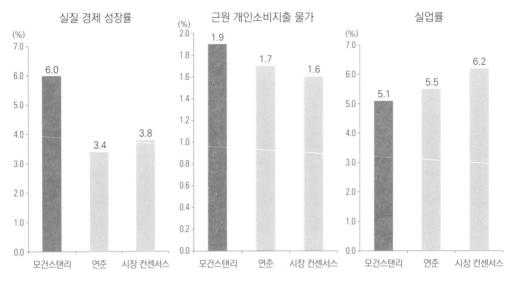

출처: Blue Chip, Federal Reserve Board, Morgan Stanley

리 인상 시점은 인플레이션이 상당 기간 2%대를 상회하는 근거가 충분히 수집된 2022년 3분기 이후로 전망한다.

종합하면 우리는 2021년 미국 경제를 상당히 낙관적으로 내다본다. 그렇다고 해서 전망을 온통 장밋빛으로 물들인 것만은 아니다. 경제에 위협이 될 만한 요인 몇 가지도 우려하고 있다. 대표적으로 이번 겨울에 걸쳐 코로나19 대유행이 예상보다 심각해짐에 따라 2020년 3월처럼 전면적인 봉쇄가 이뤄질 가능성이 있다. 또한 연준과 미국 정부가 이미 부양책을 상당 부분 써버렸기 때문에, 지금 시점에서 경제가 예상치 못하게 회복세가 둔화되거나 더 악화될 경우 추가 부양책을 쓰지 못할 수 있다. 2020년 12월 접종을 시작한 백신이 예상치 못한 문제로 전 국민 보급이 지연될 경우 더 큰 문제가 될 수 있으니 주의할 필요가 있다.

낙관적인 경제 전망은 주식시장에도 그대로 투영된다. '강력한 성장, 강력한 주식 수익률'이 2021년 주식시장의 키워드다. 코로나19 재확산과 지정학적 불확실성이 투자자들을 불안하게 할 수 있는 것은 사실이지만, 다른 시각에서 보면 오히려 2021년의 강력한 성장 전망이 주식시장에 아직 제대로 반영되지 않았다는 측면은 기회가 될 수 있다. 물론 주식시장이 2021년에도 계속 상승한다면 밸류에이션 과열 논란이 일어날 수 있다. 하지만 코로나19 이후 경제를 정상화하기 위한 각국 정부와 중앙은행의 부양책이 지속됨에 따라 저금리 기조가 이어질 전망이다. 연준을 포함한 중앙은행은 경기 회복기에 진입한 2021년부터 조기에 정책 정상화를 하지 않을 것이라고 보고 있다. 또한 절대적 관점에서는 주식시장의 밸류에이션이 다소 부담이 있지만, 채권과의 상대적 관점에서는 주식이 채권에 비해 매력적인 자산군이라는 점도 2021년 주식시장의 강세 의견을 뒷받침한다.

우리는 2021년 세계 주식시장에 대해 낙관적인 입장을 견지하며, 그중에서도 신흥국보다 선진국이 매력적이고 선진국 중에서는 미국 주식시장이 주가와 이익 모멘텀상 우월한 성과를 제공할 것으로 전망한다.

미국 대통령과 상하원 모두 민주당이 장악함에 따라 일부 시장 참여자는 강력한 규제와 증세가 있으리라고 우려한다. 하지만 상원에서 민주당이 절대다수를 차지한 것이 아니라 근소한 우위를 점한 구도이기 때문에 규제와 증세가 공격적으로 실행될 가능성은 크지 않다고 판단한다. 다시 말해 향후 일련의 추가 부양책은 쉽게 통과되겠지만, 증세와 같은 문제들은 시장과 기업에 부담이 되지 않는 수준에서 통과될 것으로 예상한다.

더 나아가 미국 주식시장 관점에서는 다음과 같은 핵심 테마가 현실화될 것으로 전망한다.

1) 침체를 수반하는 약세장이 종료된다.

2) 향후 수년 동안 새로운 경제 사이클이 시작되면서 강세장을 형성한다.

3) 통화정책 우위에서 재정정책 우위의 시대로 진입한다.

4) 비즈니스 사이클이 정치 사이클을 지배한다.

5) V자 경기 회복세를 보이고 인플레이션 압력도 높아진다.

6) 전형적인 회복 시기보다 영업 레버리지가 더 클 것이다.

7) 장기 금리는 예상보다 빠르게 올라갈 수 있다.

8) 대형주보다는 중소형주 성과가 좋고, 따라서 S&P500 시가총액가중지수보다
   S&P500 동일가중지수가 상대적으로 좋은 수익률을 보일 것이다.

9) 스타일 측면에서는 경기 민감 업종과 합리적 성장세를 기록하는 업종의 비중 확대
   를, 경기 방어 업종과 가격이 비싼 성장주의 비중 축소를 권고한다.

이러한 테마 아래, 기본 시나리오에서 2021년 S&P500 전망치를 기존 3,350에
서 3,900으로 상향 조정한다. 강세장 시나리오로는 S&P500이 2021년 4,175에 도
달할 것으로 전망한다. 이는 1조 달러 이상으로 대규모 추가 부양책을 추진할 경우
경제 성장세가 예상보다 빨라지고 기업 이익도 크게 개선되리라는 전제 아래 산출
했다. 물론 이러한 시장에서는 금리 또한 예상보다 빠르게 상승할 것으로 보이지
만, 투자자들의 야성적 충동이 오히려 위험 자산 투자를 자극할 수 있다는 장점도
있다. 보수적 시나리오에서는 S&P500이 2021년 3,375를 기록할 것으로 전망한
다. 이는 코로나19 재확산에 따른 봉쇄 조치 재개와 추가 재정 부양책 미집행으로
인한 소비 위축으로 경기 회복세가 급격하게 둔화된다는 가정에 따른 것이다.

그림 7-11. 시나리오별 2021년 연말 S&P500 전망치

출처: FactSet, Morgan Stanley

8장

2021년 주요 IPO

2020년 미국 주식 시장의 또 다른 키워드는 기업공개(IPO)와 기업인수목적회사인 스팩(SPAC)이었다.

2020년 한 해 동안 미국 주식시장에 상장한 기업은 450개로 사상 최다를 기록했다. 과거 10년 평균인 162건을 크게 상회하는 수치다. 총 공모 금액도 1,700억 달러로 2019년 700억 달러 대비 크게 증가했다. 배경으로는 강세장으로 인해 기업들이 높은 밸류에이션으로 상장할 수 있었던 점이 꼽힌다. 또한 코로나19로 4차 산업혁명과 언택트 문화가 가속화되며, 새로운 시대에서 혁신을 주도할 수 있는 신생 기업에 대한 투자 수요가 증가한 것도 주요 요인이다. 4장에서 구조적 성장주로 소개한 스노우플레이크, 팔란티어, C3.AI, 유니티, 도어대시, 에어비앤비, 다다넥서스도 2020년 상장한 혁신 기업이다.

2020년 IPO 시장의 또 하나의 특징은 스팩 상장이 248건으로 전체 IPO의 55%까지 크게 증가했다는 점이다. 스팩 상장은 2019년 대비 건수로는 4배 이상, 공모 금액으로는 약 6배 증가했다. 복잡한 IPO 절차 대신 스팩과의 합병을 통해 우회 상장하려는 기업의 수요가 증가하고 있다. 또 2020년 버진갤럭틱(우주 관광), 드래프

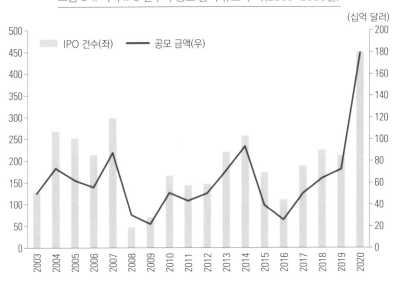

그림 8-1. 미국 IPO 건수와 공모 금액 규모 추이(2003~2020년)

출처: spacanalytics.com

표 8-1. 스팩 상장 추이(2003~2020년)

	상장 건수			공모 금액		
	전체	스팩	스팩 비중 (%)	전체 (십억 달러)	스팩 (십억 달러)	스팩 비중 (%)
2003	127	1	1	50	0	0
2004	268	12	4	73	0	1
2005	252	28	11	62	2	3
2006	214	37	17	56	3	6
2007	299	66	22	87	12	14
2008	47	17	36	30	4	13
2009	70	1	1	22	0	0
2010	166	7	4	51	1	1
2011	144	16	11	43	1	3
2012	147	9	6	50	0	1
2013	220	10	5	71	1	2
2014	258	12	5	93	2	2
2015	173	20	12	39	4	10
2016	111	13	12	26	3	14
2017	189	34	18	50	10	20
2018	225	46	20	64	11	17
2019	213	59	28	72	14	19
2020	450	248	55	179	83	46

출처: spacanalytics.com

트킹스(온라인 스포츠 베팅), 퀀텀스케이프(전기차용 리튬 이온 배터리 생산), 오픈도어(온라인 부동산 중개) 등 스팩 합병 성공 사례가 다수 나오며 투자자의 관심이 증가해 풍부해진 유동성이 유입되었다.

2020년 IPO한 기업들의 주가 수익률도 상당히 높았다. 상장 후 2020년 말까지 수익률은 C3.AI 230%, 팔란티어 225%, 유니티 195%, 스노우플레이크 135%, 다다넥서스 128%, 에어비앤비 116%, 도어대시 40%다. IPO 준비 과정에서 목표 공모가가 상향 조정되는 경우가 많았고, 상장 첫날 주가 상승률도 과거 10년 중 가장 높아 더욱 시장의 이목을 끌었다. 스팩 합병으로 상장한 기업의 주가 상승률도 남달랐다. 드래프트킹스는 상장 이후 주가가 무려 375% 상승했고, 버진갤럭틱도 135% 상승했다.

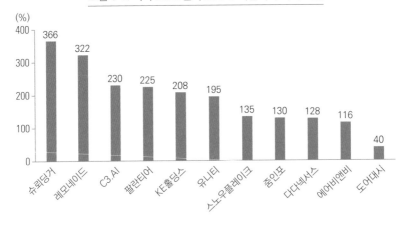

그림 8-2. 미국 2020년 주요 IPO 기업의 주가 수익률

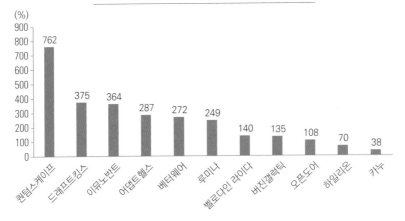

그림 8-3. 미국 주요 스팩 합병 기업의 주가 수익률

IPO 트렌드를 보면 최근 시장이 어느 업종에 관심이 있는지 확인할 수 있다. 과거 10년간 미국 내 업종별 IPO 추이를 보면 과거에는 자동차와 석유·가스 등 전통 산업의 IPO가 활발했던 반면, 최근에는 인터넷과 소프트웨어 등 혁신 산업의 IPO가 늘어나는 것을 확인할 수 있다. 2010년에는 경기가 회복되며 자동차 관련 IPO의 규모가 가장 컸는데, 현재 가장 주목받고 있는 테슬라도 이때 상장했다. 2020년에는 사업 다각화(스팩), 생명공학, 소프트웨어가 상위권에 이름을 올렸고, 스노우플레이크, 에어비앤비, 도어대시 등이 대표적이다.

그림 8-4. 상장 첫날 주가 수익률(2011~2020년)

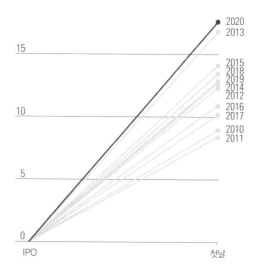

20 (%)

2020
2013

2015
2018
2019
2014
2012
2016
2017
2010
2011

15

10

5

0

IPO   첫날

출처: Dealogic

표 8-2. 미국 내 IPO 규모가 컸던 상위 5개 업종(2010~2020년)

연도	1위		2위		3위		4위		5위	
	업종	IPO 규모 (십억 달러)	업종	IPO 규모 (십억 달러)	업종	IPO 규모 (십억 달러)	업종	IPO 규모 (십억 달러)	업종	IPO 규모 (십억 달러)
2010	자동차 제조업	18.4	폐쇄형 펀드	10.5	건강용품	9.1	리츠	8.6	송유관	4.2
2011	리츠	18.8	석유/가스	8.4	폐쇄형 펀드	6.9	다각화 금융업	4.1	인터넷	3.4
2012	폐쇄형 펀드	21.2	인터넷	17.0	리츠	8.2	석유/가스	4.9	제약	3.1
2013	리츠	19.4	폐쇄형 펀드	10.1	송유관	5.8	석유/가스	5.6	인터넷	4.2
2014	다각화 금융업	6.7	은행	6.3	석유/가스	5.8	리츠	4.8	소프트웨어	4.6
2015	소프트웨어	4.1	음식	3.1	생명공학	2.8	사업 다각화	2.7	폐쇄형 펀드	2.3
2016	석유/가스	2.8	소프트웨어	2.4	폐쇄형 펀드	1.9	리츠	1.6	사업 다각화	1.4
2017	리츠	6.2	인터넷	5.4	상업 서비스업	2.9	석유/가스	2.8	생명공학	2.6
2018	소프트웨어	6.1	생명공학	6.0	사업 다각화	5.0	인터넷	3.8	제약	3.0
2019	인터넷	11.3	사업 다각화	10.2	폐쇄형 펀드	8.8	소프트웨어	6.7	건강용품	6.6
2020	사업 다각화	89.0	생명공학	16.1	소프트웨어	15.2	은행	12.6	인터넷	9.8

출처: Bloomberg

2021년에도 많은 기업이 IPO를 계획 중이다. 공개된 정보가 제한적이지만 2020년과 비슷하게 인터넷와 소프트웨어 업종의 기업이 많이 포진해 있다. 이 중 선정한 주요 기업은 다음 표와 같다.

표 8-3. 2021년 IPO (예정) 주요 기업 목록

종목명	기업 가치(백만 달러)	상장일	업종	세부 분야	주요 경쟁사
Affirm	14,278	1월 13일	소프트웨어	후불 결제 전문 핀테크	Visa, Paypal

후불 결제 전문 핀테크 기업. 핵심 서비스는 POS(판매시점관리, Point-Of-Sale) 할부 대출 상품 제공. POS 대출이란 온라인 쇼핑 시 간단한 신용등급 조회를 거쳐 일정 한도 내의 금액을 할부로 대출해주고 수수료를 받는 비즈니스 모델.

종목명	기업 가치(백만 달러)	상장일	업종	세부 분야	주요 경쟁사
Petco	6,364	1월 14일	유통	반려동물 용품 판매 및 관련 서비스 연계 플랫폼	Chewy

반려동물 용품 유통 플랫폼. 사료와 장난감 등 다양한 제품을 판매하며 더 나아가 미용, 훈련, 돌봄 서비스 등 관련 서비스 다각화 진행.

종목명	기업 가치(백만 달러)	상장일	업종	세부 분야	주요 경쟁사
Bumble	8,000	2월 10일	소프트웨어	지역 기반 데이팅 앱	Match Group

지역 기반 데이팅 앱 개발 기업. 여성이 먼저 남성에게 연락을 취하는 구조가 가장 큰 특징. 이로써 여성들이 보다 안전하고 편리하게 주변에서 데이트 상대를 구하거나 우정을 쌓을 수 있게 함.

종목명	기업 가치(백만 달러)	상장일	업종	세부 분야	주요 경쟁사
LoanDepot	11,868	2월 11일	금융	비은행 대출 기관	LendingTree

주택 건설 업자, 부동산 업자 등을 활용해 멀티 채널 주택담보대출 제공. 미국 내 2위 리테일 고객 중심 비은행 주택담보대출 사업자.

종목명	기업 가치(백만 달러)	상장일	업종	세부 분야	주요 경쟁사
Oscar Health	7,900	3월 3일	보험	건강보험	Clover Health, Devoted Health

기술 기반 건강보험 기업으로 소비자(피보험자)에게 직접 헬스케어 플랜을 제공함. 데이터를 활용해 피보험자에게 낮은 비용으로 최적의 치료 옵션을 제공. 24/7 가상 의료(원격 의료) 서비스 등도 운영.

종목명	기업 가치(백만 달러)	상장일	업종	세부 분야	주요 경쟁사
Roblox	29,500	3월 10일	엔터테인먼트	온라인 게임 플랫폼	Activision Blizzard, Unity

게임 플랫폼 및 게임 제작 시스템 제공 기업. 유저들은 자신의 캐릭터를 생성하고, 다른 유저가 이미 개발한 게임에 참여하거나 로블록스 스튜디오라는 도구를 이용해 원하는 장르의 게임을 직접 개발할 수 있음. 개발자들은 로블록스 스튜디오로 개발한 게임 내에서 발생한 매출의 일정 비율을 수취.

종목명	예상 기업 가치(백만 달러)	상장일	업종	세부 분야	주요 경쟁사
Klarna	31,000	4월 22일	테크 서비스	후불 결제 전문 핀테크	Affirm, Visa

온라인 페이먼트 플랫폼으로 할부 결제를 통해 캐시리스 페이먼트 제공 목적. 어펌과 같은 후불 결제 전문.

종목명	예상 기업 가치(백만 달러)	상장일	업종	세부 분야	주요 경쟁사
Coinbase	~100,000	미정	테크 서비스	미국 최대 가상화폐 거래소	Uphold, Binance

디지털화폐 지갑 개발 및 이용 플랫폼. 암호화폐 매매 및 관리 지원에 초점.

종목명	예상 기업 가치(백만 달러)	상장일	업종	세부 분야	주요 경쟁사
Stripe	95,000	미정	소프트웨어	온라인 페이먼트 시스템	Paypal, Square

온라인 페이먼트 프로세싱 플랫폼 개발 기업. 전자상거래 시 필요한 전자결제 시스템을 심어 안전한 거래를 가능하게 하는 솔루션 제공. 이 기업의 강점은 아주 간단한 API(응용 프로그래밍 인터페이스, 서로 다른 소프트웨어와 서비스가 교신할 수 있게 하는 규칙들)를 제공한다는 점. 사용자들은 어려운 코딩 과정을 거치지 않고 손쉽게 자체 서비스에 이 기업의 결제 시스템을 심을 수 있음.

종목명	예상 기업 가치(백만 달러)	상장일	업종	세부 분야	주요 경쟁사
Instacart	39,000	미정	인터넷 서비스	식료품 배송 대행	Walmart, Doordash

온디맨드 물품 배송 운영 기업. 미국과 캐나다에서 생필품 배송 서비스 제공. 사용자가 물건을 주문하면 쇼퍼(Shopper)들이 직접 해당 물품들을 쇼핑해 집까지 당일 배송하는 구조로 신선식품과 생필품이 주를 이룸. 쇼퍼들은 우버의 드라이버와 같이 계약 형태로 운영.

종목명	예상 기업 가치(백만 달러)	상장일	업종	세부 분야	주요 경쟁사
Uipath	35,000	미정	소프트웨어	RPA 소프트웨어 개발	Blue Prism, Dynatrace

RPA(Robotic Process Automation, 단순 반복 업무 자동화) 소프트웨어 개발 기업. 기업들은 RPA 도입을 통해 효율적인 업무 처리 가능.

종목명	예상 기업 가치(백만 달러)	상장일	업종	세부 분야	주요 경쟁사
Chime	14,500	미정	소프트웨어	개인 금융 및 은행 관련 모바일 앱 개발	Square, Paypal

뱅킹 서비스용 모바일 플랫폼 개발. 이 기업의 플랫폼은 거래 후 사전에 정해진 금액을 저축하고 가맹점에서 지불한 거래 수수료로 수익을 얻음으로써 사용자가 수수료 없이 돈을 절약하며 건전한 재정 생활을 영위할 수 있도록 함.

종목명	예상 기업 가치(백만 달러)	상장일	업종	세부 분야	주요 경쟁사
Robinhood Markets	11,710	미정	소프트웨어	주식 거래 애플리케이션	TD Ameritrade, E*TRADE

주식 투자 플랫폼 개발 기업. 주식, ETF, 옵션, 가상화폐 등 거래 수수료 무료. 모바일 앱을 통한 손쉬운 투자로 미국 젊은 층에 큰 인기.

종목명	예상 기업 가치(백만 달러)	상장일	업종	세부 분야	주요 경쟁사
Squarespace	10,000	미정	소프트웨어	웹사이트 제작 플랫폼	Wix, Wordpress

클라우드 기반 콘텐츠 관리 시스템 개발자로 개인 또는 기업에 웹사이트 및 블로그 제작·관리 서비스 제공. SaaS 기업으로 통합 웹사이트 빌딩, 호스팅 서비스, 도메인 등록 등 통합 솔루션 구축.

종목명	예상 기업 가치(백만 달러)	상장일	업종	세부 분야	주요 경쟁사
Compass	6,400	미정	인터넷 미디어 & 서비스	온라인 부동산 중개	Opendoor Technologies, Zillow

부동산 중개업자와 주택 구매자에게 도움이 되는 다양한 데이터 통합·관리를 통해 중개 서비스를 제공. 자체 구축한 플랫폼 (모바일 앱)을 통해 부동산 거래가 이뤄지면 수수료를 받는 수익 구조.

종목명	예상 기업 가치(백만 달러)	상장일	업종	세부 분야	주요 경쟁사
Nextdoor	4,000~5,000	미정	인터넷 서비스	지역 기반 소셜 네트워크 서비스 앱	Facebook

동네 기반 프라이빗 소셜 네트워킹 앱 개발 기업. 해당 플랫폼은 동네 기반 커뮤니티 확장을 지향하며 동네 이슈 나눔, 친구 만들기부터 베이비시터 고용, 가게 홍보 등 상업 서비스까지 진출.

종목명	예상 기업 가치(백만 달러)	상장일	업종	세부 분야	주요 경쟁사
Better.com	4,000	미정	금융	온라인 모기지 대출 플랫폼	Rocket Companies, LendingTree

온라인 모기지 대출 플랫폼 기업으로 집 구매를 보다 쉽고 투명하게 만드는 것이 목표. 유저들은 플랫폼에서 모기지 금리를 빠르게 조회할 수 있고, 마켓플레이스에서 여러 기업이 제공하는 다양한 상품들을 비교할 수 있음. 더 나아가 부동산 중개 등 관련 서비스 다각화 진행 중.

종목명	예상 기업 가치(백만 달러)	상장일	업종	세부 분야	주요 경쟁사
Impossible Foods	4,000	미정	음식료	대체육 제조 및 판매	Beyond Meat

천연 재료를 이용한 식물성 대체육, 대체유 제품 제조.

종목명	예상 기업 가치(백만 달러)	상장일	업종	세부 분야	주요 경쟁사
Coursera	2,500	미정	소비자 서비스	온라인 교육	Chegg, New Oriental Education

세계 최대 온라인 대중 강좌(MOOC) 기업. 200개 이상의 대학 및 기업과 협력해 전문적인 인증과 학위 프로그램을 제공.

9장

미국 주식 투자
기본 정보

해외 주식 계좌 개설

한국에서 미국 주식에 투자하기 위해서는 해외 주식 계좌를 개설해야 한다. 찰스 슈왑, 로빈 후드 등 미국 증권사에 직접 계좌를 개설하는 것은 외국환 거래법에 위배되므로 불가능하다. 대신 미래에셋대우, 신한금융투자, 키움증권, 대신증권 등 국내 증권사 대부분이 해외 주식 거래 서비스를 제공하니 지점 방문, 온라인 신청, 모바일 애플리케이션을 통해 해외 주식 계좌를 만들 수 있다.

거래 시간

정규장 서비스는 국내에서 미국 주식 서비스를 제공하는 증권사에서 이용할 수 있지만, 프리마켓과 애프터마켓은 서비스 제공 여부와 시간이 증권사마다 다르다. 또한 미국 현지 거래소의 실시간 시세를 받는 것도 월 2달러가량 수수료를 부과하지만 일부 증권사는 고객 유치를 위해 무료로 제공한다.

미국 증시 휴장일은 네이버에서 '미국 증시 휴장일'을 검색하면 알 수 있다.

표 9-1. 미국 주식 거래 시간

구분	프리마켓	정규장	애프터마켓
미국 현지 시간	04:00~09:30	09:30~16:00	16:00~20:00
한국 시간(서머타임 적용)	17:00~22:30	22:30~익일 05:00	익일 05:00~09:00
한국 시간(표준 시간 적용)	18:00~23:30	23:30~익일 06:00	익일 06:00~10:00

* 미국의 서머타임은 매년 3월 두 번째 일요일에 시작되어 11월 첫 번째 일요일에 끝난다.

환전

미국 주식은 달러화로 표시되므로 한국의 원화가 아니라 달러화로 거래해야 한다. 달러를 보유하고 있다면 직접 계좌에 입금하고, 없다면 원화를 입금해서 증권사의 실시간 환전 서비스로 환전한 후 거래할 수 있다. 미래에셋대우와 대신증권 등 국내 증권사 일부는 약간의 수수료를 지불하면 원화로 바로 주식을 주문하는 서비스를 제공하니, 환전이 번거롭다면 이용 가능하다.

주문 및 거래 방법

미국 주식 주문과 거래 방법은 국내 주식의 방법과 큰 차이가 없다. 원하는 기업의 영문 풀네임, 티커, 한글명을 검색한 후 원하는 가격과 수량 또는 주문 방법을 지정하고 거래하면 된다. 일반적인 주식 주문 방법(종류)은 다음과 같다.

표 9-2. 주식 주문 방법(종류)

주문 방법(종류)	내용
지정가	투자자가 직접 지정한 가격에 지정한 수량만큼 주문하는 방식
시장가	가격은 지정하지 않고 수량만 지정하면 현재 가격으로 바로 체결되는 주문 방식
LOC(Limit On Close)	종가 매수/매도 주문으로 종가가 지정한 가격과 동일하거나 유리한 가격일 경우 체결되는 방식. 매수 시 종가가 주문가와 같거나 낮은 경우, 매도 시 종가가 주문가와 같거나 높은 경우 주문 체결.
	예) 애플을 130달러에 LOC로 매수 주문하면 종가가 130달러 이하일 경우만 매수 체결되고, 130달러를 초과할 경우 미체결.
VWAP (Volume Weighted Averaged Price)	'거래량 가중평균 가격'은 거래량 기준의 분할 주문으로, 거래량이 많은 가격대에 더 많은 주문이 집중되고 거래가 없는 가격대에는 주문이 감소하는 주문 방식. 1,000주 이상 주문 필수.
TWAP (Time Weighted Averaged Price)	'시간 가중평균 가격'은 거래 시간 기준의 분할 주문으로, 시간을 동일하게 나누어 동일 수량을 기계적으로 주문하는 방식. 1,000주 이상 주문 필수.

거래 비용

미국 주식 거래 비용은 제비용, 배당소득세, 양도소득세로 구분된다.

1) 제비용

주식 매수 및 매도 시 발생하는 수수료로 거래 수수료, ECN Fee(미국주식전산거래비용), SEC Fee(미국증권거래위원회 수수료)로 이루어진다.

거래 수수료: 거래 금액의 0.25%(온라인 기준, 오프라인은 0.5%, 증권사별 상이)

ECN Fee: 1주당 0.003달러(증권사별 상이)

SEC Fee: 거래 금액의 0.00051%(최소 부과액 0.01달러, 매도 시에만 발생)

매수: 거래 수수료+ECN Fee

매도: 거래 수수료+ECN Fee+SEC Fee

표 9-3. 거래 수수료 예시

A주식 100주를 주당 200달러에 매수하는 경우		A주식 100주를 주당 200달러에 매도하는 경우	
매수 금액	200달러×100주=20,000달러	매도 금액	200달러×100주=20,000달러
거래 수수료	200달러×100주×0.25%=50달러	거래 수수료	200달러×100주×0.25%=50달러
ECN Fee	100주×0.003달러=0.3달러	ECN Fee	100주×0.003달러=0.3달러
–	–	SEC Fee	200달러×100주×0.00051%=0.1달러
수수료 합계	50.3달러	수수료 합계	50.4달러
매수 금액(20,000달러) 대비 0.2515% 수수료율		매도 금액(20,000달러) 대비 0.2537% 수수료율	

2) 배당소득세

과세 대상 기간은 기준년도 1월 1일부터 12월 31일이며, 미국의 배당소득세율은 15%로 원천 징수된다. 단, 미국에 상장되어 있더라도 등록 소재지가 미국이 아닌 경우, 해당 소재지의 세율이 적용된다. 한국 14%(지방소득세 포함 15.4%), 중국 10%, 일본 15.315%로 대상 국가의 세율이 국내보다 낮으면 국내 세율과의 차이만큼 추가 과세하도록 되어 있다. 미국에서 현금이 아닌 주식으로 배당받을 경우 배당소득세는 원화로 결제된다(예를 들어 100달러 주식으로 배당받을 경우, 15달러에 해당하는 원화만큼 세금으로 지출).

한 해 동안 받은 이자소득과 배당소득의 합산이 2,000만 원을 초과하면 초과 금액에 대해 금융소득 종합과세가 적용된다.

3) 양도소득세

과세 대상 기간은 기준년도 1월 1일부터 12월 31일이다. 매도 후 확정된 실현 수익에 부과되며, 양도소득 과세표준의 22%를 다음 해 5월에 국세청 홈택스에 자진 신고 후 납부한다.

양도소득 과세표준 = 매도 금액(매도 가격×수량×매도 시점 환율) − 매수 금액(가격×수량×매수 시점 환율) − 제비용(수수료 등) − 기본 공제 금액(250만 원)

수익의 250만 원까지는 공제되며 해외 주식, 국내 양도소득세 대상 주식의 매매차익이 합산되어 적용된다. 예를 들어 애플에서 수익 1,000만 원, 아마존에서 손실 300만 원을 실현했다면, 양도소득 과세표준은 '1,000만 원(애플 수익) − 300만 원(아마존 손실) − 제비용 − 250만 원(기본 공제 금액)'이 된다. 따라서 연말에 손실 구간인 주식을 매도해 합산 실현 수익을 줄이면 양도소득세를 낮출 수 있다. 일부 증권사는 무료로 양도소득세 신고 대행 서비스를 제공한다.

시세 표시 등 기본 정보

미국 주식시장에서 상승은 한국과 반대로 녹색·파란색, 하락은 빨간색으로 표시된다.

미국에서는 종목을 숫자가 아니라 알파벳 코드를 사용해 분류한다. 예를 들어 애플의 종목 코드(미국에서는 티커라고 부른다)는 'AAPL'이다.

미국 주식시장에는 상한가와 하한가가 존재하지 않는다. 달리 말하면 미국 주식은 한국 주식보다 훨씬 더 큰 변동성에 노출될 수 있다. 프리마켓, 정규장, 애프터마켓을 통해 충분한 거래 시간을 제공하는 것도 일시적인 가격 왜곡 현상을 완화하기 위해서다. 다만 증권사별로 리스크 관리를 위해 주문 접수 가능 범위가 존재할 수 있다.

기업 정보

미국 기업의 정보를 얻는 제일 쉽고 좋은 방법은 해당 기업의 홈페이지를 방문하는 것이다. 기업 대부분은 대표 제품과 서비스, 실적 발표 자료, 공시 정보, 뉴스 등을 홈페이지에 게시한다. 구글에서 '기업명+investor relations(예시: Apple investor relations)'를 검색하면 바로 해당 기업의 투자자들을 위한 사이트가 나온다. 이 사이트에 들어가서 최근 실적 발표 자료, 투자자의 날(investor day) 발표 자료, 연간 보고서(Annual report)를 참고하면 투자자와 기업이 주목하는 트렌드를 알 수 있다. 해당 산업이나 기업을 좀 더 상세하게 알고 싶다면 기업이 상장할 때 발표한 초기 자료를 살펴보는 것도 좋다.

기업 주요 공시 정보는 미국 증권거래위원회(SEC) 홈페이지를 활용하는 것을 추천한다. SEC 관할 기업 공시 시스템인 EDGAR는 한국의 전자공시시스템과 유사한 기능을 하며 SEC 증권법에 따라 반드시 공시해야 하는 자료가 포함된다. EDGAR 시스템에서 기업이 공시하는 주요 보고서 타입은 다음과 같다.

표 9-4. 기업 공시 보고서 타입

파일링 타입	내용
S-1(11)	기업공개 시 SEC에 등록하는 증권 신고서. 상장을 앞둔 기업의 모든 정보가 포함. S-11은 리츠, 합자회사, 투자회사 형태의 사업이 해당.
10-K	연간 보고서. 회계연도가 끝나면 반드시 제출해야 하는 서류.
10-Q	분기 실적 보고서. 분기 말 이후 45일 내 공시 의무.
8-K	투자자가 알아야 하는 중요한 사안이 발생할 경우 등록해야 하는 보고서. 예) 기업 인수·합병, 파산, 유상증자, 이사진 변화, 자산 매입/매각 등이 포함.
SC-13D(G, F)	상장 기업 지분을 5% 이상 보유한 주체가 지분 거래 기준일부터 10일 이내 신고하는 "주식 등의 대량 보유상황 보고서". 13G는 13D를 간소화한 서류. 13F는 자산 규모 1억 달러 이상 기관의 보유 지분 공개 서류.
Form 3, 4, 5	내부자(Insider) 거래 보고.
Form 10-12B	기업 분할 관련 공시.
DEFM-14A/S-4	인수·합병 관련 공시.
DEF-14A	정기주주총회 전 제출하는 서류. 의결권을 보유한 주주에게 회사 주요 사안을 제공.

실적 발표

미국 개별 기업의 주가가 가장 활발히 움직이는 날은 실적 발표일이다. 기업의 실적 발표 예정일은 개별 기업의 홈페이지나 earnings whispers 같은 사이트에서 확인 가능하다. 미국 기업은 대부분 화~목요일에 실적을 발표하며 주식시장 장중보다는 주식시장이 열리기 전이나 마감한 후에 많이 발표한다. 따라서 프리마켓이나 애프터마켓 주가를 보고 실적에 대한 투자자들의 반응을 확인할 수 있다. 미국은 한국보다 실적 서프라이즈 비율이 높다. 또한 실적 발표일에 다음 분기나 연간 가이던스도 함께 제시하는 경우가 많은데 실적과 함께 주가 영향력이 크기 때문에 주목해야 한다.

ETF

ETF 운용사는 홈페이지에 매일 ETF 포트폴리오를 공개하도록 되어 있어 홈페이지에서 기본 정보를 확인할 수 있다(불투명 ETF 제외). ETF.com에서도 ETF의 기본 정보와 다른 ETF와의 비교를 볼 수 있다. 많은 ETF 운용사가 운용 전략, 시장 전망, 산업 현황 등의 리서치 자료를 홈페이지에 공개하는데 ARK 인베스트, 글로벌 X, 블랙록의 자료가 참고할 만하다. 특히 ARK 인베스트는 운용 전략의 투명한 공개가 원칙이어서 다양한 리서치 자료와 ETF 관련 정보를 구독 서비스로 받을 수 있다.

또한 ETF의 주요 구성 종목을 보면 해당 산업의 핵심 기업을 알 수 있다. 예를 들어 ARKF(ARK Fintech Innovation ETF)의 상위 보유 종목은 스퀘어, 텐센트, 질로우, 페이팔 등으로 세계 핀테크 산업을 주도하는 기업들이다. ETF보다 개별 종목에 투자하고 싶은 투자자가 종목 발굴을 할 수 있는 방법 중 하나다. 또 ETF(특히 액티브 ETF)의 신규 편입 종목을 보면 새롭게 떠오르는 기업을 알 수 있다. ETF 운용사의 투자 결정이 항상 옳은 것은 아니지만 최근 시장에서 화두가 되는 기업들을 신규 편입하는 경우가 많다.

	사이트명	사이트 주소 / 내용	모바일 앱
시세 및 기업 정보	**Seekingalpha**	https://seekingalpha.com/ 시세, 뉴스(관심 종목 팝업 기능), 투자자들의 의견	O
	investing.com	https://www.investing.com/ 세계 지수, 주식·채권·ETF 등 실시간 시세, 뉴스, 주요 경제 지표	O
	yahoo finance	https://finance.yahoo.com/ 시세, 뉴스, 종목 기본 정보	O
	webull	https://www.webull.com/ 실시간 시세 및 장전, 장후 시세, 종목 기본 정보	O
	Tele Trader	https://www.teletrader.com/ 큰 브라우저 창에서 세계 금융시장의 움직임을 한눈에 확인 가능	X
	IEX	https://iextrading.com/apps/stocks/ 실시간 주가, 종목 기본 정보	X
	Marketwatch	https://www.marketwatch.com/ 실시간 주가, 뉴스, 종목 기본 정보	O
	finviz	https://finviz.com/ 주식시장 실시간 시세, 기간별 Map 데이터 제공	X
	Cboe Book Viewer	https://markets.cboe.com/us/equities/market_statistics/book_viewer/ 실시간 매수·매도 호가	X
뉴스	**CNBC**	https://www.cnbc.com/world/ 뉴스, 실시간 주가, 종목 기본 정보	O
	Bloomberg	https://www.bloomberg.com/ 뉴스	O
	Wall street Journal	https://www.wsj.com/ 뉴스	O
	Financial Times	https://www.ft.com/ 뉴스	O
	Reuters	https://www.reuters.com/ 뉴스	O
경제 지표	**FRED**	https://fred.stlouisfed.org/ 경제 지표 시계열 데이터 제공	O
	FED	https://www.federalreserve.gov/ 미국의 주요 경제 지표	O
	Tradingeconomics	https://tradingeconomics.com/ 세계 주요 국가의 GDP 및 각종 경제 지표	O
재무 데이터	**EDGAR**	https://www.sec.gov/edgar.shtml 공시 자료	X
	Earnings Whispers	https://www.earningswhispers.com/ 미국 기업 실적 캘린더, 예상 실적 인포그래픽 제공	X
	Morningstar	https://www.morningstar.com/ 종목 기본 정보	O
주식 투자 인사이트	Factset Insight	https://insight.factset.com/ 기업 실적 데이터에 기반한 투자 아이디어와 인사이트	X
	Barron's	https://www.barrons.com/ 뉴스, 리서치 자료	O
	The Big Picture	https://ritholtz.com/ 시사점과 인사이트를 주는 뉴스, 블로그 등을 매일 수집해서 소개	X
	MSCI Research & insights	https://www.msci.com/research 거시경제 환경, ESG, 팩터, 코로나 등 주식 투자에 유용한 리서치 자료 제공	X
	Visual Capitalist	https://www.visualcapitalist.com/ 경제, 금융시장, 사회, 정치 등과 관련된 최근 트렌드, 역사적인 사건 등에 대해 인포그래픽 제공	X
	CFA Blog	https://blogs.cfainstitute.org/ 주식 밸류에이션 등 재무 분석을 중심으로 한 분석 자료, 칼럼 제공	X

	사이트명	사이트 주소 / 내용	모바일 앱
배당	**Dividend.com**	https://www.dividend.com/ 배당수익률, 배당 지급 이력, 배당 관련 날짜 등	X
	Sure dividend	https://www.suredividend.com/ 우량 배당주 관련 정보 및 기사	X
	Dividend investor	https://www.dividendinvestor.com/ 배당 관련 정보 및 리서치 자료	X
ETF	**ETF.com**	https://www.etf.com/ ETF 검색, ETF 편입 종목, ETF 간 비교, ETF 관련 최신 뉴스, 트렌드 등 ETF 정보 총망라	X
	ETFdb.com	https://etfdb.com/ ETF 검색, ETF 편입 종목, ETF 간 비교, ETF 관련 최신 뉴스, 트렌드 등 ETF 정보 총망라	X
	Global X	https://www.globalxetfs.com/ Global X ETF 소개 및 리서치 자료	X
	ARK Invest	https://ark-invest.com/ ARK Invest ETF 소개 및 리서치 자료	X
	Blackrock iShares	https://www.ishares.com/us Blackrock ETF 소개 및 리서치 자료	X
	Defiance ETF	https://www.defianceetfs.com/ Defiance ETF 소개 및 리서치 자료	X
	First Trust ETF	https://www.ftportfolios.com/Retail/etf/home.aspx First Trust ETF 소개 및 리서치 자료	X
	Amplify ETF	https://amplifyetfs.com/ Amplify ETF 소개 및 리서치 자료	X
	VanEck ETF	https://www.vaneck.com/vaneck-vectors/ VanEck ETF 소개 및 리서치 자료	X
	Proshares ETF	https://www.proshares.com/ Proshares ETF 소개 및 리서치 자료	X
	Vanguard ETF	https://investor.vanguard.com/etf/list#/etf/asset-class/month-end-returns Vanguard ETF 소개 및 리서치 자료	X
	Renaissance ETF	https://www.renaissancecapital.com/IPO-Investing/ Renaissance ETF 소개 및 리서치 자료	X
IPO	**Nasdaq.com IPO Calendar**	https://www.nasdaq.com/market-activity/ipos IPO 관련 일정 및 현황	X
	Marketwatch IPO Calendar	https://www.marketwatch.com/tools/ipo-calendar IPO 관련 일정 및 현황	O
	SPAC Analytics	https://spacanalytics.com/ 스팩 상장 및 주가 현황	X
	SPAC Research	https://www.spacresearch.com/ 스팩 상장 및 주가 현황	X
	Spac Track	https://spactrack.net/ 스팩 상장 및 주가 현황	X
기타	whalewisdom	https://whalewisdom.com/ 버크셔 해서웨이 등 기관투자가의 포트폴리오	X
	Fear & Greed Index	https://money.cnn.com/data/fear-and-greed/ 미국 주식 투자자들의 투자 심리를 자동차 계기판처럼 바로미터로 나타냄	X
	Portfolio Visualizer	https://www.portfoliovisualizer.com/ 주식 포트폴리오 시뮬레이션, 백테스팅 등을 무료로 시현 가능	X

넥스트 테슬라를 찾아라

초판 1쇄 2021년 4월 5일
　　　 3쇄 2021년 5월 5일

지은이　　 | 홍성철, 김지민

펴낸곳　　 | 에프엔미디어
펴낸이　　 | 김기호
책임편집　 | 백우진
편집　　　 | 양은희
마케팅　　 | 박강희
디자인　　 | 채홍디자인

신고　　　 | 2016년 1월 26일 제2018-000082호
주소　　　 | 서울시 용산구 한강대로 109, 601호
전화　　　 | 02-322-9792
팩스　　　 | 0505-116-0606
이메일　　 | fnmedia@fnmedia.co.kr
블로그　　 | https://blog.naver.com/bookdd

ISBN　　 | 979-11-88754-39-7

구조적 성장주 투자 로드맵

디지털 인프라 & 하드웨어

대분류	소분류	종목
IT 하드웨어	IT 디바이스	**Apple**, Samsung Electronics
	메모리	Samsung Electronics, Micron, Western Digital, Seagate
	비메모리	**NVIDIA**, Intel, **AMD**, NXP, Infineon, Microchip, STMicroelectronics, Xilinx
	5G	Broadcom, **Qualcomm**, Skyworks, Qorvo
	아날로그	Texas Instruments, Analog Devices, ON Semiconductor
	설계	Cadence Design Systems, **Synopsys**
	파운드리	**TSMC**, Samsung Electronics, UMC
	공정 장비·소재	**ASML**, Applied Materials, KLA, **Lam Research**, Teradyne, Entegris
통신 인프라	인프라	Cisco, Analog Devices, Ericsson, Marvell Technology, Nokia, **II-VI**, Inphi
	서비스	**American Tower**, Crown Castle
데이터	데이터센터	**Equinix**, Digital Realty, **GDS**
	데이터 관리·분석	Atlassian, **Snowflake**, **Palantir**, **Data Dog**, Splunk, Mongo DB, C3.ai
신재생 에너지	태양광	**NextEra Energy**, Enphase Energy, LONGi Green Energy Technology, SolarEdge, **Sunrun**, First Solar, **Daqo New Energy**, SunPower, JinkoSolar, Star Peak Energy Transition
	풍력	NextEra Energy, Orsted, Vestas, Siemens Gamesa Renewable Energy, TPI Composites
	수소·연료전지	**Linde**, Air Products & Chemicals, Ballard Power Systems, FuelCell Energy, Bloom Energy
모빌리티	전기차	**Tesla**, Volkswagen, General Motors, NIO, Hyundai Motor, XPeng, Li Auto, QuantumScape, Albemarle, ChargePoint, Canoo
	수소차	Hyundai Motor, Cummins, **Plug Power**
	자율주행	Alphabet(Google), Tesla, NVIDIA, General Motors, **Aptiv**, Baidu, Luminar Technologies, Velodyne Lidar
	우주항공	**Virgin Galactic**, Maxar Technologies, Iridium Communications
AI	–	Alphabet(Google), NVIDIA, Snowflake, Nuance Communications, **C3.ai**

소프트웨어 & 플랫폼

대분류	소분류
클라우드 컴퓨팅	종합 클라우드
	IT 시스템 관리·운영
사이버 보안	종합 보안
	콘텐츠 전송 네트워크(CDN)
	네트워크 보안
	인증
온라인 유통	이커머스
	쇼핑몰 구축 솔루션
	물류
핀테크·금융	–
원격 비즈니스	원격 의료
	원격 교육
	원격 근무
SNS	–
디지털 전환	오프라인 유통
	명품
	부동산
	중고차
	갬블링
	기타 사업 분야
모빌리티 플랫폼	–
산업 자동화	–

밀레니얼·Z 세대 소비

종목
Amazon, Microsoft, Alphabet(Google)
Adobe, **salesforce**, **ServiceNow**, Autodesk, **Twilio**, Workday, **DocuSign**, ANSYS, Coupa, Paycom, HubSpot, Tyler Technologies, Fair Isaac
Cisco, IBM, VMware
Cloudflare, Akamai, **Fastly**
Broadcom, **CrowdStrike**, Fortinet, Palo Alto Networks, Zscaler, Splunk, Cloudflare
Okta, CyberArk, SailPoint
Amazon, Alibaba, Pinduoduo, **JD.com**, **Sea**, MercadoLibre, Chewy, eBay, Wayfair, Etsy
Shopify, EPAM Systems, Wix.com, BigCommerce
Prologis, **Americold**
Visa, **Mastercard**, **PayPal**, **BlackRock**, **Intuit**, Square, **MSCI**, Fair Isaac, Q2 Holdings
Teladoc, GoodRx, American Well
TAL Education, GSX Techedu, Chegg, 2U
Zoom, RingCentral, Slack, Citrix
Facebook, Snap, Twitter, **Pinterest**, Match Group
Walmart, **Costco**, Target, Best Buy
Farfetch, Poshmark, RealReal
KE Holdings, Zillow, **Redfin**
Carvana, Vroom
DraftKings, Penn National Gaming
Trade Desk, Lemonade, Magnite, **Kornit Digital**, PubMatic
Meituan, **Uber**, **DoorDash**, Lyft, **Dada Nexus**, Grubhub
ABB, Emerson Electric, Rockwell Automation, Teradyne **Zebra Technologies**

대분류	소분류	종목
소비재	명품	LVMH, Hermes, Kering, Moncler
	뷰티	L'Oreal, **Estee Lauder**
	프랜차이즈	**Starbucks**, Domino's Pizza, Chipotle Mexican Grill
엔터테인먼트	게임	Microsoft, Sony, Nintendo, NetEase, **Activision Blizzard**, Roblox, Skillz, Electronic Arts, **Unity**, **Take-Two**
	미디어·콘텐츠	**Walt Disney**, Netflix, Spotify, Tencent Music, **Roku**, **Bilibili**, Huya
반려동물	–	**Zoetis**, **IDEXX**, Chewy, Petco, Freshpet
웰니스	스포츠 의류	**NIKE**, adidas, **Lululemon**
	홈 트레이닝	**Peloton**, Apple
	푸드	**Boston Beer**, **Beyond Meat**
헬스케어	혁신 의료기기	Abbott, **Thermo Fisher Scientific**, Danaher, **Medtronic**, **Stryker**, **Intuitive Surgical**, Illumina, **Dexcom**, Edwards Lifesciences, Resmed, Align Technology, Exact Sciences, Insulet, NovoCure, Tandem Diabetes, Pacific Biosciences of California, iRhythm Technologies
	다국적 제약사	Johnson & Johnson, Merck, **AbbVie**, Eli Lilly, Astrazeneca
	임상 플랫폼	Veeva Systems, Schrodinger
	헬스케어 리츠	Welltower, **Healthpeak Properties**, Omega Healthcare Investors, Healthcare Trust of America
라이프 스타일+	–	**Home Depot**, Lowe's, **Airbnb**, Booking Holdings, Dollar General, Expedia, Crocs

* 굵은 글씨는 책에서 분석한 종목임